日本教育史

教育の「今」を歴史から考える

山本正身

慶應義塾大学出版会

日本教育史　目次

はじめに――本書の前提となる諸問題

本書は、明治以後の諸動向に主要な視線を注ぎながら、日本における教育の歴史を概述しようとする試みである。だが、この作業に取りかかるに先立ち、本書の前提をなすいくつかの重要な問題について、その要点を簡単に確認しておこう。

(1)「教育」の含意について

第一に、本書での論考対象となる「教育」の理解についてである。「教育」という言葉で語られる営みの含意をめぐっては、教育学研究の世界でも「定説」と呼ぶことのできるような一義的理解が形成されているわけではない。例えば、それは「個人（若い世代）の社会化」[1]と説かれたり、その重要な一側面が「文化の伝達」[2]として理解されたり、あるいは「教授・学習過程」[3]という関心から論ぜられたりする。教育する側の意図（目的意識）に基づく人間形成作用と説かれたり、逆に、無意図的な人間形成作用をも含め込んで理解されたりすることもある。これらから示唆されることは、「教育」の概念とは元来一義的に説明できるものではなく、この言葉自体が優れて多義的な概念だということである。「教育」への学問的アプローチを試みるについても、この言葉は元来多義的な概念である、ということを十分に踏まえておくことが重要である。

ただし、「教育」が多義的概念とはいっても、その理解は全く多方向に拡散してしまうだけのもの、というわけではない。ある営為が「教育」として語られる限り、そこにはその理解の共通基盤をなす何らかの前提が存在するはずだからである。従来一般的には、その前提とは「学校」の存在と見なされてきた。「学校」こそが、膨大に蓄積された人類の知識・文化を系統的・計画的に若い世代の人間に授け、それによって若い世代の人間を成長へと導く役割を最も効率的に果たすことが期待される社会組織だからであり、そうした学校の人間形成的営為こそが、少なくとも近・現代社会における「教育」理解の基軸をなしてきた、といえるからである。上記でいえば、教育を「教授・学習過程」とする理解はもとより、「社会化」であれ「文化伝達」であれ、それらの理解の重要な前提をなすものは、実にこうした「学校」の存在と役割であったといってよい。つまり、「学校」の仕事や役割を基準として「教育」の含意を捕捉しようとする態度が、これまで「教育」理解の前提をなしてきたのである。そもそも教育学という学問自体が、まさに近代学校制度の成立・発展とその歩みをともにするものであった。「教育」理解が「学校」の存在と分かちがたく結ばれているのも、こうした事情による。

だが、「学校」と「教育」とが不可分の関係にあるとの前提を自明視することは、学校中心主義の教育観を形成し支持することに他ならない。この教育観からは、「学校」の存在しない時代や社会には「教育」に相当する営為は存在しない、との極論が導き出されてしまう恐れがある。それは、歴史的にはほぼ近代以前の教育的営為の可能性を、社会的には様々な集団・組織の中で多彩に行われる教育的営為の可能性を、排除することになりかねない。学校中心主義の教育観では、多種多様にありうる教育様態の豊かな可能性を十分に可視化することができない。「学校」をあらゆる教育的営為の基盤とするには、その存在は歴史的にあまりにも新しく、社会的にあまりにも限定的でありすぎるのである。

本書での「教育」理解の着眼点は、多義的に説明されうる「教育」も、窮極的には、そのすべてが人間の生物的属性を基盤とする、という点に置かれる。すなわち「人間は他の人間からの助けなしに成長することはできない」という人間の生物的属性こそが、人間の世界に「教育」という営為をもたらした、とする視点を教育理解の根本に据えるのである。「他者からの助けを、成長のための不可欠の前提とする」というこの生物的属性は、いつの時代でも、どこの社会においても普遍的に妥当する「人間存在にとっての事実」であり、あらゆる教育的営為の基盤としての根源性・必然性を有している。それゆえ、この基盤に立つ教育的視界からは、歴史的にも社会的にも、多様にありうる教育的営為の可能性が見落とされる恐れはない、といってよい。

もちろん、人間の「成長」とは単に生物的身体の成長を指すにとどまらず、心理的、道徳的、文化的、社会的など、様々な側面においてこれをとらえることができる。そして、このように「成長」に様々な含意が付加されるのは、歴史的・社会的あるいは文化的に条件づけられることである。「成長」の意味が問われ、その望ましい姿が追求されるのは、まさにそれぞれの歴史社会の価値観や文化のありように規定されてのことだからである。だが、多様にありうる「成長」の含意も、その来歴を遡れば、人間の生物的属性に辿り着かないわけにはいかない。個々人の肉体的成長が基本的に生物的属性に依存することは論をまたないが、例えば、社会的成長についても、それが人々の関心事となるのは、人間とはその生物的属性において元来社会的存在であるから、といえるからである。すなわち、人間の成長には社会的成長が必須のことと見なされるが、それは、人間がその生物としての進化の過程において「社会的存在」という属性を獲得してきたからに他ならないからである。もちろん、原始の社会における「成長」の含意は、今日的観点からすれば極めて素朴で単純なものであったにすぎないだろう。だが、それでも「成長」が問われること自体は、原始の時代にも今日にも共通することであり、またそれを問う能力の由来は人間の生物的属性に求めざるをえない。

さらに、人間の成長の極めて重要な特質として、その多くを「学習」に負うているという側面に重要な視線を注ぐ必要がある。もちろん、人間以外の生物にも、自身を取り巻く環境に適応するために必要な情報を収集し、それに従って自身の行動を調整し、またその情報を記憶し保存するという営みを認めることはできる。そうした営みを「学習」と呼ぶとすれば、多くの生物がその進化の過程において「学習」を獲得してきたといえる。だが、人間の学習に特有なのは、ライオンの狩りのような「状況学習」（個体が状況を共有する中で自ずと学ぶ）やチンパンジーの木の実割りのような「模倣学習」（他の個体の行動を真似て学ぶ）ではなく、まさに「教育による学習」（他者からの教えによって促進される学習）という点にある。進化論的に人間と最も近い存在といわれるチンパンジーの世界でさえ、大人が子どもに手本を見せたり、説明したり、注意したり誉めたり、といったいわゆる「教える」という働きかけは確認されていない。つまり、個々人の「学習」（とそれに基づく成長）を他者が支援するという営みは、まさに人間に最も特徴的な営みと見ることができる。(4) その意味で、「他者に対する学習支援」（とそれを通しての成長助成）という営みの存在もまた、教育が人間の生物的属性に最も根源的な由来をもつ、ということを雄弁に物語っている。

こうして本書では、「成長」に多様な含意がありうるとしても、それが他者からの助けに大きく依存する、という人間の生物的属性に着眼点を据えることで、「教育」を広く「人間の成長を助成しようとする営み」の総称として、理解しておくことにする。この「他者に対する成長助成」（その中核をなすのが「他者に対する学習支援」といえる）としての「教育」理解こそが、人類の歴史を通して多様にありうる「教育」営為を捕捉するための、最も有効な視座を教育史研究に提供することができる、と考えるからである。

(2) 「教育史」叙述の射程について

第二に、この意味での「教育」の推移を過去に遡って捕捉しようとする場合の、歴史的空間の範囲についてである。

仮に私たちの関心を、生物的身体の成長とそれへの助成的営為に向けるならば、本書での記述は人類の誕生時にまで遡らなければならないであろう。文化や社会構造が未発達な歴史の段階にあっても、およそ人類である限り、そこには何らかの様態において子どもの成長を助成しようとする営みが存在していたものと推定できるからである。だが、この意味での（あらゆる成長助成の営みを網羅的に辿るものとしての）教育史の探訪は本書のよくなしうるところではない。本書では、人間の成長助成としての「教育」に一定の枠組みを与えながら、限定的な議論を展開せざるをえない。では、その限定とはどのような手続きに基づいて行われるのか。

上記のように、「教育」は人間の生物的属性を基盤とする営みであると理解できるが、歴史的には、この営みは生物的自然という基盤の上に様々な文化的・社会的契機（言語・文字・慣習・規則・学問・技芸・集団・組織・社会・国家など）を積み重ねることで、多種多様な様態をとってきている。そうした多様な様態をマクロな視点からとらえるならば、その最も原初的段階のものは、いわば「習俗」として行われる成長助成の営みであろう。これは必ずしも一定の意図や計画に基づいて行われる営みではなく、何らかの組織を通して行われる営みでもない。まさに人々の生活共同体が存在する限り、その中で自ずと行われるような成長助成の営み（生活することの中に自ずと包摂されているような成長助成の営み）であり、その意味で歴史的に最も早くから、社会的に最も広汎に行われる（広く未開の部族社会にも認められる）営みである。「習俗」として行われる教育は、太古の時代から今日に至るまで連綿と続く人間社会の必然事といえ、それゆえ、あらゆる教育活動の基底をなす様態であり、人間の生物的自然と最も直接的な関連を有する教育の様態である、と指摘することができる。だが、本書が主要な論考を加えようとするものは、この「習俗としての教育」ではない（「習俗としての教育」の段階では、人々の学習様態は、上述の「教育による学習」よりも、むしろ「状況学習」や「模倣学習」の比重が大きいといえる。この点にも、この段階での教育を探求することの難しさがある)。

やがて、歴史の進展や文化の発達、あるいは社会構造の変化に伴って、成長助成の営みが一定の組織を通して行われるようになる。「組織としての教育」の登場である。教育の「組織化」は、一般的には社会や文化が一定の歴史の段階に到達する中で実現されるものといえるが、その進展を捕捉するには階層差や地域差あるいは性差など多様な偏差が存在することを視野に入れる必要がある。日本の場合でいえば、教育の組織化は貴族階層ではすでに律令時代に行われていたが、庶民階層でその普及を見るようになるのは江戸時代に入ってからのことであった。多様な偏差を踏まえながら「組織としての教育」の通史を叙述するには、極めて広汎な分析対象の存在を想定する必要がある。それゆえ、このレベルでの教育も本書での関心の中核に置かれるわけではない。

上記のように、教育の組織化は多様な偏差を伴いながら進行するが、社会の進展はそうした偏差を解消し、階層・地域・性などの差異を超えて社会のあらゆる人々の教育を全体的・統一的に組織しようとする方向に進路をとるようになる。本書では、この全体的・統一的な組織化を目指す教育のことを「制度としての教育」と呼ぶことにする。「組織としての教育」を促進した主要な契機が文字学習の必要や商品経済の普及など文化的・社会経済的要因であったとすれば、「制度としての教育」を推し進める上で最も重要な契機となったものは、国家の近代化を目指す政治の力であったといえる。日本において、このレベルでの教育がまさに政治の力によって推進されたのは明治以後のことであった。また今日、日本の教育のあり方を構造的に規定し、その問題の所在や将来的な展望が人々の関心事となっているものが「制度としての教育」であることは間違いない。それゆえ、本書ではこのレベルでの教育の来歴を尋ねることに関心を集中させることで、教育史叙述の射程として「主に明治以後」という限定を設けることにする。ただし、教育の制度化とは明治維新を境に画然と開始されたわけではなく、それを準備する下地が歴史的に構成され、整備されつつあったことには十分に留意する必要がある。第一章から第三章において、あえて前近代社会における教育組織化の動向を概観したのはそのためである。

なお前項で述べたように、本書では「教育」を広く「人間の成長助成」と理解する立場をとるが、それにもかかわらず、本書での教育史叙述が主に明治以後の諸動向（必然的に学校教育制度の変遷を中心とする限定的動向）を尋ねるものになることについて、不審に思われる読者も存在することだろう。だが、筆者の意図は、明治以後、まさに学校教育こそが教育的営為の基軸であったことを踏まえつつ、あえて、その「制度としての教育」の進展を、「制度としての教育」のみが教育の全体ではないとする関心から描出することで、「制度」として行われる教育のあり方を批判的に吟味するための論点を引き出そうとすることにある。なぜなら、学校教育の諸動向に包摂される教育上の特質や問題についても、その教育（学）的意味を明確に捕捉するには、教育を学校教育に限定する（近代の）視線にとどまらず、さらに教育をより広汎な成長助成の営為と理解する（近代以外の）視線が必要だと考えるからである。

(3) 教育史学における学問的関心の所在について

第三に、教育史学の学問的関心が、主にどういう問題ないし事象に向けられているのか、についてである。

上述のように、「教育」が人間の生物的属性に由来する営みであるという場合に、その属性として最も重要なのは、新しい世代の人間を「教え」たり「育て」たりする能力を人間が有している、という事実である。あるいはまた、新しい世代の人間の側も、教えられたことを「学ぶ」ことができ、それを通して「育って」いくことのできる能力を有している、という事実である。その意味で、人間社会に教育という営みをもたらすとともに、その歴史的展開を支えてきた最も根本的な要因として、人間の内在的能力の存在を看過することはできない。それゆえ教育学という学問分野にとって、教育の営みの由来をなす人間の内在的能力に対する知見は必須の要件といえる。近代教育学の祖といわれるヘルバルト（Johann Friedrich Herbart, 1776-1841）の「教育学の基礎概念は生徒の陶冶可能性である」(5)という言葉は、このような文脈で理解されることができる。

だが、教育の歴史的研究（教育史学）とは、そうした人間の内在的能力と実際の教育的営為との関わりに優先的な関心を据えるものではない。教育史学の優先的関心事とは、教育的営為の成立やその歴史的展開に及ぼした「社会」や「文化」からの影響であり、その影響の下に構成された教育的営為の実相である。その意味で教育史学は、教育的営為の推移をその構成に影響を及ぼした外在的契機（人間に内在する諸能力を内在的契機と理解することとの対比において）との関わりにおいて解明することを第一義的な課題とする。このことはまた、教育史の叙述とは、人間の生物的自然に直接的に規定される教育的営為よりも、文化的・社会的あるいは経済的・政治的条件によって規定され構成される教育的営為の方に、より重大な視線が投ぜられることを物語っている。

本書では、教育史の全体的な流れを「習俗」「組織」「制度」というマクロな次元での教育様態の推移に着目しながら捕捉しようとするが、それぞれの教育様態の歴史的構成については、当然に、上述の外在的契機（文化的・社会的あるいは経済的・政治的条件など）との関わりを第一義的関心として描出することになる。その場合、教育様態の構成が外在的契機によって規定される傾向がより鮮明になるのが、「習俗」としての教育の段階よりも、むしろ「組織」や「制度」としてのそれであることはいうまでもない。この点にも、本書での教育史叙述の主たる関心が「明治以後」に向けられる理由が認められるのである（ただし、近年の教育史学においては、「心性史」や「民衆史」などの関心から、「習俗としての教育」へのアプローチがより自覚的・積極的に推し進められてきている。このことにはとくに注意を促しておく）。

(4) 教育史研究の意義・目的について

最後に、前近代の動向を視野に含めながら明治以後の教育の歴史的展開を捕捉するという、本書の試みの意義と目的についてである。

教育史学が、歴史的アプローチによって教育に関する諸問題を解読しようとする学問である限り、「すべての真の歴史は現代の歴史である」(6) というクローチェ(Benedetto Croce, 1866–1952)の言葉は、この研究領域にも示唆的な意味を与えている。現代人である私たちが、過去や未来の人々の問題関心をそのまま自らの問題関心としながら歴史理解を図ることは至難の業である。私たちが過去の歴史的事象を読み解こうとする場合、必然的に今日的な問題を関心の基軸に据えざるをえない。しかし、だからこそ、私たちは「今」をどう評価するか、を絶えず自覚的に問うておかねばならない。

だが、自分の姿が自分自身には見えにくいように、私たちにとって「今」を評価することは容易なことではない。私たちが「今」を生きているがゆえに、私たちの「今」は見えづらいものになっているからである。自分の姿を映し出すのと同様に、「今」を映し出すにも鏡が必要である。そして、「今」を可視化するための鏡こそがまさに歴史なのである。「今」を可視化するということは、換言すれば、「今」を歴史の大きな流れの中に位置づけることに他ならない。

例えば、教育の「今」を中心的に担っているのは学校教育だといえる。だが、学校の存在を自明視する教育観(「今」だけに視線を注ぐ教育観)では、学校自体の意義・役割や今後の方向性を必ずしも明確に捕捉することはできない。学校の教育的意味を探るには、上記のような「習俗」「組織」「制度」という教育様態の歴史的展開の理解が不可欠である。学校教育が「習俗」や「組織」段階の教育に対して、どのような独自の構造や性質を有するのかが把握できてはじめて、その意義や役割を正当に評価することができる。また、教育史の大きな流れの中に学校教育を定位することができてはじめて、その将来像を合理的に展望することが可能となる。教育史が教育の「今」の姿を映し出す鏡だというのは、この意味においてである。

「今」の問題の由来・来歴を解き明かすために歴史にアプローチする。読み解かれた歴史に基づいて、「今」を歴史的に定位する。そうして再吟味された「今」と「今」の問題の意味を、また改めて歴史の中に尋ねる。こうした、歴史と「今」との絶えざる往還によってこそ、直面する教育の歴史的位置が高い精度で確認され、教育の将来像を展望するための確かな視座が獲得されることが期待できる。

本書では、「制度としての教育」の進展を中心とする歴史叙述を試みることになるが、この短いスパンでの論考であっても、学校教育の「今」が有する歴史的意味をそれなりに捕捉することは可能と考えている。教育が「制度」として行われるについては、それを要請・促進する社会的条件がその背後に存在しているわけであるが、そのことは、社会的条件が変化すれば、「制度」のありようもまた必然的に変化していく必要のあることを示唆している。だが、そうした変化の必要は、「今」への関心だけでは明確には認識されにくい。わが国の場合、「制度としての教育」はほぼ一世紀半に及ぶ経験を有してきているが、それを条件づけている社会がどのように変化したか、その変化を踏まえたとき既存の制度の機能や構造にどの程度の耐用性が担保されているのか、制度自体に変化が必要であればそれはどのような方向性を辿るべきものであるのか、などの諸問題に対する理解を獲得するには、少なくともこの一世紀半の動向全般を視野に含め込む必要があるといえるからである。

もちろん、歴史への視座をより高い精度において確保しようとするには、より長いスパンを射程としながら、より精緻な先行研究へのアプローチを読者それぞれに試みていただかねばならない。本書は、日本教育史テキストとして、教育史研究の意義と目的が教育における「今」の歴史的定位（とそれに基づく教育の将来展望）にある、という認識を読者に提示するとともに、その作業のための最も基本的な歴史素材を提供することをもって、第一義的役割とするものである。

第一章　「組織としての教育」の胎動と進展

――古代・中世

一．古代における教育の組織化動向

文字学習と古代の教育組織

人類の歴史の最も早い段階で、教育の組織化を促す外在的契機として機能したものは、文字学習の必要であったといえる。それは、この国の歴史にも同様に指摘できることである。ただしこの国では、文字学習の必要が最初に自覚されたのが庶民階層ではなく、国家統治者としての貴族階層であったことから、教育の組織化は、文字学習の文脈だけでは完結せず、より高度な政治的・文化的必要（大陸の先進的文物の学習）と結びつくものとなった。

そもそも日本列島に興った社会において文字使用が始まったのは、大陸からの文字の輸入に基づくことであった。文字の使用は、書物を通しての大陸からの先進的な知識・技術の習得を可能にするとともに、より広範囲に及ぶ政治的統一を可能にした。七世紀後半に、朝廷は中国唐代の律令制度を導入するようになる。律令制支配においては、すべての人民の氏名《うじな》・姓《かばね》・年齢を戸籍に記載し、それを台帳として六歳以上の人民に一定基準の水田を与え（班田制）、さらにそれを基盤にして租・庸・調・雑徭《ぞうよう》などの租税制度を確立した。また、戸籍によって定まった戸を

〔図 1-1〕大学寮址
（京都府中京区）

基礎に五〇戸を一里（郷）とし、里（郷）・郡・国という地方行政制度をつくった(1)。こうして、令に定められた中央官庁を含め、すべての行政を文書で行うという、文書行政が基本となったのである。律令官人は都に居住しながら遠隔地を統治しなければならなかったので、文書による高度な事務能力を必要とした。文書に基づく事務能力は、地方官人にも同様に求められることであった。

こうした律令官人の養成のために設けられたのが、都の「大学寮」と国ごとの「国学」であった。両者はともに律令制下の「学令」に定められた教育組織で、「大学寮」は五位以上の貴族と東西史《やまとかわちのふひと》部《べ》の子弟、「国学」は地方官人たる郡司の子弟を対象とした。ただし、例えば「大学寮」では明経道《みょうぎょうどう》（儒学）・明法道《みょうほうどう》（法）・文章道《もんじょうどう》（漢詩文）・算道・音道（中国語音）などが学ばれたように、これらの学校では律令官人の教養知とされた高度な学術体系の習得が求められた。上述の繰り返しになるが、貴族社会において教育組織化への動きは、文字学習の必要を基本的契機としつつも、それを超えて学問的ないし行政的必要を契機とする段階に達していたのである。だが、当時にあって人材登用の仕組みは、「蔭位の制」に象徴されるように世襲原理が優位にあった。そのため、律令制が衰退した一〇世紀後半には、「大学寮」「国学」ともに学校としての機能をほとんど失ってしまうのである。

庶民階層の教育

古代では、鎮護国家のために仏教が積極的に受容された。それゆえ僧侶は大陸からの先進的文化を修めた知識人であり、寺院は先進的文化を授けるための教育組織としての役割をもった。だが、仏教は国家の政治と結びつき、僧侶も貴族とともに特権階層に属していたこともあって、仏教や僧侶が一般民衆のための教育活動に寄与することは、行基（六六八〜七四九）や空海（七七四〜八三五）など一部の例外を除いて、ほとんど認められなかった。とくに空海については、八二八（天長五）年頃京都に「綜芸種智院《しゅげいしゅちいん》」を開き、民衆教育の組織化を推し進めたことが特筆されるが、これも彼の死後に廃絶した。

古代において「組織」としての教育への取り組みは、ほぼ貴族（律令官人）や僧侶の階層に限られていた。それらは、文字学習の必要を基本的契機としながらも、大陸からのより高度な文化摂取のために営まれたものであった。それ裏返しにいえば、広く庶民階層で営まれていた教育は、全般的に「習俗」としてのそれに委ねられていた、と見ることができるのである。

二．中世における教育の組織化動向

中世社会と文字学習

古代と中世とを画期する最も重要な動向は、武士の台頭とそれに伴う武士政権の成立に見出すことができる。もちろん中世に入ってからも、組織的な教育の主要な担い手は、古代以来のそれを継承した貴族や僧侶であった。貴族の教育は私邸にて（父祖や招聘された知識人が師となって）行われるのが一般的であり、僧侶養成のための教育ももっぱら寺院内で営まれていた。その意味で、私邸や寺院自体が教育組織としての機能を合わせもっていたにすぎなかった（後述する勧学院や足利学校のような一部の例外を除いては、中世社会もまた教育自体を目的とする組織をもったわけではなかった）。だが、武士勢力の台頭は、とりわけ寺院が有していた教育機能に重大な変化をもたらすことになった。

武士の多くは、開発領主として自ら農業経営に従事する在地有力者であった。彼らは自らの領地確保と軍役・納

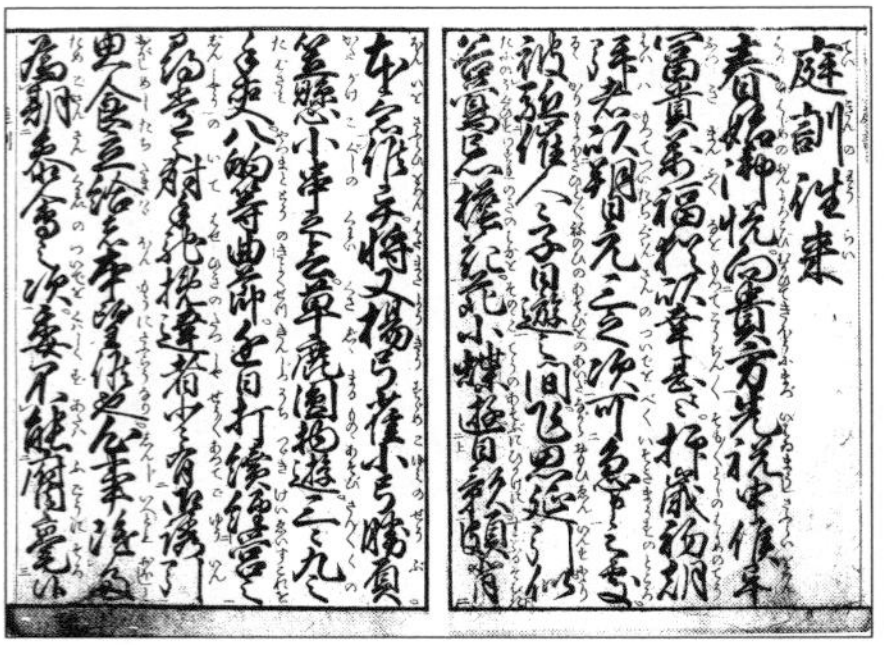

〔図 1-2〕「庭訓往来」

税などのため、鎌倉や京都などと絶えず連絡をとる必要があった。それは、武士階層に一定水準の読み書き計算能力を要請することになった。識字・計算能力は、在地有力者が武士団を統率する上で欠くことのできない知的素養となったのである。

新興勢力たる武士層の間に生じたこうした学習需要に応えたのが、各地の寺院であった。教育組織としての寺院の機能は、元来、僧侶を養成するためのものであったが、鎌倉時代以降、次第に僧侶となることを望んでいない俗人の子弟を受け入れて、彼らに読み書きの指導や、仏教修行に基づく厳格な躾を行うようにもなった。このような俗人子弟は、稚児《ちご》、児《ちご》、小生《しょうせい》、児童《じどう》、垂髪《すいはつ》（髻《もとどり》を結わない髪型に由来）などと呼ばれ、通常八、九歳で寺入り（登《とう》山《ざん》とも呼ばれた）し、一四、五歳前後で下山した。

往来物の普及

寺入りした稚児の学習のために使用されたのが、往来物と呼ばれるテキストであった。往来物とは、文字通り、手紙の往復文例を集録して手紙文を学習させるためのテキストとして編集された書物のことをいう。往来物の先蹤とされるのは、平安後期の漢詩人で、文章《もんじょう》博士や大学頭《だいがくのかみ》なども務めた藤原明衡《ふじわらのあきひら》（生年不詳〜一〇六六）の作と伝えられる『明衡《めいごう》往来』であり、その成立はほぼ一一世紀中頃のことと推定されている(2)。往来物の内容は、当初は、貴族の日常生活や儀式・行事に関する事柄を中心としていたが、寺院での世俗教育が盛んに行われるようになるにつれて、武士階層を中心とする俗人子弟の学習を意識したものが編まれるようになった。そうした往来物として最も広汎な普及を見たものが『庭訓《ていきん》往来』（作者不詳。成立は一四世紀頃といわれる）である。『庭訓往来』は、一年一二ヵ月の往来文二四通に、閏月の一通を加えた計二五通の手紙文例集で、それぞれの手紙には衣食住、職業、産物、政治、宗教など社会全般の事物に関する単語が列挙され、武士や庶民の日常生活に必要な知識が学習できるよう工夫されている。往来物のうち、古代・中世に成立したものを古往来と呼んでおり、それらは写本の形で流通したが、江戸時代に入ると印刷技術の発展に伴って盛んに出版されるようになる。前近代の日本において往来物が広汎に普及したという事実は、「組織としての教育」の最も重要な契機が文字学習の必要にあったことを強く示唆しているのである。

教育組織の高度化

ところで、上述のように、中世における教育組織化の中核を担ったのは寺院の存在であった。これらのうち、比叡山や高野山などの有力寺院は、勧学講や勧学院と呼ばれる学僧養成のための専門機関を開設するなど、当時において最も高度なレベルでの組織的教育を展開していた。とくに高野山勧学院は、寺領の荘園からの収入によって維持され、相当程度の自治権（規則制定や加入、除籍に関する権利など）を有する学生集団を形成するなど、教育組織として高度な機能を有していた。ただし、この勧学院も一五世紀後期には寺領荘園の衰退という経済的事情によって、活動の停滞を余儀なくされていくことになる。

足利学校と金沢文庫

上記の勧学講や勧学院が比叡山や高野山など、近畿に所在する有力寺院で開設されたのに対し、都から遠く離れた関東にあって中世を代表する有力な教育機関の一つとして周知されていたのが足利学校である。

〔図 1-3〕足利学校（栃木県足利市）

足利学校の起源や創設期・創設者などは、ほとんど不明である。[3] 創設期については、ほぼ一四世紀末から一五世紀初頭にかけての頃と推定されており、また、その母胎となったのは足利氏の菩提寺鑁阿寺《ばんなじ》と考えられている。同校の教育組織としての整備・拡充が図られるようになるのは、関東管領《かんれい》上杉憲実《のりざね》（一四一〇〜六六）が保護を始めた一四三九（永享一一）年頃からのことといわれる（このとき憲実は、書籍を寄進し、鎌倉円覚寺から僧快元《かいげん》を招いて校主とした）。ただし、上杉憲実が直接に関与することで、それ以前までに見られた学生集団による自治的運営（例えば学校規則制定や教育内容決定に関する自治機能）が衰退したとの見方もある。それでも足利学校は、戦国期には、儒学をはじめ、易学・医学・兵学・天文学など多彩な教育内容を授けるとともに、各地からすでに相当程度の学問を修めた学生たちが遊学に訪れるなど、中世における最も高度なレベルの教育を担う学校の一つとして機能した。

他方、鎌倉幕府の成立は、政権の正当性を保持するために、武力のみならず、その基盤たる社会的秩序や価値・規範に関する知的・文化的体系を集積する必要を生じさせた。その結果、政所や問注所などの幕府機関の筆頭に大江広元（一一四八〜一二二五）や三善康信（一一四〇〜一二二一）らの貴族が登用されるなど、京都文化への接近が図られるようになった。このような文脈から、やがて御家人の代表格である北条氏の中にも好学者が現れるようになる。とくに金沢北条氏一門の北条実時《さねとき》（一二二四〜七六）は、京都から下向した博士家家学の継承者清原教隆《のりたか》（一一九九〜一二六五）に学び、およそ三〇年間にわたって典籍の書写・校点に取り組んだ。[4] こうして蒐集された相当数の典籍は、実時が最晩年に六浦荘金沢に隠遁した際に移送され、居館内に独立した文庫が建立されたと考えられている（これが金沢文庫の起源といわれる）。実時の好学の姿勢は、その後累代の金沢北条氏に継承され、厖大な数の蔵書が蒐集されるに至った。蔵書の内容は、政治・法制・農政・軍事・文学など多岐にわたっていたが、文庫本の利用者は称名寺（金沢北条氏の菩提寺として文庫に隣接）の学僧が中心であった。それゆえ、いわゆる公共図書館としての機能は持ち合わせていなかったようであるが、蔵書の質量からしても中世において最も充実した文庫であったことは間違いない。金沢北条氏の滅亡後、文庫の管理は称名寺に委ねられたが、寺運の衰退とともに蔵書も次第に散逸してしまうことになる。

中世における教育文化の傾向

武士は、古代までの中心勢力であった貴族や僧侶に対抗する新たな勢力として台頭したが、その教育への取り組みは、独自の教育組織を創設することによってではなく、主に旧勢力の一拠点たる寺院に子弟教育を委ねることによって展開された。これは、中世の社会動向に及ぼした武士の影響が主に軍事力を背景とするものであり、教育や文化に関わる動向を担っていたのは、依然として貴族や僧侶などの旧勢力であったことを物語っている。

ただし上述のように、鎌倉幕府の発足に伴って、それまで京都に蓄積されていた学術・文化が鎌倉をはじめとする各地に伝播されていったのも中世教育文化の重要な傾向であった。とりわけ、中世後期の応仁の乱（一四六七～七七）以後には戦禍を逃れて都を離れ、各地の有力武将の庇護の下に活動の拠点を地方に移す学者・文人が続出した。儒学についていえば、例えば京都の臨済僧であった桂庵玄樹《けいあんげんじゅ》（一四二七～一五〇八）は明への留学から帰国した後、島津氏に招かれて薩摩に学問を伝え、やがて薩南学派と称される学統の基礎を形成した。博士家の清原宣賢《のぶたか》（一四七五～一五五〇）も朝倉氏の招請により越前にて精力的に講義を行った。これらは、貴族・僧侶の教養であった儒学や仏教などが、戦国大名にとって領国支配を維持し強化するためのイデオロギーとして機能したことを示唆している。北条氏や朝倉氏の事例に代表される中世の武家家訓に、古代以来の貴族文化の影響が顕著に窺われるのもこのためであるといえる。

庶民階層の教育組織化動向

中世社会においては、支配層と民衆層との緊張関係や商工業の発展などを契機に、村落における自治的結合が徐々に形成された。その結果、村落自治を維持・発展させるために識字・計算能力への需要が高まりつつあった。膨大な量の中世民衆文書・惣村文書が今日に残存していることがそれを物語っている。また、中世において僧侶や修験者の遊歴が活発に行われていたことはよく知られているが、それら遊歴者の活動を通してある種の組織的教育が行われていた可能性も否定できない。だが中世社会において、一般民衆の教育組織がどの程度の範囲と規模において実現されていたのかは、必ずしも明らかではない。

例えば、一五四九年に来日したイエズス会の宣教師フランシスコ・ザビエル（Francisco Xavier, 1506-52）が残した書簡には、中世日本の教育に関する記述も含まれている。(5) そこには、京都をはじめ、比叡山や高野山あるいは関東に大学が存在したこと（前述の勧学院や足利学校のことを指しているものと推定される）に加え、全国各地に多くの学校が設けられていたことが記されている。おそらく寺院での教育活動を指すものであろう。この記事からは、中世社会において寺院が教育組織としての役割を広範囲に果たしていたことが窺われる。

こうした情報がヨーロッパのイエズス会に伝えられたことが、その後のいわゆるキリシタン学校の開設と普及に結びついたと考えられる。一六世紀後期の日本には、イエズス会による教会付設の初等学校のほか、セミナリオやコレジヨと呼ばれる日本人司祭・修道士の養成学校が開設された。中でも初等学校は、一五八三年頃には西日本を中心に二〇〇校近くが設置されていたと伝えられる。(6) イエズス会による数多くのキリシタン学校の設置は、中世社会に深く根ざしていた仏教に対抗するための布教活動の一環と見ることができる。それは、裏返しにいえば、中世社会において寺院での教育が一般民衆層にもそれ相応の普及を見ていたことを示唆しているのである。

中世において、組織的教育の主要な担い手は寺院であった。それは仏教が中世社会における精神文化の基軸をなしていたことに由来し、第一義的には僧侶養成のために行われたことであった。それゆえ有力寺院においては相当程度に高度な教育組織が形成されるようにもなっていた。だが新興勢力たる武士の台頭は、彼らに文字学習はもちろん、領国統治に必要な教養（仏教・儒教・神道など）の学びを要請した。そのような需要を満たしたのもまた各地の寺院であった。こうして寺院は、世俗化された教育組織としての機能を合わせもつことになった。この教育組織の世俗化の過程において、寺院は武士のみならず一般民衆をも受け入れるようになったと考えられている。だが、広く庶民の間で行われていた教育的営為の大勢は「習俗としての教育」に委ねられていた、と見るのが自然であろう。

第二章　近世における教育組織化の諸動向

一．教育組織化の契機――「文字社会」の成立

日本の歴史において、教育の営みを組織化する社会的契機が最初に顕著な形となって現れたのは、まさに江戸時代の到来によってであった。江戸時代とは、教育史の関心から見れば、広く庶民層をも含めて社会全体に教育組織化の契機が訪れた時代であったといえる。では、その契機とはどのようなものであったのか。

兵農分離と文書行政

江戸時代の社会体制は「兵農分離」を前提として成り立っていた。すなわち、都市に居住する少数の武士が、農村に住む多数の農民（漁村や山村の民を含めて）を支配するという体制である。支配者と被支配者とが空間的に隔たった地域に住む兵農分離の体制下では、支配者側の政治的指示・命令は、触書や法令などの文字に書かれた文書によって被支配者に示されることになる。これは、武士と農民とがともに農村に暮らしており、直接的な人身支配が可能であった中世までとは大きく異なる社会体制であった。

こうして近世は、行政上必要な情報が文字によって伝達される時代となった。行政は文書主義の方針を徹底したために、上から下への指令だけではなく、下から上への申告、陳情、訴訟などの類もすべて文書の形にしなければならなかった。つまり幕藩制の統治システムとは、まさに民衆側の一定の識字能力を前提に成り立っていた。近世という時代の社会体制それ自体が、民衆を文字学習へと誘う重要な契機となっていたのである。

村の自治と村請

兵農分離体制の下では、原則として、武士は村に居住しなかった。それゆえ村内の行政は、村民の自治に委ねられていた。名主（庄屋・肝煎）、組頭（年寄）、百姓代など村方三役と総称される村役人は有力農民が務め、領主への年貢納入も村単位で責任を負う村請制であった。村内の年貢の各戸への割付も、検地帳に基づいて村役人が行っていた。それゆえ村請を実行するために、高度な書記能力と計算能力が村役人にとっての必須の教養となった。

年貢など租税の割付には不正が少なくなかった。しかし村役人に不正があっても、識字や計算能力がなければそれを見抜くことはできない。享保年間頃（一八世紀前半期）から租税割付をめぐる村役人の不正を糾弾する「村方騒動」が増加するようになるが、これは多くの民衆の間に識字や計算能力が普及したことの反映と見ることができる(1)。

都市と商品経済の発達

一方、領主層たる武士が集住した城下町などの都市では商品経済が発達した。幕藩領主は租税（年貢）を米で集めるが、その財政は収納した米を貨幣に換金することで賄われていた。そのため大量の年貢米を商品化（換金）するために、全国規模での商品流通機構（主に海運）が整備された。こうして全国的流通機構の中心である大坂、古来の政治・経済・文化の中心である京都、幕府政治権力の中心である江戸の「三都」が全国流通網の結節点となった。三都は、人、物、貨幣はもとより様々な文化と情報が行き交う大都市として発展した。

また、武士の都市集住は城下町（地方都市）を全国に生み出した。都市生活は衣食住の商品を貨幣で購入する消費生活を基本とするため、都市人口の増大は商品需要を著しく促進した。もちろん、都市の需要を満たす商品は農民が生産するので、農村社会も貨幣経済と無縁ではなくなっていく。貨幣を介する商品流通システムの下では、農民たちも文字や計算能力なしには日常の用を足すことができなくなる。こうして、都市でも農村でも一般民衆が文字学習を必要とするようになった時代、それがまさに近世だったのである。

出版文化の広がり

以上のような政治的・社会経済的諸契機により、江戸時代は文字使用を前提とする「文字社会」となった。そして「文字社会」を文化面から促進した契機が出版文化の広がりであった。

出版文化については、中世にも京都の禅宗寺院でのいわゆる五山版があり、一六世紀後半にはイエズス会宣教師によるキリシタン版があった。近世初期にも徳川家康（一五四三〜一六一六）の命による駿河版や豪商角倉素庵（一五七一〜一六三二）と本阿弥光悦（一五五八〜一六三七）による嵯峨版などがあった。だが、これらは僧侶や一部の知識人あるいは特定の上層武士の需要を満たすための出版であった。それに対し、一六三〇年代の寛永期から出版を専門の生業とする書肆《しょし》が京都に出現するようになる。(2) 書肆による出版は、一般大衆を読者対象とする商業出版であり、しかも整版本印刷という印刷技術に基づく大量出版であったという点において、それ以前の特権階層向けの出版とは根本的に異なるものであった。こうした出版書肆は、やがて大坂や江戸にも広がりを見せ、一八世紀中期以後の江戸は上方に劣らぬ盛況を呈するようになる。

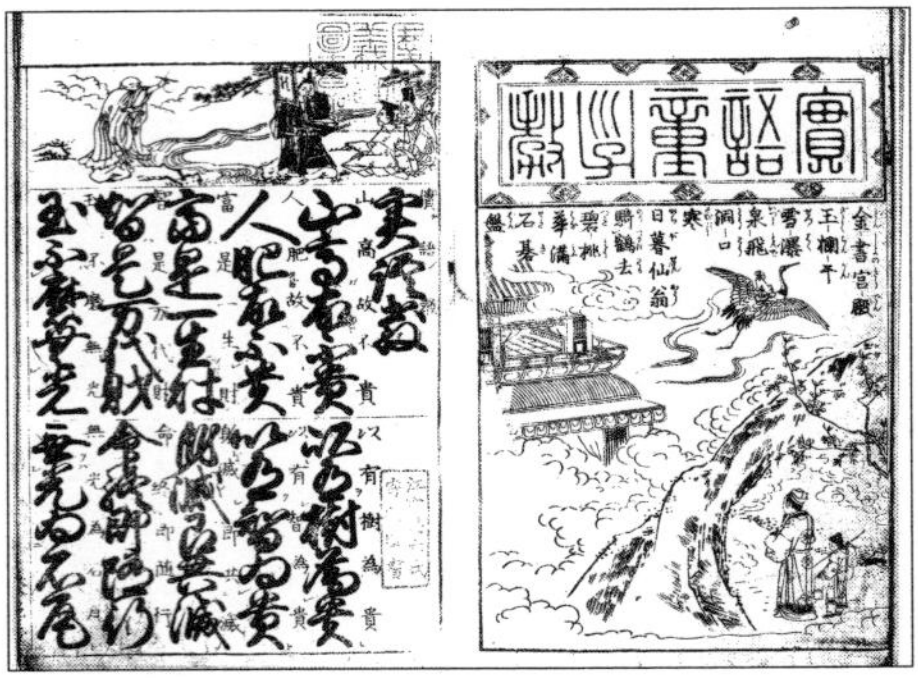

〔図 2-1〕「実語教・童子教」

近世における商業出版・大量出版の出現は、文字文化に様々な変化をもたらした。例えば、近世初期の仮名草子や井原西鶴（一六四二～九三）の浮世草子など大衆向けの読み物はもとより、『太平記』『平家物語』など中世に流布した軍記物、あるいは『徒然草』『源氏物語』『伊勢物語』『枕草子』『万葉集』『古今和歌集』など一部の公家知識人層で伝写されてきた古典作品が一七世紀に相次いで出版された。日本の「古典」は江戸前期の出版文化が生み出した、ともいえるのである。

出版された「古典」は日本のものに限らなかった。四書五経や史書・詩文類など、中国の「古典」も盛んに出版された。これら和刻本と総称される漢籍類は「学問」のためのテキストであった。和刻本漢籍の出版は、江戸社会に学問が普及するための前提条件となった。さらに出版書肆の成立は、儒者などの知識人層が自らの著作を刊行できる機会を提供した。それは学術テキストがもっぱら写本に頼っていた前代とは異なる学問環境を、江戸社会に準備した。

出版書肆による大量の商業出版が可能となったのは、相当数の識字人口・読書人口が存在したことを物語っているが、そうした識字人口の増大もまた出版書籍の広汎な流通によって促進されたことであった。前述のように、古代・中世にも『明衡往来』『庭訓往来』など往来物が二〇数種類存在した。これらは中世までは写本で伝えられていたが、近世初期に次々に出版され刊本として大量に流布するようになった。近世の往来物は多種多様で、現在確認されているものは七、〇〇〇種以上に及ぶ。(3)『実語教』『童子教』『商売往来』『農業往来』『庭訓往来』『今川状』などは、全国くまなく流通した往来物として知られる。これらの往来物は、後述する手習塾（寺子屋）にて使用されるにとどまらず、商家での丁稚の手習いや家庭内での子女の手習いにも使われた。往来物の出版は、文字学びのためのテキストを全国に普及させたのである。

近世における大量出版の成立とテキストの流通は、江戸社会における教育組織化の重要な背景をなすばかりでなく、教育の近代化（制度化）の前提ともなった。江戸時代に大量の教科書を発行する技術や、それを全国に供給する流通システムが整備されていたことは、明治以後における近代学校普及の重要な物的条件をなした。大量出版の普及とそれに伴う民衆層への読書の浸透、共通の教養の提供などは、近代において国民国家が成立する文化的前提ともなった。江戸時代における文字社会の成立は、近世から近代へと連なる分厚い文化的基盤としての含意をこの国の教育史に与えたのである。

二．幕藩体制下の教育政策――一八世紀末までの政策動向

幕藩体制と民衆教化

幕藩体制下における民衆支配は、寺請制度によってすべての人々がいずれかの寺院の檀家となることを義務づけた以外には、積極的政策をとらなかった。寺請制度は、民衆教化というよりも、むしろキリシタン根絶のために採用された制度であり、寺院が作成する宗旨人別帳《しゅうしにんべつちょう》は住民の宗教的帰属や居住実態を把捉する一種の「戸籍」として機能した。この寺請制度に基づいて、民衆の日常生活は寺院との結びつきを強めた。身近な生活空間に寺院があり、誰もが葬式や法要など様々な場面で僧侶と関わりをもつようになった。旅行や婚姻などの際には、檀那寺が発行する宗旨手形（寺請証文）が今日の旅券のように求められた。寺院は民衆に対する行政支配の末端を担っていたのである。

他方その結果、民衆の道徳生活は寺院の檀家としての枠を逸脱しない限り、政治的支配を受けることが少なかった。確かに幕藩体制下では、「五人組帳前書」や各種の高札・触書などによって、民衆への規制が様々に加えられていた。だがそれらの大半は、禁止・制限条項を並べた法的規制というべきものであり、民心を対象にした積極的な道徳的教化としての意味合いは比較的稀薄であった。近世社会において民衆の道徳意識を直接的に規制していたのは、むしろ習俗化された生活共同体の倫理や信仰のあり方であった。それは、上述のような寺請制度に伴う仏教の影響もさることながら、それ以上に例えば氏神信仰のような生活共同体や民俗の中に埋め込まれた習俗・慣行・信仰に関わるものであった。

池田光政と閑谷学校

以上のような状況下にあっても、少数ながら、自覚的に民衆教化政策を推し進めようとした事例は存在した。例えば、水戸藩の徳川光圀（一六二八～一七〇一）や会津藩の保科正之（一六一一～七三）など、学問（儒学）によって政治主体としての自己形成を図ろうとした好学の封建領主たちは、一般民衆の教化にも政策的関心を寄せていた。中でも岡山藩の池田光政（一六〇九～八二）は、江戸前期にあって最も積極的な民衆教化政策を推進したことで知られる。

教育史上における池田光政の名は、彼が一六四一（寛永一八）年に城下別邸に設けた学問所（花畠教場）が江戸期最古の藩校とされていることでも知られるが、光政はまた民衆教化に対し積極的政策を推し進めた人物でもあった。すなわち光政は、一六六七（寛文七）年城下に町方手習所を設けたのを皮切りに、翌年には領内全域に一二三ヵ所もの手習所を設置して、村役人や上層農民の子弟に手習や算術を学ばせるとともに、『孝経』『小学』「四書」などに基づいた初歩的学問を授けようとした。

この手習所政策は、藩財政の逼迫により光政の意図通りには進展しなかったが、他方で、彼は一六七三（延宝元）年和気郡木谷村に閑谷《しずたに》学校を設立し、上記手習所をこれに統合した。光政はこの閑谷学校の永続を企図し、必要な財源を公費で賄うとともに、壮麗な孔子廟（大成殿）や講堂のほか、文庫や寄宿舎などの諸施設を整えた。入学者には武士・庶民を問わず、さらに他国人の入学をも認めた（実際には、村役人層の子弟が中心であった）。こうして、儒学思想に内在する「学校を通しての民衆の道徳教化」(4)の実践が目指されたのである。閑谷学校は維新後の一八七〇（明治三）年まで存続し、その遺構は一部国宝に指定されて今日に残されている。

享保の改革と民衆教化

一方、徳川幕府の方に眼を転ずると、幕府が民衆教化に積極的関心を寄せるようになるのは、八代将軍徳川吉宗（一六八四～一七五一）の治世下においてであった。幕府の施政方針は、五代将軍綱吉（一六四六～一七〇九）の頃から明確に文治主義を指向するようになり、その後もいわゆる「正徳の治」で知られる新井白石（一六五七～一七二五）のように儒学を深く学んだ為政者が出現した。彼らは、儒学を学ぶことでよき為政者として自らの徳を磨き、それを政治実践に反映させようとする徳治政治の立場をとった。徳治とは、儒学政治思想の根本理念として朱子学にも鮮明に継承された思想であったが、それは為政者自身がよき政治主体であることを第一義としたため、武士や民衆への教化策を具体的・積極的に打ち出すには至らなかった。

それに対し吉宗は、学問（儒学）を政治の方法や技術として活用しようとし、制度を立てて民衆教化を推進しようとした。学問を政治的に活用しようとする視点は、徂徠学の学問観と通底するものである。荻生徂徠（一六六六～一七二八）の代表的な経世論書（『太平策』『政談』）が、吉宗からの政治諮問に応えるために著された述作であったことは、享保改革と徂徠学との関わりを強く示唆している。

吉宗の民衆教化策としては、まず聖堂仰高門《ぎょうこうもん》東舎における日講を挙げることができる。この講釈は、後述のように、綱吉の時代から始められていたが、一七一七（享保二）年、吉宗はこれを毎日開講し（講師は林家門人）、一般庶民にも聴席を開放した。この日講は幕末まで絶えることなく、およそ一五〇年間もの長きにわたって継続されていく。また、吉宗は江戸市中に普及しつつあった手習塾（寺子屋）に着目し、江戸市中の手習師匠に書付を発して「五人組帳前書」など幕府の法度・触書類を手本として使用するよう指示している。

さらに、吉宗は一七二二（享保七）年、明《みん》に通行していた民衆修身書『六諭衍義《りくゆえんぎ》』を室鳩巣（一六五八～一七三四）に和訳させ（同書は中国の俗語で書かれており、鳩巣は正確には読めなかったため、中国語に通じていた荻生徂徠に訓読が命ぜられた）、これを『六諭衍義大意』として官刻・出版し、江戸市中の手習師匠に広く頒布した。同書の和訳については平易簡略化が求められたが、これは吉宗の意図が手習塾を通じての子どもの道徳的教化にあったことを物語っている。『六諭衍義大意』は官刻の版木が民間書肆に下賜され、民間での出版が奨励された。長州・彦根・名古屋・掛川など同書を藩版として出版する藩も少なくなかった。こうして官刻の修身教訓書が、手習用のテキストとして社会に広く流布したのである。

これら以外にも、儒者菅野兼山（一六八〇～一七四七）の請願を受けて江戸の深川教授所の設立を支援したことや、大坂の上層町人の基金によって設立された懐徳堂を学問所として官許したことなどが注目される。深川教授所は、一七二三（享保八）年に幕府の財政支援によって設立された、武士・庶民双方を対象とする儒学教育の場であり、その後一八四五（弘化二）年には昌平坂学問所の管轄となった。懐徳堂の開設は一七二四年のことであった（初代学主は三宅石庵）が、一七二六（享保一一）年の官許によって公的な学問所として認知された。懐徳堂は、上方町人の合理的で批判的な精神を象徴する学問研究の場として、中井竹山（一七三〇～一八〇四）、中井履軒（一七三二～一八一七）、富永仲基（一七一五～四六）、山片蟠桃（一七四八～一八二一）などの独創的な思想家を輩出し、一八六九（明治二）年に至るまで、高度でしかも身分を超えた自由な学問研究機関としての役割を貫いた。

寛政の改革と教育政策

享保期が、学問や教育の意義が政治によって発見された時期と評することができるなら、寛政期は、学問と教育が政治政策の中心に据えられた時期であった（政策上の基本理念も、享保以後にもてはやされた徂徠学に代わり、いわゆる朱子学正学派の思想がこれを提供するようになった）。この、学問・教育の営みを政治の積極的な関与によって方向づけようとする政策動向は、教育史の流れを「組織としての教育」の時代から「制度としての教育」の時代へと進展させる重要な契機となる。

寛政期の教育政策としては何よりも「異学の禁」を取り上げねばならない。「異学の禁」とは、一七九〇（寛政二）年五月に時の老中松平定信（一七五九～一八二九）が大学頭《だいがくのかみ》林信敬《のぶたか》（一七六七～九三）に発した布達のことをいう。その趣旨は概ね、①朱子学は幕府開闢以来採用されてきた「正学」である、②ところが近頃異学が流行して風俗が破られている、③それゆえ、以後は異学を禁じて正学講究に励み人材を取り立てるべきである、というものであった。この布達は、単に幕府による学問・思想統制や人材登用の方針を示すものであるにとどまらない。定信は、この布達に先立って、享保以後定着した聖堂の仰高門日講への民衆の出席を奨励したり、いわゆる寛政の三博士（尾藤二洲・柴野栗山・岡田寒泉）を聖堂つき儒者として登用したりするなど、聖堂改革のための政策を打ち出していた。さらに、善行者を積極的に表彰したり（『孝義録』の編纂・出版）、名代官群を輩出して民衆教化に仁政を敷いたり（例えば、上記の儒者岡田寒泉の常陸代官への赴任）、あるいは無宿人への教化として心学道話を取り入れたり、などの民衆教化を推進した。「異学の禁」には、こうした一般民衆をも視野に入れた教化政策の全体的な枠組みをつくった理念としての含意が与えられうるのである。

〔図 2-2〕湯島聖堂（東京都文京区）

「異学の禁」自体は、林大学頭（聖堂）に出されたものであって、世間一般に異学を禁じたものでも、全国諸藩に禁令を発したものでもなかった。だが、幕府の「異学の禁」に含意された学問と教育との政策上の二重構造、すなわち「学問を修めた人材（官僚）の育成」と、「風俗教化のための教育」という政策上の二重構造は、その後諸藩において積極的に採用されることになる。後述するように、諸藩における藩校の開設が寛政期以後活発化することが、その一つの証左である。こうした動向は、単に幕府権力への諸藩の追従というよりも、「異学の禁」体制が実際にもっていた政策としての有効性の反映であった、と見るべきであろう。

昌平坂学問所の来歴と改革

いわゆる昌平坂学問所が正式に幕府の学問所と定められ、諸般の改革が加えられたのも寛政年間においてであった。同学問所の由来は、一六三〇（寛永七）年に幕府が林羅山（一五八三～一六五七）に対し上野忍岡に五、三〇〇坪余りの土地を与え、学舎建設の費用を給付したことに求められる。その二年後の一六三二（寛永九）年には尾張藩主徳川義直（一六〇一～五〇）が釈奠《せきてん》（儒学の開祖である孔子を祭る行事）のための施設を寄進するが、一六九〇（元禄三）年、将軍綱吉のときにこれを湯島に移築させる（湯島聖堂）。綱吉は、釈奠の際に自ら講義を行ったり、聖堂仰高門を入った東舎で一般人を対象とする講釈を始めさせたりするなど、聖堂に公的な性格を与えていく。林家三代の林鳳岡（一六四五～一七三二）に、学事を主管する大学頭という官職名が与えられた（蓄髪も許される）のも、綱吉の時代のことである。

一七九二（寛政四）年より、この聖堂において幕臣に対する「学問吟味」（一五歳以上対象。三年ごとに実施）と「素読吟味」（一五歳未満対象。毎年実施）が行われるようになった。この試験制度の導入は、能力に基づく人材登用システムを採用することで、門閥制度を前提に組み立てられていた幕藩体制を揺るがす意味合いをもつことになった。こうして、一七九七（寛政九）年、聖堂の敷地内にあった林家の学舎（家塾）を幕府の管轄下に置き、名称もそれまでの「聖堂」から「学問所」に改めた。幕府直轄学校としての「昌平坂学問所」（この名称が公称されるようになるのは一八四三（天保一四）年のこと）の誕生は、寛政期における学制改革を象徴する出来事であった。

その後、一七九九（寛政一一）年には、昌平坂学問所の学舎増設と聖堂の再建が行われ、その翌年には旗本・御家人に対して学問所での積極的な奨学の布達が出された。また学問所は、当初幕臣子弟のみを入学対象としていたが、一八〇一（享和元）年より「書生寮」を設け、幕臣以外の武士の入学を認めることにした。これ以後、学問所で学んだ者を儒官として迎える藩校が漸増するようになる。昌平坂学問所は、まさに武士教育のための中央学府として位置づけられていく。以上のような昌平坂学問所の発展は、教育がすでに「制度」として整えられていく様子を最も明瞭に物語るものといえよう。

幕府による洋学摂取

幕府による蘭学摂取は、八代将軍吉宗の時代にまで遡ることができる。すなわち吉宗は、産業開発に有用な実学を奨励し、海外の科学知や技術知を導入するため、一七二〇（享保五）年に漢訳蘭書輸入に関する禁令を緩和した。さらに、海外の知識を直接吸収すべく、青木昆陽（一六九八～一七六九）や野呂元丈（一六九四～一七六一）らにオランダ語を学習させた。またこれに続く田沼時代には、前野良沢（一七二三～一八〇三）、杉田玄白（一七三三～一八一七）らが、江戸小塚原にて刑死者の腑分けを実現させ、オランダ語解剖書『ターヘル・アナトミア』の人体図

〔図 2-3〕蕃書調所跡
（東京都千代田区）

〔図 2-4〕お玉が池種痘所跡
（東京都千代田区）

の正確さに驚嘆して、その翻訳書『解体新書』を刊行（一七七四年）するなど、医学への関心の高まりが蘭学を発展させた。こうして蘭書によって西洋の学術を取り入れる気運が開かれ、医学・薬学・博物学・天文学・暦学・物理学・化学・地理学など各種の学問が学ばれるようになった。

一九世紀に入ると、ロシア船や英国船がしばしば日本近海に来航するようになり、海外事情への関心や軍事学への需要が高まった。幕府も、公的な蘭書翻訳機関として一八一一（文化八）年に蕃書和解御用《ばんしょわげごよう》を設立し、馬場佐十郎（一七八七～一八二二）、大槻玄沢（一七五七～一八二七）らの蘭学者を登用した。同機関は、その後一八五五（安政二）年に洋学所となり、蘭学以外の洋学研究も取り込むことになった（安政の大地震で焼失し、翌一八五六年に蕃書調所《ばんしょしらべしょ》と改称）。さらに一八六二（文久二）年には洋書調所、翌一八六三年には開成所と改称され、英語・ドイツ語・フランス語の教授や西洋近代学術の研究・教育を推進した。

幕府によるこうした洋学摂取は、「寛政異学の禁」に基づく朱子学体制の下で進められた。例えば、上記の洋学所・蕃書調所の初代頭取が昌平坂学問所教授で朱子学者の古賀謹堂《きんどう》（一八一六～八四）であったように、幕府洋学者たちの周囲には学問所系の朱子学者たちが存在していた。古賀謹堂は洋学摂取に積極的な朱子学者であったが、これは朱子学の説く「格物致知」や「窮理」が一事一物の原理を窮めることを重視する点において、事物の客観的な原理を探究する西洋近代科学を受け入れる土壌となりえたことを示唆している。寛政期以後の正学派朱子学は「修己治人」の道を説く道徳学として武士階層の教養知を形成するが、その一方で、その思想的枠組みのうちに西洋近代知を摂取する柔軟さを有していたのである（ただし、朱子学の学問的枠組みにおいて、洋学は一般的に技術学ないし実用学として位置づけられた。これについては後述する）。

なお、一八六〇（万延元）年には伊藤玄朴（一八〇一～七一）ら蘭学医によって設けられた種痘所が幕府直轄となり、翌年に西洋医学所、一八六三年に医学所と、改称された。医学所の頭取にはオランダの軍医ポンペに師事した松本良順（一八三二～一九〇七）が就いた（西洋医学所時代の頭取には、大坂より緒方洪庵が招かれた）。この医学所は上記開成所とともに、後の東京大学の前身として位置づけられるのである。

幕末期において、幕府は上記以外にも様々な分野の直轄学校を開設するが、こうした積極的な人材養成政策は、先述したように、「寛政異学の禁」以来一貫する政策動向であった。この意味で寛政期とはまさに日本教育史の画期であり、寛政期以後の「人材養成」と「民衆教化」という政策動向こそが、一九世紀の日本を「教育爆発の時代」へと導いたのである。(5)

三．「教育爆発」の諸相――多様な教育組織の出現と普及

江戸時代において、多様な教育組織が活発に整えられるようになるのは、ほぼ一九世紀に入ってからのことであった。本節ではその「教育爆発」の諸相を概観する。

〔表１〕手習塾開業の情勢

年　代	開業数	年平均開業数
文明～元和（1469 ～ 1623）	17	0.1
寛永～延宝（1624 ～ 1680）	38	0.7
天和～正徳（1681 ～ 1715）	39	1.1
享保（1716 ～ 1735）	17	0.9
元文～寛保（1736 ～ 1743）	16	2.0
延享～寛延（1744 ～ 1750）	14	2.0
宝暦（1751 ～ 1763）	34	2.6
明和（1764 ～ 1771）	30	3.8
安永（1772 ～ 1780）	29	3.2
天明（1781 ～ 1788）	101	12.6
寛政（1789 ～ 1800）	165	13.8
享和（1801 ～ 1803）	58	19.3
文化（1804 ～ 1817）	387	27.4
文政（1818 ～ 1829）	676	56.3
天保（1830 ～ 1843）	1,984	141.7
弘化～嘉永（1844 ～ 1853）	2,398	239.8
安政～慶応（1854 ～ 1867）	4,293	306.6
明治１～８（1868 ～ 1875）	1,035	129.4

石川松太郎『藩校と寺子屋』教育社、1978 年、147 頁。

手習塾の普及

手習塾（寺子屋）の起源については、これを中世の寺院における世俗教育に求める見解もあるが[6]、広く一般庶民の子どもたちの学習需要に応ずる組織としての手習塾の普及は、前述のように、江戸時代に入ってからの文字社会の成立を最も重要な契機とすることであった。とはいえ、手習塾は江戸時代の初期からすでに社会に根づいていたというわけではなく、その普及にはそれ相応の時間を必要とした。

〔表１〕は、一八八三（明治一六）年に文部省が旧幕府時代ならびに維新期の教育状況を調査した結果を収録した『日本教育史資料』に基づいて、室町後期から維新期までの手習塾の開業状況を算出・集計したものである。これによれば、手習塾は、①一七世紀末・一八世紀初頭の元禄年間頃からゆるやかな普及（毎年一ヵ所以上の開業）を見るようになり、②天明・寛政年間より急増期を迎え、さらに、③天保年間以降に飛躍的な増加を示すようになった、と理解することができる。

ただし、『日本教育史資料』にはかなりの地域に調査漏れがあったり、地域によって調査に精粗の差が生じていたり、などの問題が指摘されており、ここに示された数字がそのまま当時の実情を伝えるものではない、ということには注意を要する。

例えば、一七〇二（元禄一五）年に香月牛山（一六五六～一七四〇）が著した『小児必用養育草』には、「和俗近来、童をして、手習い師匠にまかせて手習いをさする事なれば、その勤め方は、その師匠の教えにまかすべきなり。また近きころは、女の童をも、七、八歳より十二、三歳までは、手習い所につかわすなり」[7]とあり、元禄年間の京都においては、男児のみならず女子も手習塾に学ぶ風習が相当程度に一般化しつつあったことが窺われる。また、江戸中期の享保年間において、将軍吉宗が民衆教化を意図して『六諭衍義大意』を江戸市中の手習師匠に頒布したことは前述の通りであるが、当時の儒者室鳩巣の書翰を収めた『兼山《けんざん》麗沢《れいたく》秘策《ひさく》』には、享保期の江戸市中に八〇〇人余りの手習師匠が存在したことが伝えられている。江戸時代に入ってからの急速な出版メディアの発達を視野に含めるならば、手習塾の普及はこれまで考えられてきた以上に早い時期から進んでいた、と想定すべきなのかもしれない。

とはいえ、手習塾が急増の一途を辿ったのが一八世紀後期以後のことであるのは間違いなく、そこには民衆教化を積極的な政策に据えた政治の力が、重要な契機として作用したものと見ることができる。もとより手習塾が、一般民衆の社会・経済生活上の需要から発生した教育組織であることは論をまたないが、政治権力による民衆教化政策は、「学習する民衆」の増加を政策上の課題に掲げることで、手習塾の激増に一層の拍車をかけることになったと考えられるからである。天保期以後における手習塾の飛躍的な激増は、老中水野忠邦（一七九四～一八五一）の「天保の改革」による積極的な民衆教化政策の成果でもあった。

こうして、一九世紀半ばには、江戸・京都・大坂などの大都市はもとより、地方の城下町・宿場町・門前町や農山漁村に至るまで手習塾が存在する、という風景が出現するようになった。幕末・維新期には、何らかの形で就学の機会を得た人々の割合が、男子で四三％、女子で一〇％ほどであった、という推計もある[8]。もちろん、こうした全体的な見積もりに着目するだけでは、階層差・地域差・性差という前近代社会に厳として存在した教育組織上の偏差が隠蔽されてしまう、ということには注意を要する。例えば性差・地域差でいえば、男性一〇〇％に対する女性就学の割合は、東京八八・七％なのに対し秋田は二・一％という数字も報告されているほどである[9]。だが、少なくとも幕末・維新期には、農村での下層農民の子どもたちの間にも相当程度の就学の機会が用意されるようになっていた、ということは間違いないであろう。

〔図 2-5〕古義堂跡（京都府上京区）

学問塾の開設と普及

手習塾が、読み書き算を中心とする庶民のための初歩的な教育組織であったのに対し、儒学や国学あるいは洋学などの高度な学問を修めるための教育組織として存在したのが学問塾（私塾）であった。古来、この国の学問はもっぱら公家（博士家に代表される）と寺院とに担われてきたが、中世末期頃より、仏教と儒学とが一体的に学ばれていた寺院（とくに五山に代表される禅寺）の内部から、儒学の学問的意義を積極的に評価し、還俗し儒者として活動する者が現れるようになる。儒学は「治国平天下」の道を論ずることで、戦国大名や有力武将から歓迎される思想内容を有してもいた。

こうして儒者の嚆矢たる藤原惺窩（一五六一～一六一九）や林羅山らが、博士家や寺院という伝統的権威から儒学を解放する役割を果たしたことが、学問塾開設の重要な契機となった。とはいえ学問塾の開設は、京都の文化的伝統を背景に生じたことであった。近世初期の学問塾を代表する松永尺五（一五九二～一六五七）の講習堂（一六三七年開塾）、山崎闇斎（一六一九～八二）の闇斎塾（一六五五年開塾）、伊藤仁斎（一六二七～一七〇五）の古義堂（一六六二年開塾）など、江戸儒学の重要な思想系列を伝える学問塾はいずれも京都の地に誕生している。太平の世を迎えた後もしばらくの間、学問の意義や必要を認めたのは、豊かな文化的環境に身を置いていた公家・上層武士・医師・僧侶・豪商・豪農たちだったのである（ただし、例えば伊藤仁斎の古義堂のように、ほぼ全国に門人三、〇〇〇余人を数え、その後一九〇六年まで二四〇余年にわたって継続した学問塾が近世初期に開設されていたことは、この国の学問的土壌の肥沃さを物語るものといえよう）。

学問塾が普及するようになるのは、〔表2〕のように、一八世紀末の天明・寛政年間頃からである。これは後述するように、寛政年間頃より各藩による藩校の開設が顕著となったことに伴って、学問塾にその補完的役割が期待されたからであった（各藩の儒官は藩校とは別に、私邸で学問を講ずることが少なくなかった）。その後、一九世紀初・中期になると、学問需要の高まりと多様化によって、藩校から独立した学問塾や、蘭学や医学・兵学など様々な分野の学問塾が活発に開設されるようになる。またそうした学問塾が、大都市のみならず地方都市にも出現するよう

〔表2〕学問塾の開設年代

年　代	西暦（年数）	校　数
慶　長	1596（19）	2
寛　永	1624（20）	1
正　徳	1711（5）	1
享　保	1716（20）	9
元　文	1736（5）	3
寛　保	1741（3）	2
寛　延	1748（3）	1
宝　暦	1751（13）	8
明　和	1764（8）	7
安　永	1772（9）	6
天　明	1781（8）	18
寛　政	1789（12）	33
享　和	1801（3）	11
文　化	1803（14）	69
文　政	1818（12）	101
天　保	1830（14）	221
弘　化	1844（4）	86
嘉　永	1848（6）	146
安　政	1854（6）	137
万　延	1860（1）	29
文　久	1861（3）	75
元　治	1864（1）	20
慶　応	1865（3）	85
明　治	1868	188
不　明		234
計		1493 校

海原徹『近世私塾の研究』思文閣、1983 年、18 頁。

になる。

地方に出現した代表的な学問塾としては、広瀬淡窓（一七八二〜一八五六）が豊後国日田に開設した咸宜園《かんぎえん》（一八一七年開設）を挙げることができる。咸宜園は、常時二〇〇名前後の門生を数える近世最大規模の学問塾であり、三奪法といわれる年齢・学歴・身分を不問とした徹底的な実力主義を貫いたことで知られる。その方針は、学問の進度に応じた等級別のクラス編成や、月ごとの成績に基づいて進級させる「月旦評」制度など、相当程度に組織的な教育活動となって具体化されていた。

また、開塾はこれより早い一七五八（宝暦八）年頃のことであったが、本居宣長（一七三〇〜一八〇一）の鈴屋《すずのや》も、伊勢国松坂という地方都市に開かれた学問塾として注目に値する。鈴屋は江戸時代を代表する国学塾であるとともに、全国の門人たちに対する通信教育を行っていたことでも知られる。江戸時代において学問といえば儒学のことを指していたが、儒学に批判的な立場をとった国学塾が一八世紀半ばの地方都市に開設されていたことも、近世社会の学問的土壌の一端を指し示すものといえる。

上述したように、幕府は一九世紀以後積極的に洋学を摂取するようになるが、こうした動向は、民間でも蘭学塾（開国後は洋学塾に移行）の漸増となって現出した。蘭学塾の嚆矢には、杉田玄白の天真楼やその高弟大槻玄沢の芝蘭堂を挙げることができるが、緒方洪庵（一八一〇〜六三）が大坂に開いた適塾は、大村益次郎（一八二四〜六九）、大鳥圭介（一八三三〜一九一一）、橋本左内（一八三四〜五九）、福澤諭吉（一八三五〜一九〇一）など、幕末から明治期にかけて活躍した多くの人材を輩出したことでも知られる。洋学塾は医学を中心に発展したが、江川英龍《ひでたつ》（太郎左衛門。一八〇一〜五五）が伊豆韮山に開いた塾や、佐久間象山《しょうざん》（一八一一〜六四）が江戸木挽町《こびき》に開いた塾のように、砲術や自然科学を講ずるものもその重要な一翼を担った。

これら学問塾は、幕府や藩が設置した教育機関とは異なり、塾主と門弟（有志者）との人格的・学問的結びつきを基盤として発展した、その意味でボランタリーな気風に満ちた教育機関である点に最大の特色がある。そうしたボランタリーな気風は、例えば、吉田松陰（一八三〇〜五九）が主宰した松下村塾のように、学ぶべき学問分野も学科課程も指定せず、入退塾すら自由な学問塾を現出させた。だが、そうした一見放任にも見えるような自由な気風が、却って久坂玄瑞（一八四〇〜六四）、高杉晋作（一八三九〜六七）、伊藤博文（一八四一〜一九〇九）、山県有朋（一八三八〜一九二二）ら、この国の近代化の礎となったり、近代化に顕著な功績を残したりした人材を養ったことの教育的意義は、決して等閑視することはできないだろう。

藩校の開設

すでに述べたように、諸藩において藩校の開設が活発化するのも一八世紀後期から一九世紀初頭にかけての頃からのことであった。〔表3〕に示されるように、寛永年間（一六二四〜四四）から廃藩置県時までに設立された藩校は二八九校が確認されているが、このうち寛政年間以後に開設されたものは一九五校と、全体の約七割を占めている。

〔表3〕藩校開設年代一覧

	年数	校数	累計
寛永〜貞享（1624 〜 1687）	64	9	9
元禄〜正徳（1688 〜 1715）	28	17	26
享保〜寛延（1716 〜 1750）	35	15	41
宝暦〜天明（1751 〜 1788）	38	53	94
寛政〜文政（1789 〜 1829）	41	84	178
天保〜慶応（1830 〜 1867）	38	63	241
明治元〜四（1868 〜 1871）	4	48	289
年代不明		6	
合　計	248	295	

辻本雅史『「学び」の復権——模倣と習熟』角川書店、1999 年、54 頁。

この寛政年間以後に開設された藩校は、全体的に、藩政改革と直結した人材養成の機関として運営されたもので、それ以前のいわば教養指向的な（藩士に対する学問奨励の場としての）藩校とは明確に性格を異にした。一八世紀後半期とは幕藩体制に内包される社会的矛盾が表面化した時代であり、また、天明の大飢饉に象徴されるような凄惨な大災害に見舞われることもあった。諸藩では極度の財政難や社会秩序の混乱を克服すべく、抜本的な政治改革に取り組むようになるが、危機的局面においてとくに人材育成ということに眼が向けられ、財政難をおして藩校開設に踏み切るようになったのである。熊本藩の細川重賢《しげかた》（一七二〇～八五）による時習館（一七五五年開設）、米沢藩の上杉治憲《はるのり》（鷹山。一七五一～一八二二）による興譲館（一七七六年開設）、秋田藩の佐竹義和《よしまさ》（一七七五～一八一五）による明徳館（一七九二年開設）など、この時期「名君」と謳われた藩主たちは、こぞって藩校での武士教育に取り組んでいる。

さらに、天保年間（一八三〇～四四）以後は西洋列強による軍事的圧力が加わり、「内憂外患」という言葉で表現される危機意識が一層深まっていく。諸藩は、内外の政治情勢に対応すべく、積極的に藩校の新設や改革に取り組むようになる。徳川斉昭（一八〇〇～六〇）、藤田東湖（一八〇六～五五）らによって設立された水戸藩弘道館（一八四一年開設）や、松平春嶽（一八二八～九〇）によって創設され、橋本左内によって改革が進められた福井藩明道館（一八五五年開設）などはその代表例である。

藩校におけるいわゆる強制就学の制度が具体化されていくのも、ほぼ天保年間以降のことであった。『日本教育史資料』（一冊から三冊）には二四三校の藩校が収録されているが、そのうち家臣団全員に強制就学を課したものが七六藩（三一・三％）、士分のみ強制就学（卒分は自由）としたものが八九藩（三六・六％）と、全体の七〇％近くが藩校への出席を強制していた。[10] 天保年間以降の藩校は、勉学への意欲や素質の優劣あるいは身分の上下にかかわらず、諸藩が藩士を一律に就学させるという顕著な傾向を有していた。

〈表3〉によれば、今日設置が確認されている藩校の総数は三〇〇校近くに達している。幕末・維新期の頃には、藩校をもたない藩はほとんど存在せず、また大多数の藩において藩士であれば誰もが藩校に就学する、というほどの状況が現出するようになっていたのである。

これら江戸時代後期以後の「教育爆発」が、明治期の急速な「国民皆教育」を可能にする社会的条件を形成したことはいうまでもない。その意味で、江戸後期における多様な教育組織の存在は、すでに「制度としての教育」を強力に準備するための極めて重要な下地をなしていたのである。ただしここで注意すべきは、そうした江戸の教育組織は、元来、後世の近代教育を準備するために存在したわけではなく、江戸社会における諸々の教育的要求への応答として存在したということである。そうしたいわば歴史内在的な視点を確保することではじめて、江戸の教育組織のもつ特質やその人間形成的意義をより鮮明に捕捉することが可能となるからである。

第三章　江戸時代の「学び」

──「組織としての教育」段階での学び

本章では、教育が「制度」として行われる以前の「学び」のありようを概観する。前近代の教育にアプローチするには、現在の教育を到達地点に据えて、当時の教育が未発達で未整備な段階にあったと決めつけるのではなく、前近代の教育様態それ自体に含意される教育上の特質や意義を見定めることが必要だからであり、その意味において、江戸時代の「学び」とは前近代教育の特質を浮き彫りにする最も重要な事例の一つと見なされるからである。

なお、ここでは、江戸時代の「学び」を、手習塾における「文字の学び」と、藩校や学問塾などにおける「儒学の学び」とに大別しておく。その上で、それぞれの「学び」の基本的様態と、その教育的含意に関する理解を図ることにする。

一．文字の学び（手習い）

手習塾の概要

前章でも触れたが、手習塾とは、加速化する文字社会の成立を背景に、主に庶民の子どもが読み書きの初歩を学んだ教育組織のことを指す（従来一般的には「寺子屋」と称されてきたが、この呼称は主に上方で使用された言い方であった）。

手習塾の師匠には一定の資格が必要とされたわけではなく、自宅に弟子を収容できるスペースがあり、手習いの手ほどきができるほどの力量がありさえすれば、身分や性別を問わず誰もが手習師匠となることができた（ただし例えば、彦根藩のように、手習指南株仲間を設けて手習師匠の数を限定するケースも稀には存在した）。手習師匠への入門も年齢や時期に関わりなく、師匠の許可があれば、随時入門することができた。その意味で入門とは、師匠と弟子との人格的な関係を取り結ぶことを意味した。師への信頼に基づく師弟関係こそが、教育を成り立たせる基本的条件だったのである。

手習塾の経営は、束脩（入門料に相当）や謝儀（授業料に相当。月々に納める月並銭、盆暮の謝儀、天神講などの行事に持参する謝儀など）などによって賄われた。これらの謝礼は、大都市から地方都市、農村へと移動するに従って金額が低くなり、また金納よりも物納が一般的になる傾向にあった。それゆえ農村で手習師匠となった者の多くは、村方三役を務めるような上層庶民や僧侶・神官層であった。これは、地方都市（城下町）での師匠に武士が多かったことと対照的である（江戸・京都・大坂の三都では庶民階層の師匠が多かった。ただし江戸は武士階層の比率が高かった）。

手習塾に学ぶ子どもは、ほとんどが庶民であった（武士の子どもが通うケースもあった）が、同じ庶民といっても地域差・階層差・性差などの偏差があった。すなわち、都市部の商家の子どもは手習塾に通学する割合が高く、逆に農村部の零細農の子どもは低かった。また、女児の就学は男児に比べ著しく低かった。これは、組織的教育が人々の社会経済生活と密接に結びついていることを、雄弁に伝えている。

入退塾の年齢に規定があったわけではないが、概ね七、八歳頃から一一、二歳頃までが一般的だったようである。[1]一日の授業時間もだいたい五ツ時（午前七時半）から八ツ時（午後二時半）までと伝えられている。ただし、これを今日的な学校教育のイメージで理解しようとすると、手習塾の実態を見誤ることになる。例えば、授業時間といってもそれが厳格に定められていたわけではなく、各自がそれぞれの家の生活時間に応じて朝食が終わると登校する、という具合であった。手習塾では師匠による一斉教授ではなく、子どもの個別学習・自己学習を基本としたため、一斉登校を求めたり時間割を設けたりする必要はなかったのである。手習塾で学ぶ子どもには日常の生活時間がまずあり、その生活時間の中に学びの時間が、学ぶ側の都合に応じて組み込まれていたのである。

手習塾での学び

手習塾で学ばれたことは、概ね、①文字を正しく書くことと読むこと（書記能力と識字能力）、②文字を美しく書くこと（能書のわざ）、③社会生活や職業生活に必要な知識（礼法）や道徳的心得、などであった。上述のように、これらの学びは、子どもの個別学習と自己学習を基本とし、しかも手本に倣いながらそれを繰り返し反復する（身体で覚える）作業として展開された。

〔図 3-1〕「席書之図」

子どもたちは手習塾に登校すると、部屋の隅に積み上げられていた学習机（天神机）を適当な位置に運び、自分の席を定める。机の並べ方は、近代学校の教室のように一人の教師に子ども全員が正対するようなパターンではなく、その時々に自在に配置された。手習いの手本は、一人ひとりの能力・進度・親の職業などを配慮して、師匠がその子に相応しいものを用意する。師匠手書きの手本から始まって、製本された印刷冊子（往来物）へと進んでいくのが通常である。その学びは、手本を机上に置いて、それをひたすら手習うことを繰り返す単調な作業であった。師匠の役割は、適切な手本を与えること、手習いの席を巡回しながら、筆の運びを指導したり矯正したりすること、ある時点で子どもに清書させ、その達成度を点検し、次の手本に進むかどうかを判断すること、などであった。あくまでも子どもの自己学習を基本に据えた、学習支援こそが師匠の役割だったのである。

また上述のように、手習いでは正しく書くとともに、美しく上手に書くことが求められた。その学びには、文字使用に関する約束事としての「書礼」を身につけることも含まれていた。手紙文はもちろん、商売関係などの職業的文書や請願・訴訟類の文書についても、近世の文書には書式や書体（手習塾では通常、「お家流」と呼ばれる青蓮《しょうれん》院《いん》流系の書体が教えられた。江戸幕府が公文書に青蓮院流を採用していたことが、その理由と考えられる）に至るまで定型化が進んでいた。「書礼」は、江戸時代の人々の「教養」の程度を示す指標でもあったのである。

以上のように手習塾での学びは、近代学校でのそれとは様々な側面において位相を異にしていた。何よりも手習塾では、「子どもが自分で学ぶこと」が教育的営為の基軸であった。それゆえ師匠は、子どもと相互に向き合う存在ではなく、むしろ学ぶ主体の子どもの傍らで、その学びを見守る存在であった。また、個別学習・自己学習を基本とする手習塾では、原則として、いわゆる競争原理が作用することはなかった。各自が、各自のペースで、各自に必要なこと（子どもの置かれた境遇や立場で異なる）を学ぶのが基本であったからである。さらにその学びは、知識を覚えたり理論を理解したりするのではなく、まさに手本が「身につく」まで身体性を動員する営みであった。能書のわざや「書礼」（あるいは様々な「礼法」）は、言葉や理論による説明で習得できるものではなく、身体を通して学習者自身が「身につける」しかないからである。

二　儒学の学び

儒学という学問

一方、藩校や学問塾では、より高度な学問である儒学が学ばれた。江戸時代において単に「学問」といえば、それは儒学のことを指した。江戸時代にはいかなる学問分野に進むにしても、その前提として誰もが学ぶべき学問が儒学であり、その意味で儒学はあらゆる学問が立脚する基礎教養としての意味を有した。当時、仏教、医学、本草学、暦学などの諸学のテキストは漢文で記されていた。さらに蘭学や洋学の書物でさえ、中国で漢訳されたテキストが輸入されていた。つまりどの学問を学ぶにしても、漢文を読み書きする能力が必須の教養となっていた。漢文を学ぶことは儒学を学ぶことと重なり合っており、またその漢文を教えたのが儒者だったのである。

では、その儒学とはどういう学問なのか。最も端的にいえば、それは「聖人の道」を明らかにし実践することを目的とする学問といえる。ここでいわれる「聖人」とは、中国古代の先帝王（堯・舜・禹・湯王・文王・武王・周公）のことを指し、その「道」とは「経書」に伝えられている、と理解されてきた。「経書」とは孔子ないしその弟子たちの時代に編纂されたもので、その代表が「四書（大学・論語・孟子・中庸）五経（書経・詩経・易経・春秋・礼記）」であった。こうして儒学は、「聖人の道」を知り行うために、「四書五経」（に代表される「経書」）を読むことに徹する学問として性格づけられたのである。

素読

儒学の学習は、概ね七、八歳頃からの素読から始められる。前述のように、武士が藩校で儒学を学ぶことが一般化するのは、一八世紀後期以後のことであるが、実際、藩校の入学年齢は概ね七歳から八、九歳であった(2)。以下、

〔図 3-2〕「素読吟味」

藩校での一般的な素読学習の様子を概観してみよう。

藩校では、素読段階の生徒のことが「句読生」や「素読生」などと呼ばれた。登校時間については、すべての生徒が同一時間までに一斉登校するのではなく、一定の時間内であれば各自随意に登校してよいものとされていた（因みに、明治元年時点での昌平坂学問所「素読所」の開講時間は朝五半時より夕八時まで——すなわち今日の午前九時より午後二時まで——と定められていた）。登校後の学習は、通常、①自分が就いている句読師（素読指導を担当する教師で、教授スタッフの中では地位が低い）に挨拶し自席に着座して順番を待つ、②原則として登校順に句読師の前に進み出て、各自の進度に応じて素読を受ける、③素読を受け終わった句読生は、別に控えている教授の前で今教わった箇所を復読する、④十分に暗誦できていなければ、教授はその句読生を担当した句読師に戻し、習熟するまで指導させる、というような手順で進められた[3]。

こうして素読の学習もまた、手習いと同じように、個別指導と自己学習を原則とした。その実際の要領であるが、たいてい、句読師が句読生と差し向かいに座り、句読生の前に置かれた経書テキスト（最初に使用されるのは、『孝経』や『大学』であった。経書以外では『小学』も入門書として使用された）の漢字一字一字を「字突棒」で指し示しながら、声に出して訓読し、それを句読生が鸚鵡返しする、というやり方であった（これを「付け読み」という）。ここで肝腎なのは、句読生が、テキストの言葉を「朗誦」（音読）することで、その音の響きやリズムとともに丸ごと身体に刻み込むことであった。

一回の素読において授かる字数はせいぜい四〇～五〇字程度とそれほど多くはなく、その日に習った箇所が正しく暗誦できるようになるまで、「復読」（朗誦の徹底的な反復・繰り返し。「温習」ともいう）することが求められた。次回には、前回の箇所が正確に暗誦できるか否かがチェックされ、それができなければ先に進むことが許されなかった。このように、句読師から直に習った時間の何倍もの時間をかけての自己学習が朝な夕な繰り返された。「朗誦」と「復読」により、句読師の指示がなくても自力で漢文を読むことのできる「自読」が目指されたのである。

素読で使用された経書テキストは、主に『孝経』と「四書五経」であったが、だいたい一四、五歳頃までにこれらを習得することが求められた。「四書五経」の素読が修了していれば、その他の漢籍を独力で読むことができた、といわれる。これは素読が、経書テキストの言葉をそのまま丸ごと自らの身体に取り込み、自らの身体と一体化させることで、経書の言葉（すなわち漢文という「知的言語」）を自身の言葉とすることができたからだと考えられている。素読は、テキスト言語をそのまま自らの身体に埋め込む作業（テキストの身体化）として、言葉や概念の論理的・合理的理解を求める近代学校での学びとは、知の位相を異にする学びの営為なのであった。

講義

素読の次が「講義」と呼ばれる学習段階であった。ただし、儒学学習としての「講義」とは、一斉教授を前提とする今日的なレクチャーとは異なり、文字通り経書テキストの「義」（意味内容）を「講」ずる（講究する）という意味であった。すなわち、教授が生徒（この段階の生徒を「講義生」と呼んだ）一人ひとり個別に、経書一字一句の意味解釈を授けるものであり、生徒は「講授」された経書の意味を「復講」できなければ先には進めなかった。要するに、素読が「読み中心の学習」であったのに対し、講義は「文意の理解（解釈）中心の学習」といえ、両者とも個別学習・自己学習の原理に基づいていたことに変わりはなかった。

ただし、教授が大勢の生徒たちを前に経書の講義を行うこともあった。これは一斉教授の方式をとり、毎月幾度かの定日を設けて（例えば、一・六の日――一日・六日・一一日・一六日・二一日・二六日――）経書の一章あるいは一節ずつの講釈を聴かせるものであった（「月並講釈」ともいわれた。なお、ここでは一斉教授の方式によって行われる講義を「講釈」と表記しておく）。さらに、こうした生徒向けの「講釈」とは別に、一般の藩士や不特定多数の庶民を対象とする「講釈」が行われることもあった。これも一斉教授方式で行われ、社会教化ないし民衆教化を意図して実施されていた。

なお、藩校に学ぶ武士たちは、素読段階を修了すれば学校を退くことが少なくなかった。素読を卒えていれば、漢籍を相当程度に読むことができ、文義にもそれなりに通ずるようになっていたからである。それゆえ藩士が講義段階にまで進むのは、より高い教養を積もうとする好学者や高い見識が求められる上層藩士の場合、あるいは人材養成にとくに力を注いだ藩に籍を置いた藩士の場合、などに限られていた。

会業

「会業」は、素読と講義の課程を修了し、ほぼ独力で漢籍を自在に読みこなす力を身につけた「自読」レベルの生徒たちの共同学習である。同レベルの学力を有する生徒たちが、数名ないし一〇数名のグループをつくり、討論しながら共同で学習する形態である。「会業」にも、テキストを読むことを中心とする「会読」と、テキストを講ずることを中心とする「輪講」との二種類があり、概ね前者が主に経書以外のテキスト（史書や子〔諸子百家〕・集〔漢詩類〕など）を用いて漢籍に対する識見を広めることを目指したのに対し、後者は経書をテキストとして儒学の本質とその理論構造を考究することを目指す傾向にあった。

両者とも、当番を決めて順にテキストを読み、あるいは講述し、他の参加者がそれらに対する質問や疑問を発する、というような方式での討論を重ねることで、テキストのより洞察的な解釈や深層的な意味の把握を目指すものであった。たいてい「会頭」といわれる高学力の上級生や教師が参加し、全体の進行をリードするような役割を果たしていた。相互の討論によって展開される会業は、参加者の事前の予習を前提として成り立っていた。予習は、独力で漢籍を解読する「独看」を必要とした。会業は、学生相互の共同学習であったが、それも個別学習・自己学習という原則を前提として行われえたことだったのである。

三．江戸の「学び」の教育的意義

以上、江戸の「学び」の概要を、手習いと儒学学習との二つの様態を通して眺めてみた。では、両者にどのような学びとしての特質を見出すことができるのか。また、そうした特質にどのような人間形成的意義を認めることができ、かつその知見が近現代の教育にどのような示唆を与えることができるのか。これらについて簡単な総括を加えておきたい。

自学自習の教育文化

再三の繰り返しになるが、江戸時代の教育動向を概観するとき、その地盤には「自学自習」の教育文化がしっかりと根を下ろしていたことに気づかされる。

手習いの学びは、基本的に、師匠から与えられた手本をひたすら臨書することに徹するものであった。もちろん、師匠も運筆を指導・矯正したり、文字の読みや意味を教えたりすることはあった。だがこの学びは、所定の手本が用意されてさえいれば、師匠が不在でも行われうるものであった。生徒が自分で学ぶことが基本に据えられ、そのための模範となったり、それを傍らから支援したりするのが教える側の役割なのであった。

素読・講義・会業というプロセスを辿る儒学学習もまた、自学自習を原理として進められる営みであった。素読では句読師の読みを正確に模倣し、それを繰り返して完全に暗誦できるまで習熟することが目指された。講義においても、教授から示された文義の解釈を完全に再現することが求められた。この点では、教える側の指導が必須の前提となっているようにも見える。だが、生徒は教師から直接に教えられる時間の何倍もの時間を、自学自習に宛がっていた。知の獲得のための大前提はあくまでも生徒の側の自学自習であり、それを基礎として教師による指導が成り立っていたのである。会業についても、その共同学習という学的営為が、参加者一人ひとりの自習・予習に支えられたものであったことは繰り返すまでもない。

こうして、江戸時代においては教える側と学ぶ側との関係からなる教育的世界が、いわば学ぶ側の「学習」という営為を中心に成立しているのであった。これは、近代学校という教育的世界が、教える側の「教育」的営為を基軸として成り立っていることと、著しい対照をなしているのである。

学びの身体性

江戸の「学び」が、近代学校でのそれと学習の位相を異にするものに、「学びの身体性」を指摘することができる。上述のように、手習いは「手本」の文字を、その形から筆遣いに至るまで、そのまま真似て同じように書くことを繰り返す学びの営みであった。その意味で、文字を書くという動作とその反復繰り返しこそが、第一義的に必要とされた。手習いという学びは、まさに身体的活動として構成されており、それゆえ文字の意味理解という知的活動も、その身体活動の中に組み込まれていた、と見ることができる。「身体で覚える」というのが、手習いという学びの眼目なのであった。

他方、儒学学習も「経書」を漢文訓読体で読み下し、それを完全に暗誦する作業を学びの必須の営みに据えていた。その起点たる素読は、音読（朗誦）を絶対的要件とすることで、テキストの文字をそれが読まれる音の響きやリズムを含めて、丸ごと身体の内部に埋め込む作業であった。この作業では、眼・口・舌・顎や喉はもちろん、呼吸の仕方や身体の姿勢など、身体全体が動員された。まさに「テキストの身体化[4]」というに相応しい学びの様式であった。

素読を卒えた者は、経書の一節が提示されると、それに続くフレーズが自然に口を突いて出たといわれる。あるいは、日常生活の中で困難に直面したり、重要な判断を迫られたりした場面において、聖人の言葉が思わず浮かび上がったといわれる。こうして、普遍的真理と確信された聖人の言葉を自らの言葉として所有し、それを自らの思考と行為のために自在に活用することが目指された。身体化された言葉は、自己の身体に一体化した「身体知」と呼ぶことができよう。

「身体知」を獲得するプロセスで求められるのは、文字や言葉の暗記・暗誦とその単調な繰り返しである。それは、文意の理解を二の次とする難解な言葉の機械的暗誦の強要ともいえ、子どもの発達段階や興味・関心を考慮して、合理的で系統的なカリキュラム編成に努めている近代学校教育の教授理論からすれば、暴力的ですらある。ではなぜ、文法構造に対する分析的・合理的理解を無視したように見える儒学の学習が、「テキストの身体化」を可能にしたのか。なぜ、聖人の言葉を自分自身の言葉と一体化させ、聖人の思考様式を自分自身のものとすることを可能にしたのか。これについては、聖人の言葉（普遍的な真理）を載せた経書テキストに対する絶大なる信頼が、不可欠の前提をなしていたと考えられる。

手習いでの「手本」であれ、儒学学習での「経書」であれ、身体知の獲得には、その前提に、模倣すべき（それへの習熟を志さずにはおれないような）確実な知の体系が準備されていたことに注意を払う必要がある。これは、江戸の「学び」が今日の近代学校教育に投げかける一つの示唆と見てよいだろう。

人間形成の学

上述のように、武士が藩校にて学問（儒学）を学ぶという風景が一般化したのは、一八世紀後期以後、江戸時代の終わりの一〇〇年間ほどのことであった。藩校の大多数は、一八世紀後期以後の「内憂外患」という言葉に象徴される幕藩体制の危機に対応するため、学問に基づく人材養成と人材登用を目的として開設されたのであった。すでに〔表3〕に示したように、これまで二九五校の藩校の設置が確認されているが、この三〇〇近い藩校において、儒学を講じなかったものは皆無であった。幕藩体制下の危機を克服する人材養成のために採用された学問が、儒学だったのである。

だが、儒学とは、実用面ではほとんど無力に等しい学問であるようにも見える。実際、「四書五経」をどれほど繰り返し読んだところで、そこに幕藩体制下の社会的危機への対応策が直接的に論ぜられているわけではない。にもかかわらず、藩校ではこの迂遠な儒学が例外なく学ばれていた。この逆説的ともいうべき状況を、私たちはどう解釈すればよいのか。

儒学には、あらゆる問題を人の「心」のあり方に還元して理解しようとする思想傾向がある。財政破綻や村秩序の崩壊、あるいは「黒船」出現という対外的危機でさえ、儒学はこれを人々の「心」の次元でとらえようとする。例えば、財政破綻は、倹約を忘れた「心」の奢りが原因だとされ、対外危機についてもその問題の核心を、欧米列強に対抗できない武士や民衆の「心」のあり方に見出そうとする。財政破綻や対外危機まで、人の内面の問題に還元してしまうとらえ方は、物事を客観的に理解する合理的視点を欠いた、空疎な「精神主義」に見えるかもしれない。だが、こうした儒学的思考を空疎な「精神主義」として切り捨てるだけでは、武士教育が儒学学習を必須の要件としていた、という事実と事態の歴史的意味を説明することはできない。

人の内面レベルに置き換えて問題をとらえようとする儒学の思考様式は、危機を担うに足る強靱な実践主体・責任主体の形成を促していた。必須の学習対象である「経書」は、「聖人の道」を集積したテキストと認識され、テキストに載せられた聖人の言葉は、まさに普遍的真理の言説と確信された。この聖なる言葉を身体の内奥に取り込むことで自らの言葉と一体化させ、その一体化した普遍的な言葉と概念によって思考するのが儒学的教養であった。普遍性が担保されたこの知的教養に立脚することで、当面する社会的・政治的課題に立ち向かう強靱な責任主体の意識が立ち現れてくる。儒学が「心」の修養に重きを置いたのは、この強靱な責任主体の意識こそが、豊かな見識と高度な判断力を備えた人間を養成することになる、と考えられたからであった。[5]

こうして江戸時代では、学問によって人間形成が目指された。儒学はそれ自体が「人間形成の学」であった。教養知がそのまま人間のあり方に関する実践知となっていた、といってよい。いわゆる近代学知は、知へのアプローチにおける客観性・実証性・合理性を必須の前提とするscienceを基盤として成り立っている。だが、このscienceとしての学問が、実践主体・責任主体の形成という人間形成的課題にどのように向き合っているのか。この問題に関しても、江戸からの視線は示唆的な論点となりうるのではないだろうか。

儒学の教育的遺産

以上のような教育的含意を有する「学び」を、江戸社会にもたらしたものとは何だったのか。これを論ずるには、この国の地理的・歴史的環境から文化的・精神的風土までを視野に入れた広範な諸要因と、それらが複雑に交錯する重層的な要因構造を想定しなければならない。だが、その中のとくに重要な要因の一つとして、儒学の思想的影響ということを取り上げることができるだろう。

まず、「自学自習文化」との関連では、「啓発」という言葉の由来が『論語』に求められるように、儒学は元来、学び手の内発的な学習意欲を何よりも重視し、それを促し導くことを教育の要諦とする思惟様式を有していた。[6] そしてこの思惟様式は、江戸儒学にもほぼ継承されていた、といってよい。それは、最晩年まで朱子学の世界に身を置いた貝原益軒（一六三〇～一七一四）の「学は道を知るを以て本と為す。道を知るは自得に非ざれば、則ち能くせざる也[7]」や、朱子学と真正面から対峙した伊藤仁斎の「蓋し君子の教《おしえ》や、勧むること有って抑うること無く、導くこと有って強うること無し[8]」、あるいは、荻生徂徠の「総ジテ聖人ノ教ヘハ、ワザヲ以テ教ヘテ、道理ヲ説カズ、偶《タマタマ》ニ道理ヲ説ケドモ、カタハシヲ云テ、其人ノ自得スルヲ待ツ事也[9]」などの所説に象徴的に言い表されている。

こうした自学主義的な教育観は、これまでルソー（Jean-Jacques Rousseau, 1712-78）やペスタロッチー（Johann Heinrich Pestalozzi, 1746-1827）に代表される西洋近代教育思想に由来するものと理解される傾向にあった。だが、「自学自習の教育文化」が江戸儒学の思想内部から生み出されていた、ということの確認は、私たちに改めて自らの足元にある教育思想の再認識・再評価を要請することになるだろう。

第二に、「学びの身体性」についても、江戸儒学が東アジア儒学史における「気」の思想の影響下にあったことと無縁ではない[10]。すなわち、万物は「気」からできており、自然界のあらゆる現象が、そして人間の生のあらゆる営みが、「気」の運動や変化に基づいて生じている、という思想である（今日でも「天気」や「元気」などの呼称が広く通行している。ただし、朱子学が「気」とともに、宇宙と人間とを貫く原理としての「理」をその理論構造の基軸としたことを踏まえれば、儒学の全体を「気」の思想と断ずることはできない）。

この思想を最も鮮明に打ち出した貝原益軒は、人は自然的世界に漲る「気」（＝生命の力）によって、いわば生かされていると考え、それゆえ身体の「気」を養うことを最も重視した。益軒の「蓋し初学の知る所、俗学の記す所は其の皮膚に止まるのみ。君子の知る所は皮自《よ》りして肉に到り、肉自りして骨に到り、骨自りして髄に到る[11]」という言葉は、知の獲得というものを、知が身体の内奥に浸透していくイメージで語ったものである。知が身体的体験や実践によって獲得されるとするこの理解は、いわば身と心とを連続させる「心身一元論」的思惟から成り立っている。

もちろん益軒の主張をもって江戸儒学の全体像とすることはできないが、江戸儒学が概して、西洋近代知における「心身二元論」とは異なる、「心身一元論」的思惟に立ち位置を定める傾向にあったことは確かである。近代教育が、ともすれば知の営みにおける学習者の身体性の問題を軽視してきたことに鑑みるとき、「学びの身体性」を説く儒学的思惟は、近代教育のあり方に揺さぶりをかける一つの論点たりうるだろう。

第三に、「人間形成の学」としての学問観についてである。上述のように、儒学は「心」の修養を何よりも重んじた（この場合、「心」は心身一元論的に理解されている）。朱子学が「心は、人の身に主たる所以の者なり(12)」と、人間主体の根拠たる「心」を重視したことはいうまでもない。他方、朱子学を批判した仁斎学が「聖人は徳を言ふて、心を言はず(13)」と、「心」よりも「徳」を重視し、また徂徠学が「先王の道は、礼を以て心を制す。礼を外にして心を治むるの道を語るは、みな私智妄作《しちもうさく》なり(14)」と、「心」より「礼」に比重を置いたことは間違いない。だが、彼らの批判は、「心」を人間形成の拠点とすることに向けられたのであって、「徳」や「礼」に基づいて「心」を修めることの必要性は、彼らにも共有された認識であった。

では、なぜ儒学は「心」の修養を重んじたのか。それは、儒学が宇宙的自然を思想構成の拠り所としたからであった。儒学では、人間は「天地自然」の秩序の一つとして理解された。人間は、「天地自然」にそのまま繋がる存在であり、自然的秩序を自らのうちに内在させていた。この自然性を根拠にし、それに則って生きることが、人間としての正しい生き方と措定された。とくに朱子学では、この「内なる自然」をもって人間の本性と理解し、その本性の働きを十全に発揮させるには、自らの「心」を修めることが何よりも必要と見なしたのである。

上記に、儒学は強靱な責任主体の形成とその意識に基づく高度な判断力の育成を目指したと述べた。ここで肝腎なのは、この主体的判断が独善的な主観に陥らないことであった。それを担保したのが、「心」の修養に基づく真摯な主体的判断は、宇宙的自然を貫く普遍的な価値と結ばれる、という確信であった。換言すれば、人は自らの「心」のうちに「天地自然」の道理を宿しているという確信であった。こうして儒学は、「天地自然」の道理を拠り所とする「心」の修養を、その人間形成論の核心に据えるのであった。

もちろん、幕藩体制下の封建社会にあって、このような「心」（＝「内なる自然」）の修養に基づく責任主体であることが期待されたのは、ほとんど武士身分の人間に限られたことであった（さらにいえば、武家であっても女性が責任主体と説かれる文脈は極めて稀薄であった）。教育様態が「組織としての教育」の段階にあり、教育の普及に多様な偏差が存在した封建社会にあって、儒学の教育認識に時代的・社会的限界があったという現実は、十分に視野に含めておかねばならない。だが、少数の人間を振起させるにすぎなかったにせよ、封建身分社会の中にあって「儒学的主体形成」とも呼ぶべき人間形成論が、儒学によって開示されていたことの教育史的意義は、決して等閑視されるべきではないであろう。

最後に付言すれば、これら江戸時代の儒学の知は、西洋から導入された学術・技芸などの実用的な知（兵学、軍事、医学、産業技術など）を排除しなかった。江戸後期の幕府や雄藩は、西洋由来の実用的な学術・技芸を盛んに取り入れた。それは儒学の知と摩擦を起こすことはなかった。むしろ、自然世界の「物理」と道徳世界の「道理」とを重ね合わせて理解する朱子学にとって、西洋近代科学は、客観的に実在する原理を探究する「窮理」の学として、違和感なく受けとめられた。

例えば、信州松代藩の朱子学者であった佐久間象山が、「東洋道徳、西洋芸術」(15)とのテーゼの下、西洋近代学術を積極的に摂取しようと努めたこと、あるいは、熊本藩の儒者横井小楠（一八〇九～六九）が儒学知に依拠しながら西洋の政治体制やキリスト教文化への理解を示したこと、などはその最も有力な証左といえる。幕府が積極的に受容した学術・技芸が、やがて明治国家に受け継がれ活用されたことも、見過ごすことはできない。

こうして儒学知は、江戸後期から幕末・維新期を経て明治に至る激動の時代に、「人間形成」と「学術受容」という両側面において、この国の近代国家建設に少なからぬ役割を果たしていたのである。

第四章　「近代教育」の発足（その一）

――「学制」制定とその教育理念

一・維新直後の教育政策

教育制度化への契機

明治以後、この国の教育の営みは、すべての国民子女を対象とする一定の組織的教育を基軸として展開されるようになる。教育が、国家の発展を担うに足る「国民」の育成としてとらえられるとともに、国家の政策的意図に基づいて、それに相応しい体制が模索され、その整備・確立が図られるようになったのである。その意味で、「制度としての教育」とは、全国民子女を対象とする組織的教育であるとともに、「国家による国民形成」のための教育でもあった。本書では、この「国家による国民形成」のための制度として実施・推進された教育のことを「近代教育」と呼ぶことにする。

もちろん、明治以後の社会にあっても、人々の日常的生活空間には「習俗」として行われる教育も、個別に行われる「組織」としての教育も存在した（例えば、維新以後も手習塾や学問塾は存在した）。だが、明治以後の教育史とは、まさに「制度としての教育」が肥大化し、それが「習俗」や「組織」としての教育を呑み込んでいく過程として、その大勢を理解することができる。

そして、この意味での「近代教育」を日本社会に普及させるための重要な契機となったものは、まさに国家の「政治」的要請であった。それは新政府要人たちの、この国とこの国の人々の実情に対する強烈な危機意識に、鮮明に表出されている。例えば、明治新政府の中枢にいた木戸孝允（一八三三〜七七）は、「元来国の富強は人民の富強にして、一般の人民無識貧弱の境を離れること能わざるときは王政維新の美名も到底空名に属し、世界富強の各国に対峙するの目的も必ずその実を失う。付ては一般人民の智識進渉を期し、文明各国の規則を取捨し徐々全国に学校を振興し大に教育を布かせられ候儀、則ち今日の一大急務と存じ奉り候[1]」と述べ、「無識貧弱」な一般人民の智識を進捗させるためには、学校教育の振興こそが一大急務だと論じている。

同じく大久保利通（一八三〇〜七八）も、「先ず無識文盲の民を導くを以て急務とすれば、従前の俗を失はず教化の道を闡き学校の制を設くべし[2]」と、「無識文盲」の民を教化するために学校制度敷設の必要を強く訴えている。大久保は、当時の日本の国家と国民の実情を欧米諸国に比べて「三尺の童子」と表現していたが、この認識に象徴されるように、政府要人たちは、この国が行政機構・財政基盤・兵力・産業構造など様々な側面において未整備・未発達な段階にあることを強烈な危機意識をもって受けとめ、後進国家としての諸問題を打開するための極めて重要な政策課題の一つに、学校制度に基づく教育の普及を掲げたのであった。

国家的課題への対応としての「教育による人材養成」とは、すでに述べた一八世紀後期以後の藩校の普及を促した論理でもあったが、明治以後この論理は、全国民を視野に含め込むとともに、全国的規模での統一的な制度を前提に据えるものへと飛躍・拡大した。こうして、「制度としての教育」は、国家の政治上の必要を最大の契機として発足することになった。以後、この国の「近代教育」は、政治的課題と教育的課題との融合を不可避の性格とし、それに伴う諸問題を絶えず内蔵させながら、進展していくのである。

教育政策の基本方針

一八六七（慶応三）年一二月九日の「王政復古」の大号令によって、江戸幕府と旧来の朝廷秩序（摂政・関白）を廃絶した新政府は、翌年三月一四日に「五箇条の御誓文」を発布し、新政の根本方針を宣言した。第一条で、「広く会議を興し、万機公論に決すべし」と公論に基づく意思決定の必要を説き、第二条「上下心を一にして」、第三条「官武一途庶民に至る迄」と全国民の一致を求め、第四条にて「旧来の陋習を破り」と前近代的遺風からの脱皮が唱えられた。いずれも教育政策との関連を有するが、とくに第五条「智識を世界に求め、大いに皇基を振起すべし」という誓文は、新国家の教育理念を方向づけるとともに、その方向に「開化（欧米の文明摂取）」と「復古（天皇制国家の基礎固め）」という二面的な要素を与えることになった。教育理念におけるこの二面性は、これ以後の教育政策に複雑な方向性を与えていくことになる。

その教育政策についてであるが、新政府が維新直後に行った施策を概観すると、それは大きく、①旧幕府時代に設立された諸学校の再興、②新しい教育制度の調査・策定、③小学校の開設、の三者に大別することができる。以下、この三者の要点を順次整理してみることにする。

諸学校の再興

旧幕府時代の学校の再興は、まず京都の地にて実施された。すなわち政府は、一八六八（明治元）年三月に京都の学習院を再興し、翌月これを大学寮代と改称した。学習院は、もともとは京都御所日御門《ひのごもん》前に設けられた公家の子弟のための学校で、その開講は一八四七（弘化四）年のことであったが、幕末維新の混乱によって事実上閉鎖されていた。これを大学設立の基礎としようとしたのであった。だが大学寮代は、古代に実在した漢学中心の教育機関であったため、国学者たちがこれに反発した。この教学界の主導権をめぐる国学・漢学両派の対立激化により、政府は同年九月に国学系の皇学所と漢学系の漢学所とを別個に開設することにした（大学寮代は漢学所に解消される形で廃止された）。しかし両校とも、下記の大学校設立構想に基づいて翌一八六九年九月に廃止され、結局京都での大学設立構想は頓挫することになる。この年の三月には東京遷都が行われており、大学設立への準備は東京を拠点として進められていくのである。

一方、その東京でも旧幕府時代の学校の再興が着手されていた。すなわち、新政府は一八六八年の六月から九月にかけて、医学所を医学校、昌平坂学問所を昌平学校、開成所を開成校として復興するとともに、翌年六月にはこれらを統合して大学校とした（昌平学校を大学校本局とし、開成学校と医学校を大学校分局とした）。この大学設立計画は、大学校（国学・漢学）、開成学校（洋学）、医学校（医学）の三校を合わせて総合大学を設置しようとするものであった。だが同月の通達には「神典国典ノ要ハ皇道ヲ尊ミ国体ヲ弁スルニアリ」(3)と、国学（皇学）をもって学問の根幹とし、それを漢学・洋学が補完するというような構図が示された。大学校において、国学を根幹として漢学を従属的に位置づけたことは、漢学中心の昌平坂学問所の伝統を受け継ぐ漢学者たちに、強い不満を抱かせる結果となった。

一八六九年七月の官制改革によって、大学校は教育行政官庁も兼ねることになった。すなわち、学校であるとともに教育行政官庁として府県の学政を統轄することになったのである。なお同年一二月に、大学校は「大学」と改称され、また開成学校は「大学南校」と、医学校は「大学東校」と改称された。だが、上述の皇学所・漢学所の廃止後、京都の学者たちが大学に移ったため、大学内にて国学派と漢学派との対立抗争が再燃し、大学は休講に追い込まれてしまうのである。

教育制度の調査・策定

新政府が最初に乗り出した教育政策上の課題は、国家の指導者養成のための大学設立であった。一八六八（明治元）

年二月、政府は、玉松操（一八一〇〜七二）、平田鉄胤（一七九九〜一八八〇）、矢野玄道（一八二三〜八七）らの国学者を「学校掛」に任命し、学制調査の命を下した。幕末倒幕運動の思想的支柱として、国学が重要な役割を担っていたからだと考えられる。彼らは、ほぼ一ヵ月後、本教学（国学・神道）を中心とする大学の創設案である「学舎制」を提出したが、この案は具体化されるには至らなかった。

この大学設立構想は、極めて復古的な色彩の濃いものであったが、新政府は他方で開化的な政策の遂行にも着手していた。すなわち一八六八年一一月、箕作麟祥（一八四六〜九七）、内田正雄（一八三九〜七六）、神田孝平（一八三〇〜九八）など、開成所系列の洋学者たちを「学校取調御用掛」に任命して、新しい学校制度の研究を命じた。そして一八七〇年二月、その成果である「大学規則」と「中小学規則」が制定された。

上述の国学・漢学両派の確執によって、大学はその学校としての機能を失い、政府は学校制度の根本的な改革を迫られていたが、そうした状況下にあって、時代の推移とともに勢力を強めつつあった洋学派の改革案が、行政機関としての大学によって定められたのである。この改革案は、大学以外に、それに接続する中学と小学に関する規定を有しており、その意味で、新政府が最初に提示した本格的・総合的な学校制度体系と評すべき計画であった（東京に大学一校を、府藩県に中学・小学を設け、そこから俊秀を選んで大学に進学させる）。

その「大学規則」である。まず大学の基本理念については、「孝弟彝倫ノ教、治国平天下ノ道、格物窮理日新ノ学、是皆宜シク窮覈《キュウカク》スベキ所」(4)と、国学中心の方針が後退し、国・漢・洋の兼学の姿勢が示されている。大学の学科構成は「教科」「法科」「理科」「医科」「文科」の五分科制をとっているが、これは欧米の大学の学問分野に倣ったものと考えられる。「大学規則」制定後、休講状態にあった大学はようやく再開される。だが、この規則が洋学派の改革案であることに、国・漢学両派が結束して反発し、今度は国・漢学派と洋学派との対立抗争が勃発する。結局解決の目途が立たないまま、大学は一八七〇年七月に閉鎖となってしまうのである。こうして学校としての大学は、大学南校と大学東校という洋学を基軸とする部局だけが継続し、大学（本校）は教育行政局としてのみ存続する（一八七一年七月の文部省設置に伴って廃止）。国学派・漢学派が大学を退いたことで、復古主義者たちは教学界での勢力を失っていくのである。

次に「中小学規則」は、大学の予備段階としての中学と小学について定めたものである。まず「小学」は、八歳から一五歳までの八年制の学校として構想された。教育内容は、読・書・算と語学・地理学からなる普通学を主とし、それに大学の専門五科の大意を授けるものとされている。つまり、この小学は中学を経て大学に接続する予備段階の学校として計画されており、一般国民のための小学校とは性格を異にするものであった。

中学は、小学卒業後の一六歳から二二歳までの七年制の学校で、教育内容は大学の五科と同様の専門学を修めるものとされた。卒業者の中から「俊秀」を選んで大学に進学させる専門教育の機関であることにおいて、この学校も後の普通教育の場としての中学校とは性格を異にしていた。それは、この中学が藩校を母体とする地方の最高学府として計画されていたこととも関連する。

「大学規則」「中小学規則」は、全国的規模で実施されるには至らなかったが（規則自体は府県に頒布されず、伺い出た場合には学則を写し取らせてよい、という消極的な方針がとられた）、府県・諸藩の中にはこれに準拠して学制改革を行ったものもあり、同規則が新政府の定めた学校制度として相応の影響力をもったことは間違いない。

小学校の開設

「中小学規則」の小学は、大学の予備教育段階として構想された（指導者層養成のための）初等教育機関であった。他方、上述の木戸孝允や大久保利通らの所論に見られるように、政府は、国民一般向けの小学校の開設も国家の重要課題の一つと考え、そのための施策を積極的に打ち出していた。

一八六九（明治二）年二月、政府は「府県施政順序」を定め、地方行政における諸施策の大綱を示したが、その中の一項として「小学校ヲ設ル事」を挙げている。この小学校は、主要学科として書学・素読・算術を挙げる他、時局や道徳に関する教諭を行うべきものとされた。ここには、広く国民全般を対象とする人材育成を企図した新政府の方針が示されている。ただし、この規定は新政府直轄の府県のみを対象としたものであり（当時は諸藩がまだ存続していた）、従って全国規模で適用されるものではなかった。

そうした中、最も積極的に小学校の開設に取り組んだ地域が、京都であった。京都では伝統的に、町組《ちょうぐみ》という地域連合の自治組織が形成されていたが、明治に入って町組改編が行われたのを契機に、町組ごとに小学校と町組会所を併設する構想が打ち出された。この番組小学校と呼ばれる小学校は、教育機関であるとともに町の集会所や府の出先機関を兼ね、さらに警察・消防や保健所としての機能も有していた（その経費はすべて町組が負担した）。

〔図 4-1〕柳池小学校址（京都府中京区）

番組小学校は、一八六九年五月の上京第二七番組小学校（柳池《りゅうち》小学校）を皮切りに、同年中には六四校の開校が完了した（町組数は六六であったが、二組合同で設置された小学校が二校あった）。後に福澤諭吉は、「京都学校の記」（一八七二年）において、「京都の学校は明治二年より基を開きしものにて、…小学校と名るもの六十四所あり。…区内の貧富貴賤を問はず、男女生れて七、八歳より十三、四歳に至る者は、皆来りて教を受るを許す。…民間に学校を設て人民を教育せんとするは余輩積年の宿志なりしに、今京都に来り始て其実際を見るを得たるは、其悦恰も故郷に帰て知己朋友に逢ふが如し」(5)と、京都の小学校のことを絶賛している。

一方、政府の膝元である東京では、一八七〇年七月にようやく小学校六校の開設が決定されたにすぎず（芝、市ヶ谷、牛込、本郷、浅草、深川の六ヵ所。すべて寺院内に設置された）、小学校の開設動向は地域の事情によって異なった。また、同じく小学校といってもその内容や性格は異なった。神奈川県の郷学校（郷村組合を単位として設立）や名古屋県の義校（民間有志の結社によって設立）など、小学校の母胎となったものにも様々な形があった。一方、この時期には江戸時代以来の手習塾や学問塾がなお大きな勢力をもって多数存続していた。これら各種各様の初等教育機関が近代の小学校へと発展的に統合されていくには、その後もかなり長い時間を要したのである。

諸藩の教育改革

上述のように、この時期（廃藩置県以前）には諸藩がなお存続しており、教育政策についても、新しい時代に対応すべく様々な改革を試みていた（藩校についても、維新以後に設立されたものが、第二章で示した〔表3〕のように、四八校確認されていることには、注意を向けるべきであろう）。

例えば、福井藩では、一八六九年五月に藩校明道館を明新館と改称・再編し、八歳以上の子弟の就学を徹底した。さらに同年一二月には学制改革を実施して、士庶ともに入学を認めた外塾（七、八歳から一二歳まで）を基礎段階とし、その上に小学校（一三歳から一六歳まで）と中学校（一七歳から二〇歳まで）を積み上げる三段階の学校体系を構築した。外塾は読書・習字が中心であったが、小学校では漢学に洋算や理化学を加えた和漢洋合併の教育内容を採用し、中学校では文武両学の習得が目指された。

金沢藩では一八七〇年一一月に学制改革を行い、中学校と小学所を設置した。中学校は、藩校明倫堂を母体とする漢学・皇学系統の中学西校と、語学所到遠館を母体とする洋学系統の中学東校とが開設された（両校は、廃藩置県後中学校として合併された）。また小学所は、金沢市中に五校が開設され、士庶の区別なく四民に平等に開放することを原則とした（この小学所は、「学制」発布後は小学校となっている）。

その他、福山藩では、維新後藩校誠之館への庶民の入学を許可したが、一八七〇年一一月に学制を改革して「普通学」を授ける小学校を設けた。また同藩では民間有志によって、七歳から一〇歳までの子弟を入学させる啓蒙所が開かれ、その後の小学校普及の地盤を形成した。岩国藩でも、翌七一年一月の学制改革によって中学・小学を設け、七歳以上の子弟は士庶の区別なく入学を認めることとした。このように明治維新後、多くの藩において学制改革が試みられ、広く庶民全般を対象とする学校制度の拡充や、西洋学の導入に基づく教育内容の近代化が推し進められたのである。

大学南校と貢進生

すでに述べたように、一八七〇年七月に大学（本校）が閉鎖されると、政府は大学南校を拠点とする人材養成制度を定めた。「貢進生」がそれである。すなわち、諸藩から俊秀を選抜して大学南校に入学させ、西洋の近代学を学ばせることで、国家の指導的人材を養成しようとしたのである。貢進生は、一六歳から二〇歳までの者で、学資は藩から支給され、人員の数は、藩の規模に応じて、一五万石以上は三人、五万石以上は二人、五万石未満は一人と定められた。これにより、当時諸藩から三〇〇人余の貢進生が大学南校に入学している。貢進生の制度は、廃藩置県に伴って翌年九月に廃止され、短期間での試みであったが、当時の貢進生の中から、杉浦重剛（近江国膳所藩。一八五五～一九二四）、穂積陳重（宇和島藩。一八五六～一九二六）、小村寿太郎（日向国飫肥藩。一八五五～一九一一）、伊沢修二（信濃国高遠藩。一八五一～一九一七）、井上毅（熊本藩。一八四四～九五）ら、近代日本をリードした多くの人材が輩出された。

西洋学を講ずる大学南校と西洋医学を学ぶ大学東校は、その後それぞれが東京開成学校・東京医学校と改称されるなど、組織・機構の改編を繰り返しながらも継続していく。一八七七（明治一〇）年、この両者が母胎となって、東京大学が設立されることになるのである。

二.「学制」の制定

廃藩置県の断行と文部省の設置

明治新政府が全国的規模での教育体制を敷設するための行政上の条件が整うのは、一八七一（明治四）年七月一四日の廃藩置県の断行と、同一八日の文部省の新設によってであった。同省では、江藤新平（一八三四～七四）が文部大輔（後の事務次官に相当）に、大木喬任（一八三二～九九）が文部卿（後の大臣に相当）に任ぜられ、とくに江藤は、文部行政の基盤づくりに精力的に取り組んだと伝えられる。(6)

ただし廃藩置県も、当初は旧藩をそのまま県としたため（三府三〇二県）、行政上大きな変化はなかったが、同年一一月の府県改置（三府七二県）により、各府県に新たに府知事・県令（または権令）が任命され、ここにようやく中央集権的な国家体制が構築されるに至った。文部省が、実質的に全国府県の学校を管轄し、教育行政を統轄することができるようになるのも府県改置後のことであった（同年一一月二五日の「太政官布告第六百十九号」により、「府県学校ノ儀自今総《スベ》テ文部省管轄ニ被仰付候條《オオセツケラレソウロウジョウ》諸事同省ノ差図ヲ受ケ可取計事《トリハカルベキコト》」と定められた）。

「学制」の頒布

同年一二月、文部省は、箕作麟祥、河津祐之《すけゆき》（一八四九～九四）、内田正雄、岩佐純（一八三六～一九一二）らの洋学者や、漢学者長三洲（一八三三～九五）、国学者木村正辞《まさこと》（一八二七～一九一三）など一二名を「学制取調掛」に任

命し、新学制の起草に着手させた。同取調掛の多数を洋学者が占めていたことから、学制制定については、欧米の教育制度を参照しようとする意図が文部省にあったことは間違いない（上記の河津祐之が校閲した『仏国学制』は、「学制」起草の基本資料とされた）。

新学制の起草作業は迅速に進められ、翌一八七二年一月には大綱が、さらにその二ヵ月後には原案が成立し、太政官に上申された。「学制」原案は、左院での審議で支持されたが、正院に審議が移されてから暗礁に乗り上げることとなった（太政官機構は、廃藩置県に伴って正院・左院・右院の三院制をとった。正院は三院の頂点に立ち、天皇が臨御して万機を総判、立法を司る左院と行政を監督する右院を統括する機能を有した）。文部省の提出した予算案に、大蔵省が国家財政の立場から強く反対したためである。「学制」原案は、同年六月二四日付で太政官にて認可されたが、経費の面については未確定のまま先送りされる形となった。その後文部省は、大蔵省との折衝を重ねたが結着を見るに至らず、こうして「学制」は財政的裏づけを欠いたまま制定されたのであった。

一八七二（明治五）年八月二日（新暦九月四日。この年の一二月三日が新暦一八七三年一月一日に改められた）、政府は、「太政官布告第二百十四号」をもって「学制」の「布告書」（「学制」前文）と「章程」（「学制」条文）を発布した。これを受け、文部省も翌八月三日、「文部省布達第十三号」および「同第十四号」を発するとともに、「文部省布達第十四号別冊」（上記の「太政官布告第二百十四号」と同一内容）をもって「学制」を全国に頒布した。「布達第十三号」では、従来の府県学校を一旦廃止し、「学制」に準拠した学校を改めて設立すべきことが命ぜられ、「布達第十四号」では、「学制」の制定を宣告するとともに、経費面は未確定としながらも、府県に「学制」の実施を要請している。なお、この時点で「学制」は全一〇九章から構成されていたが、翌年三月から四月にかけて「学制二編」（文部省布達第三十号）「学制追加」（同第五十一号）および「学制二編追加」（同第五十七号）が布達され、その結果、「学制」は全二一三章という大部の内容となった。

「学制」の理念

「学制」の教育理念は、上記の「太政官布告第二百十四号」中の「学制布告書」（「学制」前文）に示されている。従来「被仰出書《おおせいだされしょ》」と呼称されてきたこの文書は、日本の近代教育の起点となった教育理念としての意味合いがあるので、以下全文を示しておく。

人々自ラ其身ヲ立テ其産ヲ治メ其業ヲ昌ニシテ以テ其生ヲ遂ル所以ノモノハ他ナシ身ヲ脩メ智ヲ開キ才芸ヲ長スルニヨルナリ而テ其身ヲ脩メ智ヲ開キ才芸ヲ長スルハ学ニアラサレハ能ハス是レ学校ノ設アル所以ニシテ日用常行言語書算ヲ初メ士官農商百工技芸及ヒ法律政治天文医療等ニ至ル迄凡人ノ営ムトコロノ事学アラサルハナシ人能ク其才ノアル所ニ応シ勉励シテ之ニ従事シ而シテ後初テ生ヲ治メ産ヲ興シ業ヲ昌ニスルヲ得ヘシサレハ学問ハ身ヲ立ルノ財本共云ヘキ者ニシテ人タルモノ誰カ学ハスシテ可ナランヤ夫ノ道路ニ迷ヒ飢餓ニ陥リ家ヲ破リ身ヲ喪ノ徒ノ如キハ畢竟不学ヨリシテカヽル過チヲ生スルナリ従来学校ノ設アリテヨリ年ヲ歴ルコト久シト雖𪜈或ハ其道ヲ得サルヨリシテ人其方向ヲ誤リ学問ハ士人以上ノ事トシ農工商及ヒ婦女子ニ至ツテハ之ヲ度外ニヲキ学問ノ何物タルヲ弁セス又士人以上ノ稀ニ学フ者モ動モスレハ国家ノ為ニスト唱ヘ身ヲ立ルノ基タルヲ知ラスシテ或ハ詞章記誦ノ末ニ趨リ空理虚談ノ途ニ陥リ其論高尚ニ似タリト雖𪜈之ヲ身ニ行ヒ事ニ施スコト能ハサルモノ少カラス是即チ沿襲ノ習弊ニシテ文明普子カラス才芸ノ長セスシテ貧乏破産喪家ノ徒多キ所以ナリ是故ニ人タルモノハ学ハスンハ有ヘカラス之ヲ学フニハ宜シク其旨ヲ誤ルヘカラス之ニ依テ今般文部省ニ於テ学制ヲ定メ追々教則ヲモ改正シ布告ニ及フヘキニツキ自今以後一般ノ人民華士族卒農工商及婦女子必ス邑ニ不学ノ戸ナク家ニ不学ノ人ナカラシメン事ヲ期ス人ノ父兄タル者宜シク此意ヲ体認シ其愛育ノ情ヲ厚クシ其子弟ヲシテ必ス学ニ従事セシメサルヘカラサルモノナリ高上ノ学ニ至テハ其人ノ材能ニ任カスト雖トモ幼童ノ子弟ハ男女ノ別ナク

小学ニ従事セシメサルモノハ其父兄ノ越度タルヘキ事
但従来沿襲ノ弊学問ハ士人以上ノ事トシ国家ノ為ニスト唱フルヲ以テ学費及衣食ノ用ニ至ル迄多ク官ニ依頼シ之ヲ給スルニ非サレハ学ハサル事ト思ヒ一生ヲ自棄スルモノ少カラス是皆惑ヘルノ甚シキモノナリ自今以後此等ノ弊ヲ改メ一般ノ人民他事ヲ抛チ自ラ奮テ必ス学ニ従事セシムヘキ様心得ヘキ事
右之通被 仰出候条地方官ニ於テ辺隅小民ニ至ル迄不洩様便宜解訳ヲ加ヘ精細申諭文部省規則ニ随ヒ学問普及致候様方法ヲ設可施行事(7)

「学制布告書」に示された教育上の理念は、大きく、①学問の重視、②個人の（立身の）ための学問、③国民皆学、④学費の民費（学区）負担、の四点に整理することができる。①については、人間の生の営みにとって学問が必須の要件であることが説かれ、それゆえ、学問が「身を立るの財本」であることが強調されている。②については、従来の学問が士人以上の身分の人間に限られていたこと、さらにはその学問も「国家（藩）のため」に行われるものであったり、文字や言葉の理解・暗誦や非現実的・抽象的議論に陥る傾向にあったりしたことが批判されている。その意味で、②は「実学」の強調を含意したと理解することもできる。③については、「必ず邑に不学の戸なく家に不学の人なからしめん事を期す」という表現にその趣旨が凝縮されているが、国民皆学ということが女子の存在を視野に含めて説かれている点が注目される。④は、経費面を含めて、学的営為における「自助」の精神の必要を説いたものと理解することができる。

以上のような所論の中に、維新以後の教学界において勢力を有していた国学（皇学）や漢学（儒学）からの影響を認めることは困難である（「学問の重視」は儒学の学問的基調でもあったが、「修己治人」を説くその「実学」観は「学制布告書」には認められない）。むしろ、しばしば指摘されるのは、当時「文部卿は三田にあり(8)」と揶揄された福澤諭吉の思想との親和性である。(9) 福澤の『学問のすゝめ』初編（一八七一年一二月）は、まさに「学問の重視」「実学主義」「国民皆学」を基調としていたからである。「学制」の教育理念は、この国の教育のあり方を、旧来の日本の学問観から西洋近代の学問観への転回に基づいて方向づけようとする新政府の意図を、最も象徴的に表現するものと見ることができるのである。

「学制」の教育行政組織

「学制」は、第一章から第十九章までを「大中小学区ノ事」とし、教育行政組織について規定している。まず第一章で、「全国ノ学政ハ之ヲ文部一省ニ統フ」と規定し、これに続く各章で、学校制度を実施するための行政機構である学区制について定めている。すなわち、①全国を八大学区に分け、各大学区に大学校一校を設置する、②一大学区を三二中学区に分け、各中学区に中学校一校を設置する、③一中学区をさらに二一〇小学区に分け、各小学区に小学校一校を置く、としたのである。全国に大学校八校、中学校二五六校、小学校五三、七六〇校を設置するという壮大な構想であった。(10) これはまた、当時の人口約六〇〇人に対して小学校一校を、約一三〇、〇〇〇人に対して中学校一校を置くことを目標とするものであった。

大中小の各学区は、教育行政の単位でもあった。各大学区の大学本部（第一大学区であれば東京府）には、「督学局」が設けられて督学（数名の官員）が置かれた。督学は、文部省の意向に従って、また地方官と協議しながら、諸学校・教則・生徒の管理など、その大学区内の教育行政全般を監督することとした。各中学区には、学区取締が一〇名から一二、三名の規模で任命された（その地域の名望家を選んで地方官が任命）。学区取締は、二〇から三〇の小学区を分担し、区内における就学の督励、学校の設立、学校経費等、学事に関する一切の事務を統轄指導するものとされた。こうして、文部省を頂点とする中央集権的な教育行政体制が敷かれたのであった。

「学制」の学校組織

「学制」は、小学・中学・大学の三段階からなる単一系統の学校体系を基本とした。小学校にはすべての該当年齢の子どもを収容し、その中から中学に進む者、さらに大学に進む者を選抜する学校体系となっている。

まず、小学校は、「人民一般必ス学ハスンハアルヘカラサルモノ」と定められ、これを「尋常小学」「女児小学」「村落小学」「貧人小学」「小学私塾」「幼稚小学」の六種類に区分した。このうち「尋常小学」が、小学校制度の本体とされ、下等小学（六歳から九歳までの四年間）と上等小学（一〇歳から一三歳までの四年間）とに分けられた（さらに後述する「小学教則」により、下等・上等とも一級六ヵ月の授業期間からなる各八級に分けられ、下等八級から下等一級、上等八級から上等一級へと進級するものとされた）。下等小学の学科は、綴字・習字・単語・会話・読本・修身・書牘・文法・算術・養生法・地学大意・理学大意・体術・唱歌（「当分之ヲ欠ク」の規定あり）と定められた。この「尋常小学」学科の順序を踏まずに「小学ノ科」を授けるものを変則小学とし、私宅でこれを授けるものを家塾とした（上記「小学私塾」は、小学学科の免状を有する者が私宅で教えるものであった）。

中学校も、下等中学（一四歳から一六歳までの三年間）と上等中学（一七歳から一九歳までの三年間）に分けられ、これが中学校の基本とされた。このほか、「工業学校」「商業学校」「通弁学校」「農業学校」「諸民学校」などを中学校の種類に挙げている。下等中学の学科は、国語学・数学・習字・地学・史学・外国語学・理学・画学・古言学・幾何学・記簿法・博物学・化学・修身学・測量学・奏楽（当分欠ク）などであった。また、これら所定の学業の順序を踏まずに洋学や医術を教える変則中学、教員免状をもつ者が私宅で教える中学私塾、免状をもたない者の家塾の規程も設けられた。なお、「諸民学校」は夜間など職業に従事する時間以外に学業を授けるもので、後の実業補習学校に類するものといえる。

大学は、「高尚ノ諸学ヲ教ル専門科ノ学校」とされ、その学科は理学・文学・法学・医学の四学科と定められた（当初は、理学・化学・法学・医学・数理学と規定されていたが、誤謬訂正された)。

「学制」の学校系統は、当初は小学・中学・大学の三段階を基本としていたが、一八七三年四月の「学制二編追加」により専門学校および外国語学校の規定が加えられた。専門学校は、「外国教師ニテ教授スル高尚ナル学校」とされ、予科(三年)を経て本科に進むが、本科の修業年限は法学校・医学校・理学校・工業学校・農業学校・商業学校などの学校種別により、四年・三年・二年の三種としている。またその入学資格も、外国語学校の下等学科を学び終えた一六歳以上の者と定めている。外国語学校は、専門学校入学のための予備課程であるとともに、とくに語学を学ぶための課程として、下等・上等各二年の修業年限が定められている。入学資格も小学校を卒業した一四歳以上の者としている。

以上のほか、「学制」は師範学校について規定を設け、師範学校は小学校の教則および教授方法について授けるものと定めている。さらに、教員について、小学校教員は男女の区別なく二〇歳以上で師範学校卒業免状または中学卒業免状を得た者、中学校教員は二五歳以上で大学卒業免状を得た者、大学教員は学士の称号を得た者と定めている(ただし当時は、大学・中学校・師範学校ともに不備であり、この規定がそのまま適用されることはなかった)。

進級と学校経費

「学制」では、「生徒及試業ノ事」という条項の中で、とくに試験に関する規定が設けられている。それによれば、生徒の進級は必ず等級を踏むことが必要とされた。すなわち、一級毎に必ず試験があり、試験に合格しなければ進級できないものとされた。とくに学校卒業の際には、厳格な大試験を実施するものと定めている。

また「学制」では、学校運営に要する経費は、設置者(学区)が負担すべきことを原則としたが、教育の普及が国家の急務であったことや、国民の経済力の実態を踏まえ、国庫負担・補助の制度も設けている。すなわち、学校の設立・運営に要する経費は、中学校は中学区において、小学校は小学区において責任を負うことを原則とし、従って各学区は租税・寄附金・積立金・授業料等の「民費」をもって学校の運営を図り、その不足分を国庫から補助することとした。上述のように、「学制」公布当初は国庫負担金について未確定のままであったが、一八七二年一一月に当時の人口を基準として、一人につき九厘（二万人につき九〇円）の割合と定め、これによって不十分ながらも「学制」実施の財政的裏づけが与えられるようになった。

こうして「学制」は、学校の「民費」維持を原則とし、各学校とも授業料を徴収することで経費の幾分かが賄われた。大学校の授業料は一ヵ月七円五〇銭相当とし（この授業料を納められない者のために六円、四円の二等を設けた）、中学校の授業料は同五円五〇銭（別に三円五〇銭、二円の二等あり）、また小学校の授業料は五〇銭（別に二五銭の一等あり）とした。

三 「学制」の実施

「学制」下の教育行政

まず教育行政機構についていえば、「学制」の規定とその実施状況との間には相当の懸隔が存在した。「学制」は、全国を大学区・中学区・小学区に分け、これを地方教育行政の単位とするとともに、大学区の各大学本部に督学局を設けて督学を置き、中学区には学区取締を置いて教育行政事務を担当させることと規定した。だが実際は、大・中・小学区は一応全国に設けられたものの、督学局は地方には設けられなかった。そのため大学区はほとんど教育行政の機能を果たすことができず、実態は府県が地方教育行政の単位となっていた。督学局が設けられたのは、第一大学区だけであったが、それもやがて文部省の一部局としての督学局となっている。各大学区に置かれるはずの大学

〔表4〕「小学校数・教員数・児童数」および「学齢児童の就学率」

年次	学校数	教員数	児童数	年次	男	女	平均
明治6	12,558	25,531	1,145,802	明治6	39.9%	15.1%	28.1%
7	20,017	36,866	1,714,768	7	46.2%	17.2%	32.3%
8	24,303	44,664	1,928,152	8	50.8%	18.7%	35.4%
9	24,947	52,262	2,067,801	9	54.2%	21.0%	38.3%
10	25,495	59,825	2,162,962	10	56.0%	22.5%	39.9%
11	26,584	65,612	2,273,224	11	57.6%	23.5%	41.3%
12	28,025	71,046	2,315,070	12	58.2%	22.6%	41.2%

文部省『学制百年史』ぎょうせい、1972年、194-195頁。

も、第一大学区以外には設けられなかった。なお、大学区は当初八大学区として計画されたが、一八七三年四月に七大学区に改められている。

　上述のように、文部省は一八七二年一一月に国庫負担金の基準を定めたが、それを府県に配付する条件として、学区の設定と学区取締の設置を要求した。これにより、各府県は中学区・小学区の設定に本格的に着手するようになった。だが、その規模は府県により様々で一定しなかった。学区取締の数も、府県によって異なったが、概ね「学制」の規定よりも少数であった。また当時、学齢期間の子女を学校に通学させることは一般民衆の通念とはなっておらず、それゆえ、就学督励の任務を負った学区取締の苦労は大変なものであった。

「学制」下の小学校

　「学制」の実施により、以前から開設されていた府県の諸学校、学問塾、手習塾などは一旦廃止され、新しい制度に基づいて学校が設立された。「学制」の実施に当たって、文部省が最も力を注いだのが小学校の設立であり、それゆえ府県も、小学校の設立に優先的に取り組んだ。学区の設定や学区取締の任命なども、主に小学校の設立のためのものだったのである。その結果、一八七五（明治八）年には、全国に二四、三〇三校もの小学校が設立され、就学率も三五・四％（男子五〇・八％、女子一八・七％）となった（表4参照）。

　ただし、当時の小学校設立の実際的状況には、①手習塾や学問塾などの旧来の教育施設を全廃して、新たに小学校を設置する、②旧来の教育施設を残したまま、これとは別に公立小学校を設置し、次第にその中に児童を吸収しながら旧施設を整理する、③旧来の教育施設を学区制に基づいて併合し、それらをそのまま小学校に再編する、という三つの方針を認めることができるが、その中では、③の方針をとったケースが最も多かった。つまり、いくつかの手習塾を集めて一つの小学校をつくり、手習師匠を小学校教師に任命し、寺子を直ちに小学校児童とするような例が少なくなかった（小規模の藩校が小学校の母体となる場合もあり、それらは正規の小学校と見なされたが、一方、手習塾を母体とする小学校は不完全なものと見なされた）。

その結果、一八七五（明治八）年当時の状況を見ると、小学校総数の約四〇％は寺院、約三三％は民家を借用したもので、校舎の新築は約一八％にすぎなかった。また、同年において小学校の約五九％が一学校一教員、約二二％が一学校二教員で、平均的な児童数も四〇人から五〇人程度の規模であった。なお、当時小学校在学児童の大多数は、下等小学の第八級・第七級など初年級の在学者であった。同じく一八七五年の数字でいえば、全児童の約六五％が下等小学第八級に、約一七％が第七級に在学しており、上等小学の在学者は全体でわずかに〇・一％にすぎなかった（一八八七年でも、約四九％が下等小学第八級、約一九％が第七級に在学し、上等小学の在学者は〇・八％であった）。これらの数字[11]は、当時の小学校の実態を最も雄弁に物語るものといえるだろう。

小学校の教育内容について眺めると、文部省は「学制」発布の翌月に「小学教則」を公布し、小学校における学科課程および教授方法の基本方針を明らかにした。すなわち、上・下二等の小学を各八級に分け、下等八級より上等一級に至る毎級の授業期間を六ヵ月とし、毎週日曜日を除く一日五時間、一週三〇時間の学科課程を設けるとともに、「学制」に掲げた学科を各級に配当し、各学科で使用する教科書と教授方法の大要を示したのである。だが、そこに示された学科課程は、旧来の手習塾での読・書・算中心の編成とは異なって、養生・窮理学・地理学などいくつかの新学科が掲げられ、教科書も欧米文化を紹介した啓蒙書や翻訳書の類が中心となっている。このような教育内容を、手習塾から改造されたばかりの当時の小学校で実施することは極めて困難であった。

そこで文部省は一八七三年に、東京師範学校（一八七二年五月創設）において、当時の日本の国情に即した新しい「小学教則」を編成させた（同年二月に「下等小学教則」が、五月に「上等小学教則」が制定される）。そこでは下等小学の学科が、読物・算術・習字・書取・作文・問答・復読・体操の八学科とされた。読物から作文までは、旧来の読・書・算を新しい小学校に合致するよう再編したものであり、問答は理科・地理・歴史・修身などに相当する新学科を総括したものと見ることができる。師範学校制定の「小学教則」は、同校が編纂した下等小学用の教科書（小学読本、日本地誌略、万国地誌略、日本史略、万国史略、小学算術書など）や教授用掛図（五十音図、単語図、連語図、数字図、九九図など）とともに普及を見た。

また、各府県でも教則を定めて管内に施行したが、その際、師範学校制定の教則を模範とするものが少なくなかった。一方、文部省の「小学教則」は後述する「学制」批判に伴って一八七八（明治一一）年五月に廃止され、以後、一八八一年に「小学校教則綱領」が制定されるまで、各府県によって多様な教則が編成・実施された。

なお上述のように、「学制」下の小学校の運営は、地方住民の負担によることを原則とし、小学校授業料も月額五〇銭と定められた。だが当時の民衆の生活実態からして、この金額を徴収することは困難であり、実際上の授業料は概ね一銭から三銭程度であった。そのため小学校経費の主要な財源は、学区内の各戸への賦課金（学区内集金）と寄附金に頼るほかはなかった。一八七三（明治六）年の統計によれば、小学校の運営に占める文部省補助金の割合は全体のわずか一二％余にすぎず、それに対して学区内集金が約四三％、その他の寄付金が約一九％で、授業収入は約六％であった。[12] このような過重な民費負担に対し、民衆は不満を募らせることになる。やがて、これが教育内容に対する不信などと相俟って「学制」批判の高まりを生じさせることになる。

中学校・外国語学校

「学制」下における中学とは、小学と大学との間に位置づけられる諸学校の総称といえるが、中学校と外国語学校との区別は必ずしも判然としていない。また、上・下二等からなる中学校のほかに、各種の実業学校も中学に含まれるため、当時の中学は、その規模や教育水準・内容において多様な構成を有していた。

それでも、各府県では主要都市を中心に公立中学校が設置されるようになり（旧藩校を母体としたり、師範学校に併設されたりして）、統計的に見れば、公立中学校数は一八七三（明治六）年に三校にすぎなかったものが、五年後の一八七八（明治一一）年には六五校と増加している（これ以外に実業学校七校が数えられる）。一方、私立中学校（ほとんどが幕末維新期からの学問塾を母体とする）も七三年の一七校から七八年の五一四校と大幅な増加を見ている。生徒数も、七三年の一、七六七人から七八年には二九、〇一八人（公立四、四九四人、私立二四、五二四人）と飛躍的に伸びている(13)。ただし、これら公私立中学校の規模は概ね小さく、一八七八年の統計によると、全国中学校のうち約七〇%は一学校一教員であり、これに一学校二教員の中学校を合わせると、総数の約八〇%を占めていた。修業年限も二ヵ年から六ヵ年にわたり、極めて多様であった(14)。

上述のように、一八七三年四月の「学制二編追加」は、専門学校入学者の予備教育を目的とする外国語学校のことを規定した。外国語学校の下等段階（四年のうちの二年）は、中等教育としての機能と性格をもっていたが、「学制」実施当初は文明開化の時代思潮を反映して多数の外国語学校が設けられた（一八七五年には公立八、私立八六の外国語学校が存在したが(15)、一八七九年以降『文部省年報』の統計から姿を消し、中学校や専門学校になった）。その規模や内容は、中学校と同様に様々であり、女子の入学を認める男女共学校や女子生徒のみの女学校も存在した。また、多くは日本人教師によるもので、外国人教師を雇っているものは少なかった。

大学・専門学校

「学制」下において誕生した大学は、東京大学ただ一校であった。すでに再三言及したように、その母体となったのは東京開成学校（大学南校）と東京医学校（大学東校）であった。両校では、一八七〇年代半ば頃から専門学科の内容が次第に充実され、御雇い外国人教師による高度な学術教授が行われるようになっていた。後述する文部省学監マレー（David Murray, 1830-1905）の献策もあり、一八七七年四月に両校を合併して東京大学と称する旨の布達が発せられた。

発足当初は、開成学校に設けられた法学部・理学部・文学部に、医学校に設けられた医学部を加えた四学部制をとり、そのため大学の長は、法・理・文三学部の「綜理」と医学部の「綜理」とが並立することになった。やがて、一八八一年に若干の制度改正が行われ、四学部それぞれに長が置かれるとともに、大学の長は「総理」に一本化され、初代総理に加藤弘之（一八三六～一九一六）が選任された。修業年限は四学部の各学科によって同一ではないが、大部分は四ヵ年とされた。

文部省は、東京大学発足と同時に、東京英語学校を東京大学に付属させ、東京開成学校の予科の生徒を合わせて、東京大学予備門を設けた。当初は、法・理・文三学部の予備門であり、医学部は別に予科を設けていたが、一八八二年六月から医学部の予科が予備門に合併され、こうして東京大学予備門は、各学部に入学すべき全生徒に対して基礎教育（四年間の課程）を施す機関となった。なお、この大学予備門は、一八八六（明治一九）年に高等中学校の制度が成立するに伴って、第一高等中学校となる。

東京大学発足時において、法・理・文三学部の学生総数は七一〇人、予備門生徒六三〇人、教員数は五六人（日本人三二人、外国人二四人）、医学部は学生総数一、〇四〇人、教員数三五人（日本二四人、外国人一一人）、という規模であった。[16]

東京大学が、伝統的な漢学・国学・洋学という学問的枠組みを組み替えて、法・理・文・医という学部編成でスタートしたことは、この国の高等教育政策が西洋近代学知の移植を学術研究の基軸としたことを象徴的に物語っている。だが、実は、この時期にあって西洋学知の移植をよりスピーディに実施し、この動向をリードしたのは官立の専門学校群であった。中でも、一八七一年に工部省工学寮として発足した工部大学校や、同年に司法省明法寮として設立された法学校、さらには翌七二年に北海道開拓使によって創設された札幌農学校などは、新国家の官僚機構が集中的なエリート教育を実施することで、近代国家建設の担い手を速成する役割を果たした。これらの学校はいずれも、官費制・全寮制をとり、外国人教師を招聘して、基礎から専門まで外国語による一貫したカリキュラムを組み立て、卒業後は奉職義務を課していた。官立専門学校は、その後東京大学を核として統合され、それが一八八六（明治一九）年の帝国大学誕生へと結びついていくのである。

以上の官立専門学校は高等教育段階の水準を誇ったが、当時の専門学校には中等段階レベルのものも少なくなかった。また、官立以外に公立・私立などの設置主体の別があり、また外国語系・漢学系・医学系・宗教系など多様な内容の専門学校があった（慶應義塾、同人社、攻玉舎など「学制」以前から存在した私立学校も、専門学校に含められていた）。このように専門学校は、その所轄、規模、水準、内容などにおいて、実に多様・多層な学校群から成り立っていた。

師範学校

「学制」実施については、何よりも小学校教員の養成が急務とされ、師範学校やその他の教員養成機関の設立もとくに重視されていた。文部省は「学制」制定に先だつ一八七二年五月、東京に直轄の師範学校を開設し、同年九月から授業を開始した（前述のように、同校は「小学教則」の編成、新しい教科書の編集なども行い、全国の小学校教育

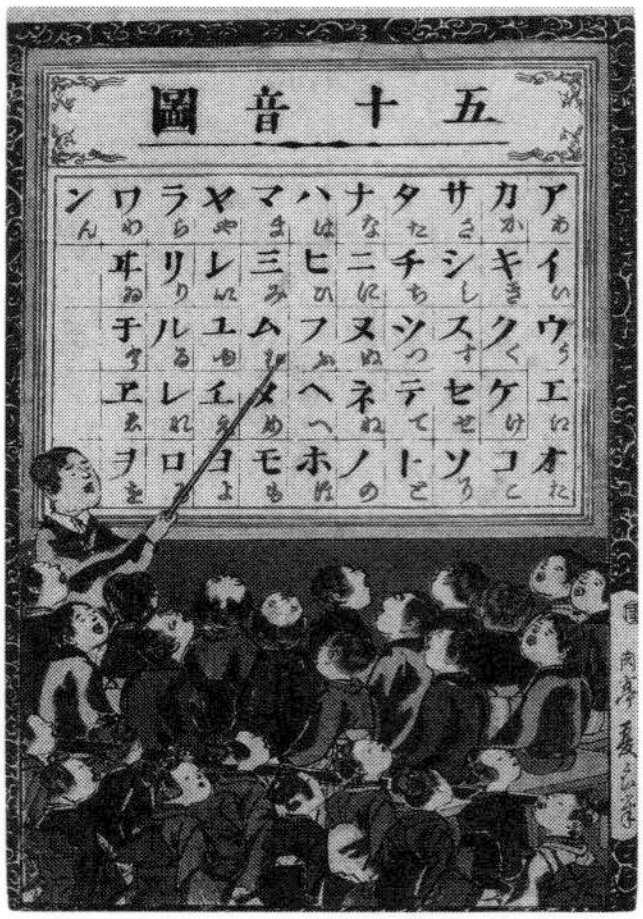

〔図 4-2〕「五十音図」

近代化の拠点となった）。同校には、前年八月に来日し大学南校の教師を務めていたアメリカ人スコット（Marion McCarrell Scott, 1843–1922）が招かれ、アメリカの師範学校の方式に倣って教員養成が始められることになった。すなわち、当時アメリカの小学校で使用していた教科書・教具などを取り寄せ、教室内部もアメリカの小学校の様子を再現して授業が行われた。

授業は、スコットが英語で行い、洋学所で英語を学んだ坪井玄道（一八五二〜一九二二）が通訳の任に当たった。師範学校生徒の中で学力の優等な者を上等生とし、教師がこれを小学生と見なして小学校学科を教え、また、上等生もこれに倣い下等生を小学生と見なして教えたのである。こうして、一人の教師と大勢の生徒が向かい合い、生徒たちに同一の授業内容を同一のペースで学ばせる「一斉授業」の方式が、近代的授業方式としてわが国に導入されることになった。なお、同校を中心に導入された教授理論・教授方法については、第一〇章で改めて論ずる。

官立師範学校は、一八七三年以降、東京以外にも、大阪・宮城・愛知・広島・長崎・新潟に新設され、これにより、全国の七つの大学区に官立師範学校が開設されるに至った。ただし、まもなく財政事情などによって各地の官立師範学校は廃止され、一八八八年になると、結局、東京師範学校および女子師範学校を残すだけとなった。

また、各府県では小学校教員の速成に努め、伝習所、講習所、養成学校などと呼ばれる短期の教員養成機関が設置された。これらは修業年限・教育内容など不統一であったが、一八七五年頃からその整備が着手されるようになり、これが後に公立師範学校として発展することになった。

四．「学制」に対する批判

「学制」の問題点

「学制」は、この国に「制度としての教育」を確立させ、定着させるための最大の契機となったことにおいて、画期的な意義をもっていた。政府は国民皆学を目指して学校教育の普及・発展を図り、地方官もまた管内の学事奨励に努めた。だが、「学制」は欧米の教育制度を模範として設計されたものであり、実地経験に基づいて構想されたものではなかった。また、当時の国・地方の財政事情や人々の生活実態あるいは社会通念から見ても、「学制」の全面的な実施は困難であった。それにもかかわらず、政府はその実施を強要したため、地方の経費負担の増大など様々な弊害を生じさせ、人々からの反発・反感を招くことになった。

地方の人々が「学制」をどう受けとめたのかについては、文部省の役人自らが行った地方視察の記録に、それを読み取ることができる。例えば、当時文部大書記官の職にあった西村茂樹（一八二八～一九〇二）は、その「第二大学区巡視功程」（一八七七年八月）において、「学制」下の教育状況の問題点を、

> 方今普通教育ノ病ト称スヘキ者四アリ、其一ハ専ラ外面ノ修飾ヲ務メテ教育ノ本旨ヲ後ニスルニ在リ、其二ハ教育ノ為メニ人民ノ金ト時トヲ費スヿ多キニ過クルニ在リ、其三ハ小学ノ教則中迂遠ニシテ実用ニ切ナラサル者アリ、其四ハ一定ノ教則ヲ以テ之ヲ全国ニ施サントスルニ在リ(17)

と述べ、①道徳教育の頽廃、②人々の過重な経費負担、③非実用的な教育内容、④中央集権体制に基づく画一的な学科課程、の四者を指摘している。

また、同じく文部大書記官であった九鬼隆一（一八五二〜一九三一）も、その「第三大学区巡視報告」（同年同月）の中でほぼこれと同様の認識を示している。とくに九鬼の報告には、「学制」下の小学校の授業料が月五〇銭を標準としているのに対し、当時の下等農家の一日の生活費が概ね二、三銭から四、五銭程度であることや、当時の子どもたちは六、七歳になれば家業を手伝うことが通常であったが、学校がその貴重な労働力を奪ってしまっていることなど、具体的な事例が描き出されている。(18)

民衆暴動の勃発

このように「学制」は、必ずしも当時の一般民衆から歓迎される制度ではなかったが、これに「徴兵令」（一八七三年一月公布。満二〇歳の男子に抽選で三年の兵役が課される）や「地租改正条例」（同年七月制定。土地所有者に納税義務が課される。収穫量ではなく収穫力に応じて算定された地価が課税標準とされ、これまでの物納が金納とされた）などに対する不満も相俟って、各地で民衆による暴動が引き起こされるような事態を招くことになった。

とくに一八七三年五月に北条県（現在の岡山県東北部）にて勃発した暴動では、管下四六の小学校の大部分が破壊された。(19)また一八七六年一二月に三重県で起こった「伊勢暴動」では、各地で役所・学校・銀行などの公的施設が打ち壊し・焼き打ちに遭い、その勢いは全県的な広がりを見せるとともに、愛知・岐阜の両県にも及んだ。これ以外にも、鳥取県会見郡の「竹槍騒動」（一八七三年六月）、四国名東県の「西讃竹槍騒動」（同上）など、西日本を中心に全国各地で民衆による大規模な暴動が発生した。これらの暴動は、「徴兵令反対一揆」（「血税一揆」）や「地租改正条例反対一揆」とも呼ばれたように、「学制」だけを標的とするものとはいえない。だが、当時の一般民衆にとって、その日常生活に様々な負担を課した政府の文明開化政策を象徴するものの一つが「学制」であったことは間違いなく、その意味からも、「学制」が当時の民情に合致するものでなかったことは否定できないであろう。

第五章　「近代教育」の発足（その二）

――「教育令」の制定と改正

一．「教育令」の制定

前章で述べたような「学制」批判は、この制度の再検討と改革の必要を政府・文部省に要請する重要な契機となった。明治維新より一〇年前後が経過した当時は、「西南の役」に代表される不平士族の反乱を鎮圧することで国内の一応の政治的統一を達成することができたものの、その反面財政的には国庫財政が逼迫し危機的状況に陥っていた。膨大な規定を有し、それを全国一律に実施することを求める「学制」は、当初より大蔵省からの反対があったように、常に財政上の問題を抱えていた。

田中不二麻呂とD・マレー

「学制」下の文部行政を統括する役割を担ったのは、文部省内にあって文部少輔や文部大輔などの重要ポストを歴任した田中不二麻呂（一八四五～一九〇九）であった。田中は、文部理事官として岩倉使節団（一八七一年一一月～七三年九月）に随行、その間欧米の教育制度を調査し、その成果を『理事功程』（一八七三～七五年、文部省刊）と

〔図 5-1〕田中不二麻呂

〔図 5-2〕D．マレー

して公刊するという経歴をもっていた。田中は、とくにアメリカの教育制度を熱心に調査したが、岩倉使節団をアメリカで迎えた少弁務使森有礼（一八四七〜八九）の斡旋により、脱国留学生新島襄（一八四三〜九〇）が田中の通訳を務めたことは有名なエピソードである。

また、一八七三（明治六）年六月には文部省顧問としてアメリカからデイヴィッド・マレーが招かれ、その後約五年半にわたり文部行政全般に関する助言を行った（マレーの招聘についても、駐米少弁務使森有礼が、一八七二年にラトガース大学教授であった彼に質問状を寄せたことが契機となっていた）。マレーは当初「督務官」に就いたが、これが一八七四年一〇月に「学監」に改められた。マレーの具体的提言としては、日本各地の学校視察に基づく報告書「米人博士ダゥヰッド・モルレー申報」（一八七三年）や「学監ダビッド・モルレー申報」（一八七四年）、あるいは田中に提出した学校制度案「学監考案日本教育法」（一八七七〜七八年頃）などがよく知られている。

田中不二麻呂は、アメリカ開国一〇〇周年に当たる一八七六年にフィラデルフィアで万国博覧会が開催された機会に再渡米し、改めてアメリカ各州の教育行政を調査した（この博覧会に日本の教育に関する資料を出展するために、マレーの指導・協力の下に編集されたのが、わが国最初の本格的な教育史書とされる『日本教育史略』である）。そしてその成果を、帰国後『米国学校法』(上下二冊。一八七八年、文部省刊)として出版した。こうして蓄積された田中のアメリカ教育制度に関する知見が、「学制」改正案の内容を方向づけたことは間違いない。

実際、田中は文部行政の統括者として、「学制」実施に様々な困難が生じていることと、その改革が必要であることを認識していた。とくに「学制」の問題が全国に画一的な制度の実施を求めることにあると認め、この問題を、教育を各地方の管理に委ねるアメリカの教育制度を導入することで克服しようとした。田中は、一八七七年頃から「学制」の改正案づくりに着手し、翌年五月に具体的な改正案である「日本教育令」を起草するに至ったのである。

なお、従来「日本教育令」起草には、上述したマレーの「学監考案日本教育法」が参照されたといわれてきた。だが、マレーの提言は「日本教育令」に比べて保守的で、従来の制度に著しい変革を加えることを避け、文部省による諸教育機関・教育内容の統括、公立学校教員資格の制定、教科書の検閲など中央集権的色彩をもつものであった。それゆえ学監マレーの所論は、当時学監事務所に勤めていた江木千之(一八五三〜一九三二)に引き継がれ、後述する「教育令」よりもむしろ一八八〇年の第二次「教育令」に反映されたといわれる(1)。

こうして上奏された「日本教育令」は、教育行政組織と学校教育に関する規定を中心とする全七八章からなっていた。同法案はその後太政官での審議を経て四九ヵ条に修正され(審議・修正は、参議兼法制局長官であった伊藤博文が中心となってこれを進めた)、さらに元老院にて四七ヵ条に修正された後、一八七九(明治一二)年九月二九日に「教育令」(太政官布告第四十号)として公布された。

自由教育令

なお、「日本教育令」が上奏された一八七九年五月一四日に、内務卿大久保利通が暗殺される。その跡を引き継いだ伊藤博文は、この当時、一方で過激化する自由民権運動への対応に、他方で天皇親政を要求する宮中派への対応に追われていた（宮中派への対応については次章にて述べる）。前者の自由民権運動に対し、伊藤は同年七月「地方三新法」（郡区町村編成法・府県会規則・地方税規則）の公布に踏み切ることで、当面の難局を打開しようとした。この三新法は、町村長・府県会議員の公選、地方議会の開設、という民権派の要求を部分的に受け入れるものであった（府県税の徴収と支出について、府県は必ず府県会を開き公選議員の審議を経ると規定する）。「教育令」は、このような政治情勢の下に公布されたこともあり、また、その地方分権的・自由主義的色彩（学校設置・運営に関する地方の自由裁量の尊重）とも相俟って「自由教育令」と称された。

「教育令」の内容

「教育令」は全文四七ヵ条と、「学制」に比べて極めて簡略な規定であった。まず、学校について、「教育令」はその種類を小学校・中学校・大学校・師範学校・専門学校・その他各種の学校としている。だが学校に関する規定の多くは小学校に関するものに充てられている。それは、当時の教育政策の重点的課題が、小学校教育の整備によって国民教育の基礎を確立することに向けられていたことを示唆している。

その小学校に関する主要な規定を見てみよう。

第一に、就学期間について、六歳から一四歳までの八年間の学齢期間のうち、少なくとも一六ヵ月と定められた。公立小学校の就学期間は八年間とされたが、四年間まで短縮が認められた。ただし、その四年間は毎年四ヵ月以上授業を行うべきものとされた。さらに、学校に入学しなくても別に普通教育を受ける方法があれば、これを就学と見なすとの規定が設けられ、就学規定が大幅に緩和された。

第二に、カリキュラムについて、読書・習字・算術・地理・歴史・修身だけを必修とし、これ以外の罫画・唱歌・体操や物理・生理・博物などは土地の情況に応じて設置することとした（女子のための裁縫はその設置を促していた）。

学習内容の簡素化を図ることで、一般庶民の教育ニーズに応答しようとした姿勢を窺うことができる。

第三に、学校設置について、私立小学校があれば公立小学校を設置しなくてもよいとし、また資力に乏しい地方では巡回教員による授業という方法も認めている。これは、公立小学校の設置を強力に督励した「学制」と比べて大きく相違する点であった。

第四に、学校設置や教則認可に関する府知事県令の権限を緩和した。すなわち、公立学校の設置・廃止については府知事県令の認可を必要としたが、私立学校については府知事県令に開申（監督官庁への報告）するだけでよいとされ、また公立学校の教則は文部卿の認可が必要なのに対し、私立学校の教則は府知事県令への開申でよいとされたのである。上述のように、私立小学校をもって公立小学校への代替が認められたことを踏まえれば、これは地方長官の教育行政権限の低下を意味することであった。

「教育令」はその教育行政制度についても、「学制」の規定を大きく変更している。まず、「教育令」では小学校設置の基礎を町村とし、「学制」における学区制を廃止した。また、その町村内の学校事務を管理するために「学務委員」を置くこととした。「学務委員」は町村住民の選挙によって選出され、児童の就学・学校の設置保護などの事務を掌ることとされた。「学制」における督学局や学区取締が中央集権的な教育行政の象徴であったのに対し、「教育令」の学務委員は地方分権型の教育行政を象徴するものといえよう。

なお、これら以外の規定では、公立小学校に対する国からの補助金の規定を設けたこと、学校における授業料の納入についてはそれぞれの便宜に任せるとしたこと、各府県に公立師範学校の設置を求めたこと、教員の資格を男女の別なく一八歳以上としたこと、体罰を禁止する条項を設けたこと、などが注目される。

「教育令」は、その学校制度の全体像についていえば、八ヵ年を学齢とする小学校を国民教育の基礎段階としつつ、そこから中学校、師範学校、その他の諸学校に進学する制度となっており、その枠組み自体は「学制」と共通するものであった。「学制」との大きな差異は、住民自治を基軸とする学校の設置・運営に関する規定であり、これには「教育令」の起草に当たった田中不二麻呂がアメリカの地方分権型教育制度を参考にした点が少なくなかったと見なされる。だが、それとともに、「学制」が多分に机上のプランとしての性格を有したのに対し、「教育令」には数年にわたる教育行政の実地経験を踏まえ、当時の日本の国情や民度に合致した制度を構築しようとした面があった、と見ることもできるのである。

「教育令」に対する批判

以上のように、「教育令」は「学制」の中央集権的・画一的な教育行政制度を改めて、教育行政の権限を地方に委ね、地方の自由裁量を大幅に認める方針をとった。しかし、政府のこの緩和政策は「教育令」に対する批判を呼び起こす原因ともなった。「教育令」によって小学校の設置や就学に関する規定が著しく緩和されたため、地方によっては経費節減のために小学校の建築を中止したり、小学校を廃止したりするような事態が生じた。旧態依然の手習塾を私立小学校として代用するケースもあった。あるいは、就学者数が一挙に減少する地方も出現した。

文部省統計に現れた数字についても、一八七九年の就学率（男子五八・二%、女子二二・六%、平均四一・二%）に比べ、翌一八八〇年の就学率（男子五八・七%、女子二一・九%、平均四一・一%）は、停滞もしくは微減という結果を示していた(2)。就学規定を大幅に緩和して、地方住民の事情や意向に便宜を図ったにもかかわらず、就学率の上昇が認められなかったことは、教育行政当局として不本意であったに違いない。〔**表5**〕に示されるように、就学率の上昇傾向が見られるようになるのは、むしろ後述する「教育令」改正以後のことであった。

こうして、少なからぬ教育行政関係者の間からは、「学制」頒布以来、学校の設置と就学の督励に非常な苦労を重ね、徐々にその成果を見るに至っていた小学校教育が、「教育令」の公布によって混乱に陥り、一挙に衰退してしまったとの批判・不満の声が発せられるようになった。とくに、政府の方針に従って「学制」実施に努力を傾けてきた地方長官たちは、「教育令」による教育行政権限の低下も相俟って、不満を募らせていた。文部省は、地方長官に対して「教育令」実施の状況を諮問し、これに対する意見を聴取したが、当時の埼玉県令白根多助（一八一九〜八二）の上申書に示された「方今小学ノ設天下ニ周ク普通実用ノ学漸ク遠近ニ被ル而シテ一旦教育令ノ出ツルニ及ンテ数年経営ノ業将ニ地ニ墜ントス…今ニシテ之ヲ救ハスンハ育材ノ道将ニ絶ヘントス」(3)という所論は、「教育令」に対する地方長官たちの不満を最も雄弁に物語っている。

二．「教育令」の改正

改正への動向とその趣旨

こうした状況下、一八八〇（明治一三）年二月に開催された地方長官会議においてもこの問題が取り上げられ、地方長官たちから、「教育令」による地方学事の退廃に関する実情が報告されるとともに、地方学事振興に関する権限の緩和化に対する不満が表明された。地方教育行政の責任者である府知事県令から「教育令」批判が寄せられたことは、この制度が国民教育を普及させる上で重大な問題を孕んでいることを露呈するものであった。

この時期、伊藤博文によって進められた太政官改革によって、参議が各省の卿を兼任することが廃止され、それに伴って、各省の卿に大きな異動が行われた。文部省については、一八八〇年二月に河野敏鎌（一八四四〜九五）が文部卿に任ぜられ、翌三月には長らく文部行政を中心となって担ってきた田中不二麻呂が司法卿に転出することとなった。田中が文部省を退いたことは、「教育令」を改正へと方向づけることを意味したといえよう。

この年、明治天皇が山梨・長野・岐阜・京都への巡幸を実施することになっていたが、河野は文部卿就任早々にその先発として各地に出向き、その教育状況を視察することで、「教育令」の問題を強く認識するに至った。河野は同年九月に文部省に戻ると直ちに「教育令」改正の準備に取りかかり、同年末の一二月九日に改正案を太政官に上申した。この改正案はその後元老院の審議を経て一部修正が加えられ、一八八〇年一二月二八日「太政官布告第五十九号」をもって公布された。この第二次「教育令」は、第一次「教育令」が「自由教育令」と呼ばれたのに対し、「改正教育令」と通称されている。

「教育令」改正の趣旨は、改正案上申の際に付せられた「教育令改正案ヲ上奏スルノ議」という文書に明らかである。そこには、①「学制」の問題は、その基本方針にではなく、その施行方法にあった（国家による過度の干渉ではなく、干渉の仕方に問題があった）、②国家・国民の開明のためには普通教育の普及が不可欠であるが、普通教育の普及は政府による督励なしにはありえない、③およそ文明国にあって、普通教育への干渉を政府の仕事としない国は存在しない、などの所論が提示されている。(4)

すなわち、第一次「教育令」が教育行政における地方の自由裁量を認める方針をとったのに対して、第二次「教育令」は教育行政における国家統制と政府の干渉を基本方針としたのである。このように第二次「教育令」は、改めて文部省が地方の教育を統轄する方向へと、文教政策を転換させる重要な契機となった。普通教育の普及を、国家による干渉・統制を最も基本的な前提として推し進めようとする認識と方略は、まさに「近代教育」の最も典型的な特質となって、これ以降の日本の教育政策を条件づけていくのである。

第二次「教育令」の内容

第二次「教育令」は、旧法の条文に、修正・一部削除・一部追加などを施すことによって作成されたもので、全五〇条からなっている（このうち、小学校と公立師範学校に対する国からの補助金に関する諸条項が削除されているため、有効条文は四四条）。その主な改正内容を列挙すると、以下の通りである。

まず、学校の種類について小学校・中学校・大学校・師範学校・専門学校のほかに、新たに農学校・商業学校・職工学校を加えている。だが「教育令」と同じように、小学校と師範学校以外は詳細な規定を設けていない。

次いで、小学校に関する規定である。第一に、就学期間について、六歳から一四歳までの八年間の学齢期間のうち、三年間の就学とその三年間について毎年一六週以上の就学を定めた。これは、第一次「教育令」の「最低限四年間に一六ヵ月以上」という規定に比べ、より就学の実効性を担保しようとする規定であった。また、三年間の課程を終了した後も、相当の理由がなければ毎年就学すべきであるとした。小学校の就学年限は三年以上八年以下と、最低年限を三年に短縮したが、一年間に実施する授業は従来の四ヵ月以上から三二週以上に改められている。これにより、学校は、休業日を除いてはほぼ常時授業を行うべきものとされた。

第二に、カリキュラムについて、小学校の学科内容に大きな変更は加えられていないものの、「修身」を学科の首位に置いたことが注目すべき修正点であった。なお、この「修身」重視の動向と背景については次章にて詳述する。

第三に、小学校の設置について、第一次「教育令」では、公立小学校の設置を町村に義務づける規定をもったにすぎなかったが、第二次「教育令」では、各町村が府知事県令の指示に従って独立もしくは連合して一校以上の小学校を設置すべきことが、厳格に規定された。また、私立小学校による代用や、巡回授業の方法については、府知事県令の認可が必要とされた。

こうして第二次「教育令」では、小学校を中心とする学校教育規定に諸々の修正が施されたが、同法令での重要な修正点を象徴するものが、教育行政に関する諸事項であった。第一に、公立学校の設置・廃止について、府県立のものは文部卿の認可、町村立のものは府知事県令の認可とし、私立学校についてもその設置には府知事県令の認可が必要であるとした（私立学校の廃止は府知事県令への開申）。

第二に、小学校の教則については、公立・私立を問わず、文部卿の定めた綱領に基づいて府知事県令が定め、文部卿の認可を経て施行すべきものとした。これは第一次「教育令」が、公立学校の教則のみを文部卿の認可（私立学校の教則は府知事県令への開申）と定めていたことからの大きな変更であった。

第三に、学務委員制度について、各町村の学務を管理し、学齢児童の就学、学校の設置・保護等を掌るという同委員の役割に変更はなかったものの、その選出方法が大幅に改められた。すなわち、第一次「教育令」では町村人民の選挙によるとされていたが、これを町村人民が定員の二倍もしくは三倍を「薦挙」し、府知事県令がその中から「選任」することに改めた。また、その薦挙規則は、府知事県令が起草して文部卿の認可を受けることとされた。

第四に、町村立学校の教員の任免者が府知事県令と定められた（学務委員の申請により府知事県令が任免する）。これらは、いずれも教育行政における文部卿および府知事県令の監督権限を強化したものといえる。

なお、これら以外では、府県における師範学校の設置義務を明確に定めたこと（第一次「教育令」では「便宜ニ随ヒテ公立師範学校ヲ設置スヘシ」とやや不明確な規定になっていた）、「男女ノ別ナク年齢十八年以上タルヘシ」という教員規定に、「品行不正ナルモノハ教員タルコトヲ得ス」の但書を付したこと、上述のように小学校や公立師範学校に対する国の補助金に関する条文を削除したことが注目される。とくに、教育行政における国家統制を強化した第二次「教育令」において、補助金に関する規定を削除したことには矛盾も感じられるが、これは当時の厳しい国家財政事情に基づく措置であったといえよう。実際、小学校・師範学校への国庫補助金は、一八八一年六月に廃止されている。

三．諸規則の制定

諸規則制定の趣旨

第二次「教育令」は、教育制度全般に関する基本的条項のみを定めた法令であり、その施行については、より詳細な諸規則の制定が必要であった。そのため文部省は、一八八一（明治一四）年以降、第二次「教育令」のいわば施行規則というべき複数の規則を制定した。それら諸規則は、全国に画一的に施行されるものでなく、主に各府県で定める具体的規則の基準を示すという趣旨で制定された。教育に関する規則の大綱を国が定め、その施行のための具体的規則を地方の管理に委ねるという構図は、第一次「教育令」の基本的性格を踏襲するものと見ることができる（「学制」の全国画一的な規定とは、性格を異にしていた）。

カリキュラム

まず、諸学校の教則に関する規則を眺めてみよう。政府は、同年五月に「小学校教則綱領」を制定し、各府県で定める「小学校教則」の基準を示した。小学校の学科課程については、一八七八年五月に「小学教則」が廃止されてから、各府県で多様な課程編成が行われていたが、ここに一応の全国的基準が定められることになった。

「小学校教則綱領」により、小学校は初等科三年、中等科三年、高等科二年とされた。初等科の学科は、修身・読書・習字・算術・唱歌・体操とされ、第二次「教育令」の規定通りに修身が筆頭に置かれた。修身には初等科・中等科では毎週六時間、高等科では毎週三時間が宛がわれ、小学校の全学科授業時間の約一割を占めるに至った（一八七二年の「小学教則」では、「修身口授」は下等小学第八級に三時間、七級と六級に二時間、五級に一時間が宛がわれていたにすぎなかった）。

上記のうち唱歌と体操は、当時の小学校にて直ちに実施することは困難だったので、唱歌については教授法が整うのを待って設けることとされ（一八七九年、文部省に音楽取調掛が置かれ、翌年L・W・メイソンがアメリカから招かれることで近代音楽教育が始められようとしていた）、体操についても洋式体操の導入によって定着を図ろうとした（文部省は、一八七八年に体操伝習所を設け、アメリカからG・A・リーランドを招いて洋式体操の学校への導入を図った）。これ以外には、中等科において「読書」に漢文が加えられたことと、「歴史」が尊皇愛国の士気を養成するために日本史に限られたこと、などが注目される。

また同年七月には、「中学校教則大綱」が制定され、これに基づいて中学校は小学校中等科卒業を入学資格とし、初等中等科（四年）と高等中学科（二年）の二段階編制とされた。中学校数は、一八八〇年に一八七校だったものが、翌八一年には一七三校、一八八五年には一〇六校と漸減していくのだが、(5) これは同「大綱」とこれに続く「中学校通則」（一八八四年制定）によって中学校の標準化が進められた結果といえよう。

師範学校についても、一八八一年八月に「師範学校教則大綱」が制定され、師範学校には初等師範学科（一年、小学初等科教員養成）・中等師範学科（二年半、小学初・中等科教員養成）・高等師範学科（四年、小学各等科教員養成）の三課程が置かれた。入学資格も、一七歳以上で小学校中等科卒業以上の学力ある者と定められた。

教員養成

この教員養成に関しては、次章にて述べる「復古主義的」動向がそれに少なからぬ影響を与えていた。とくに小学校教員について、文部省は、一八八一年六月に「小学校教員心得」を制定し、教員の本分を一六項目にわたって規定した。その基調をなすものは、教員タル者ハ殊ニ道徳ノ教育ニ力ヲ用ヒ、生徒ヲシテ、皇室ニ忠ニシテ国家ヲ愛シ、父母ニ孝ニシテ長上ヲ敬シ、朋友ニ信ニシテ卑幼ヲ慈シ及ビ自己ヲ重ンズル等、凡テ人倫ノ大道ニ通暁セシメ、且常ニ己ガ身ヲ以テ之ガ模範トナリ、生徒ヲシテ徳性ニ薫染シ善行ニ感化セシメンコトヲ務ムベシ(6)

とする所説であった。この文書中には「尊王愛国ノ志気ヲ振起シ」という文言が記されているが、国民教育を担う小学校教員の役割がまさに、この文言に求められたものといえる。

同「心得」の起草者江木千之は、「尊皇攘夷を首唱せし藩中に成長し、殊に水戸学を以て頭を鍛へたる者」を自称する、文部省内における保守派の代表者であった。同じく江木の「教員心得の発布は、智育偏重、欧米心酔の教育を一変して、皇道主義に引直したる一大画期的の挙であつた」という回顧からは、この当時の教育行政が政府内における保守主義者たちの意向に従って方向づけられていった様子を、鮮明に窺うことができる。(7) なおこの当時、府知事県令が小学校教員を任命するに当たって、同「心得」が辞令書とともに一冊ずつ交付されていた。

〔図 5-3〕江木千之

また、同年七月には、「小学校教員免許状授与方心得」が改正され（最初の制定は同年一月。師範学校の卒業証書を保有しない者に、学力検定によって小学校教員の免許状を授与する規定を設けた）、正規の免許状を有する訓導と、一部学科に関する免許状を有する準訓導との規定を明確化した。その上で「碩学老儒等ノ徳望アリテ修身科ノ教授ヲ善クスル者」と「農業工業商業等ノ学術ニ長スル者」については、学力検定を要せずに訓導に就くことができる旨の規定が盛り込まれた。復古主義的要求と産業振興への要求とが交錯した規定となっていることに、一八八〇年前後の教育要求の所在を見ることができる。さらに同月「学校教員品行検定規則」が制定され、品行不正者等は教員に就くことができないこと、それが現職者の場合には免職となること、などが明示された。

教科書制度

上述の「小学校教則綱領」は、各学科の教授要旨のみを示し、具体的な教科書を指定しなかったため、これ以降、各学科・各学年段階別の新しい教科書が編纂されるようになった。一方、文部省はすでに、一八八〇（明治一三）年五月より地方学務局取調掛において、各府県で使用している教科書の調査を開始し、同年八月および九月にその調査結果を公表するとともに、同一〇月に「調査済教科書表」を各府県に配付して不適当と認めた教科書の排除に努めていた（この「調査済教科書表」は一八八五年まで発行された）。これは、当時活発化していた自由民権運動への対策として行われたことでもあり、新しい教科書が出現する状況下でも引き続き必要なことと認識された。

こうして教科書に関する政策は、「小学校教則綱領」制定とともに、府県が使用する教科書一覧表を所定の書式に従って作成し、これを文部省に届け出るという開申制となった。このとき「自由」や「民権」を謳う内容をもつ教科書は、「教育上弊害アル書籍」として排除されたことはいうまでもない。「学制」下においては、文明開化のありようを人々に知らしめることが期待されたこともあって、その著作が少なからず教科書として使用されていた福澤諭吉は、この頃の様子を、

明治十四五年の頃なり。政府が教育に儒教主義とて不思議なることを唱へ出し、文部省にては学校読本の検定と称して世上一般の著訳書等を集め、省の役人が集会して其書の可否を議定し、又は時候後れの老儒者を呼び

集めて読本の編纂を嘱託するなど、恰も文明世界に古流回復の狂言を演ずる其最中に、福澤の著訳書は学校の読本として有害無益なりと認められ、唯の一部も検定に及第せざりしこそ可笑しけれ。(8)

と回顧している。その後、この制度は不適当な教科書の排除を徹底するため、一八八三（明治一六）年七月には認可制（教科書の採用・変更は、文部省の認可を要する）となり、さらに一八八六年五月に検定制（教科書は、文部大臣の検定したものに限られる）がとられることになった。

上記のように、第二次「教育令」は、教育に関する諸規定の大綱を文部省が定め、その細則は府県の管理に委ねるという制度的枠組みを基本とした。その意味では、中央集権体制に基づく教育制度の画一化を強力に推進しようとするものではなかった。だが、各府県では文部省の基準に基づいて諸規則を定め、これを管内に施行した。その結果、当時の教育政策は府県により統轄され、府県ごとに統一化された。「学制」期には府県内の各地方・各学校でかなり大きな差異のあった教育が、この時期には府県内での統一化が著しく進められた。しかも府県の規則は文部省が定めた基準に準拠して起草され、文部省の認可を経たものであった。このような制度的枠組みにおいて、この国の教育のあり方は全国的に統一化され、画一化されていったのである。

「教育令」の再改正

なお、第二次「教育令」はその後一八八五（明治一八）年八月一二日に再度改正されることになる。これは、当時にあって経済的不況などの理由から教育費の支出に困難を抱え、就学率が依然として停滞する地方教育の実態に対応するために実施されたことであった。実際、〔表5〕に示される通り、小学校の学校数・児童数・就学率は一八八三年（明治一六）以後いずれも低下状況にあった（例えば就学率は、一八八三年五三・一％、八四年五一・九％、

〔表5〕「小学校数・教員数・児童数」および「学齢児童の就学率」

年次	学校数	教員数	児童数	年次	男	女	平均
明治13	28,410	72,562	2,348,859	明治13	58.7%	21.9%	41.1%
14	28,742	76,618	2,607,177	14	62.8%	26.8%	45.5%
15	29,081	84,765	3,004,137	15	67.0%	33.0%	50.7%
16	30,159	91,636	3,237,507	16	69.3%	35.5%	53.1%
17	29,233	97,316	3,233,226	17	69.3%	35.3%	52.9%
18	28,283	99,510	3,097,235	18	65.8%	32.1%	49.6%

文部省『学制百年史』ぎょうせい、1972年、197-198頁。

八五年四九・六%となっていた）。

この第三次「教育令」の主な改正点は、①条文を三一ヵ条に簡略化した、②小学校のほかに「小学教場」を認め、地方の実情に応じて簡易な普通教育を行うことができるようにした、③小学校および小学教場については、単に「児童ニ普通教育ヲ施ス所トス」とだけ定め、学科の規定を削除するとともに、一日の授業時間も二時間以上と、簡易な教育を認める方針を示した、④学務委員を廃止し、町村の学事はもっぱら戸長（明治前期の行政区画である区・町・村の長）が掌ることとした、などである。

このように第三次「教育令」は、地方の教育費負担の軽減を図るため、地方の実情に沿った簡易な教育を認めることを趣旨とするものであった。ただし、この法令で国庫補助金の支給が復活したわけではなく（公立学校の費用は地方税もしくは町村費から支弁することとされていた）、これ以降も学校数・児童数・就学率は、停滞傾向が続いた。ただし、この第三次「教育令」が施行されたのは極めて短期間であり、普通教育の普及という政策課題は、一八八六年四月に制定された「小学校令」に持ち越されていくことになる。

第六章　「近代教育」の発足（その三）
――復古主義の台頭

一．一八八〇年前後の政治・社会的背景

前章にて概述したように、一八八〇（明治一三）年末の「教育令」改正により、教育政策の基本方針は、一方で中央集権的教育体制の強化（文部卿・地方長官の権限強化）、他方で復古主義的動向の台頭（修身の重視・尊王愛国精神の尊重）、という性格を帯びていくことになった。こうした教育政策上の動向については、「教育令」下の教育状況とともに、それを取り巻く当時の政治・社会的状況が重要な背景をなしていた。その一つはいわゆる自由民権運動であり、もう一つは天皇親政を要求する宮中派の動向であった。

自由民権運動

周知のように、自由民権運動の起点となったのは、いわゆる征韓論をめぐる政府内の対立によって下野した江藤新平、板垣退助（一八三七～一九一九）、後藤象二郎（一八三八～九七）、副島種臣（一八二八～一九〇五）らが、一八七四（明治七）年一月に左院に提出した「民撰議院設立建白書」であった。この建白書は、当時の新聞『日新真事

誌』に掲載されて大きな反響を呼び、これを契機に国会開設を求める運動が拡がりを見せるようになった。とくに、旧来の特権を奪われた士族層は政府への不満を募らせており、政府に対する士族の反発が自由民権運動の背景をなしていた。

こうして当初の自由民権運動は、江藤新平の佐賀の乱（一八七四年）に象徴されるように士族反乱ともいうべき様相を呈するものであったが、一八七七年の西南戦争以降は、地租の負担に苦しむ農村指導者層の支持・参加傾向を強めていく。一八八〇年前後には、豪農層を中心に多くの農民結社が組織され、「学習会」「政談演説会」「夜学会」「学芸講演会」など、地域住民の自主的な学習運動が多彩に展開された。さらに同一八八〇年には、国会期成同盟が結成され、国会開設の請願・建白が多数政府に提出されるようになる。

こうした自由民権運動の基調をなしたものは、そもそもの「民撰議院設立建白書」の中に盛り込まれた、「方今政権ノ帰スル所ヲ察スルニ、上帝室ニ在ラズ、下人民ニ在ラズ、而シテ独リ有司ニ帰ス」(1)という認識であった。すなわち、政治権力の所在が天皇にも人民にもなく、ただ官僚によって独占（有司専制）されているとするもので、この認識に基づき、「民撰議院」を設立して政権を「天下の公議」に委ねるべきとする要求が、政府に投ぜられたのであった。

これに対し政府は、「讒謗律」（一八七五年）「新聞紙条例」（同年）「集会条例」（一八八〇年）などを発して、反政府運動に対する弾圧政策を実施した。だが、全国的に展開されている自由民権運動が風俗の混乱を引き起こしており、そうした風俗の混乱（運動過激化）の一因が「学制」以来の教育にあるとの声も上がり、政府はその教育政策上の対応に迫られていた。「教育令」の制定・改正という政策動向には、自由民権派対策という政治的文脈が色濃く反映されていたのである。

天皇親政への要求

自由民権運動は、政権に「人民」の意向を反映させることを求めたが、他方、政権の所在を「帝室」に復帰させるべきことを政府に強く要求したのが、いわゆる宮中派の要人たちであった。明治維新は天皇親政を政治体制の基本として掲げたものの、以後、それが実質的に行われたわけではなかった。それゆえ、明治天皇の侍講を務めた元田永孚（一八一八～九一）は、政府に「君徳輔導」のための機関設置を働きかけていた。元田の意見はしばらく受け入れられなかったが、自由民権運動によって国内の政情が不安定になる中、政府側でも国内統治に天皇の権威を必要とする認識が高まり、一八七七（明治一〇）年八月宮内省に「侍補」の官職が設けられ、吉井友実（一八二八～九一）、徳大寺実則（一八三九～一九一九）、高崎正風（一八三六～一九一二）、元田永孚ら八名がこれに任命された（一等から三等まで。元田は二等侍補）。

政府内にあって、天皇親政に一定の理解を示していた大久保利通は侍補たちとも協調関係を保ったが、翌一八七八年五月に大久保が暗殺されると、それに危機感を抱いた侍補一同は、天皇親政の実を確保するために、①天皇の内閣への親臨、②親臨の際の侍補の侍坐、③侍補の行政機密への関与、などを政府に要求した（これには、元田たちより半年後に侍補に就任した佐々木高行が大きな役割を果たした）。だが政府は、①以外の要求を認めず、とくに大久保死後の政務を中心となってリードした伊藤博文は、侍補の政治介入に強い警戒感を抱いていた。侍補側はその後も、閣僚人事（井上馨の工部卿就任）に異論を提出したり、侍補の勅任官への昇格を要求したりするなどの運動を展開した。[2]

〔図 6-1〕元田永孚

こうして、侍補が政府に入り、政策に関与することを当然の職務とする宮中派と、侍補の政治的影響力を危険視する政府側との対立により、侍補は一八七九（明治一二）年一〇月に廃止されることになる。前章にて述べた「教育令」の制定と改正、ならびに次節で述べる「教学論争」は、以上のような宮中派と政府側との対立図式を背景に行われたことであった。

二.「教学論争」

明治天皇の地方巡幸

宮中派と政府側との対立を、その教育政策面において象徴したものが、いわゆる「教学論争」である。事の起こりは、一八七八年の八月から一一月にかけて実施された、明治天皇の北陸・東海地方への巡幸であった。この地方巡幸の政策的意図は、天皇が万世一系の国家統治者として深い君徳を備えた存在であることを一般民衆にアピールすることで、明治新政府による政権の正統性を広く国民の意識に浸透させることにあった。

また巡幸は、天皇を迎える地方官の権威を高めるとともに、天皇が立ち寄る地方行政機関や地方名望家の行政的権限を強固なものにし、さらに、陸軍の大演習との関連づけによって天皇と軍部とを直結させる役割などを果たした。その意味で明治天皇の地方巡幸は、近代天皇制の確立期におけるいわば国家的プロパガンダであった。

この地方巡幸の中でも、比較的大規模なものが「六大巡幸」と呼ばれるもので、①一八七二年五月～七月の近畿・中国・九州地方、②一八七六年六月～七月の東北地方（函館を含む）、③一八七八年八月～一一月の北陸・東海地方、④一八八〇年六月～七月の中央道地方、⑤一八八一年七月～一〇月の東北・北海道地方、⑥一八八五年七月～八月の山陽道地方、の巡幸がそれである。「六大巡幸」が明治初年から一〇年代に集中しているのは、新政府の基礎がまだ固まらず、自由民権運動への対策が意図されていたことを示唆するものである。

地方巡幸に際しては、天皇が諸学校を視察し教育の実情に触れるのが常であったが、この北陸・東海地方巡幸にて訪れた複数の学校の生徒たちの様子に、明治天皇は大いに困惑するところがあったという。すなわち、ある学校では英文を流暢に諳んずる生徒がいたので、日本語に直すよう言い渡すとその生徒は全く翻訳することができず、また別の学校では農家や商家の子弟が高尚な弁舌を振るってみせたので、その生徒に家業のことを尋ねると返答に窮した、というのである。(3) 表面的な知識の装飾に走り、その実質が身についていない様子に接して、明治天皇は、維新以来の教育のあり方を再検討するとともに、国民教育の根本精神を明らかにすることが必要であるとの認識を強くした。そして国民教育の根本精神を政府関係者に聖旨として下すべく、その文書の起草を託されたのが前述の侍講元田永孚であった。いわゆる「教学聖旨」は、このようにして作成されたのである。

「教学聖旨」の内容

「教学聖旨」は、「教学大旨」と「小学條目二件」との二つの内容からなっている。まず「教学大旨」は、国民教育の根本精神を示したものといえるが、その内容は以下の通りである。

教学ノ要、仁義忠孝ヲ明カニシテ、智識才芸ヲ究メ、以テ人道ヲ尽スハ、我祖訓国典ノ大旨、上下一般ノ教トスル所ナリ、然ルニ晩近専ラ智識才芸ノミヲ尚トヒ、文明開化ノ末ニ馳セ、品行ヲ破リ、風俗ヲ傷フ者少ナカラス、然ル所以ノ者ハ、維新ノ始首トシテ陋習ヲ破リ、知識ヲ世界ニ広ムルノ卓見ヲ以テ、一時西洋ノ所長ヲ取リ、日新ノ效ヲ奏スト雖モ、其流弊仁義忠孝ヲ後ニシ、徒ニ洋風是競フニ於テハ、将来ノ恐ル丶所、終ニ君臣父子ノ大義ヲ知ラサルニ至ランモ測ル可カラス、是我邦教学ノ本意ニ非サル也、故ニ自今以往、祖宗ノ訓典ニ基ツキ、専ラ仁義忠孝ヲ明カニシ、道徳ノ学ハ孔子ヲ主トシテ、人々誠実品行ヲ尚トヒ、然ル上各科ノ学ハ、其才器ニ随テ益々長進シ、道徳才芸、本末全備シテ、大中至正ノ教学天下ニ布満セシメハ、我邦独立ノ精神ニ於テ、宇内ニ恥ルコト無カル可シ(4)

すなわちその趣旨は、①教育・学問には、「本」(仁義忠孝)と「末」(知識・技芸)とがあり、この「本末」を弁えて人道を尽くすことが、皇祖以来の普遍的教義である、②ところが昨今は、「末」たる知識・技芸のみを尊重して(西洋の学術を摂取することで)、品行・風俗を混乱させる者が少なくない、③それゆえ今後は、「本」たる仁義忠孝の道を明らかにし、その上で各自の才能に従って「末」たる知識・技芸を修めさせるべきである、④こうして「本末」を弁えた上で、両者を完備した人間を育てることができれば、わが国固有の教育精神を世界に発揮することができる、という諸点にあったと理解される。

次いで「小学條目二件」は、この「本末」を完備させるための二つの具体的な教育方法を指摘したものである。その一つは、小学校での修身教育において、古今の忠臣義士・孝子節婦の画像や写真を掲げ、その行為や出来事のあらましを説諭し、忠孝の大義を感覚的に体得させることが大切であり、幼年時より忠孝に対する感覚が先入主となるよう働きかけるべき、とするものである。起草者の元田永孚自身が、幼少時に祖父・叔母からこうした教育を受けており(5)、その体験がこのような主張に反映されたことが示唆される。

もう一つは、知識・技芸の教育について、高尚の空論に馳せることなく、例えば農業や商業を営む家の者にはその家業の実地に基づいた教育を施すべき、と説かれている。いわば各自の「分に応じた」実地教育を、知識・技芸の教育に要請するものであった。またこれとは逆に、上記に紹介したように、実際の教育が農商の子弟にして高尚の空論を語るばかりであったり、洋語を話してもこれを邦語に訳せなかったり、という状況に流れていることが、地方巡幸の体験から指摘されている。

重複を恐れずに繰り返すならば、「仁義忠孝」を第一義的なもの、「知識・技芸」を副次的なものと弁別し、その上で、両者をバランスよく身に備えた人間を養成することが国民教育の根本精神である、とするのが「教学聖旨」を貫く趣旨なのであった。

「教育議」と「教育議附議」

「教学聖旨」は、一八七九年八月頃に内務卿伊藤博文に内示され、その後同年九月に文部卿に就任した寺島宗則（一八三二〜九三）にも、後述する「教育議」と「教育令」案とともに授けられた（明治天皇が寺島に「教学聖旨」と「教育議」を合わせて授けたことは、元田には不本意であったに違いない）。「教育令」案は、すでに同年七月に太政官に上奏されていたが、「聖旨」が内示されたことで、「教育令」公布はしばらく棚上げとなった。上述のように、同年一〇月には「侍補」が廃止されるのであるが、まさにこの時期、伊藤と元田とは政治的にも激しく対立する関係にあったといえる。

「教学聖旨」を下された伊藤は、直ちに「教育議」と題する文書を作成し（その起草者は井上毅であったといわれる）、これをもって政府の教育に関する基本方針を奏上した。その要点のみを整理すると、ほぼ次のような内容からなっている。(6)

第一に、「聖旨」にて指摘された風俗の混乱は、維新以来の社会の変化に由来するものであって、維新以後の教育が原因をなしているわけではない、と論じている。また、そうした社会的混乱を修復するには、教育を持続的に進展させることが最も重要であり、それゆえに教育を「急施紛更」してその速効を求めるべきではない、としている。

第二に、「学制」以来の教育の試みはまだ日が浅く、十分に満足できる結果を残しているわけではないが、目下制度の拡張・修補を進めており、その取り組みを通して、数年後には開化政策の成果が期待できる（それゆえ教則は現行の通り進めていく）、と述べている。ただし、道徳に関する教科書の選択と、教員に関する諸規制については適正な処置を講じていく、としている。

第三に、「聖旨」には「祖訓国典」や「祖宗ノ訓典」といった文言があるが、古今を折衷し経典を斟酌して一つの国教を建立することは「賢哲」の存在を待ってはじめて可能なことであり、政府の管制すべきことではない、と述べられている。これは儒教や神道に普遍的な「国教」の所在を見出そうとする復古的立場に対する、開明的立場（智識を世界に求めることによる）からの反論と見なすことができよう。

第四に、「聖旨」が道徳の学を重視する姿勢を示しているのに対し、「教育議」ではこれ以外にも、歴史・文学・言語などの諸学科も「国体」を構成する内実として重要だとするとともに、政談に走って風俗を混乱させているのはむしろ道徳学たる漢学を学ぶ生徒たちの方であり、それゆえそうした生徒を政談ではなく科学へと導いていくことが肝要だ、と説いている。これも、漢学者たる元田の立場を意識した反論と見ることができるだろう。

こうして「教育議」は、「教学聖旨」に示された、維新以後の教育が本末転倒に陥っているとする認識や、仁義忠孝を教育の根本に据えるべきとの主張を、ほぼ全面的に否定するとともに、却って、「聖旨」に求められる復古主義的な教育認識の問題性を指摘するのである。「聖旨」に対する肯定的な反応は、教科書と教員の規制に関する措置のみといえるが、これも、「聖旨」の奉承というよりも、むしろ自由民権運動対策として打ち出された方策と見る方が自然であろう。

「教育議」について、明治天皇から意見を求められた元田は、「教育議附議」を起草して「教育議」を批判する。同「附議」は、一貫して、「教育議」が「教学聖旨」の趣旨を十分に理解していないことを論難するもので、そこでは「本朝瓊々杵尊《ニニギノミコト》以降、欽明天皇以前ニ至リ、其天祖ヲ敬スルノ誠心凝結シ、加フルニ儒教ヲ以テシ、祭政教学一致、仁義忠孝上下ニアラサルハ、歴史上歴々證スヘキヲ見レハ、今日ノ国教他ナシ、亦其古ニ復セン而已」[7]と、神道と儒教によって涵養された「仁義忠孝」こそがわが国教育の根本精神たるべきことが、再三強調されている。

さらに、「教育議」が一つの国教を立てるには賢哲の存在が不可欠だとしているのに対し、すでに「君ト為リ師ト為ルノ御天職」たる明治天皇が存在していること、加えて、「仁義礼智」は新たに建立する国教ではなく、すでにこの国に歴々として行われてきている教えであること、が力説されている。

元田が、「教育議」に一定の評価を与えたのは、「教育議」が道徳に関する教科書と教員のあり方に関する規制とについて改善を図る旨を述べている点だけであった。だがそれでも、善良なる道徳教科書とは『孝経』や「四書五経」などの儒学テキスト以外にはありえず、君臣の義が薄く父子の親を軽んずる西洋倫理学やキリスト教の教義はわが国固有の道徳に悖るものだと、力説するのである。

この伊藤と元田との教学論争は、近代国家における教育と道徳教育の基本方針をめぐる原理的な対立点を浮き彫りにした。すなわち、教育を国家近代化を担う人材の養成とし、その近代国家の教育は科学に基づく合理的法則の探求に重点を置き、国家が道徳を管理・統制することは望ましくないとする伊藤と、教育を天皇制国家における臣民の育成とし、それゆえその教育は仁義忠孝を基軸とし、わが国古来の道徳を明らかにすることを国家の重要な役割とする元田との対立構図がそれである。この「開化」か「復古」かをめぐる維新以来の二項対立は、やがて一八九〇（明治二三）年の「教育勅語」によって一応の決着を見るに至る。そしてその結末の思想的枠組みは、すでにこの時点での元田の所論に準備されていた。だがこの一八八〇年前後において、この問題をどう打開するかはまだ不透明な状況にあったのである。

三.「教学論争」以後の文教政策

「教育令」と復古主義

「教学聖旨」が下されたにもかかわらず、上述のように「教育令」が一八七九年九月二九日に公布される。結果的に、伊藤は「聖旨」を無視する形で、既定の路線通りに政策を推し進めたのである。元田にとって、アメリカの制度を参考とする「教育令」が公布されたことは不本意であったに違いない。加えて、繰り返しになるが、この年の一〇月には侍補が廃止され、宮中派は政策決定の現場から排除されてしまうのである。

ただし、「教育令」公布後も、「教育議」にて打ち出されていた教科書と教員の規制については、その方策が進められていく。まず教科書については、一八八〇年三月文部省内に編輯局が設置され、翌四月に小学校修身教科書の模範として『小学修身訓』(西村茂樹著)が刊行された。その内容は、主に東洋の典籍から格言・名句を選んで集録したものであり、儒教道徳が基本となっている(部分的に西洋書からの引用もある)。もちろん、これは第一義的には自由民権運動対策として行われたことであったが、それでも、保守派(復古主義)勢力は「教育令」下でも一定の影響力を保持していた、と見ることはできる(同年一〇月に「調査済教科書表」を各府県に配付した動きも、同様の文脈で理解することができる)。

教員に関する規則についても、翌一八八一年一月に「小学校教員免許状授与方心得」が制定された。ただし、すでに前章にて言及したように、教科書と教員の規制が実効性をもって強化されていくのは「教育令」改正以後のことである。

「教育令」改正と復古主義

すでに述べたように、宮中派の意向を無視して実施した「教育令」は事実上の失敗に帰してしまった。そのため、これを改正するに当たっては、政府内保守派（文部省内にあっては九鬼隆一や江木千之）や宮中派の意向を組み入れざるをえなくなったことは十分に推察のつくところである。とはいえ、第二次「教育令」は教育制度における中央集権体制の再構築を主眼とするもので、仁義忠孝を教育の根本精神とすることを鮮明に謳ったわけではない。第二次「教育令」公布時の文部卿河野敏鎌は普通教育の定着を国家統制の強化によって図ろうとしたが、必ずしも儒教に基づく道徳教育の積極的推進者ではなかった（実際、西村茂樹は河野に反発して編輯局長を辞任している）。

一八八一年四月、福岡孝弟（一八三五～一九一九）が文部卿に就任する。福岡は宮中派からの信任が厚く、この人事にも政府内保守派や宮中派の勢力の巻き返しの動きを看取することができる。前章にて言及した「小学校教則綱領」や「小学校教員心得」など「儒教主義」的教育政策を開いた諸規則の制定、あるいは教科書制度における開申制や認可制の導入などは、いずれも福岡文部卿の下で推し進められたことである。ただし、これらは教育制度や教育の内容・方法のレベルでの取り組みといえ、元田が目指したところの、教育の根本精神を仁義忠孝に基礎づけるような、その意味で、儒教道徳を基軸として教育の理念自体を転換させるような明確な方針が、強力に打ち出されたわけではなかった。

『幼学綱要』の刊行

上記のように、一八八〇年以降の復古主義（儒教主義）的政策動向は、①カリキュラムにおける修身重視、②「自由」や「民権」を標榜する教科書の規制、③「尊皇愛国」精神に基づく教員の養成とその規制、などに反映された。これらの施策とともに、この時期の復古主義的動向を物語るものに、元田永孚によって編纂・刊行された修身書『幼

〔図 6-2〕「幼学綱要」

学綱要』の存在がある。

『幼学綱要』は、明治天皇の命によって、元田が「教学聖旨」の起草と同時にその編纂を進めたものであったが、「教育令」公布によってしばらく後景に押しやられ、その起草完成は一八八一（明治一四）年六月、実際の刊行は翌一八八二年一二月のことであった。この修身書の特異な性格は、上述のような一連の徳育振興の方策が文部省において進められる中、同書がとくに宮内省において編纂された、という点にある。

同書の内容は、「孝行」「忠節」「和順」「友愛」「信義」など二〇の徳目について、漢籍からの引用や和漢の歴史からの例話を列挙することで説明を加え、それを通して仁義忠孝道徳の浸透を図ろうとするものであった。例えば「孝行」については、「天地ノ間、父母無キノ人無シ。其初メ胎ヲ受ケテ生誕スルヨリ、成長ノ後ニ至リ、其恩愛教養ノ深キ、父母ニ若ク者莫シ。能ク其恩ヲ思ヒ、其身ヲ慎ミ、其力ヲ竭シテ、以テ之ニ事ヘ、其愛敬ヲ尽スハ、子タルノ道ナリ。故ニ孝行ヲ以テ、人倫ノ最大義トス」(8)とその意義が述べられ、次いで『孝経』や「四書五経」などから「孝」に関わる文言が引用され、さらにこの徳目に関する歴史的例話（例えば、神武天皇が鳥見山に皇祖天神を祭った事跡）が絵図とともに説諭される、という形式がとられている。まさに「教学聖旨」の「小学條目二件」で述べられた、画像・写真を通しての徳性の涵養という方法が、この修身書にて実現されたのである。

同書は、皇族・大臣・勅任官に下賜され、次いで一八八二年一二月の地方長官会議のため上京した地方長官たちが参内した際に、「幼学綱要頒賜ノ勅諭」とともに頒賜されることになる。その意味で、同書は単に初学者のための修身書というよりも、「政教一致」の観点から、儒教主義的道徳に基づく治政と教育を全国に普及・浸透させるための道標たることが期待された述作であった。

『幼学綱要』が地方行政の責任者に下賜されたことは、教育の根本が仁義忠孝道徳であることを、天皇が公に宣示したことを意味した。「教学聖旨」が一部の政府要人だけに内示されたことに比べれば、『幼学綱要』はそれよりはるかに大きな社会的かつ教育上の影響力をもったといえる。それゆえ上記「勅諭」に示された、

彝倫道徳ハ教育ノ主本、我朝支那ノ専ラ崇尚スル所、欧米各国モ亦修身ノ学アリト雖モ、之ヲ本朝ニ採用スル未タ其要ヲ得ス、方今学科多端本末ヲ誤ル者鮮カラス、年少就学最モ当ニ忠孝ヲ本トシ仁義ヲ先ニスヘシ、因テ儒臣ニ命シテ此書ヲ編纂シ、群下ニ頒賜シ明倫修徳ノ要茲ニ在ル事ヲ知ラシム(9)

という道徳認識が、地方の政治と教育の世界に相当の拡がりを見せたことは否定できない。教育の世界でいえば、『幼学綱要』は、明治一〇年代後半期に官公立学校に下賜されていく。そのことで、儒教主義に基づく皇国思想が政府の文教政策の中核となったことを、広く人々に知らしめる役割を果したといえるのである（ただし、後述する森有礼文政下に版権が宮内省から民間出版社に移され、同書の下賜は中止されることになる）。

第七章　「近代教育」の確立（その一）
――森有礼文政期の教育改革

一．立憲国家体制づくりへの布石

一八八一（明治一四）年一〇月一二日の「国会開設の詔」により、一八九〇（明治二三）年を期して国会が開設されることになった。これ以降、政府は立憲国家としての政治体制を構築するため、様々な施策を積極的に講じていく。

憲法調査

まず一八八二年三月、政府は参議伊藤博文をヨーロッパに派遣し、各国の立憲体制の調査に当たらせた（山崎直胤・伊東巳代治らドイツ学に通じた六名のほか、皇室制度調査のため宮内省から派遣された西園寺公望ら三名も随行。翌一八八三年三月の一行帰国後、政府は条約改正のために「欧化政策」を打ち出すようになる。同年の一一月には鹿鳴館が竣工し、連夜のように舞踏会が催された）。一八八四年三月、伊藤は宮中に制度取調局を設置して憲法制定と国会開設の準備を具体化させていく（ただし、憲法起草作業は制度取調局から切り離され、同局御用掛であった井上毅・伊東巳代治・金子堅太郎との間で内密に進められた）。

華族令

また、同一八八四年七月には「華族令」を制定し、公・侯・伯・子・男の五等制の爵位が定められ、爵位の世襲、戸籍・身分の宮内省による管掌等の特権が付与されることとなった。これには華族をもって帝国議会の貴族院（上院）の主たる構成員とするという、議会対策への布石としての含意があった（下院たる衆議院では民権派の進出が予想された）。「華族令」が公布された一八八四年には公卿・諸侯を中心とする五〇九家に爵位授与が行われたが、この中には勲功によって叙爵された藩士出身者三二名（全体の六・三％）も含まれていた(1)。

内閣制

立憲国家体制の中核をなしたのは、新しい政府機構としての「内閣制」であった。すなわち、政府は一八八五（明治一八）年一二月二二日に「内閣職権」を制定し、従来の太政官制を廃止して新たに内閣制度を創設した。これにより、旧来の太政大臣・左右大臣・参議・各省卿が廃止され、内閣総理大臣のほかに各省大臣（宮内・外務・内務・大蔵・陸軍・海軍・司法・文部・農商務・逓信の一〇省）が置かれ、そのうちの宮内大臣を除く各大臣によって内閣が組織されることとなった。これまでは、太政大臣・左右大臣・参議によって組織される太政官が天皇大権の執行を輔弼する機関であり、各省の卿は単に各省の長官であるにすぎなかったが、この改正により、内閣を組織して国政に参画する国務大臣が同時に各省の長官として職務を行うことになった。こうして、わが国最初の内閣となった第一次伊藤内閣が発足し、そして、このとき初代文部大臣に就任したのが、後述する森有礼なのであった。

官僚任用制度

なお、内閣制度の発足に伴って、官僚任用制度も整備が進められることになり、一八八七（明治二〇）年七月に「文官試験試補及見習規則」が制定された。この規則により、文官試験は「試補」採用のための高等試験と、「判任官見習」任用のための普通試験とに分けられ、さらに後述する帝国大学文科大学・法科大学卒業生は高等試験を要せずに試補に採用されることになった。こうして、官僚任用に関する国家試験免除の特権が与えられることによって、帝国大学は明確に国家の官僚養成機構の基軸に据えられたのである。

地方行政制度

さらに地方行政制度についても、立憲国家に相応しい近代的な制度のあり方が模索され、一八八八（明治二一）年に「市制及町村制」が、また一八九〇年には「府県制」と「郡制」が公布されるに至った。

「市制及町村制」は、市町村に独立の法人格を認め、条例・規則の制定権を付与するなど、地方に一定の自治を認める規定を有していた。だが、市町村事務を議決する市町村会が、等級選挙制（納税額によって選挙人をいくつかの等級に区分する）に基づく公選名誉職議員で構成され、また、政務の執行機関である市長が、市会による推薦者の中から内部大臣によって選任されるなど（執行機関は、市は市長及び市参議会、町村は町村長）、この法令は、地方自治というよりも政府による地方統治のための法令という性格が色濃いものであった。

「府県制」「郡制」も、府県や郡を国の行政機関としてではなく、地方公共団体として規定し、府県会には予算決定や決算報告の議決権限を与えた。ただし、府県会の議員は複選制選挙（選挙で選ばれた議員からなる機関が、さらに上級の機関の議員を選挙する。郡会・市会によって府県会議員が選出される）による名誉職議員で構成され、また、府県会のほかに、府県会の委任事項の議決や、知事の諮問事項に関する意見陳述を行う府県参事会（知事・高等官・

名誉職参事会員から構成された）が設けられた。何よりも、そもそもの政務執行者である知事は国の機関であった。郡の場合も、郡会は町村会選出議員と高額納税者互選議員で構成され、郡参事会も郡長と名誉職参事会員で構成された。こうしたことから「府県制」「郡制」も、中央による地方統治構造をより強固なものにするための法令であったといえる。

ともあれ、明治二〇年前後は、帝国議会開設、憲法制定を基軸とする立憲国家体制のための布石が打たれた時期であったが、この立憲国家体制づくりを教育制度の面から支えたのが、初代文部大臣森有礼の一連の教育改革だったのである。

二．初代文相森有礼の経歴と思想

森有礼の略歴

初代文部大臣として日本の近代教育制度の基礎を築いた森有礼は、一八四七（弘化四）年七月に薩摩藩士森有恕の五男として鹿児島城下に生まれ、藩校造士館や開成所（洋学校）に学んだ。一八六五（元治二）年一八歳のときに藩の留学生に選ばれ、イギリス・ロンドン大学に赴く。幕府によって海外渡航が禁じられていた中での密航留学であった。翌年、森は見聞を広めるためにロシアに渡るが、このときアメリカに渡った留学仲間が神秘主義的キリスト教徒ハリス（Thomas Lake Harris, 1823-1906）に信心したことが契機となり、一八六七年数名の仲間とともに渡米してハリスの教団に参加する（ハリスは当時の日本の状況にも深い関心を寄せていた）。

翌一八六八（明治元）年の帰国後は、外国官権判事、議事体裁取調御用などを歴任したが、廃刀論を唱えて免官になる。一八七〇年、再び政府に召され少弁務使として渡米する。駐米外交官として、アメリカを訪れた岩倉使節団一行のために活躍したことはすでに触れたが、使節団に同行した津田梅子（一八六四〜一九二九）や山川捨松（一八六〇〜一九一九）らわが国最初の女子留学生五名の世話をしたのも森有礼であった。

森はまた、駐米外交官時代に、日本でのキリスト教取り扱いの弁明を意図して『信仰自由論』（Religious Freedom in Japan, 1872）を発表するとともに、米国の有識者に日本の教育の改善策についての助言を求めた書簡を送り、その返書をもとに『日本教育論』（Education in Japan, 1873）を刊行した。その書簡の要点は、①一国の物質的繁栄について、②一国の商業について、③一国の農業上・工業上の利益について、④国民の社会的・道徳的・身体的状態に対して、⑤法律統治上の効果について、教育がどのような影響をもつかを尋ねたものであったが（一三人から返信を受け取ることができ、そのうちの一人が先述した学監D・マレーであった）、これは、森が早くから国家発展のための教育のあり方に強い関心を抱いていたことを物語っている。

〔図 7-1〕森有礼

一八七三年に帰国すると、官務の傍ら「明六社」を発足させ、また一八七五年九月には商業振興のためアメリカ人ホイットニー（William Cogswell Whitney, 1825-82）を招いて商法講習所（一橋大学の前身）を設立した。さらに同年、二八歳のときに幕臣の娘広瀬阿常（一八五五〜没年不詳）と契約結婚を公表し（旧来の習慣打破という意味で双方が誓約書を交わし、福澤諭吉を証人に立てた）、天下の耳目を驚倒させた。このように森は、政治はもとより、宗教・教育・学術・産業・慣習など様々な分野において、文字通り開明的な思想の持ち主であり、またその実践者であった。

森有礼と伊藤博文との出会いは、一八八二（明治一五）年八月、森が英国公使のときに、憲法調査のため来欧した伊藤をパリの宿舎に訪ねたことで実現した。このとき国家の教育のあり方をめぐって、両者の認識は大いに共鳴するところがあった(2)。これが契機となって、一八八四年の帰国後文部省御用掛となり、翌一八八五年一二月の内閣制度の創設とともに初代文部大臣に就任した。ときに満三八歳であった。

文部大臣森有礼が行った教育改革については後述する通りであるが、彼は一八八〇年前後以来の儒教主義的な教育方針を転換させる役割も演じた。すなわち森の意向により、一八八七（明治二〇）年五月府県知事に向けて、修身科については教科書を使用せず、すべて教師の口授によるべき旨が通知された。さらに中学校・師範学校では「修身」ではなく「倫理」の科目名が採用され、翌一八八八年三月には『中学校師範学校教科用書 倫理書』が編纂された。同『倫理書』は、森が能勢栄（一八五二～九五）を文部省書記官に任じて編纂を命じたもので、その道徳論の基調をなすものは、孔孟の教えではなく、人々の相互扶助（自他併立）の道理を様々な社会的関係の基準に据えようとするものであった(3)。

森は前述のパリでの伊藤との対談において、教育の急務は国民の気質と体躯を鍛錬して国家富強の基礎をつくることと論じていた。実際、彼は帰国後文部省御用掛に就くと、直ちに師範学校に兵式体操（後述）を導入して生徒を訓練した。森にとって国民教育の実効を挙げうるものは、記誦中心の修身科ではなく、生徒の志気を鼓舞する兵式鍛錬だったのである。

このような森の姿勢には、当然に保守主義者からの様々な批判が寄せられる。とくに前述の侍講元田永孚は、森のことをキリスト教徒と見なし、その森が文教政策を担う文部省御用掛に就くことに強い懸念を表明した（前述のように、森はハリスの教団に参加した経歴をもつが、キリスト教徒であることを公言したことはなかった）。文部大臣就任後には、森の教育方針を詰問する内容の質問状をしたためた。さらに、上述の『倫理書』に対しても、日本には君臣の大倫という固有の道徳があり、それを明らかにせず、社会の倫理を説いても、それでは日本国人をつくることはできないと、旧来の復古的立場からの論難を浴びせたのであった（4）。

文部大臣森有礼という人物は、一八八〇年前後から儒教道徳に基づく復古主義を教育政策の基軸として打ち出し、その動向を担ってきた人々からは、まさにその政策展開を遮断し、道徳教育を混乱に陥れた首謀者に見えたに違いない。森の死も、このように描き出された彼の人物像と無縁ではなかった。一八八九（明治二二）年二月一一日大日本帝国憲法発布当日の朝、森は式典に参列するために官邸を出ようとする直前に、国粋主義者西野文太郎（一八六九～八九）の兇刃に倒れ、翌日に絶命する。享年四二歳という短い生涯であった。西野が兇行に及んだ理由は、森が伊勢神宮に参詣したとき、靴のまま殿上に昇り、ステッキで御簾をあげて内を覗い、拝礼もしない、という不敬を犯したからだというものであった。森の神宮参詣は一八八八年七月のことであったが、同行した秘書官木場貞長（一八五九～一九四四）は、後の回想の中で、西野の指摘は事実を歪曲した捏造と語っている（5）。

森有礼の教育思想

森有礼がどのような教育思想の持ち主であったのかを明らかにすることは、日本の近代教育（制度としての教育）がどのような思想的基盤の上に構築されたものであるのか、すなわち、この国の近代教育がどのような思想構造に基づいて形づくられているのか、を理解することに結びつく。以下、この関心から森の教育思想の要点を整理してみる。

結論からいえば、森の教育思想の基調をなしているものは、教育の意義を「国家経営」の見地から理解し、その関心に則って教育や学校の諸問題を論じようとする思惟様式であった。その思惟様式は、彼の教育ノ主義ハ専ラ人物ヲ養生スルニアリト云フ、其人物トハ何ソヤ、我帝国ニ必要ナル善良ノ臣民ヲ云フ、其善良ノ臣民トハ何ソヤ、帝国臣民タルノ義務ヲ充分ニ尽スモノヲ云フ、充分ニ帝国臣民ノ義務ヲ尽ストハ気質確実ニシテ善ク国役ヲ務メ又善ク分ニ応シテ働ク事ヲ云フナリ、…之ヲ要スルニ教育ノ主義ハ経済ニ帰ス[6]

という言葉に明示されている。ここで森がいう「経済」とは、伝統的な「経世済民」（世を経《おさ》め民を済《すく》う）としてのそれであり、その見地から、教育の根本的意義は、国家に対して応分の働きを尽くす「善良ノ臣民」を養成することで、国家富強の基盤をより強固なものにすることにある、と理解されているのである。

この基本認識に立って、森は、制度として行われる教育の目的を、

抑《ソモソモ》　政府カ文部省ヲ設立シテ学制ノ責ニ任セシメ、加之《シカノミナラズ》国庫ノ資力ヲ籍リテ諸学校ヲ維持スルモノ畢竟《ヒッキョウ》国家ノ為メナリトセハ、学政ノ目的モ亦専ラ国家ノ為メト云フコトニ帰セサル可ラス、例セハ帝国大学ニ於テ教務ヲ挙クル学術ノ為メト国家ノ為メトニ関スルコトアラハ、国家ノ為メノコトヲ最モ先ニシ最モ重セサル可ラサルカ如シ、夫レ然リ、諸学校ヲ通シ学政上ニ於テハ生徒其人ノ為メニスルニ非スシテ、国家ノ為メニスルコトヲ始終記憶セサル可ラス[7]

と高唱する。ここには、学校の制度を設けて生徒を教育するのは、生徒個人のためではなく国家のためである、とする認識が最も鮮明に打ち出されている。

学校の制度的役割も、国家経営の観点から論ぜられる。すなわち森は、①小学校をすべての国民子女に普通教育を施すことによる国家富強の土台づくりの場とし、その上で、②尋常中学校（詳しくは後述する）について「尋常

中学校生徒ハ社会ノ上流ニ至ラストモ、下流ニ立ツモノニ非サレハ最モ実用ヲ為スノ人ニ非サレハ不可ナリ(8)」と述べ、尋常中学校に、社会の中流階層を占め、主に実業界で活躍することが期待される人材を養成する役割を課している。さらに、③高等中学校（詳しくは後述。なお高等中学卒業生はそのまま帝国大学への進学が見込まれていた）の場合は、「高等中学校ハ上流ノ人ニシテ官吏ナレハ高等官、商業者ナレハ理事者、学者ナレハ学術専攻者ノ如キ、社会多数ノ思想ヲ左右スルニ足ルヘキモノヲ養成スル所ナリ(9)」と、社会の上流階層にあって各分野をリードする人物を養成する役割を負っている、と強調する。

また、この所論と連動して、森は「教育」と「学問」とを区別する。すなわち、森によれば、

夫レ教育トハ他人ノ誘導ニ由リ智育徳育体育ヲ施スモノニシテ、其関係スル所主トシテ幼年子弟ニ在リ、蓋シ幼年子弟ハ自分ノ注文ナク専ラ他人ノ指示ヲ受ケテ働クモノトス、学問ニ至テハ自分選択ヲ以テ学業ヲ専攻スルコトニシテ他人ハ唯其方法ヲ与フルノミ、今其実例ヲ挙グレバ帝国大学ハ学問ノ場所ニシテ中学校小学校ハ教育ノ場所ナリ、特リ高等中学校ハ半ハ学問半ハ教育ノ部類ニ属ス(10)

との所論のように、「教育」は「専ラ他人ノ指示ヲ受ケテ働ク」営み、「学問」は「自分選択ヲ以テ学業ヲ専攻スル」営みとされ、両者の学校段階上の区分は高等中学校にあるとされるのである。この主張には、「教育」を社会の下流・中流階層への施策に留め置き、「学問」はそれ以上の上流階層にのみ必要とされる営為とする認識を、透かし視ることができる。

こうして森は、どの段階の学校を卒業するかによって、どの社会階層に属するかが決定づけられるような仕組みを、学校制度に与えた。すなわち、「善ク国役ヲ務メ又善ク分ニ応シテ働ク」という帝国臣民の「分限」が、まさ

に学校制度によって提供されることになった。封建時代の身分制度に代わる、新たな階層構造がまさに「学校歴」に基づいて形成される社会の枠組みが、国家経営の見地から組み立てられたのである。近代教育の思想的背景にこのような論理が存在したことには、十分に注意を払う必要があるだろう。

三．森有礼の教育改革

以上のような、国家経営の見地から、森有礼はそれまでの学校制度全般の改革に着手する。ただし、当時学校制度案づくりのための特別委員等が設けられたわけではなく、森自身の立案を中心として改革作業が進められたようである。その最大の眼目は、従来の「教育令」が小学校から大学までのすべての学校を包括的に規定するものであったのに対し、これを各学校種別の規定に改めたことにあった。学校の基本体制に関して、従来の方式から離れた、根本的な改革を進めようとする意図が、このことに象徴的に反映されている。

帝国大学

諸学校に関する法令として、森が最初に制定したのは一八八六（明治一九）年三月二日公布の「帝国大学令」であった。一八七七年に創設された東京大学は、日本で唯一の高等教育機関でもなく、学術技芸の研究・教授において支配的地位を有する機関でもなかった。むしろ近代化を急ぐ明治国家にとって、高等教育機関の基軸は官立専門学校であったといえる。帝国大学は、国家の意志としてあらゆる学術技芸を統合すべく、従来の東京大学を中核としつつも、これに工部大学校・東京法学校・東京農林学校などの官立専門学校を合併することで成立した。

その国家的意志を象徴するものが、同令第一条の「帝国大学ハ国家ノ須要ニ応スル学術技芸ヲ教授シ及其蘊奥ヲ攻究スルヲ以テ目的トス」という規定である。この大学に「帝国」の名称が与えられたのは、国家の須要に応ずる学術技芸を教授・研究する上での支配的体制が与えられたからであり、その意味で天皇制国家における「帝国の知」の牙城として、この大学が位置づけられたからに他ならない。

帝国大学は、大学院と分科大学とから構成されている。大学院は学術技芸の蘊奥を攻究する機関、分科大学は学術技芸の理論と応用を教授する機関とされた。分科大学は、高等中学校の卒業者を進学させることから、学校教育はこの段階をもって完了し、それ以後の大学院は、教授を主とする学校と区別して学術研究の機関として位置づけられ、その課程を終えて所定の試験を経た者に学位が授けられることになった（一八八七年五月の「学位令」により、学位は大学院にて定規の試験を経た者に対し文部大臣が授与すると定められた。学位授与権が文部大臣から大学に移るのは、一九二〇年七月の「学位規則」によってである）。分科大学は当初、法科大学・医科大学・工科大学・文科大学・理科大学の五つであったが、その後一八九〇年六月に東京農林学校を合併して設立された農科大学が加わった。各分科大学の修業年限は医科大学の医学科が四年、その他がすべて三年とされ、大学院の研究期間は二年以内と定められた。

なお、これは「帝国大学令」の規定とは別文脈のことではあるが、その後帝国大学卒業生には各種国家試験免除の特権が与えられていく。すなわち、法科大学卒業生には高等文官試験・司法官任用試験・弁護士試験が、医科大学卒業生には医師試験が、文科・理科大学卒業生には中等教員試験がそれぞれ免除される。こうして帝国大学には、国家のエリート養成の中枢としての基盤が築かれていくのである。

小学校

森有礼は、同じく一八八六年の前半期に次々と新しい学校制度を構築する。まず同年四月一〇日に「小学校令」

を公布し、国民教育の基礎に新たな枠組みを与えた。それによると、小学校は尋常小学校と高等小学校の二段階とされ、修業年限はそれぞれ四年間とされた。就学年齢は六歳から一四歳までの八年間で、とくに、「父母後見人等ハ其学齢児童ヲシテ普通教育ヲ得セシムルノ義務アルモノトス」（第三条）と、「義務教育」に関する条文を明確に掲げたことが注目される。

森が、尋常小学校の四年間を義務教育とするこの制度を厳格に実施しようと意図していたことは、第五条に就学猶予（疾病・家計困窮などの理由による）の規定を設けたことからも窺い知ることができる。だが、法制上この時点で「義務教育」が謳われたといっても、小学校の就学率（男女平均）が五〇％を超えるのは一八九一（明治二四）年、八〇％を超えるのが一九〇〇（明治三三）年のことであり（第九章〔表6〕参照）、その意味で、森文政下の「小学校令」によって実質的な義務教育がスタートしたと評価することはできない。

なお、森はこの義務教育の定着を図るべく、簡易な初等教育を施す制度としての小学簡易科の設置を認め、これを尋常小学校に代用できるものとした（第十五条）。これは一八八五年に再改正された「教育令」での小学教場に相当するものといえ、小学簡易科の経費は区町村費をもって支弁し、授業料を徴収しないこととした。これは、小学校の経費が主に生徒の授業料と寄付金による、と定められたことと対照的である。一八八六年五月の「小学簡易科要領」によれば、小学簡易科は修業年限が三年以内、学科は読書・作文・習字・算術の四科とされている。また授業時間は毎日二時間以上三時間以下で、その半分以上を算術に充てるものと定められている。

また「小学校令」では、「小学校ノ教科書ハ文部大臣ノ検定シタルモノニ限ルヘシ」（第十三条）と、教科書の検定制度に関する規定が設けられた。従来の認可制度は、府県にて教科書の採択を決定してから、文部省の認可を受けるため、実際の使用までに相当の時間を要した。一方文部省も、国家による教育内容の管理を進めるため、検定制度を実施する意図をもっていた。この規定に基づいて、同一八八六年五月に「教科用図書検定条例」が定められ

（翌一八八七年五月に「教科用図書検定規則」に）、民間から出版された教科書は文部大臣の検定に合格したもののみが使用できることとなった（教科書検定制度は小学校のみならず、中学校・師範学校でも導入されたが、とくに小学校の教科書については厳格に実施された）。なお、一八八七年三月には「公私立小学校教科用図書採定方法」が定められ、教科書採択は地方長官が審査委員を任命して行う府県一律の採択方式がとられるようになった。だが、この制度が審査委員と教科書会社との間に贈収賄事件を引き起こし、後の教科書国定制度の引き金となる。

「小学校令」はわずか一六条からなる簡潔な法令であり、各条項は小学校の設置・運営に関する基本事項を定めたものであった。それゆえ同一八八六年五月には「小学校ノ学科及其程度」が公布され、小学校教育の内容に関するより詳しい基準が示された。まず、尋常小学校の学科が、修身・読書・作文・習字・算術・体操（土地の情況により、図画・唱歌を加える）と定められた。尋常小学校では児童数八〇人に一人、高等小学校では児童数六〇人に一人の教員を置くこと、また、教員二人の小学校は二学級にすること、児童数一二〇人以上の場合には三学級とすることとされた。その他、一年のうち約八週間と日曜・大祭日・祝日を休業とし、土曜日は午後休校、毎日の授業時間は約五時間とした。

「小学校ノ学科及其程度」により、尋常小学校の修身は、「小学校教則綱領」による小学初等科・中等科時代の週六時間から週一時間半に激減した。一方、体操には週六時間が充てられ（従来は時間の基準は設けられず）、「体操ハ幼年ノ児童ニハ遊戯、稍長シタル児童ニハ軽体操、男児ニハ隊列運動ヲ交フ」と定められたが、この「隊列運動」は一八八八年一月に「兵式体操」（詳しくは後述）と改められた。国家富強のための尊皇愛国の志気を養うために、修身よりも兵式体操（気質と体躯の錬磨）を重視した森有礼の姿勢がここにも表れている。

〔図 7-2〕第一高等中学校

中学校

「中学校令」も「小学校令」と同じ一八八六年四月一〇日に公布された。この法令により、中学校は尋常中学校と高等中学校の二段階編制とされた。尋常中学校は、卒業後実業に就くことを希望する生徒を入学させるもので、各府県にて便宜これを設置できるとしたが、地方税の支弁・補助で設置できるものは各府県に一ヵ所とした（この時点では公費による尋常中学校の設置は各府県一校に制限されたが、その後一八九一年の「中学校令」改正により、各府県に数校の尋常中学校の設置を認め、郡市町村も場合によって設置することができるとした）。

高等中学校は、卒業後も進学を希望する生徒を入学させるもので、文部大臣の管理に属し、全国に五校設置することとされ、その経費は国庫と設置区内における府県の地方税とによって支弁するものとされた。これにより、同年一一月から翌一八八七年四月までに高等中学校の設置区域が、一区東京・二区仙台・三区京都・四区金沢・五区熊本と決定された。また、高等中学校には法科・医科・工科・文科・理科・農業・商業等の分科を設けることができるとされた。この時点で、尋常中学校を全国にほぼ五〇校開設するという方針であったため、尋常中学校一〇校の卒業生の中から選ばれた生徒が一つの高等中学校に入学する、という接続が想定されていたといえる(11)。

「中学校令」も全九条という簡潔な規定であったため、より詳しい学科基準として「尋常中学校ノ学科及其程度」（一八八六年六月）と「高等中学校ノ学科及其程度」（同年七月）が制定された。それによれば、尋常中学校は修業年限が五年、入学資格は一二歳以上で中学予備の小学校またはその他の学校の卒業者とされた。その学科は、倫理・

国語・漢文・第一外国語・第二外国語・農業・地理・歴史・数学・博物・物理・化学・習字・図画・唱歌・体操とされた。前述のように、道徳に関する科目が「修身」ではなく「倫理」とされていることと、体操に兵式体操が盛り込まれたこと（第三学年までは週三時間、第四・五学年には週五時間が割り当てられた）などが注目される。

高等中学校は、修業年限が二年、入学資格は一七歳以上で尋常中学卒業者もしくはこれと同等の学力を有する者とされた。学科は、国語及漢文をはじめとする一八科目とされているが、尋常中学校にあった倫理が外されていることと、体操が兵式体操と指定されていることが注目される。

〔図 7-3〕兵式体操

師範学校

森有礼にとって師範教育は、国家富強の土台たる普通教育の本源であり、それゆえにそのあり方には並々ならぬ関心を抱いていた。森は、すでに文部省御用掛のときから普通教育の成否が師範学校の教育にあることを強調し、師範学校生徒には「従順（上司の命に従う）」「友情（仲間との友誼）」「威儀（教師としての威厳）」という三気質を養うことが何よりも重要であると論じていた。その上で、

近時東京師範学校ニテハ兵式体操ト云フモノヲ施行セリ、其兵式体操ハ全ク前條三箇ノ目的ヲ達セントスルニ利用スヘキ一法即チ道具責メノ方法ナリ、故ニ此兵式体操ハ決シテ軍人ヲ養成シテ万一国家事アルノ日ニ当リ武官トナシ兵隊トナシテ国ヲ護ラシメントスルカ如キ目的ヲ以テ之ヲ学科ノ

中ニ加ヘタルモノニアラス、…生徒ニモ交互兵卒トナリ伍長トナリ或ハ司令官トナリテ各々此ノ三気質ヲ備具セシムルノ地ヲ做サシメントスルモノニテ、斯クスレハ必ラス利益アルヘシト信シ之ヲ施行スルコトヲ始メタルナリ(12)

と、師範教育に兵式体操を取り入れることの意義を唱えていた。

上記にこの兵式体操が小学校や中学校にも採用されたことを指摘したが、この演説にあるように、兵式体操とは軍人養成のための直接的な軍隊訓練を意味するのではなく、柔軟体操・各個教練・執銃体操・操銃法・部隊教練などの総称として理解されるもので（小学校では隊列運動が中心）、軍隊式の集団訓練を通して上記の三気質を養い、それを通して尊皇愛国の志気を錬磨することを目的とするものであった。師範教育が普通教育の本源と理解されたために、森は真っ先にこの兵式体操を師範学校に導入したのである。

このような森の認識に基づいて、一八八六年四月一〇日「師範学校令」が公布され、師範教育の整備が図られた。同令の第一条には「生徒ヲシテ順良信愛威重ノ気質ヲ備ヘシムルコト」とあり、これがその後の師範教育の基本方針を規定するものとなる（上述の「従順」「友情」「威儀」が、同令で「順良」「信愛」「威重」に改められたのは、御下問に基づく元田永孚からの要請があったからであった）。

「師範学校令」により、師範学校も尋常師範学校と高等師範学校の二段階に分けられ、尋常師範学校は各府県に一ヵ所、高等師範学校は東京に一ヵ所設置することとされた。尋常師範の経費は地方税から、高等師範の経費は国庫から支弁するものとされ、両校とも生徒の学資はその学校より支給することと定められた。また、尋常師範卒業生は、公立小学校の校長および教員に、高等師範卒業生は、尋常師範学校の校長および教員に任ずべきものと規定された。

師範学校の学科内容は、「尋常師範学校ノ学科及其程度」（一八八六年五月）および「高等師範学校ノ学科及其程度」（一八八六年一〇月）に定められた。それによれば、尋常師範学校は修業年限四年で、第四学年は学級を二つに分け、交互に学修と実地授業に就くものとされた。学科は倫理や教育など一五科目が指定されているが、やはり体操に男子週六時間、女子週三時間が充てられていることが注目される。また高等師範学校は、男子師範学科（理化学科・博物学科・文学科）と女子師範学科とに分けられ、男子師範学科は修業年限三年、女子師範学科は四年とされた。

なお、余談ながら高等師範学校では「学年始期」を、一八八七（明治二〇）年四月から四月始期制とすることになり（会計年度と徴兵令による壮丁の届出期限への対応が理由であったとされる。これ以前、少なくとも中等教育段階以上の学校では九月始期制が定着していた）、その二年後には全国の尋常師範学校がこぞって四月始期制に切り替えた。一八九一年には中学校が、翌一八九二年には小学校が四月始まりになる（法制化は小学校一九〇〇年、中学校一九〇一年）。帝国大学と旧制高等学校の全面的な四月始期制が実現するのは、一九二一（大正一〇）年四月からのことであった。

その他

なお上記以外に、森がとくに重視したものに地方視学政策があった。森は、文部省御用掛時代・文部大臣時代を通じて熱心に地方教育を視察し、しばしば講演や訓示を行って、地方教育の指導監督に努めた。森文政下における教育の国家管理とは、単に政府が法令を定めてこれを実施させるにとどまらず、地方教育を直接に視察・監督する手法に基づいて展開された。その具体的取り組みとして、文部省に視学部を設けて視学官を置き、視学制度の強化・拡充が図られたのである。

こうして森有礼の一連の教育改革は、小学校から帝国大学に至る学校制度はもとより、学科課程の基本構成から地方教育の国家管理の基本方針に至る、まさに近代国家の教育体制の基本的枠組みを創出する役割を演じたものといえる。森の死によって、積み残されていたのは、次節にて言及する教育理念に関わる問題、すなわち、国家の教育がすべてそれに依拠すべき、この国のグランドデザインや国民像をどう描き出すか、という問題であった。

四．森有礼と国体主義

「閣議案」

森有礼は、上記の諸学校令制定後の一八八七（明治二〇）年夏頃に教育意見書「閣議案」を作成し、近代国家における国民像や国民教育のあり方に関する所見を示した。その中で森は、この国が欧米列強に対峙して国家富強を確乎たるものにするための不可欠の要件として、「国民の志気」を掲げている。智力の向上に基づく文明の発展も、生産労働に基づく富の蓄積も、すべて「国民の志気」を拠り所とするものと力説されるのである。

森は続けて、明治維新以来の国家近代化の進展により、この志気の涵養が図られてきたが、しかし国家富強を主体的に担いうるのは依然として一部の国民にとどまり、多数の人民は立国の何たるかを解しえないような状況にあると断ずる。森自身の学校制度改革により、法規定は出来上がったものの、「国民の志気」を養うための準則が定められたわけではない。それゆえ森は、

顧ミルニ我国万世一王天地ト与ニ限極ナク、上古以来威武ノ耀ク所未タ曾テ一タヒモ外国ノ屈辱ヲ受ケタルコトアラス、而シテ人民護国ノ精神忠武恭順ノ風ハ亦祖宗以来ノ漸磨陶養スル所、未タ地ニ墮ルニ至ラス、此レ乃チ一国富強ノ基ヲ成ス為ニ無二ノ資本至大ノ宝源ニシテ、以テ人民ノ品性ヲ進メ教育ノ準的ヲ達スルニ於テ

他ニ求ムルコトヲ仮ラサルヘキ者ナリ、蓋国民ヲシテ忠君愛国ノ気ニ篤ク、品性堅定志操純一ニシテ人々怯弱ヲ耻チ屈辱ヲ悪ムコトヲ知リ深ク骨髄ニ入ラシメハ、精神ノ嚮フ所万派一注以テ久シキニ耐ユヘク以テ難キヲ忍フヘク、以テ協力同心シテ事業ヲ興スヘシ。(13)

と述べ、万世一系の天皇による統治というこの国特有の歴史を踏まえ、「忠君愛国の気」を拠り所として、国民の国家意識を養うことが教育の準則であるべきことを高唱するのである。

国体主義と国家主義

森の死後の一八八九（明治二二）年三月、井上毅は皇典講究所で行った講演（「故森文部大臣の教育主義」）の中で、森の教育方針を「国体主義」と評した。(14) 確かに、「忠君愛国」を論ずる上記のような森の主張からすれば、こうした評価も十分にありえることである。だが森の主張の根底には、あくまでも国家富強を主体的に担う自立した個人という国民像があり、その国民を育て上げるために、歴史を通して培養された「忠君愛国」という国民意識を活用しようとした、というのが彼の本旨であったというべきである。森が、国民の身体的能力を重視し、兵式体操はもとより、行軍旅行や運動会などの集団的身体訓練を学校教育の場に取り入れたのも、国家富強の能動的な担い手という国民像に基づくことであった。身体の能動性に着目しつつ、天皇の存在を源泉とする国民意識を介する集団行動・集団訓練によって、「国民の志気」を養う（精神的自立を図る）という構図こそが、森にとっての教育の準則なのであった。

森にとって国民教育の目標はあくまでも「国家富強」であった。教育によって最も優先的に目指されるべきものは、天皇制国家の体制を堅牢なものにすることというよりも、むしろ、国家富強の基盤をより強固なものにすることであった。国家富強を確保するためにこそ、天皇制の伝統が重視されたのである。

これに対し、絶えず森と対立した元田永孚にとっては、まさに忠孝道徳に基づく天皇制国家の永続こそが、教育の第一義的な役割であり課題であった。万世一系の天皇を奉戴し君民が忠孝で結ばれた道徳国家であることが「本」であり、知識技芸に基づく国家発展・富強は「末」に属すること、というのが元田の根本認識だったのである。

確かに森も元田も同じく「忠君愛国」を唱える。だが、万世一系の天皇統治を基軸とする国家のための「忠君愛国」と、国家富強のために伝統的な国家意識を重んずるという「忠君愛国」とでは、その含意は同じではない。「国体」という言葉が、「連綿たる皇統を不可欠の基盤とする忠孝道徳の国」という国家像を意味するとすれば、森の教育上の立場を「国体主義」と評するのは、必ずしも正確な理解とはいえない。森にあっては、何よりも国家富強を優先するという意味での「国家主義」的思惟様式の内部に、上記の意味での「国体主義」が包含されていたというのが、穏当な理解であろう。

次章で述べるように、森の死後、道徳教育の方針をめぐって次第に一定の道筋が固められ、それがやがて「教育勅語」の成立へと結実していく。その方向づけを推進した人々には、森と森の方針に対する批判者が少なくなかった。だが、方向づけられた道筋は、森の思想の内部に包摂されていた「国体主義」に、全面的に依拠するものであった。すなわち森の思想内部にあって、国家富強の手段としてある部位を占めていた「国体主義」が、森にとってははからずも、その後の教育と道徳教育の根本理念として、決定的な影響力を発揮していくことになるのである。儒教主義や復古思想に批判的であった森が死去したことは、「教育勅語」の成立への障害が取り除かれたことを意味するが、それとともに、彼の国家主義的立場からの「忠君愛国」教育もまた、「教育勅語」成立への道を切り開く上で一定の役割を担ったといえるのである。

第八章　「近代教育」の確立（その二）
――「教育勅語」の渙発

一．「教育勅語」の成立過程

徳育論争

第六章で述べたように、この国の文教政策は一八八〇年前後から徐々に儒教主義的色彩を帯びていく。ところが、一八八五年末に発足した伊藤内閣は近代国家としての体制づくりを進め、さらに条約改正問題との関連から欧化政策を推し進めた。この欧米文化摂取の方針は、思想界にも少なからぬ影響を及ぼし、例えば中江兆民（一八四七～一九〇一）『理学沿革史』（一八八六年刊）のような西洋哲学史の訳述書や、徳富蘇峰（一八六三～一九五七）『新日本之青年』（一八八七年刊）のような西洋思想に基づく述作が、読書人の注目を浴びるようになった。福澤諭吉『品行論』（一八八五年刊）『男女交際論』（一八八六年刊）や外山正一（一八四八～一九〇〇）『社会改良と耶蘇教との関係』（一八八六年刊）などの、儒教道徳の批判書も現れるようになっていた。

またこの当時、文部大臣森有礼が「忠君愛国の気」を強調しながらも、それを儒教道徳ではなく身体重視の兵式訓練によって養おうとする方針を打ち出していたこと、あるいは、森が積極的に編纂に携わった尋常中学校・師範学校用の『倫理書』の内容が、儒教主義からの脱却を企図するものであったことなどは、前章で述べた通りである。徳育に関する森の立論の趣旨は、文部省大書記官を務めた能勢栄の

先年福岡孝悌君が文部省の長官たりし時に、我が国の徳育は孔孟の教えに拠る可しと命令を下したれば、此の時世人は此を儒教主義と唱へ、学庸論孟の書を小学校の教科書に用ゐたりし。其の後森有礼君が文部大臣たりし時、今の世に孔孟の教を唱ふるは迂濶なり。…宗教にも頼らず。哲学にも倚らず。広く人間社会を通観し、此の世の中は自己と他人との相ひ持ちにて、自他相共にすれば世の中は太平無事に治まり、自他相反すれば騒動が起こると云う有様を見て、自他併立といふ説を考へ出し、此を以て徳育の主義と定めんとて、…省令の草按を認むる最中に、大臣が凶徒の手にかゝり、不慮の死をせられたれば、此の事遂に中止となれり(1)。

という言葉に、端的に示されている。

一方、欧化政策の軽佻浮薄さ（鹿鳴館での舞踏会や仮装会に象徴される）に憂慮の念を抱いた西村茂樹は、帝国大学での講演内容（儒教を道徳の基礎とし、これを西洋哲学で補完する）を『日本道徳論』（一八八七年刊）として公刊するとともに、森文相に書翰を送り、勅撰をもって修身教科書を編纂し、これを全国に頒布する旨の提案を行った。森は、同書の内容には賛意を示しつつも、教科書勅撰という前近代的手法には反対の立場であったため、この提案は実現されるには至らなかった。

また当然のごとく、儒教主義・復古主義的立場からの徳育論も活発に提示された。森有礼の文部省入省に反対した元田永孚は、すでに一八八四年にその意見書『国教論』を伊藤博文に送り、徳育は祖訓に由来する教学を闡明《せんめい》すべきとの、かねてよりの主張を表明していた。また、水戸藩出身の帝国大学教授内藤耻叟（一八二七～一九〇三）

は『国体発揮』（一八八九年刊）において、徳育の根本は皇室にて定めるべきであり、「天祖の宝訓」を奉じて人倫を正すことがわが国教学の根本である、との国体主義的な主張を展開した。

徳育論としてユニークなものには、帝国大学総長加藤弘之の主張がある。すなわち、加藤はいわゆる社会ダーウィニズムの立場から、

公立の中小学校には毎校に右の四教（神儒仏並びに耶蘇の諸教）の脩身科を置て各其志す所其信ずる所の教派に就かせたが宜しからふと思ひます…箇様に致せば諸教派は倶に競争して勉強することであらふと思ひます…長い歳月の間の統計上では必ず教派の良否によりて成績の良否か出るに違ひないと思ひます。(2)

と述べ、神道・儒教・仏教・キリスト教の各宗教に小・中学校での修身教育を競わせるべきとの所論を展開した。

こうして一八八〇年代の後半期（明治二〇年前後）を中心に、道徳教育のあり方や教育の根本方針をめぐって、各方面から多様な所説が示されるような状況が生じた。これがいわゆる徳育論争である。

地方長官会議

以上のように、徳育のあり方をめぐって多様な所論が提示されたことの影響は、地方の教育界にも波及することになり、とくに修身科をどのような方針に基づいて実施するのかについて、地方長官たちは具体的な対応を迫られていた。

そうした折、時の内閣総理大臣山県有朋は一八八九（明治二二）年一二月兼任する内務大臣の名で各府県知事に対して訓令を発し、大日本帝国憲法の施行を控えて人心が激昂し党派の政論が激しくなる中、地方長官は国家の幸

福を増進し、立憲の美果を収めるため地方人民の指導に努めるべきと論じた。[3] 山県は翌年二月にも、上京中の各府県知事に同趣旨の訓示演説を行ったが、この山県の訓示が一つの契機となり、直後に開催された地方長官会議において徳育の問題が議論されることになった。

その地方長官会議が開催されたのは一八九〇年二月一七日のことであった。同月二〇日に会長の高崎五六（一八三六～九六）東京府知事が「普通教育ノ件ニ付建議ヲ議セン」と提案し、これに各県知事が賛意を示すことになった。その後、建議案に関する熱心な議論が重ねられ、同月二六日、知事一同が文部大臣榎本武揚（一八三六～一九〇八）を訪ね、「徳育涵養ノ義ニ付建議」を提出するに至った。建議書の内容は、①現行の教育が知育偏重に流れ、徳育が閑却されているために、小学生は知識を誇って父兄を軽蔑し、中学生は政論に奔走するような状態に陥っている、②教員も師範学校での徳育方針が定まらず、時間数も少ないために知育のみが進んで身が修まらず、後進少年を浮薄軽躁の風潮へと追いやっている、③わが国にはわが国固有の倫理があり、その固有の倫理に基づいて徳育の主義を定めるべきである、というものであった。[4] 建議書作成に一定の役割を果たした福岡県知事安場保和（一八三五～九九）が、かつて元田永孚とともに熊本藩の実学党を組織し、両者の間に親密な関係があったことからも窺われるように、建議書の内容は「教学聖旨」以来の元田の主張とほぼ重なり合うものであった。

山県内閣の対応

地方長官会議において徳育に関する建議が行われたことで、山県内閣でも徳育問題が取り上げられた。山県は後年この頃のことを、

明治二十三年ノコト丶記憶ス。地方官中ニ教育ノ目的ヲ一定スル必要アリトノ要求起レリ。内閣ノ中ニモ同様

ノ意見ヲ懐クモノアリシガ、如何ニスベキカノ案ナシ。当時ハ頗ル多忙ノ時期ニテ勅令乱発ストモ云フベキ際ナリ。是レ明治維新ノ大切ヲツケ、条約ヲ改正シ、憲法実施ノ準備ヲ整フル等ノ事処理スベキ事甚ダ多カリキ。而シテ余ハ軍人勅諭ノコトガ頭ニアル故ニ教育ニモ同様ノモノヲ得ンコトヲ望メリ。時ノ法制局長官井上毅ナドモ同論ナリシガ此時ハ未ダ教育勅語マデニ熟セル考ハナク唯互ニ論議シテ十二時頃ニモ至ル有様ナリキ。此頃陛下ニハ閣議ノ際ニハ出御アラセラル[5]

と回想している。こうして、山県の奏請により明治天皇臨御の閣議において徳育問題が審議された結果、徳育の基礎となるべき勅諭を起草するよう榎本文相に勅命が下った。ところが、榎本はその後二ヵ月近く経っても勅諭起草の任務を果たさなかったため、榎本文相の更迭問題が浮上するに至った。

一八九〇年五月榎本が罷免され、内務次官であった芳川顕正（一八四二〜一九二〇）が文部大臣に任命された。芳川に対しては、文相親任式の際に、徳教の基礎となる箴言を編纂せよとの勅命が改めて下された。ここに至るまでの経緯については、天皇側近の助言者として、これまで国教の確立のために尽力してきた元田永孚が大きな役割を演じたことは間違いない。また総理大臣山県も、熱心に元田に同調するとともに、かつて「軍人勅諭」によって軍隊の厳格な秩序を維持しようとしたのと同様に、教育上の勅諭によって国民の強固な団結を確保しようとした。その背景には、国会開設後の民権派の勢力増大や、対中国関係が緊張を加える動向にあって、天皇の権威を

〔図 8-1〕山県有朋

もって国民意識の統一を図る必要が、意図されていたと見なされる。

〔図 8-2〕井上毅

「教育勅語」の起草と成立

こうして芳川文相下の文部省において、徳教上の箴言の編纂作業が進められた。当初その草案の作成を委嘱されたのは、かつて東京大学教授を務め当時元老院議官であった中村正直（一八三二～九一）であった。中村によって起草された文部省案は数度の改定を重ねたが、その初稿が作成されたのは、ほぼ一八九〇年の六月一〇日頃と推定されている。[6] その内容は、忠孝を人倫の大本とする儒教道徳や国体思想を基調としつつも、他方で「畏天敬神の心」や「立憲政体」「自治独立の良民」といったキリスト教や西洋近代思想の影響を窺わせる文言が盛り込まれていた。儒学の素養に加え、スマイルズ（Samuel Smiles, 1812–1904）の『自助論』（『西国立志編』）や、ミル（John Stuart Mill, 1806–73）の『自由論』（『自由之理』）の訳者として、西洋近代知にも造詣のあった中村の識見が発揮された草案であった。

中村の初稿を受け取った芳川は、山県首相と相談の上、これを法制局長官井上毅に示して意見を求めた。井上は同年六月二〇日付の山県宛書翰で、①立憲政体の主義に従えば、君主は臣民の良心の自由に干渉してはならず、それゆえ勅諭をもって教育の方針を示すには、これを政治上の命令や軍事上の軍令と区別して、「社会上の君主の著作公告」という取り扱いをしなければならない、②「敬天尊神」などの語は、宗旨上の争いを引き起こす恐れがある、③勅語ではこれと対立する思想を引き起こすような哲学上の理論は避けねばならない、④勅語では時の政治家の勧告と疑われるような政事上の臭気を避けねばならない、などと中村案に厳しい批判を浴びせた。[7]

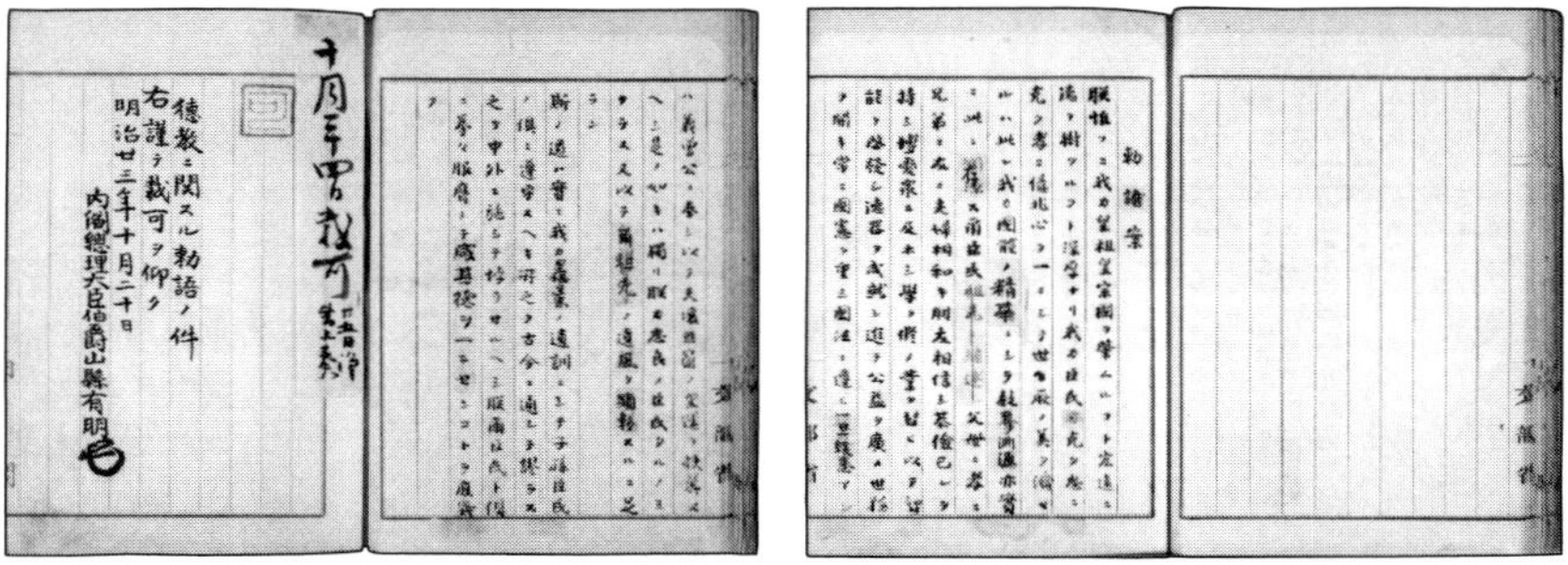

〔図 8-3〕「勅語案」

このとき、この書翰とともに井上自身の勅諭案が山県に送られた。これ以前に文部省案とは別の草案の起草が、山県首相から井上に委嘱されていたからであった。この井上案が、後の「教育勅語」成案の原型となるのであるが、これとは別に、同年六月一七日には元田永孚が独自の勅語案（「教育大旨」）を作成していた。[8] 元田が勅語案を独自に作成した理由や、元田案と井上案との関わりについては必ずしも明らかではないが、井上案と元田案との間には思想上の近似性が認められている。一方、井上によって厳しく批判された中村正直案（文部省案）について、芳川文相は当面これを放棄することはせず、中村案と井上案とを併行して検討するものとして取り扱った。

井上毅は一八七九年の教学論争の時点では、「教育議」の起草者として、「教学聖旨」の起草者たる元田永孚の国体主義と対峙する側にあった。もっとも、明治一四年の政変前後より、民権運動の昂揚に対して徳育強化の必要性を認めるようになっていたが、その法制官僚としての経歴から、道徳的命令を法律や政令・軍令として発することには反対の立場をとっていた。しかし、中村正直起草の文部省案が宗旨上や哲学上の問題を引き起こしかねない内容であったことに危惧の念を抱いた井上は、勅語は一切を超越する高みから発せられるべきと考え、儒教をはじめとする当時の日本人の道徳意識を包括する、より普遍的な道徳命令によって、天皇や皇祖皇宗の権威を基礎づけようとする作業を、自ら引き受けたのであった。[9]

ただし井上は、側近として天皇から絶大なる信頼を得ていた元田永孚が賛意を示さない限り、天皇の裁可が下ることはないということをよく認識していたはずであり、それゆえ、元田の支持によって天皇の内意を十分に踏まえた勅語案を完成させようとした。その元田は当時すでに七三歳の高齢であり、健康上の理由から熱海などに保養を重ねる身であった。そのため、同郷熊本の後輩であり法制の責任者の地位にある井上を立て、井上案をもって勅語を成文化させようと考えたものと推測される。勅語の絶対的普遍性を担保するものが、天皇が皇祖皇宗以来の道を今後とも臣民とともに遵守し実践するという宣旨に求められたことの背景には、このような事情があったのである。

こうして一八九〇年の六月下旬以降、井上と元田との度重なる案文の遣り取りを経て、文部省提出の閣議案（「勅諭案」）が作成され、同年九月二六日、同案が閣議にて審議されるに至った（このとき、芳川文相は「勅諭案」とともに「徳教ニ関スル勅諭ノ議」を山県首相に提出した。なお、文部省にて井上案と併行して起草作業が進められた中村正直案は八月上旬には成案を見ていたが、やがて廃棄された）。閣議案は直ちに閣議にて審議され、細部の文言の修正が行われた。だが芳川文相はこの修正案に必ずしも満足せず、文科大学教授島田重礼（一八三八～九八）や中村正直の意見を聞いて最終的推敲を行った。勅語の最終案（内閣上奏案）が成立を見たのは、同年一〇月二〇日のことであった(10)。その間にも、芳川、井上、山県の間で細部にわたる調整が重ねられたこと、さらに修文については逐次、天皇の側近たる元田の了解が取り付けられていたことは、いうまでもない。

翌一〇月二一日、山県首相と芳川文相は天皇に拝謁し、勅語の最終案を奉呈するとともに、勅語発布の方法について、天皇が高等師範学校に臨幸の上、勅語を下賜するという閣議決定を上奏した。だが、この上奏は聞き入れられず（学校臨幸方式には、元田が反対の意向を示した）、結局、天皇が両大臣を宮中に召して勅語を下賜することになった。また、勅語の形式についても、井上毅の立論の趣旨に基づき、「社会上の君主の著作公告」という体裁がとられることとなった（勅令とは異なり、国務大臣の副署が省かれた。同年一〇月三一日付の『官報』でも、勅語は別紙への記載という形式で取り扱われた）。こうして最終的に天皇の裁可が得られたのは、一〇月二四日のことであった。一八九〇（明治二三）年一〇月三〇日、明治天皇は総理大臣山県有朋と文部大臣芳川顕正を宮中に召し、金罫紙に記され、黒塗御紋付箱に入れられた「勅語」を文部大臣に下賜したのであった。

二　「教育勅語」の内容とその普及

「教育勅語」の内容

では、このようにして渙発された「教育ニ関スル勅語」とはどのような内容を有する文書だったのか。以下に、その全文を掲げてみる。

朕惟《チンオモ》フニ我カ皇祖《コウソ》皇宗《コウソウ》國ヲ肇《ハジ》ムルコト宏遠《コウエン》ニ徳《トク》ヲ樹《タ》ツルコト深厚《シンコウ》ナリ我カ臣民《シンミン》克《ヨ》ク忠ニ克ク孝ニ億兆《オクチョウ》心ヲ一《イツ》
ニシテ世々《ヨヨ》厥《ソ》ノ美《ビ》ヲ濟《ナ》セルハ此《コ》レ我カ國體《コクタイ》ノ精華《セイカ》ニシテ教育ノ淵源《エンゲン》亦《マタ》實《ジツ》ニ此《ココ》ニ存《ソン》ス 爾《ナンジ》臣民父母ニ孝ニ兄弟《ケイテイ》ニ
友ニ夫婦相和《アイワ》シ朋友相信《アイシン》シ 恭儉《キョウケン》己《オノ》レヲ持《ジ》シ博愛 衆《シュウ》ニ及《オヨ》ホシ學ヲ修メ業ヲ習ヒ以テ智能ヲ啓發《ケイハツ》シ徳器《トクキ》ヲ成就シ
進テ公益《コウエキ》ヲ廣《ヒロ》メ世務《セイム》ヲ開キ常ニ國憲ヲ 重《オモン》シ國法ニ 遵《シタガ》ヒ一旦緩 急《カンキュウ》アレハ義勇公《コウ》ニ奉シ以テ天壌無窮《テンジョウムキュウ》ノ皇運
ヲ扶翼《フヨク》スヘシ是《カク》ノ如キハ獨《ヒト》リ朕カ忠良ノ臣民タルノミナラス又以テ 爾《ナンジ》祖先ノ遺風《イフウ》ヲ顯彰《ケンショウ》スルニ足ラン
斯《コ》ノ道ハ實《ジツ》ニ我カ皇祖皇宗ノ遺訓《イクン》ニシテ子孫臣民ノ倶《トモ》ニ 遵守《ジュンシュ》スヘキ所之《コレ》ヲ古今ニ通シテ 謬《アヤマ》ラス之ヲ 中外《チュウガイ》ニ
施シテ悖《モト》ラス朕 爾《ナンジ》臣民ト倶《トモ》ニ拳々服膺《ケンケンフクヨウ》シテ咸其《ミナソノ》徳ヲ一《イツ》ニセンコトヲ庶幾《コイネガ》フ

明治二十三年十月三十日

御名《ギョメイ》　御璽《ギョジ》

この文書の内容は、大きく三つの分段からなるものと理解することができる。第一段は、冒頭の「朕惟フニ」から「教育ノ淵源亦實ニ此ニ存ス」までであり、その内容は、

わが皇祖皇宗がこの国を創設されたのは広大かつ永遠なることであり、道徳を樹立されたのは深遠で心のこもったことであった。わが臣民はこれまでよく忠孝の徳を守り、すべてが心を一つにし、世代を超えてこの美徳を実践してきたのであるが、これがわが国のお国柄の麗しさなのであり、教育の根源もまた皇祖皇宗の樹てられたこの美徳の実践にある。

というもので、道徳の由来が皇祖皇宗の肇国・樹徳にあることと、その道徳の根本が「忠孝」であることが強調されている。

第二段は、「爾臣民」から「祖先ノ遺風ヲ顯彰スルニ足ラン」までで、

臣民は、①父母に孝行し、②兄弟は愛し合い、③夫婦仲睦まじく、④友人同士が信頼し合い、⑤謙虚・節制の心を保ち、⑥すべての人々に愛情を注ぎ、⑦学問に励み、技芸を身につけ、そうして知的能力を発達させ、⑧道徳的能力を完成させ、⑨公共の利益を押し広め、世の中のためになることを促進し、⑩常に憲法を重んじ、国家の法に遵い、⑪国家の緊急時には勇敢に行動し、⑫そうすることによって、天地とともに永遠に続く皇室の命運を支え維持していかなければならない。これらの徳目を実践することは、明治天皇に忠節な臣民であるばかりでなく、皇祖皇宗の遺されたよき伝統を明らかにあらわすに十分なことでもある。

と、臣民の遵守すべき一二の徳目（後述する『勅語衍義』の分類による）が示されるとともに、その徳目の実践が皇祖皇宗の遺訓を明らかにすることでもあると説かれている。

第三段は、「斯ノ道ハ」以後の残りの部分であり、その内容はほぼ、

これらの道徳を履行することは、わが皇祖皇宗の遺された教訓なのであり、天皇も臣民も共に遵守しなければならないことである。さらに、古の昔においても今日においても通用するものであり、日本国内外を問わず理にかなったことである。朕（天皇）は、臣民と一緒になって、このことを胸中に銘記して忘れることなく守り、すべての者がこの美徳を一つのものにすることを希求する。

というものとして理解することができる。一二の徳目からなる忠孝道徳の実践が、時代や国の内外を超えた普遍的真理であることが高唱されている。

こうして、皇祖皇宗によって樹立され、歴史を貫いて実践されてきた「忠孝」こそが国民道徳の根本であり、またすべての臣民を「忠孝」の自覚的な実践者たらしめることに国民教育の根源がある、とする認識が天皇の宣旨として表明された。この、「忠孝」を「本」とすることで、知識・才芸に関する「末」にも国民教育としての相応しい方向づけを与えるという構図は、まさに「教学聖旨」以来、元田永孚が一貫して打ち出していた思想的路線の完成形態と評することができよう。

前年（一八八九年二月一一日）に発布された「大日本帝国憲法」が「天皇制国家」の政治的統一原理であったとすれば、「教育勅語」は「天皇制国家」のいわば道徳的統一的原理として、すなわち、この国の「国体」観念や国民精神を象徴する根本理念として、機能していくのである。

〔図8-4〕御真影

勅語奉読式の実施

「教育勅語」が渙発されると、芳川文相は直ちに翌一〇月三一日付の『官報』にて各府県に訓令を発し、勅語の謄本と文部大臣訓示を管内の公私立学校に交付する旨を示した（直轄学校にも同様の訓令を発したが、直轄学校には親署・御璽の入った勅語謄本が下賜された）。この訓示の中で、芳川文相は改めて、勅語の謄本を全国の学校に頒布することと、各学校において式日その他便宜の日時に生徒を集めて勅語を奉読し、その趣旨に基づいて生徒を訓戒すべきことを説いた。

この文部大臣訓示に基づき、全国の学校において「勅語奉読式」が実施されるようになる。その際、「教育勅語」の謄本と「御真影」（天皇・皇后の公式の肖像写真）との両者が、天皇への忠誠心や国家への帰属意識を涵養する上で不可欠のものとされていく。「御真影」は、国家元首としての天皇の権威を周知させるために、一八七二（明治五）年頃より府県庁などの国内行政機関や政府諸施設などに下付されていたが、その後官立学校にも下されるようになり、さらに学校儀式の挙行を促進した初代文相森有礼の文政下において下付の範囲が公立学校へと拡げられた（尋常師範学校や尋常中学校などの公立中等教育機関から始められ、その後高等小学校の模範校に拡げられた）。ただし、文部省は学校儀式定着のため「御真影」の普及を図ったが、宮内省がその下付校を拡大することに消極的であったため、公立尋常小学校への下付が徹底されるのは一八九二（明治二五）年五月の文部次官通牒によってであった。

なお、この御真影と勅語謄本については、一八九一年四月に文部省令をもって定められた「小学校設備準則」に、「校舎ニハ天皇陛下及皇后陛下ノ御影竝教育ニ関スル勅語ノ謄本ヲ奉置スヘキ場所ヲ一定シ置クヲ要ス」とあるように、神聖なるものとして特別に取り扱うべき方針が示された。

「勅語奉読式」をはじめとする学校儀式に定型が与えられるのは、一八九一（明治二四）年六月一七日制定の「小学校祝日大祭日儀式規程」によってであった。これにより、小学校においては、紀元節（二月一一日）・天長節（一一月三日）・元始節（一月三日）・神嘗祭（伊勢神宮の収穫祭の一〇月一七日）および新嘗祭（新穀を神に供える一一月二三日）の祝祭日に、校長・教員・生徒が式場に参集して儀式を行うことが義務づけられた。また儀式の内容は、①御真影拝礼・両陛下の万歳奉祝、②勅語奉読、③校長（もしくは教員による）訓話、③式歌斉唱、を定式とするものとされた。上述のように、「教育勅語」は形式的には「社会上の君主の著作公告」という性格づけがなされたものの、その実質的な取り扱いにおいては、国体と教育の大本を明示する神聖な聖旨として、すなわち絶対的かつ普遍的権威を付与された国教そのものとして、位置づけられていくのである。

修身教育の展開

「教育勅語」は、小学校と師範学校の教育、とりわけ修身教育のあり方に大きな影響を与えた。次章にて述べるように、一八九〇年には勅語渙発の時期と併行して「小学校令」の改正作業が進められたが、この第二次「小学校令」に準拠して定められた「小学校教則大綱」（一八九一年一一月）は、「教育勅語」の趣旨に基づいて小学校カリキュラムの編成を図ろうとする方針を打ち出していた。

例えば「修身」については、「修身ハ教育ニ関スル勅語ノ旨趣ニ基キ、児童ノ良心ヲ啓培シテ其徳性ヲ涵養シ、人道実践ノ方法ヲ授クルヲ以テ要旨トス」と定め、生徒に授けるべき徳目として、孝悌・友愛・仁慈・信実・礼敬・義勇・恭倹等を掲げつつ、とくに「尊王愛国ノ志気」を涵養することを求めている。また「修身」との関連が重視された「歴史」（日本歴史）は、「本邦国体ノ大要」を授けて「国民タルノ志操」を養うことがその要旨とされた。

授業時数についても、「修身」はそれまで尋常小学校で週一時間半であったものが、週三時間と倍増されることになった。

またその修身教科書は、「教育勅語」の趣旨に基づいて、厳格な検定が行われるようになった。当時の小学校修身教科書で採用された編集方式には、大きく二つの特徴を認めることができる。その一つは、毎学年の教科書で「教育勅語」に示された徳目の教示を繰り返すもので、この編集方式を「徳目主義」と呼ぶことができる（この編集方式は、「教育勅語」渙発直後の修身教科書に見られる）。もう一つは、歴史上の模範的人物を取り上げ、その人物の事績を「教育勅語」の徳目に関連づけて顕彰するという編集方式で、これを「人物主義」と呼ぶことができる（明治三〇年代に入ると、この方式を採用した修身教科書が多く現れるようになる）。このほか「教育勅語」の全文を巻頭に掲げる修身教科書も多く、修身教育はまさに勅語を基軸とし、勅語の忠実な解説に基づいて推し進められていくことになる。

師範学校についても、一八九二（明治二五）年に尋常師範学校の学科課程が改正され、従前の「倫理」が「修身」と改められるとともに、毎週の授業時数も一時間から二時間に増加された。ここでも「修身」の教授要旨が、「教育ニ関スル勅語ノ旨趣ニ基キテ人倫道徳ノ要領ヲ授ク」と定められている。森文政期からの「倫理」が倫理学を授ける学科目と受けとめられる傾向にあったことを踏まえ、「修身」は「躬行実践ヲ旨トシ徒ニ理論ニ偏セサランコトヲ要ス」学科であることが説かれたのである(11)。いうまでもなく尋常師範学校は国民一般の教育に従事する小学校教員を養成する機関であり、それゆえに同師範学校に対しては、とくに「教育勅語」に基づく修身教育を徹底させる方策がとられたのであった。

『勅語衍義』の刊行

芳川顕正文相は、すでに前出の「徳教ニ関スル勅諭ノ議」（一八九〇年九月二六日）において、「耆徳碩学《キトクセキガク》ノ士ヲ選ヒ勅諭衍義《エンギ》ヲ著述発行セシメ本大臣之ヲ検定シテ教科書トナシ倫理修身ノ正課ニ充テントス」(12)との方針を打ち出していたが、この方針通り衍義書（解説書）の作成が進められることになり、井上哲次郎（一八五五〜一九四四）にその起草が委嘱された。井上は、一八九〇年一〇月にドイツ留学から帰国して帝国大学文科大学教授に就任したばかりの、新進気鋭の哲学者であった。井上に白羽の矢が当てられたのは、彼が皇漢学の素養に加えて、西洋哲学にも通じていたことが評価されたからと見なされる。

衍義書の草稿が完成すると、井上は、中村正直・加藤弘之・西村茂樹らの著名な学者に回付して意見を求め、さらに井上毅や芳川顕正文相らの校閲を経て天皇の内覧に供された。こうして一八九一（明治二四）年九月、『勅語衍義』は井上哲次郎著・中村正直閲として出版された（芳川顕正の序、井上の自序が付された）。この書は、形式的には井上哲次郎の私著となっているが、芳川文相や井上毅をはじめ、多くの学者・有識者の意見によって修正され、さらに天皇が内覧して出版を許可したことからも、事実上「教育勅語」の官定版解説書と評することができる。

『勅語衍義』の内容は、「教育勅語」の解説書であるがゆえに、開闢以来一統無窮の皇孫の君臨する比類なき国体と、そこで行われるべき忠孝道徳の意義を説くものであり、伝統的な国体主義を基調とするものといえる。またこの国体観念を、例えば、

国君ノ臣民ニ於ケル、猶ホ父母ノ子孫ニ於ケルガ如シ、即チ一国ハ一家ヲ拡充セルモノニテ、一国ノ君主ノ臣民ヲ指揮命令スルハ、一家ノ父母ノ慈心ヲ以テ子孫ニ吩咐スルト、以テ相異ナルコトナシ、故ニ今我ガ天皇陛下ハ全国ニ対シ、爾臣民ト呼起サルヽコトナレバ、臣民タルモノ、亦皆子孫ノ厳父慈母ニ於ケル心ヲ以テ謹聴

感佩《カンパイ》セザルベカラズ(13)

というように、いわゆる「国家家族観」に基づいて説いたり、あるいは、

蓋シ君主ハ譬ヘバ心意ノ如ク、臣民ハ四肢百体ノ如シ、若シ四肢百体ノ中、心意ノ欲スル所ニ随ヒテ動カザルモノアルトキハ、半身不遂ノ如ク、全身之レガ為メニ活用ヲナサヾルナリ(14)

というように、いわゆる「国家有機体説」に立って論じたりしている点に特徴を認めることができる。しかし、同書での井上の所論は、昭和戦前期のファシズムが台頭した時代に見られたような天皇絶対崇拝・絶対服従の精神を前面に押し出すものではなく、「孝悌忠信」と「共同愛国」との二つの主張をもって国家に対する義務を強調するとともに、立憲国家にあって自由の精神や個人の自主独立を説く姿勢も窺うことができる。この点には注目しておく必要があるだろう。

『勅語衍義』は、その後文部省検定済の師範学校、中学校の修身教科書として長く使用された（一八九九年に多少の改訂を加えた『増訂勅語衍義』が出版されたが、もともと天覧に供したものであったため、原本からの大幅な修正は憚られた）。一方、井上の『勅語衍義』と相前後して、民間でも数多くの勅語解説書が出版されたが、それらは概ね国体主義を基調として国体の尊厳と忠孝の道徳を強調することに重点が置かれていた。それは、半ば官定解釈書としての性格を有する『勅語衍義』の方に、西洋近代学知から勅語の徳目を正当づけようとする側面があったことと対照的といえる。このことは、「教育勅語」の渙発が、当時の日本社会に根強く残存していた伝統的国体主義の思想に勢いを与える役割を果たしたことを示唆するものでもあろう。

ともあれ、こうして『勅語衍義』の著述者井上哲次郎は、これ以後、国体主義と国民道徳の正統的解説者としての地位を獲得していく。一八九一年一月のいわゆる「内村鑑三不敬事件」（第一高等中学校にて挙行された勅語奉読式にて、同校嘱託教員であった内村が天皇の親筆に最敬礼をしなかったことが非難され、社会問題化した事件のこと）を一つの契機とする「教育と宗教の衝突」（井上には同名の著書がある）問題や、一九一〇（明治四三）年一二月の文部省主催師範学校修身科教員講習会を重要な契機とする「国民道徳論」に関する議論を、常にリードしたのが井上であったことは周知のところである。なお、「国民道徳論」をめぐる諸問題については第一三章にて改めて論ずることにする。

第九章　「近代教育」の確立（その三）
――明治後半期の教育改革

一．教育行政の制度的枠組み

大日本帝国憲法での教育規定

一八八九（明治二二）年二月一一日に制定された「大日本帝国憲法」には、教育に関する規定は設けられなかった。ただし、この憲法では、第九条に「天皇ハ法律ヲ執行スル為ニ又ハ公共ノ安寧秩序ヲ保持シ及臣民ノ幸福ヲ増進スル為ニ必要ナル命令ヲ発シ又ハ発セシム」と規定されており、教育に関する基本法令も、この条文に基づき「天皇の大権事項」（天皇の権能のうち、帝国議会の参与を経ずに行使されるもの）として定められることとなった。

また、第十条では「天皇ハ行政各部ノ官制及文武官ノ俸給ヲ定メ及文武官ヲ任免ス」と、教育行政の基本となる官制に関する条文が設けられている。これに基づき、各省官制や地方官官制とともに直轄学校の官制等の制定も、天皇の大権事項とされた。このように「大日本帝国憲法」においては、行政組織の基本が帝国議会の参与を経ない「勅令」をもって定められ、それに基づいて教育行政が実施されることになった。

教育立法の勅令主義

すでに第七章にて述べたように、明治二〇年代初頭には「市制及町村制」や「府県制」「郡制」などの地方行政制度の整備が進められた。地方行政制度は小学校の設置・維持に直接の関わりを有するため、一八九〇（明治二三）年一〇月に従前の「小学校令」が廃止され、改めて「小学校令」が公布されることとなった。このとき、「小学校令」の法制上の取り扱いをめぐる問題が浮上した。

森文政下での諸学校令は勅令の形式をとっていたが、当時は帝国議会の存在しない時代であり、法律と勅令との法制上の区別は必ずしも明確ではなかった。だが、このいわゆる第二次「小学校令」制定の時点では、すでに「大日本帝国憲法」が発布され、さらに帝国議会の開設を間近に控えていた。それゆえ、児童の就学や市町村の学校設置など教育の重要事項に関する規定を、天皇の大権において定める「勅令」とすべきか、帝国議会の審議を経る「法律」とすべきか、をめぐって文部省と枢密院との間に意見の相違が生じたのである。すなわち、枢密院は、法律案だと議会でしばしば変更される恐れがあるから勅令がよいとし、文部省側は、議会の承認を要する法律で定める方が却って容易な変更を許さない、と主張した。(1) 結局、教育に関する重要事項は「勅令」でもってこれを定め、それ以外の規定は「法律」とすることで決着し、こうして一八九〇年一〇月三日に「地方学事通則」（法律）が、同月七日に「小学校令」（勅令）が公布されることになった。

教育に関する基本法令を「勅令」をもって定めるとするこの方式は、「教育立法の勅令主義」と呼ばれるが、そこには、国家の教育には議会による容喙を認めないとする明確な姿勢を読み取ることができる。「教育立法の勅令主義」は、これ以後戦前期を通して教育行政を貫く基本的性格となる。

なお、この「小学校令」と「地方学事通則」により、教育が市町村の固有事務ではなく国の事務であることが明確にされるとともに、教育行政に関する国と地方との権限・責任が具体的に定められた。すなわち、教育の目的や方法、教則や教科書、さらには教員や生徒に関する事務などは文部大臣の責任とされ、一方、小学校の設置や教員給与に関する諸費用、国の教育事務の執行のための費用などの負担は地方（とりわけ市町村）の責任とされた。わが国戦前における教育行政制度の基本的な枠組みは、こうして成立することになったのである。

学制改革問題と高等教育会議

一八七二年の「学制」発布以来、この国の学校教育制度は、国民一般の教育のための小学校の普及・拡充と、国家の指導者養成のための大学の発展とのいわば二本立ての枠組みに基づいて整備されてきた。だが、両者はそれぞれ分離した形で制度上の整備が進められたため、相互の連絡・接続がスムーズに行われたわけではなかった。初代文相森有礼の学制改革は、尋常小学校から帝国大学に至る総合的な学校教育制度体系を構築する上で一定の役割を果たしたが、それでも初等教育と高等教育との連結点としての中等教育段階の整備は、必ずしも順調な進展を見たわけではなかった。両者をどのように連絡させ接続させるかは、明治後半期に持ち越された学制改革問題の中心的課題であった。

一八九三（明治二六）年三月から翌年八月まで文部大臣を務めた井上毅は、この問題に対応すべく、後述するように一八九四年六月に「高等学校令」を公布し、高等中学校を廃止して専門学科を本体とする高等学校を設置した。だが、高等学校については専門学科が振るわず（付設のはずの大学予科が実質的な本体となった）、この改革は井上の意図通りには進まなかった。井上はまた、学制改革を要望する世論の高まり（当時この学制改革問題が教育雑誌などで盛んに取り上げられていた）を背景に、教育制度に関する諮問機関の設置を企画した。だが、この井上の構想も実現を見るには至らなかった。

しかしながら、当時、学制改革問題との関連において全国的規模の教育会議の設置が教育関係者等の要望として提起されるようになっており、こうした動向を背景に、第八回帝国議会において「教育高等会議及地方教育会議ヲ設クル建議」（貴族院は一八九五年二月、衆議院は同年三月）が提出された。これを受け、政府は一八九六（明治二九）年一二月に勅令をもって「高等教育会議規則」を制定し、わが国最初の教育に関する文部大臣の諮詢機関として、「高等教育会議」が設置されるに至った（ただしもう一方の「地方教育会議」の設置は見送られた）。

同規則によれば、高等教育会議は「文部大臣ノ監督ヲ受ケ教育ニ関スル事項ニ就キ文部大臣ノ諮詢ニ応シ意見ヲ開申スル」とともに「教育ニ関スル事項ニ付其ノ意見ヲ文部大臣ニ具申スルコトヲ得」るものと定められた(2)。また議員は、帝国大学総長および各分科大学長、文部省各局長、直轄学校長、学識経験者等から組織するものとされた（議員の構成については、その後選出範囲が学習院長・華族女学校長、陸海軍教育主任将校、私立学校長などへと拡大された）。

高等教育会議は、一八九七（明治三〇）年七月に最初の会議を開いてから、その後一九一三（大正二）年六月に「教育調査会」（第一二章にて後述）が設置されるまで継続した。この間、合計一一回の会議を重ね、学校制度改革や教育行政上の重要事項に関する答申と建議を行った。

中でも、高等教育を中心とする学制改革問題は、高等教育会議に対する、とくに重要な諮詢事項であった。明治三〇年代以後の資本主義経済の発展は、高度の教育を受けた豊富な人材を産業界に送り出す必要を生じさせ、そのため大学卒業までの修業年限の短縮と実用的な高等教育機関の設置などが、要望されるようになった。これを受け、一九〇二（明治三五）年一一月、当時の文相菊池大麓（一八五五～一九一七）は、①高等学校を帝国大学予備門と改めた上で、修業年限を一年短縮し二年とすること、②同予備門には中学校卒業生を入学させること（ただし当面は中学校に補習科を置き、その修了者を入学させる）、③高等学校の専門学科に相当する学校として、新たに専門学校を設置する、などの諮詢案を高等教育会議に提示した。このうち、①と②は帝国大学関係者の議員の反対によって否決されたが、③は後述する「専門学校令」（一九〇三年）となって実現された。

また、一九一〇（明治四三）年四月には、文相小松原英太郎（一八五二～一九一九）が、中学校よりも高度な高等普通教育を施す学校としての高等中学校の設置を、同会議に諮詢した。この高等中学校は、当初案では、修業年限四年の中学科と修業年限三年の高等中学科とからなり、高等中学科の入学資格を中学校第四学年修了者とすることで、修業年限をこれまでの高等学校卒業時点よりも一年短縮させることを骨子とした。この諮詢案には、種々の議論が寄せられ、修正案についても容易に意見の一致を見なかったが、小松原文相の強い意向により、難航の末、可決されるに至った。こうして、翌一九一一年七月に「高等中学校令」が公布されたが、同令は施行を予定していた一九一三（大正二）年四月の直前、文部大臣奥田義人（一八六〇～一九一七）によって実施が無期延期とされ（同令の規定に従えば、二〇校もの高等中学校の設置が必要であったが、財政上これが極めて困難と判断された）、その後一九一八年の「高等学校令」制定によって事実上廃止となった。

結果として、高等教育を中心とする学制改革問題は、大正期に持ち越されることになる。だが、以下に詳述するような、明治三〇年以降の学校制度改革の諸動向に対しては、高等教育会議という文部大臣の諮詢機関が、一つの制度的枠組みとして重要な役割を果たしたのである。

二　初等教育の改革

第二次「小学校令」

上述のように、一八九〇（明治二三）年一〇月に新しい「小学校令」が制定された。このいわゆる第二次「小学校令」は、大日本帝国憲法下での教育体制の基礎固めとしての意味合いを有するもので、全文九六ヵ条からなり、一八八六年制定の「小学校令」とは異なって、小学校の本旨、編制、就学、設置、授業料、教員、管理などを網羅的に規定している。

この「小学校令」においてとくに注目されるのは、第一条に「小学校ハ児童身体ノ発達ニ留意シテ道徳教育及国民教育ノ基礎並其生活ニ必須ナル普通ノ知識技能ヲ授クルヲ以テ本旨トス」と、小学校の目的を明示したことである。この条文は、同令起草の中心的役割を担った参事官江木千之がドイツ（ザクセン・マイニンゲン公国）の小学校法を参照して立案したものと伝えられるが、(3)小学校の目的を「道徳教育」「国民教育」「知識技能の教育」の三者とするこの規定は、その後の「小学校令」の改正時にも改められることなく、一九四一（昭和一六）年の「国民学校令」によって戦時体制下の目的に改変されるまで、ほぼ半世紀にわたり、わが国小学校教育の目的規定として機能していく。

小学校の編制については、従前の小学簡易科を廃止して、小学校を尋常小学校と高等小学校の二種とし、尋常小学校は修業年限を三年または四年、高等小学校は二年、三年または四年とした。尋常小学校の教科目（第二次「小学校令」により、これまでの「学科」を「教科目」と呼び、また学科課程の全体を「教科」と称するようになった）は、修身・読書・作文・習字・算術・体操とされ、高等小学校において、これらに日本地理・日本歴史・外国地理・理科・図画・唱歌・裁縫（女子のみ）が加えられた。このほか尋常・高等小学校に補習科を、高等小学校に農・工・商などの実業に関する教科を置く専修科を設けることができるとした。さらに徒弟学校や実業補習学校を小学校の種類に加えた。これらには、明治中期以後における産業の発展への対応としての意味合いがあったといえる。

小学校の設置・管理については、尋常小学校の設置義務を各市町村に課し、一町村の資力だけで尋常小学校を設置できない場合には、学校組合（複数の町村が連合して設立）による設置を認めた。授業料は従来通り徴収することとしたが、貧困家庭の場合には減額あるいは免除すべきものとした。また、郡ごとに府県知事の任命による郡視学が置かれ、管内の教育事務の監督に当たることになった。

諸規則の制定

第二次「小学校令」はその施行のために多くの細則を必要としたが、これに基づき、翌一八九一（明治二四）年中に多くの諸規則が定められた。主要なもののみを挙げると、まず同年四月に「小学校設備準則」が定められ、これによってはじめて小学校の校地・校舎・体操場などの施設・設備に加え、掛図・地図・黒板・白墨などの教具に関する基準が示された。

同年六月には前述の「小学校祝日大祭日儀式規定」により、祝日大祭日における学校儀式が定式化された。なお、この学校儀式については、一八九三（明治二六）年の文部省令によって、その実施が三大節（一月一日・紀元節・天長節）に限定され、これ以外の祝日大祭日の儀式は各学校の任意とされた。

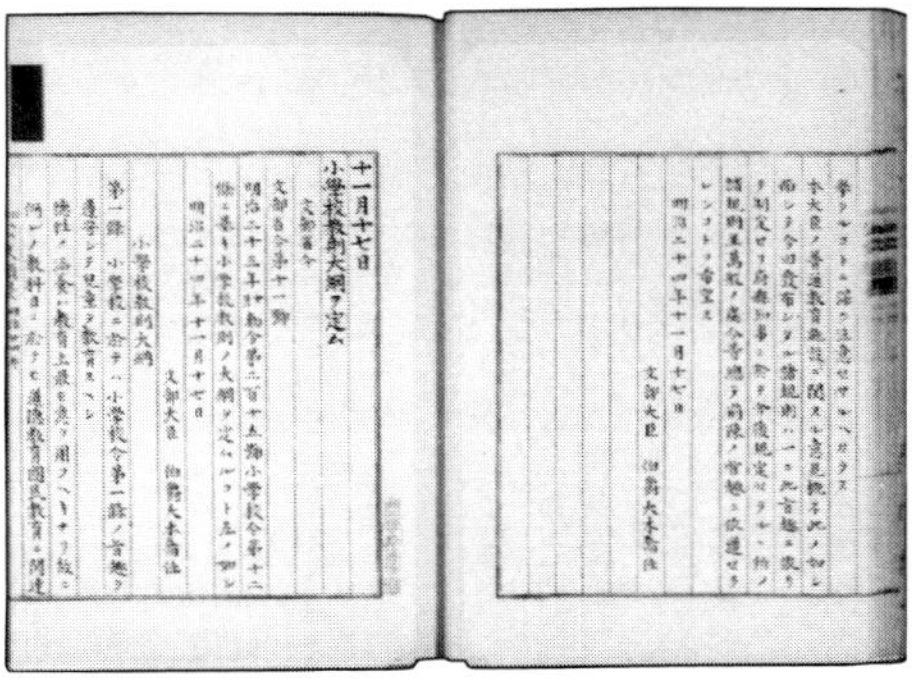

〔図 9-1〕「小学校教則大綱」

一八九一年一一月には、「小学校教則大綱」が定められ、各教科目の教授要旨、教授内容、教授方法などについて詳細な規定が示された。上述の「小学校令」による目的規定に基づき、すべての教科目の教授において道徳教育と国民教育に留意すべきことが強調されるとともに、とくに修身科に「教育勅語」の影響が色濃く反映され、「尊王愛国ノ志気」（女児は「貞淑ノ美徳」）の涵養が強く求められた（これについては前述した）。

「小学校教則大綱」においてとくに注目すべきは、第二〇条で「小学校長若クハ首席教員ハ小学校教則ニ従ヒ其小学校ニ於テ教授スヘキ各教科目ノ教授細目ヲ定ムヘシ」と規定されたことである。これにより、各小学校は地域の実情に応じて「教授細目」を作成することが義務づけられることとなった。こうして小学校のカリキュラムは、①国の基準としての「小学校教則大綱」、②府県の定める「小学校教則」、③学校長の作成する「教授細目」、という厳格な国家管理体制に基づいて編制されることになった。

また、この一一月には「学級編制等ニ関スル規則」「小学校教科用図書審査等ニ関スル規則」「小学校教員検定等ニ関スル規則」「小学校校長及教員職務及服務規則」などの諸規則が公布され、学級編制・教科書制度・教員組織などに関する規定が整備された。これにより、一学級の児童数の基準が尋常小学校は七〇人未満、高等小学校が六〇人未満とされ、女児の数がこの基準に達している場合には男女別級とする（第三学年以上）ことが定められた。すでに第二次「小学校令」にて、市町村立小学校の校長は当該学校教員の中から府知事が任命するものと定められていたが、三学級以上を有する小学校には校長が置かれることとなった（校長の置かれない学校では、首席教員が校長の職務を遂行）。

こうして、一八九〇年の第二次「小学校令」と翌年中の諸規則の制定により、この国の小学校における組織・授業・管理などの諸側面が定型化、慣行化されていったのである。

第三次「小学校令」

明治二〇年代は、大日本帝国憲法の制定や帝国議会の開設を中心に、国家の政治体制が確立した時期であった。他方、国家富強の基盤をなす経済体制についても、維新以来の殖産興業の方針が、ようやくこの時期に一定の成果を遂げるようになった。とくに一八九四（明治二七）年の日清戦争を契機として、繊維工業を中心とする産業の近代化が推し進められた。さらに、一九〇一（明治三四）年の官営八幡製鉄所の完成は、重工業生産の基盤を確立させ、機械産業や造船産業が活況を呈するようになった。

このような経済社会の近代化の進展は、国民全体の教育水準を向上させるとともに、各種の生産労働に従事できる人材の養成を、この国の教育体系に求めることになった。こうして、明治三〇年代には、①初等段階における国民全体を対象とした義務教育制度の定着、②中等段階における普通教育の整備と実業教育の振興、③初等教育から高等教育に至る一貫した総合的学校体系の構築、などが教育制度改革上の重点的課題として理解されるようになった。上述の高等教育会議が、これらの課題への対応を主な任務としていたことは、繰り返すまでもない。

そして初等教育改革において、この問題への対応として実施されたものが、一九〇〇(明治三三)年八月二〇日の「小学校令」改定公布であった。このいわゆる第三次「小学校令」は、全文七三ヵ条からなり、小学校の目的規定については第二次「小学校令」のそれを踏襲しているが、これ以外の諸規定についてはほぼ全面的な改訂を行っている。

第三次「小学校令」の教育史上における最大の意義は、同令により、この国の義務教育制度が実質的な確立を見たことにある。第一に、同令は就学義務に関する規定を厳格にした。すなわち、「学齢」を「児童満六歳ニ達シタル翌月ヨリ満十四歳ニ至ル八箇年」と定め、就学の始期・終期も「学齢児童ノ学齢ニ達シタル月以後ニ於ケル最初ノ学年ノ始ヲ以テ就学ノ始期トシ尋常小学校ノ教科ヲ修了シタルトキヲ以テ就学ノ終期トス」と明確にした上で、「学齢児童保護者ハ就学ノ始期ヨリ其ノ終期ニ至ル迄学齢児童ヲ就学セシムルノ義務ヲ負フ」と、従来よりも厳密な就学義務規定を設けた(第二次「小学校令」では、「学齢」「就学始期・終期」もより緩やかな規定であり、「保護者」に関する明確な規定も設けられていなかった)。

第二に、同令では「市町村立尋常小学校ニ於テハ授業料ヲ徴収スルコトヲ得ス」と、公立小学校の授業料を原則として無償とした(特別の事情により、授業料を徴収する場合には、府県知事の認可を受けなければならないと定めた)。従来、小学校では授業料を徴収することが原則であり、これが就学を妨げる重大な原因となっていた。第三次「小学校令」において授業料廃止の原則が立てられたのは、一九〇〇年三月の「市町村立小学校教育費国庫補助法」の成立を重要な背景とすることであった。

第三に、同令によって、尋常小学校の修業年限が四年に統一され（従来認められていた三年制の尋常小学校を廃止した）、ここに全国一律の四ヵ年の義務教育制度が確立されるに至った。なお、尋常小学校の教科目は修身・国語・算術・体操とされたが（土地の情況により、図画・唱歌・手工・裁縫〈女児のみ〉などを加えることができるものとされた）、とくに従前の読書・作文・習字が「国語」の一科目に統合されたことが注目される。これは児童の学習負担の軽減とともに、日常生活に最低限必要な知識・技能を集中的・統合的に教授することを図ったものであった。一方、高等小学校は、各地域の状況に応じて二年、三年、四年の三種類の修業年限が認められたが、文部省は義務教育年限を将来的に六ヵ年に延長するための布石として、尋常小学校には二年制の高等小学校を併置することを奨励した。

「小学校令施行規則」

第三次「小学校令」が改定公布された翌日（八月二一日）、「小学校令」を施行するために必要な細則を総括的に定めた省令「小学校令施行規則」が制定された。これ以前は「小学校令」を基本規定としつつ、教科課程は「小学校教則大綱」、設備は「小学校設備準則」というように、それぞれ独立の省令が設けられていたが、「小学校令施行規則」はこれらを一つの省令に統括したものである（後述する「中学校令」や「高等女学校令」にも「施行規則」が定められた。これ以後、勅令による学校令を受けて、省令による施行規則を制定するという形式が踏襲されていく）。同施行規則は、一〇章二一三条と付表からなり、教則・学年・学級編制・設備・就学・教員検定・学務委員など、小学校教育の全般に関する規定を網羅している。

教則に関していえば、従前の「小学校教則大綱」は府県で定める小学校教則の基準を示したものであったが、第三次「小学校令」と同施行規則によって小学校教則は文部大臣が定めるものとされた。ただし、上述のように、第三次「小学校令」にて尋常小学校の教科目を簡素化したことと歩調を揃えるように、同施行規則にて「小学校ニ於テ各学年ノ課程ノ修了若ハ全教科ノ卒業ヲ認ムルニハ別ニ試験ヲ用フルコトナク児童平素ノ成績ヲ考査シテ之ヲ定ムヘシ」と、各学年の修了・卒業の認定を、従来までのような試験の厳格な実施によってではなく、平素の成績の考査に基づいて行うとした点が注目される。ここには、児童の負担軽減とともに心身の発達に応ずる配慮を教則に組み込むことで、教育の実質的な効果をあげようとする意図を読み取ることができる。これは就学率上昇という動向を見据えた施策であったといえよう。

なお学年については、前述のように明治二〇年代から全国の小学校で四月始期制が実施されていたが、同施行規則によって「小学校ノ学年ハ四月一日ニ始リ翌年三月三十一日ニ終ル」と明確に規定された。こうして「小学校令施行規則」の制定により、小学校教育に関する諸規定が著しく整備されるとともに、その全国的な統一が促進されることになった。

国定教科書制度の成立

小学校の教科書は、一八八六（明治一九）年の第一次「小学校令」の施行とともに文部大臣による検定制度が実施されていた。翌一八八七年三月には「公私立小学校教科用図書採定方法」が定められ、教科書の採択は、地方長官が任命した審査委員によって、府県一律に行われることになった。また一八九一（明治二四）年一二月の「小学校修身教科用図書検定標準」により、教科書の編集については、児童用と教師用とを区分すること、さらに学年段階に応じた内容配列にすること、などが定められていた（修身書は他の教科書よりも厳格な基準によって検定する趣旨であったが、その趣旨は他の教科書の編集にも影響を与えた）。

だが、明治二〇年代の国粋主義思潮の高揚に伴って、とくに修身教育は国民精神を体得させるものであるから、

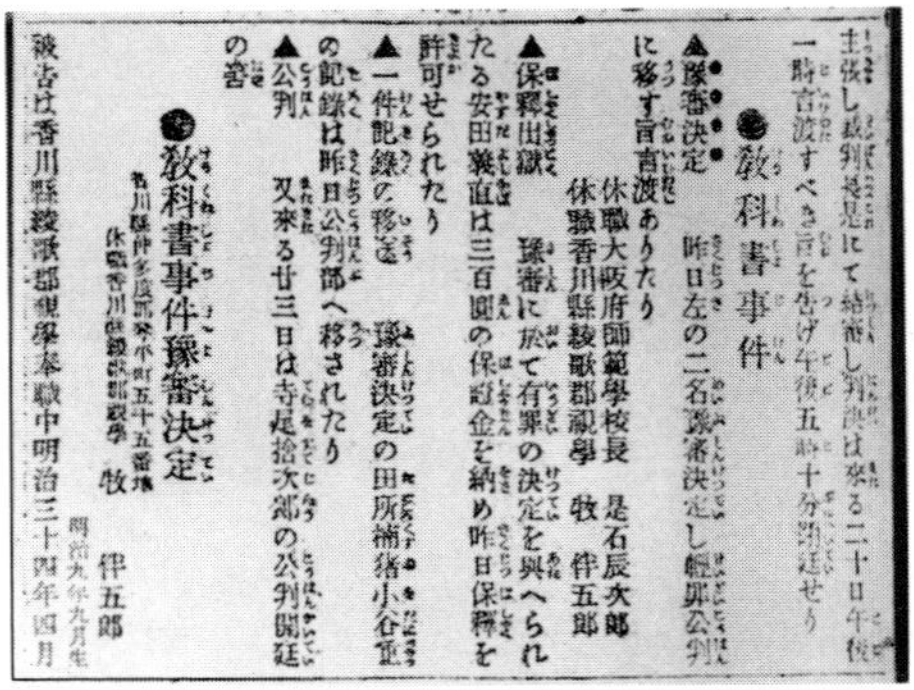

主張し裁判長是にて結審し判決は來る二十日午後一時言渡すべき旨を告げ午後五時十分閉廷せり

●教科書事件

▲豫審決定　昨日左の二名豫審決定し輕罪公判に移す言渡ありたり
休職大阪府師範學校長　是石辰次郎
休職香川縣綾歌郡視學　牧　伴五郎

▲保釋出獄　豫審に於て有罪の決定を與へられたる安田繁直は三百圓の保證金を納め昨日保釋を許可せられたり

▲一件記録の移送　豫審決定の田所補猪小谷重の記録は昨日公判部へ移されたり

▲公判　又來る廿三日は寺庭捨次郎の公判開廷の筈

●教科書事件豫審決定
香川縣仲多度郡象平町五十五番地
休職香川縣綾歌郡視學　牧　伴五郎
明治九年九月生
被告は香川縣綾歌郡視學奉職中明治三十四年四月

〔図 9-2〕教科書疑獄事件の報道

その教科書は国が編纂発行すべきという議論が高まりをみせるようになった。例えば、一八九六（明治二九）年の第九回帝国議会では、貴族院から小学校修身教科書を国費をもって編纂すべきとの建議が出された。翌一八九七年の第一〇回帝国議会でも、同様の建議が提出されたが、このときには検定教科書が内容上不備であることに加え、紙質が粗悪で、しかも高価であることが批判の対象とされた。民間教科書会社の利潤追求と過当競争が問題視されたのである。衆議院もまた、一八九九年の第一三回帝国議会にて修身教科書の国定化を建議し、さらに一九〇一年の第一五回帝国議会ではすべての小学校教科書の国費編纂を建議した。

こうした教科書国定制に対する世論の高まりを受け、文部省は一九〇〇（明治三三）年四月に加藤弘之を委員長とする「修身教科書調査委員会」を設置し、修身教科書の編集作業を進めることにした。[4] そうした中、同年八月に上述の「小学校令」と「小学校令施行規則」が制定され、これに伴って翌一九〇一年初頭までに新しい教科書に対する検定が行われた。各府県もまた、検定済教科書の中から採択する教科書を審査委員会が裁定した。このとき、審査委員と教科書会社との間に贈収賄の汚職事件が発覚した。府県一律採択制の下、民間の出版社にとって、自社発行の教科書が採択されるか否かは重大問題であり、そのため、決定権を持つ審査委員に自社発行の教科書を採択させようとする働きかけが過激化するようになっていたのである。一九〇二（明治三五）年一二月、金港堂・普及舎・集英堂などの教科書会社が家宅捜査され、文部省官吏、府県知事、府県視学官、郡視学、師範学校校長・教諭など、教科書採択に関与したり、影響力を行使したりした有力者が一五二名も検挙され、一〇〇名が一審での有罪判決を受けた。疑獄の範囲も四〇道府県に及んだ。これがいわゆる教科書疑獄事件である[5]。

この事件の結果、検定制度に対する批判の声が高まるとともに、法令上も主要な教科書約二、〇〇〇冊以上が失効罰則の適用を受けて採択できなくなり、これまでの検定制度を維持することが困難となった。ここにおいて、ときの文部大臣菊池大麓は教科書国定制の断行を決断し、閣議および枢密院の諮詢を経て、一九〇三（明治三六）年四月「小学校令」を一部改正した。すなわち同令に、「小学校ノ教科用図書ハ文部省ニ於テ著作権ヲ有スルモノタルヘシ」との規定が設けられ、ここに小学校教科書の国定制度が確立したのである。

このとき改正された「小学校令施行規則」に基づき、小学校の教科書については修身・国語・算術・日本歴史・地理・図画の六教科について国定教科書のみが使用されることとなり、これ以外の教科は国定教科書と検定教科書の中から府県知事が採定することとなった。こうして、翌一九〇四年から修身・国語読本・書き方手本・日本歴史・地理の国定教科書が、一九〇五年から算術・図画の国定教科書が使用され始めた（一九一〇年には、理科も国定教科書に追加された）。

なお、国定教科書の印刷発行の具体的手続きは、同時に制定された「小学校教科用図書翻刻発行規則」に示された。これに基づいて、文部省は教科書の見本をつくるとともに、用紙印刷の基準や定価の最高額を示し、翻刻許可を得た民間出版社がそれを印刷・出版する、という方式がとられることになった。

義務教育年限の延長

学齢児童の男女平均就学率がようやく五〇％を超えたのは、一八九一（明治二四）年のことであった。「学制」制定から約二〇年間が経過した時点での数字である。就学率の上昇を妨げていた原因の一つは、授業料をもって小学校経費の基本財源に充てていたことにあった。だが、明治三〇年代初頭には義務教育費の国庫補助制度も確立され、さらに一九〇〇（明治三三）年の第三次「小学校令」によって就学義務の規定が厳密に定められ、授業料も原則として廃止された。こうして義務教育制度が確立されたことにより、就学率も急速な上昇を見るに至った。〔表6〕に示したように、一九〇〇年には男女平均の就学率がはじめて八〇％を超え、さらに一九〇二（明治三五）年に九〇％を超えた。とくに日清戦争開戦の一八九四（明治二七）年から日露戦争開戦の一九〇四（明治三七）年までのほぼ一〇年の間に、男女平均就学率が約六一％から約九四％と、三〇％を超える数字の上昇を見たのは驚異的というべきである。もちろん、これらの数字は統計的処理に基づくものであり、必ずしも年間を通じての就学実態をそのまま示すものでないことには十分注意する必要があるものの、日清戦争後の近代産業の発達に伴う国民生活の向上と、国民教育に対する認識の深化が、小学校教育の急速な拡充をもたらしたことは間違いないだろう。

こうした就学率の急速な上昇に伴って、小学校の就学児童数も一八九〇年の約三五〇万人（男女合計。以下も）から一九〇〇年には約五三〇万人に、さらに日露戦争終結時の一九〇五年には約六四〇万人と増加した。(6) その一方で、小学校総数は明治初期よりあまり大きな変化はなかった（一八八〇年二八、四一〇校、一八九〇年二六、〇一七校、

〔表6〕学齢児童の就学率の推移

年次	男児	女児	平均
明治23	65.1%	31.1%	48.9%
24	66.7%	32.2%	50.3%
25	71.7%	36.5%	55.1%
26	74.8%	40.6%	58.7%
27	77.1%	44.1%	61.7%
28	76.7%	43.9%	61.2%
29	79.0%	47.5%	64.2%
30	80.7%	50.9%	66.7%
31	82.4%	53.7%	68.9%
32	85.1%	59.0%	72.8%
33	90.6%	71.7%	81.5%
34	93.8%	81.8%	88.1%
35	95.8%	87.0%	91.6%
36	96.6%	89.6%	93.2%
37	97.2%	91.5%	94.4%
38	97.7%	93.3%	95.6%
39	98.2%	94.8%	96.6%
40	98.5%	96.1%	97.4%
41	98.7%	96.9%	97.8%
42	98.9%	97.3%	98.1%
43	98.8%	97.4%	98.1%
44	98.8%	97.5%	98.2%
45	98.8%	97.6%	98.2%

文部省『学制百年史』ぎょうせい、1972年、321頁、より作成。

一九〇〇年二六、八五七校、一九〇五年二七、四〇七校）。ところが、一九〇〇年の「小学校令」によって義務教育四年制が確立され、同時に二年制の高等小学校の併設を奨励した結果、その後二年制の高等小学校は、一九〇〇年の二五九校から一九〇五年の一、三二三校へと激増した（三年制・四年制を含めた高等小学校総数は、一九〇〇年五、一二三校、一九〇五年八、一四六校）。高等小学校の児童数も一九〇〇年の約八七万人から一九〇五年には約一二三万人へと急増していた(7)。

これら小学校就学率の著しい上昇、尋常小学校併設の二年制高等小学校の普及という状況を踏まえ、文部省は一九〇七（明治四〇）年三月に「小学校令」の一部を改正して、尋常小学校の修業年限を従来の四ヵ年から六ヵ年に改め、これを義務就学の期間とした。義務就学期間の延長については、市町村財政に大きな負担増を招くことを危惧する声もあったが、一年の準備期間をおいた翌一九〇八年四月からの施行後も、とくに大きな混乱は見られず円滑に実施された。これは、すでに尋常小学校に併設された二年制高等小学校が相当程度の普及を見ていたためであったと見なされる。なお、この「小学校令」改正により、高等小学校の修業年限は原則二年間とされた（三年間への延長も可能とされた）。また、これまで認められてきた代用私立小学校の制度が廃止されることになった。

尋常小学校の教科課程も全般にわたって改訂された。すなわち、尋常小学校の教科目は修身・国語・算術・日本歴史・地理・理科・図画・唱歌・体操とされ、さらに女児のための裁縫を、また土地の情況によっては手工を加えることができるとされた。日本歴史・地理・理科が新しく加えられたのは、年限延長により従前の高等小学校の第一、二学年の教科目が尋常小学校の第五、六学年に移されたことによる。

高等小学校の教科目は、修身・国語・算術・日本歴史・地理・理科・図画・唱歌・体操・裁縫（女児）などの従来のものに、手工・農業・商業の一科目または数科目を加えることとした。また土地の情況によって英語を加えることができるとし、農業・商業・英語は随意科目とすることができるとした。このように、義務教育が六年となった新制度において、高等小学校は尋常小学校の単なる延長ではなく、人々の国民生活により実際的に対応する教育を施す機関として位置づけられた。尋常小学校・高等小学校ともに、以上のような教科課程が、その後の小学校における教科編成の基準となるのである。

義務教育六年制の成立は、学校体系の上にも大きな変革をもたらした。すなわち、従前は尋常小学校（四年制）を卒業して高等小学校に進み、その第二学年修了後に、後述する中学校や高等女学校に進学していた（実業学校は尋常小学校卒業、高等小学校第二学年修了、四年制高等小学校卒業など、入学資格には各種のものがあった）。これに対し、義務教育六年制成立後は、尋常小学校が学校体系上の基礎段階となり、この基礎段階の上に中等教育、さらに高等教育の諸学校が位置づけられた。ここに、戦前におけるわが国学校体系の基本構成が確定したのであった。

義務教育六年制が完成した一九〇九（明治四二）年の尋常小学校就学率は男女平均で九八％を超えるに至った（表6）。こうして、明治末期には「国民皆学」という「学制布告書」以来の目標がほぼ達成された、と評することが可能である。

三．中等教育の改革

明治二〇年代後半から、社会の近代化や産業構造の変化に伴って、中等教育の社会的役割が広く認識されるようになり、中等教育への進学要求も高まるようになる。こうした動向を背景として、明治三〇年代初頭に中等教育制度の整備が系統的に進められていく。その系統化とは、一方で普通教育と実業教育との別系統化、もう一方で普通教育における男子校・女子校の別系統化という形をとるものであった。具体的には、一八九九（明治三二）年二月の「中学校令」の改正と、「高等女学校令」および「実業学校令」の制定に基づく中等教育の三系統化にその形を見ることができる。

「中学校令」の改正

一八八六（明治一九）年の「中学校令」では、中学校の目的は「実業ニ就カント欲シ又ハ高等ノ学校ニ入ラント欲スルモノニ須要ナル教育ヲ為ス」と、実業界への就職と上級学校への進学という二重の意味が与えられていた。同令は一八九一年一二月に改正されたが、この時点でも、尋常中学校に農業・工業・商業等の専修科を設けることができると定められていた。また一八九四（明治二七）年六月に制定された「尋常中学校実科規定」によって、実科中学校と称する尋常中学校の設立も可能とされた。中学校には、普通教育と実業教育との両側面の役割が求められていたのである。

だがその一方で、明治二〇年代後半期には、文部大臣井上毅によって「実業補習学校規程」（一八九三年一一月）や「徒弟学校規程」（一八九四年七月）、あるいは「実業教育費国庫補助法」（一八九四年六月）などが相次いで制定されるなど、積極的な実業教育振興政策が推し進められ、それに伴って各地方に実業学校が設置されるようになった（一八九四年には、実業学校三三校、実業補習学校一九校だったのが、一八九八年には実業学校一〇七校、実業補習学校一一三校と急増した）。また一八九四年六月の「高等学校令」（これについては後述する）の制定によって中学校は尋常中学校のみとなり、尋常中学校が普通教育のための最終段階の学校となった。尋常中学校は、改めてその目的やあり方を再検討する必要に迫られていたのである。

こうして一八九九（明治三二）年二月に「中学校令」が改正され、これまでの尋常中学校は中学校と改められた。同令は、中学校の目的を「男子ニ須要ナル高等普通教育ヲ為スヲ以テ目的トス」と、男子に対する高等普通教育との基本方針によって統一した。中学校の修業年限は五年とし、一年以内の補習科を置くことができるものとした。

入学資格は年齢一二歳以上で高等小学校第二学年の課程修了者を基準とした（このように、六ヵ年の初等教育の上に中等教育を接続させる、という方針はわが国において長い歴史をもっている）。

中学校の設置については、各道府県が地域の情況に応じて一校以上を設置するものとし、また郡市町村や町村学校組合も、区域内に必要があり、小学校の施設に支障を及ぼさない場合に限り中学校を設置できるとした。さらに、私立中学校の設置も可能とするなど、中学校設置に対する積極的姿勢を示した。

「中学校令」改正に基づいて、「中学校編制及設備規則」「中学校及高等女学校設置廃止規則」など関係諸規則が制定されたが、その後一九〇一（明治三四）年三月の「中学校令施行規則」によって、中学校関係諸規則が整備・統合された。「中学校令施行規則」は、「学科及其ノ程度」「学年教授日数及式日」「編制」「設備」「設置及廃止」「入学、在学、退学及懲戒」などの各章からなっている。

同施行規則によれば、中学校の学科目は修身・国語及漢文・外国語・歴史・地理・数学・博物・物理及化学・法制及経済・図画・唱歌・体操とされた。従来の倫理に代わって修身の名称が復活したこと（しかも「教育勅語」の趣旨に基づくべきことが明記されたこと）、国語及漢文と外国語（英・独・仏のうち一ヵ国語）に重点を置いたこと（両者とも週七時間が配当された。第四・五学年の国語及漢文は週六時間）、歴史と地理の時間配当を週三時間と共通にするとともに日本歴史を中心としたこと、などが注目される。また、中学校の生徒数は四〇〇人以下とし（特別の事情がある場合には六〇〇人まで増員可）、一学級の生徒数も五〇人以下とされた。この「中学校令施行規則」は、翌年一九〇二年二月公布された「中学校教授要目」とともに、その後の中学校教育課程の基本方針を確定する役割を果たすのである。

上述のように、一八九九年の「中学校令」は中学校設置に対する積極的な振興方策をとった。その結果、翌一九〇〇年の時点で全国の学校数が一九四校、生徒数は七八、三一五人であったのが、一九〇五年に学校数二五九校、生徒数一〇四、九六八人、一九一〇年には学校数三〇二校、生徒数一二二、三四五人と、大きな発展を遂げるに至った。卒業生の進路を見ると、一九〇〇年には卒業者三、七五六人のうち進学（兵役を含む）が五九・三％、就職が一六・二％、その他が二四・五％であったが、一九〇五年には卒業者九、九二七人のうち進学五〇・四％、就職一七・二％、その他三二・四％、一九一〇年には卒業者一五、七九〇人のうち進学三七・六％、就職二六・一％、その他三六・三％となった[8]。この一〇年間に、五〇％を超えていた進学者が四〇％を割ったのは、必ずしも進学者数の減少を意味するものではなく、中学校の普及によって卒業後直ちに実社会に進む者が増加したためであった。

これらの数字は、中学校が高等普通教育の完成段階としての役割を一定程度果たしていたことを物語っているが、その一方で、高等学校や専門学校への入学志望者の増加により（その他の数字の中には、相当数の受験準備者——いわゆる「浪人」——が含まれていたものと見なされる）、中学校がエリート層の養成機関としての性格を強めていったこと、その結果、上級学校の入学試験競争が激化する動向にあったことを示唆している。

「高等女学校令」の制定

明治二〇年代半ば以降、政府は女子の中等教育普及を政策として推し進めるようになる。制度的には一八九一（明治二四）年の「中学校令」改正において「高等女学校」を尋常中学校の一種とし、男子の中学校に対応する女子の中等学校であることを規定した。また、これを受けて一八九五年には「高等女学校規程」が制定されたが、この規程では高等女学校は四年生尋常小学校卒業を入学資格とし、修業年限を原則六ヵ年とした（地域の実情に応じて修業年限を一年短縮したり、入学資格を高めることで修業年限を三ヵ年まで短縮したりすることも可能とされた）。尋常中学校と比較すると、修業年限は一年長くなっているが、入学資格を二年短くしたので、卒業年齢は一年短くなっている。女子の高等普通教育は、必ずしも男子のそれと同等に取り扱われたわけではなかったのである。

だが、同規程制定以後、高等女学校の入学志願者が次第に増加するようになり（一八九五年には学校数一五校、生徒数二、八九七人が、一八九八年には学校数三四校、生徒数八、五八五人となった）、文部省も女子高等普通教育が男子のそれと同様に、国家の進運に関する重要事であると認め、その振興のために「中学校令」とは別個の勅令にて高等女学校制度を定めることにした。こうして一八九九（明治三二）年二月に「高等女学校令」が公布されたのである。

同令により高等女学校の目的には、「女子ニ須要ナル高等普通教育ヲ為ス」と、中学校と同様の「高等普通教育」という概念が示された。しかし、同令制定時の文部大臣樺山資紀（一八三七〜一九二二）が同年七月の地方視学官会議の場で、高等女学校について「賢母良妻タラシムルノ素養ヲ為スニ在リ、故ニ優美高尚ノ気風、温良貞淑ノ資性ヲ涵養スルト倶ニ中人以上ノ生活ニ必須ナル学術技芸ヲ知得セシメンコトヲ要ス」と述べているように、「女子ニ須要ナル高等普通教育」とは中流階層以上の女子に施す「良妻賢母」教育であることを含意していた。[9][10]

高等女学校の入学資格は、年齢一二歳以上で高等小学校第二学年修了者とした。この点は中学校と同様であったが、修業年限は中学校より一年短い四年を原則とし、土地の情況によって一年の伸縮を認めた。四年を基本型とし、三年から五年にわたる多様な修業年限を認めるとともに、補習科や技芸専修科・専攻科などの課程の設置を認めることで、女子教育に対する多様なニーズを配慮したものといえる（一九〇八年の義務教育延長後は、高等女学校の修業年限は四年と五年の二種類とした）。

「高等女学校令」制定から二年後の一九〇一（明治三四）年三月に、同令制定時に定められた諸規則を統括した「高等女学校令施行規則」が制定された。それによれば、高等女学校の学科目は、修身・国語・外国語・歴史・地理・数学・理科・図画・家事・裁縫・音楽・体操の一二科目とされた（外国語は英語または仏語とし、外国語はこれを欠き、または随意科目とすることもできるとした）。中学校での学科目と比べてみると、①「漢文」や「法制及経済」が欠けていること、②「博物」や「物理及化学」が「理科」にまとめられていること、④「家事」や「裁縫」などの独自の学科目が設けられていること、などが注目される。ここにも、「良妻賢母」のための教育という方針の影響を読み取ることができよう。

日露戦争終結時の一九〇五（明治三八）年、高等女学校は学校数一〇〇校、生徒数三一、九一八人を数えるようになった。またその五年後の一九一〇年には学校数一九三校、生徒数五六、二三九人と激増した(11)。このような高等女学校の増加は、実科教育を主とする、簡便にして家庭婦人としての実生活に応ずる教育への要望の高まりを背景とするものでもあった。

こうして一九一〇年一〇月に「高等女学校令」が改正され、主として家政に関する学科目を修めようとする者のために高等女学校に「実科」を置くことができることとなり、さらに「実科」のみを置く学校を実科高等女学校と称することとなった。実科高等女学校は、その入学資格の程度（尋常小学校卒業程度、高等小学校の一学年修了程度、二年制高等小学校卒業程度など）に応じて、四年から二年まで修業年限に幅をもたせ、地方の実情に対応できるようにした。また学科目では、「実業」が加えられたことと、「裁縫」に多くの時間が宛がわれたことが特色をなした（裁縫授業時数が全授業時数の四〇～五〇％を占めた）。

これにより、明治末期の女子中等教育には、一般教養中心の高等女学校と、裁縫などの実技を中心とする実科高等女学校との二重構造が形づくられていたのである。

「実業学校令」の制定

中等教育機関としての実業学校が、法制上に位置づけられるようになるのは、一八八三（明治一六）年四月の「農学校通則」および翌一八八四年一一月の「商業学校通則」の公布によってであった。両者とも、一八八〇年の第二次「教育令」に示された農学校と商業学校（同令第二条では、学校の種類が「小学校中学校大学校師範学校専門学校農学校商業学校職工学校其他各種ノ学校トス」と定められていた）の細則を示して、実業学校の制度化を図ったものであった。

その後実業学校制度は、上述の井上毅文相の実業教育振興政策（とりわけ「実業教育費国庫補助法」の制定）によって、各府県にて公立実業諸学校の設置が促進されるという成果を見るようになったが、それでも農工商など多様な分野からなる実業学校を統一的に規定する法令は設けられていなかった。だが、明治三〇年前後における産業界のめざましい発展は、各種の技能を身につけた実業従事者を組織的に養成するための統一的な実業学校制度の確立を要請するようになっていた。

こうして一八九九（明治三二）年二月に「実業学校令」が制定され、実業教育を施す諸学校がわが国学校体系の中に、正式に位置づけられることになった。同令によれば、実業学校の目的は「工業農業商業等ノ実業ニ従事スル者ニ須要ナル教育ヲ為ス」とされ、その種類として、工業学校・農業学校・商業学校・商船学校および実業補習学校の五者が掲げられた（蚕業学校・山林学校・獣医学校および水産学校等は農業学校と見なされ、徒弟学校は工業学校の種類とされた）。

実業学校は各種産業への対応ということが求められたため、詳細な学校規程は産業別に設けられた。すなわち、「工業学校規程」「農業学校規程」「商業学校規程」「商船学校規程」（いずれも一八九九年二月制定）などがそれである。これらの規程によれば、農業・商業・商船などの学校には甲種と乙種とが設けられ、甲種の修業年限は三年（一年以内の延長も可）、乙種は三年以内であった（工業学校は甲種、徒弟学校は乙種に相当するものと見なされた）。

甲種実業学校の入学資格は、年齢一四歳以上で高等小学校四年卒業者またはこれと同等の学力を有する者とされた。その学科課程は、産業種別によって異なっていたが、修身・読書・作文・数学・物理・化学・博物・経済・体操などの普通学科を基礎として授け、これに各種実業に関わる学科を加えることができるものとされた。また、とくに実習が重視された。甲種実業学校には、産業界の中堅となる技術者を養成する役割が期待されたのである。これに対して乙種実業学校は、尋常小学校卒業生で年齢一二歳以上の者を入学させ、修身・読書・習字・作文・算術・理科・体操などの一般科目のほかに実業に関する科目と実習を課した。実業や技術に関する基礎的教育を授ける役割が期待されたのである。

明治三〇年代初頭に実業学校の制度が整備されてから、わが国の中等教育機関は高等普通教育を施す学校（中学校、高等女学校）と、実業教育を施す学校（実業学校）とに大別されることになった。この中等学校制度は「複線型」の学校系統として、上級学校進学者と産業従事者という二つの異なるキャリアパスを準備するとともに、そのルートを固定化することになった（さらにはそこにジェンダーの問題が絡むことになった）。ただし、これまで普通教育を中心として進められてきた中等学校の運営に、産業振興という方針を取り入れることにより、わが国中等教育が全体として大きく発展したことも確かなことであった。

「実業学校令」制定を重要な契機として、実業学校は飛躍的な拡大を遂げていく。同令制定年の一八九九年に、全国の実業学校数一二〇校、生徒数一五、七七二名であったものが、一九〇五年には学校数二七一校、生徒数三九、〇五九名を、明治末の一九一二年には学校数五一八校、生徒数七四、六六〇名を数えている。ただし、一九〇五（明治三八）年の実業学校数の内訳を見ると、工業学校三〇校（生徒数四、三二四名）、農業学校一一九校（生徒数一三、七七六名）、水産学校一〇校（生徒数六八八名）、商業学校五九校（生徒数一五、四九〇名）、商船学校七

〔表７〕実業学校数・生徒数の推移

年次／校種	1899（明治 32）年		1905（明治 38）年		1912（明治 45）年	
	校数(校)	生徒数(人)	校数(校)	生徒数(人)	校数(校)	生徒数(人)
工業学校	19	3,078	30	4,324	36	6,237
農業学校	50	4,527	119	13,776	249	28,830
水産学校	—	—	10	688	15	931
商業学校	28	6,544	59	15,490	100	26,187
商船学校	4	214	7	1,453	11	1,860
徒弟学校	19	1,409	46	3,328	107	10,615
計	120	15,772	271	39,059	518	74,660

校（生徒数一、四五三名）、という具合に、学校数では農業学校、生徒数では商業学校が上位を占めている。[12] それに対し、工業学校の数字が比較的低い状況にあるのは、当時の産業構造の反映と見ることができるだろう。

四．高等教育の拡充

「高等学校令」の制定

一八八六年の「中学校令」によって成立した高等中学校は、第一高等中学校が大学予備門を前身として発足したことに象徴されるように、帝国大学への進学準備教育機関としての性格を強める傾向にあった。だが、発足当初の高等中学校は、第一、第三の両校を除いて入学者が少なく、また前段階としての尋常中学校が未発達であったため、予科や予科補充科などを設けて予備教育を施さなければならず、その結果、本科よりもこれら予備課程に学ぶ生徒の方が多数を占めるという状態にあった（例えば、一八九二年の数字では、全国七校の高等中学校生徒数四、四八三名のうち、本科生は八六二名、予科生は一、九九一名、その他が一、六三〇名であった）。こうした事情もあって、発足当初の帝国議会では高等中学廃止論がしばしば唱えられたほどであった。

しかし、明治二〇年代における社会と産業の近代化の進展は、専門教育や高等教育振興への気運を高め、そうした動向を背景に、時の文部大臣井上毅は専門教育の充実を企図して、一八九四（明治二七）年六月に「高等学校令」を制定するに至った。「高等学校令」により、従来の高等中学校が高等学校と改称されるとともに、高等学校は原則として「専門学科ヲ教授スル所」とされた。ただし、同校には、とくに帝国大学に入学する者のために予科を設けることや、付属として低度の特別学科を設けることができる、とも定められた。井上文相は、高等学校をもって専門教育を施す中心的な教育機関とし、旧来の帝国大学は大学院を中心とする学術研究機関に再編する、という構想を描いていたのであった(13)。

同年七月には、「高等学校令」実施のための細則である「高等学校規程」が公布された。それによると、高等学校の入学資格は尋常中学校卒業程度とされ、修業年限は専門学科は四年、大学予科は三年とされた。当初は、第三高等学校だけが法学部・医学部・工学部の専門学科のみで発足し、それ以外の第一、第二、第四、第五の各高等学校には専門学科としての医学部と大学予科が設置された。

〔図 9-3〕第一高等学校

ただし、その後の経緯を見ると、専門学科を中心とする学校としての高等学校改革構想は、必ずしも井上文相の期待通りには進展しなかった。例えば、一八九七年には第三高等学校にも大学予科が開設され、その一方で、一九〇一（明治三四）年四月には法学部と工学部が廃止となった。また、一高から五高に設けられた医学部も、同一九〇一年にそれぞれ独立した官立医学専門学校となった。逆に、大学予科は、一九〇〇年八月の「高等学校大学予科学科規程」によって三部構成となり（第一部が法科大学・文科大学志望者、第二部が工科大学・理科大学・農科大学志望者、第三部が医科大学志望者を入学させる）、それぞれが帝国大学分科大学に応じた予備教育を施すことになった。なお、その後各高等学校は寮自治制度の下、寮歌の制定や文芸雑誌の発行、対校試合の実施など、独特な高等学校文化を形成していった。

こうして、高等学校は純然たる帝国大学予備教育機関としての性格を強めることになった。これには、すでに帝国大学が強固な基盤を有しており、帝国大学をも含めた総合的な高等教育改革が困難であったという事情に由来する面が少なくなかったが、ともあれこうした高等学校の動向が、高等教育段階における専門教育と大学予備教育のあり方に一つの大きな問題を残すこととなった。前出の高等教育会議における学制改革問題への取り組みは、このような事情を背景とするものであった。

なお、これも前出の「高等中学校令」制定（一九一一年）は、新設の高等中学校から帝国大学への予備教育機関としての性格を取り去ろうとする方針に基づくものであった。だが、一旦成立したこの法令が無期延期となったことで、大学予科を中心とする高等学校の制度上の変革は実現されなかった。ただし、「高等中学校令」に示された基本方針は、その後大正期における高等学校制度改革の先駆的意味合いをもつことになるのである。

「専門学校令」の制定

一九〇三（明治三六）年三月制定の「専門学校令」も、高等教育段階における専門教育への一つの対応であった。専門学校という名称は、一八七三年の「学制二編追加」に「外国教師ニテ教授スル高尚ナル学校」の汎称として現れていた。だが、その後程度・種類とも極めて多様化した専門学校を統一的に規定する法令はなく、この時期までは必要に応じてその設置を認可する対応をとってきた。だが、産業構造や行財政組織の近代化は、それを担うに足る専門技術者や事務官を多数養成する必要を生じさせた。上記高等学校における大学予科と専門学科との分離もこうした事情を背景としたが、さらに明治三〇年代に入ると私立学校の中にも高等教育を施すものが増加しつつあった。こうして、高度の専門教育を施す学校を高等教育機関として位置づけ、その制度を統一的に規定することが求められたのである。

「専門学校令」によれば、専門学校とは「高等ノ学術技芸ヲ教授スル学校」とされ、修業年限は三年以上、入学資格は中学校卒業者もしくは修業年限四年以上の高等女学校卒業者とされた（音楽美術に関する専門学校は、別に入学の規定を定めることとした）。ただし、官立専門学校の修業年限や学科目などは文部大臣の定めるところとし、公私立の専門学校は文部大臣の認可によってこれを定めることとした（「公私立専門学校規程」）。

「専門学校令」の施行とともに、一九〇一年に高等学校から独立した千葉・仙台・岡山・金沢・長崎の官立医学専門学校を同令に基づく専門学校とし、また東京外国語学校・東京美術学校・東京音楽学校も専門学校とした。また同令の公布とともに、「実業学校令」を改正して実業専門学校という制度類型を高等教育に加えることとし、こうして東京高等工業学校・東京高等商業学校などが専門学校になった。

さらに同令によって、多くの私立学校が専門学校として認可されることになった。また文部省は、一年半程度の予科をもつ専門学校に対しては「大学」という名称を用いることを許可したため、すでに一八九〇（明治二三）年から「大学部」を設けていた慶應義塾をはじめ、早稲田大学・東京法学院大学（現中央大学）・明治大学・法政大学・同志社大学などの有力な私立専門学校が次々に大学と改称した。もちろん、これらは大学を称していても、あくまでも「専門学校令」に基づいた学校であり、制度上帝国大学と同等の学校ではありえなかった。だが、これらの私立学校が、専門学校以上の水準にある高等教育機関としての実質を備えるようになっていくことが、第一二章で述べる大正年間の大学改革の重要な一契機となるのである。

「専門学校令」では、津田梅子が一九〇〇年に創設した女子英学塾や、成瀬仁蔵（一八五八～一九一九）が一九〇一年に設立した日本女子大学校など、女子の専門学校も認められた。ただし、女子高等教育機関が正式に「大学」として認可されるようになるのは、第二次世界大戦後のことである。

なお、実業専門学校を含めた専門学校数は、一九〇三（明治三六）年に四七校であったのが、明治末の一九一二年には八五校となり、在籍者数は約三四、〇〇〇人に達している。

帝国大学の増設

上記のような明治二〇年代後半以後の中等・高等教育機関の発展は、大学増設の必要を現実的に促した。そうして一八九七（明治三〇）年六月、京都帝国大学が新設され、これに伴って従来の帝国大学が東京帝国大学と改称された。京都帝国大学には、理工科・法科・医科・文科の四分科大学の設置が計画され、一九〇六年の文科大学開設によってその構成が完了した。

京都帝国大学は、草創期には実験的なカリキュラムや科目履修方式を導入するなど、東京帝国大学の対抗馬としての独自性を模索した。すなわち、従来の帝国大学では履修科目が学年別に固定され、学年末試験ですべての必修科目に合格しないと次の学年に進級できなかったが、京都帝大では科目ごとに履修登録し、個別に科目単位を習得して必要単位数が揃えば、いつでも卒業試験が受けられる仕組みをとった。とくに法科大学では、ゼミナールと卒業論文をカリキュラムで正式に制度化し、加えて法律学科と政治学科の縦割り区分を廃止して四コース制を採用するなど、先鋭的な試みを展開した。ただし、こうした試みが必ずしも高等文官試験の成績向上に結びつかなかったため、これらの新しい仕組みも次々と廃止され、結局は東京帝大と同様の体制に立ち戻っていく(14)。

京都帝国大学の開設は、全国の主要都市での新たな帝国大学設立の動きを生じさせた。帝国議会においても、一九〇〇年前後に貴・衆両院にて帝国大学増設に関する建議が発議された。一九〇七（明治四〇）年、札幌農学校を母体とする農科大学と、仙台の地に新設された理科大学とが離れたまま合体して東北帝国大学が発足する。一九一一（明治四四）年には工科大学と医科大学からなる九州帝国大学が、さらに一九一八（大正七）年には北海道帝国大学が開設される（東北帝国大学農科大学が北海道帝国大学農科大学となる。翌年に医学部設置）。

以上のように、明治末期までに四校、さらに大正に入ってからの一校を加え、全国の主要都市に五つの帝国大学が開設されるに至った。とくに明治末期から大正初期に設置された東北・九州・北海道の三帝大は理・農・工・医といった自然科学系の分科大学で占められた。当時にあって、「国家ノ須要ニ応スル学術技芸」としては、自然科学系の研究や人材養成に対する社会的要請が強かったことを示唆している。

五．教員養成制度の拡充

「師範教育令」

明治二〇年代後半以後の学齢児童就学率の急速な上昇（〔表6〕参照）は、小学校学級数の激増とそれに伴う教員総数に占める正教員の比率の低落傾向を惹起した。このため師範学校の増設と、師範学校出身の正教員の供給を高める必要が生じていた。こうして一八九七（明治三〇）年一〇月、従来の「師範学校令」を廃して、「師範教育令」が公布された。

「師範教育令」の要点は、①教員養成のための学校を高等師範学校・女子高等師範学校および師範学校の三種類としたこと（高等師範学校は師範学校・尋常中学校および高等女学校の教員、女子高等師範学校は師範学校女子部および高等女学校の教員、師範学校は小学校の教員を養成する）、②道府県一校に制限されていた尋常師範学校の枠を撤廃し、道府県が複数の師範学校を設置することができるようにしたこと、③「師範学校令」に定められていた「順良・信愛・威重」という教員の「気質」を「徳性」という表現に修正して継承したこと、④これまで師範学校生徒の学資は学校から支給されることになっていたが、新たに私費生も認められることになった、などである。

また同令とともに公布された「師範学校生徒定員」には、「師範学校ハ道府県管内学齢児童数三分ノ二ニ対シ一学級七十名ノ割合ヲ以テ算出スル全学級数ノ二十分ノ一以上ニ相当スル卒業生ヲ出スニ足ルヘキ生徒ヲ毎年募集スヘシ」(15)と、学齢児童数の三分の二が就学するという前提に一学級七〇人の学級数を算出し、一人の教員が二〇年勤続するものとして、これを補充するに足るだけの師範学校卒業生を毎年確保するという精密な基準が示された。こうして算出された定員を満たすために、複数の師範学校を設置する道府県も増加し、一八九七年に四七校であった師範学校数は明治末の一九一二年には八六校（うち女子師範学校三二校）となった(16)。

なお、高等師範学校・女子高等師範学校は当初東京に各一校設置されたが、中等教員の需要が増大したため、一九〇二（明治三五）年三月に広島高等師範学校、一九〇八年三月に奈良女子高等師範学校が創設された。

「師範学校規程」

「師範教育令」に基づいて師範学校教育を具体的に実施するための細則はしばらく定められなかったが、義務教育年限の延長を背景に、教員養成制度の一層の充実を期して、一九〇七（明治四〇）年四月に「師範学校規程」が公布された。同規程は、「生徒教養ノ要旨」「予備科及本科」「講習科」「附属小学校及附属幼稚園」「設備」「設置及廃止」など全八章からなり、とくに第二章「予備科及本科」には学科課程、編制、教科用図書、入退学、学資、卒業後の服務など、師範学校教育に関する詳細な規則が定められている。

この規程の最も重要な点は、師範学校に本科と予備科を置くとともに、本科を第一部と第二部とに区分した点にある。このうち予備科は、修業年限二年の高等小学校卒業者を入学させ、本科第一部に進学させるための一年間教育を施す場とした。一方、本科第一部は、予備科修了者もしくは修業年限三年の高等小学校卒業者を入学させる場で、修業年限は男女とも四年とした。大きな改革は本科第二部の新設にあったが、これは中学校または高等女学校の卒業者で小学校教員志望者に一年（中学校および修業年限五年の高等女学校卒業者）ないし二年（修業年限四年の高等女学校卒業者）の教育を施すことによって、本科第一部卒業者と同等の正教員の資格を与えるものであった。この本科第二部の設置は、中等学校卒業者に小学校教員となるルートを開き、小学校教員の資質の向上を図るとともに、師範学校に専門学校程度の水準にある学校としての位置づけを準備したのであった。

また、この規程にある講習科とは、小学校教員免許状を有する者に必要な講習を施すことを原則としたが、特別の必要がある場合には免許状の非保有者に対する講習科の設置も認められた。これにより、講習科は無資格教員に資格を与えるための機関として重要な役割を果たしていくのである。

六．明治期における「近代教育」の達成

本書では、「近代教育」を「国家による国民形成」として理解し、これまでその明治期における具体的進展を概述してきた。「近代教育」の理念は、すでに一八七二年の「学制布告書」に示されていたが、その理念を一つの思想的枠組みとして一層体系化し、これを文教政策上の具体的な課題として明示したのが、初代文相森有礼の教育史上の重要な役割であった。明治後半期の教育政策動向は、マクロな視線からこれを評価するならば、森有礼の教育構想の線に沿ってその進展が図られたと見ることは可能であろう。

その教育構想とは、①初等教育段階での国民皆学（国民全般の智徳の向上に基づく国家富強の土台づくり）、②中等教育段階における普通教育と実業教育との二系統の分化と整備（国家の各分野における指導者の選別と産業従事者・技術者の養成）、③高等教育段階での国家の指導者養成（政治・経済・学術上の指導者の養成）、④学校教育全般を通しての国家意識ないし国民精神の涵養、などの諸点に概括することができるだろう。では、この教育構想は明治末年において、どのような学校体系として具体化されたのか。

第一に、初等教育における国民皆学は、修業年限六年間の義務教育課程としてほぼ構想通りに達成された。一九〇二（明治三五）年にはじめて九〇％を超えた尋常小学校の男女平均就学率は、義務教育六年制が完成した一九〇八年には九八％を超えた。六年制の尋常小学校では、修身・国語・算術・日本歴史・地理・図画などの教科が国定教科書によって教授され、ここに国民の基礎教育を全国一律に実施する仕組みが完成したのである。

第二に、尋常小学校を卒業した生徒には、これに続く進学先として、①修業年限二年（ないし三年）間の高等小

〔表8〕1912年の各学校在籍者数（人）

	計	男子	女子
尋常小学校	6,432,084	3,349,643	3,082,441
高等小学校	605,346	418,022	187,324
中学校	128,973		
高等女学校	75,128		
甲種実業学校	44,680	44,290	390
乙種実業学校	30,189	20,897	9,292
実業補習学校	346,767	288,911	57,856
専門学校	33,944		
高等学校	6,586		
帝国大学	6,422		

文部省『学制百年史』資料編、ぎょうせい、1972年、472-493頁、より作成。

学校、②修業年限五年間の中学校（男子）、③修業年限四年（ないし五年）間の高等女学校（女子）、④修業年限三年以内の乙種実業学校・実業補習学校（あるいは修業年限二年の甲種実業学校予科）、という選択肢が用意された。

また、二年制高等小学校卒業者には修業年限三年間の甲種実業学校への進学、三年制高等小学校卒業者には修業年限四年間の師範学校（本科一部）への進学が開かれた。

第三に、高等教育段階の学校へのルートとしては、中学校卒業者には、①修業年限三年間の高等学校（大学予科）、②修業年限三年以上の専門学校、③修業年限四年の高等師範学校への進学が開かれていた。また高等女学校卒業者には、修業年限三年以上の専門学校と修業年限四年の女子高等師範学校への進学が可能であった。なお、高等学校大学予科卒業者は修業年限三年ないし四年の帝国大学に進学し、国家の各分野における指導者となることが期待されたことはいうまでもない。

ちなみに、明治末年の一九一二年における各学校の在籍者数のみを紹介すると、〔表8〕のようになる。この数字が示唆するところのものは、①義務教育段階以後の普通教育と実業教育の展開を量的に支えていたのは、高等小学校と実業補習学校であったこと、②逆に、中学校・高等女学校での普通教育や甲種実業学校での実業教育の機会に恵まれたのは、同世代中の少数者であったこと、③さらに、高等学校や帝国大学への進学者とは、ごく一部のまさにエリート層に限られていたこと、などである。実際、明治末年頃には、義務教育修了（尋常小学校卒業）者のうち約四八%が高等小学校に進んでいた。中学校への進学者は男子の約八%、高等女学校への進学者は女子の約七%、実業学校に進む者は多くは男子で約四%程度であり、また高等小学校を経て実業学校に進む者は約二%程度であった。[17]

こうして明治期に組み立てられた学校体系は、義務教育修了以後、どの学校系統に進むのかによって、どの社会階層に所属するのかが決められていく、という社会的役割を顕著なものにした。とりわけ義務教育終了後の中等教育段階において、普通教育コースと実業教育コースとに進路を分離する複線型の学校体系は、既存の階層構造を補強し再生産する意味合いを有した。この、学校系統が個々人の所属する社会階層を決定するという構図は、初代文相森有礼がその所論を通して鮮明に描き出していたように、「国家による国民形成」としての近代教育の必然的な帰着点でもあった。

国家が学校系統に基づいて国民全般を振り分け、その振り分けられた人材を国家の中の諸般の職業世界に配置する、という枠組みこそ、「近代教育」の最も基本的な特質をなすものといえる。明治期にはこの枠組みが、ほぼ完成を見たと評することも可能である。この制度的枠組みの完成を踏まえ、この国の近代教育に継続的な課題として残されたものは、国民全般の国家意識を涵養し、国民精神の統合を推し進めようとする仕事であった。確かに、国民道徳や国民精神の涵養に関わる問題は、一八九〇年の「教育勅語」の渙発によって一応の決着が図られていた。だがこの問題は、明治後半期以後も国内外の思想的環境の変化・進展に対応すべく、絶えず文教政策上の重要課題に据えられたのであった。ただし、その具体的動向に関しては、これを後章での叙述に譲ることにする。

第一〇章 「近代教育」の確立（その四）
――明治期の教授理論

一．近代教授理論導入前史

伝統的学習方法のその後

明治維新以後も、第三章にて紹介したような素読・講義・会業を中心とする「学び」の営みは、この国の教育組織にて一般的に行われていたことであった。江戸幕府の昌平坂学問所は、明治政府の教育機関となって昌平学校と改称したが、そこでは依然として輪講や会読などの学習方法が採用されていた。廃藩置県以前の藩校や明治初期の漢学塾でも、そうした状況に変わりはなかった。

伝統的学習方法が用いられたのは洋学塾でも同様であった。例えば、慶應義塾の場合、一八六八年四月に起草された「慶應義塾之記」には、「講訳、会読、素読一切講堂に於てし」や「会読、講義、素読終れば直に掃除すべし」などの規則が記されており、実際、日課にも「ウェーランド氏経済書講義」「パルレイ氏万国歴史会読」「コルネル氏地理書素読」などという具合に、講義・会読・素読の科目名が列挙されている。(1)

さらに興味深いのは、「学制」下の一八七二年九月に文部省が公布した「小学教則」にも、下等小学の四級から上等小学一級に至る各等級において「読本輪講」「地学輪講」「理学輪講」「史学輪講」などの輪講が設定されていたことである。ただし、輪講は、素読・講義という階梯を経た上級者向けの学習方法であったため、これを小学生徒に実施することは容易でなかったはずである。テキストとして用いられた欧米文物の翻訳書や啓蒙書の内容を生徒に講述させ、それに対する他の生徒からの質問を交えながら討論を展開することの困難さは、想像に難くないからである。こうして明治以後の近代学校では、伝統的な「学び」のありようは徐々にその姿を消していくのである。

そもそも江戸の「学び」を特徴づける素読・講義・会業などは、自学自習を基調とする「学習」の方法であって、いかに教えるかに関する「教授」の方法ではなかった。江戸社会にあって「師」とは、学習者に向き合って知識・技能を教授する文字通りの教師というよりも、むしろ、よき「手本」となって学習者の前を進む先行者というべき存在であった(2)。それゆえ江戸時代までは、いかに教えるかに関する教授方法は未発達であった（明治以後、この国の教育学が貝原益軒の『和俗童子訓』に注目を寄せたのは、それが近世社会における数少ない教授法書の一つと見なされたからであった）。それに対し、近代学校においてとくに重視されたものは、教育の内容や方法に関する規則や理論の開発・整備であった。近代学校では、国民に求められる知識・技能などの素養をすべての人々に一律に、しかも効率的に授ける必要があったからである。そして、「教授」の方法と理論の導入という新しい仕事を一手に引き受けたのが、一八七二（明治五）年五月に東京に創設された師範学校であった。

一斉教授方式の導入

東京師範学校では、当時大学南校の英語教師として来日していたアメリカ人スコットを雇い入れ、西洋近代の教授方法導入を図った。スコットは、当時アメリカの小学校で使用されていた教科書・教材・教具などを取り寄せ、机・椅子などの配置もアメリカの小学校と同じ条件を再現した教室にて、師範学校生徒たちにアメリカ式の教授方法を伝授した。すなわち、生徒の中の学力優秀者を上等生とし、これを小学児童と見なして小学校の教科を授け、上等生はこれに倣って他の生徒に教えた[3]。授業は英語で行われたが、洋学所で英語を学んだ坪井玄道が通訳を務めた（八六頁参照）。ここで導入されたのが、「一斉教授方式」の授業であった。この方式は、江戸までの手習いや素読・会業に見られるような「自学自習」や「個別学習」に基づく指導法とは、全く異なる教授方法であった。

スコットによって導入された教授方法の代表例が「庶物指教」である。これはアメリカでのオブジェクト・レッスンズ（object lessons）の訳語として知られ、とくに師範学校制定の「小学教則」に示された学科である「問答」科において実施された。オブジェクト・レッスンズの由来は、スイスの教育家ペスタロッチーによって説かれた「直観教授」にあった。それは、主に初歩段階の学習者に対する教授法として開発されたもので、第一に、書物中心の学習ではなく、会話形式でのオーラル・ティーチングを、第二に、子どもの認識過程に則した教授プロセスを採用することを基本方針とした。後者についていえば、子どもが事物を理解するのは、言葉や概念からではなく、実際にその事物を見たりそれに触れたりといった感覚器官による認識（これが「直観」と呼ばれた）から出発する、との知見に基づき、まず「直観」的に理解させ、その上でそれを言葉（概念）で表現させる、という学習プロセスを踏ませることを教授方法の原則とした。この「直観から概念へ」という教授原則に基づき、当時、小学校において各種の掛図が盛んに使用された。掛図は、まず実物を直観的に理解し、その上でそれを言葉化された明瞭な理解へと深めていくための象徴的教材としてもてはやされたのであった[4]。

〔図 10-1〕「小学入門」

「庶物指教」「開発教授」「直観教授」などの表現で語られた、このいわゆるペスタロッチー主義の教授理論に接した人々の眼には、経書テキストの文章を意味もわからないままに記憶させ暗誦させる「素読」などは、まさに否定・克服されるべき前近代的な学習法と映ったかもしれない。すでに第四章の三にて述べたように、明治初期においては、東京師範学校によって作成された「小学教則」が、文部省のそれよりも広く普及し、実際に各地の小学校にて採用されていたが、そこに「問答」科が設けられたことは、小学校教育に、江戸時代までの学習方法に代わる新しい教授方法が取り入れられたことを象徴する出来事であった。

ただし、実際に各地の小学校にて「問答」科が設けられ、直観教授が始められることになったといっても、それを担当する教員が、具体的な授業の進め方を理解していたわけではなかった。そのため、直観教授といっても、その実態は教師の側の「問い」と生徒の側の「答え」とを予め想定しておき、その「問答」を型通りに繰り返すようなものとして行われる傾向にあった。例えば、当時の小学校における授業のありようを最も詳しく伝える教授法書として、師範学校初代校長諸葛信澄（一八四九〜八〇）の『小学教師必携』（一八七三年刊、一八七五年補正版刊）を挙げることができる。同書の「問答」科の項目には単語図（掛図）を用いながら、

（問）「柿ト云フ物ハ、如何ナル物ナリヤ」
（答）「柿ノ木ニ熟スル実ナリ」
（問）「何ノ用タル物ナリヤ」
（答）「果物ノ一種ニシテ、食物トナルモノナリ」
（問）「如何ニシテ食スルヤ」
（答）「多クハ生ニテ食シ、稀ニハ乾シテ食スルモノナリ(5)」

というような問答を交わす方法が例示されている。このような形式的な「問答」教授は、テキスト文字の暗誦を中心とする前近代の学習法よりも、むしろ一層顕著な注入教授に変容してしまっていた、と評すべきかもしれない（前近代に見られた「自学自習」への支援という要素が削ぎ落とされたがゆえに）。

また、文部省も近代的な「直観教授」を普及させるため、当時オブジェクト・レッスンズが流行っていたアメリカの教授法書を翻訳し、先生と生徒との「問答」の遣り取りをパターン化して示した翻訳教授法書を作成した。カルキンズ（Norman Allison Calkins, 1822-95）の『加爾均氏庶物指教』（黒沢寿任訳、一八七七年）や、シェルドン（Edward Austin Sheldon, 1823-97）の『塞児敦氏庶物指教』（永田健助・関藤成緒訳、一八七八年）などはその代表例である（シェルドンは、当時のアメリカにおけるペスタロッチー主義教授理論研究の拠点であったオスウィーゴー師範学校長であった）。だが、これらの教授法書も、教師と生徒との「問答」を展開するための教授パターンを事前に用意するための、いわばマニュアルとして使用される傾向にあった。「直観から概念へ」という認知過程への知見に基づくペスタロッチー流の直観教授は、この国の近代学校では、著しく形骸化した形にて紹介されていく結果に終わったのである。

二．開発主義教授法の普及

一八七五（明治八）年に文部省は、師範教育の調査のため、伊沢修二・高嶺秀夫（一八五四〜一九一〇）・神津専三郎（一八五二〜九七）の三名をアメリカに派遣した。ペスタロッチー主義に基づく「開発主義」教授法がこの国に本格的に導入されるようになるのは、一八七八年四月に帰国した伊沢修二と高嶺秀夫による東京師範学校での取り組みを通してであった（伊沢は翌一八七九年、高嶺は一八八一年に同校長に就任）。

〔図 10-2〕高嶺秀夫

高嶺秀夫の開発主義

とくに高嶺は、上述のシェルドンが校長を務めたニューヨーク州オスウィーゴー師範学校に学び（伊沢はマサチューセッツ州のブリッジウォーター師範学校に、神津はニューヨーク州のオルバニー師範学校に入学した。いずれもペスタロッチー主義の教授理論・方法の研究を推進していた学校として知られる）、そこで吸収したペスタロッチー主義教授理論に基づいて東京師範学校の改革を進めた。高嶺が東京師範学校での講義や各種講演を通して積極的に紹介したのは、ジョホノット（James Johonnot, 1823-88）の著作"Principles and Practice of Teaching"（1878）であった（高嶺は、一八八五～八六年にこれを『教育新論』として翻訳出版している）。そこには、実物教授の方法原理に基づいて構成された広汎な内容を含む実物の教科目が示されている。

高嶺はまた、明治一〇年代における第一次「教育令」、第二次「教育令」、「小学校教則綱領」の制定に合わせて東京師範学校附属小学校の教則を改定し、実物教授の実践に具体的展望を与えた。例えば、一八八〇年の教則（下等小学）では数目・色彩・形体・度量・位置・動物・植物・鉱物・人工物など広汎な内容からなる「実物」科が設けられた。一八八三年の教則では「小学校教則綱領」に示された読書・地理・歴史・博物などの学科目を所与の前提としつつ、その枠の中で、例えば「近易ノ庶物ニ就テ其性質ヲ解セシメ之ヲ題トシテ仮名ニテ単語短句ヲ綴ラシム」[6]（作文）という具合に、直観教授・実物教授を方法として位置づける試みを展開した。ただし、「小学校教則綱領」は、臣民形成のための事典的知識の段階的配列という構成を有し、近代的科学観に支えられた系統的知識の教授を推進しようとする「開発主義」とは異なる教育観を前提としていた。近代的教授理論としての「開発主義」は、国家が定める教則の枠組みを前提に、単なる教授の術として、その性格の変容を余儀なくされていくのである。

『改正教授術』

「開発主義」教授法の具体例を示し、学校現場への影響力を最も広汎に有した教授法書に、若林虎三郎・白井毅編纂『改正教授術』（一八八三～八四年）がある。同書は、続編二巻を加えた全五巻からなり、ペスタロッチー主義の教授原則（例えば「已知ヨリ未知ニ進メ、一物ヨリ一般ニ及ベ、有形ヨリ無形ニ進メ、易ヨリ難ニ及ベ、近ヨリ遠ニ及ベ、簡ヨリ繁ニ進メ」といった）を掲げた短い「端緒」と、「小学校教則綱領」に対応した各学科目の網羅的な「教授法」が配列されている。その一例を「修身」科に関する記述の中に見てみると、次のような問答が示されている。

教、汝等朝起キテ先ヅ何事ヲスルヤ
生、盥嗽（かんそう。手を洗い、口をすすぐこと）シマス
教、他生ハ如何
生、私ハ盥嗽シマセン
教、甲生ト乙生ノ云フ処何レカ善キ
生、甲生ノ云フ処ヲ善シトシマス　　級決　教可
教、然リ乙生ハ甚ダ宜カラズ朝起キレバ直ニ盥嗽スベキハ勿論ナリ乙生ハ今ヨリ之ヲ改メザルベカラズ
扨汝等ハ能ク盥嗽シテ後何ヲ為スヤ
生、書物ヲ読ミマス
教、猶アリヤ

生、草苅ニ行キマス
教、父母ニ対シテ如何スルヤ
生、父母ニ礼シマス
教、何ト云ヒテ礼スルヤ
生、ヲハヨウゴザリマスト云ヒテ礼シマス　級決　教可
教、信ニ善シ余ハ今汝等ト礼ノ仕方ヲ研究スベシ先ヅ一生来リ衆生徒ノ前ニテ毎朝父母ニ礼スル通リ此処ニテ之ヲ試ミルベシ
生、言ノ如クス

（中略）

教、今日ハ如何ナルコトヲ学ビシヤ
生、朝起キテ直ニ盥嗽スベキコト、父母ニ礼スル仕方ヲ学ベリ　級決　教可
教、今日学ビタルコトヲ明日ヨリ正ク父母ニ礼スベシ(7)

修身や歴史などでは、このように「小学校教則綱領」に示された目的を前提として教授方法が例示されているのに対し、読書、作文、地理、博物などでは東京師範学校附属小学校での実践・研究に基づいた実物教授の方法がより積極的に紹介されている。生徒の「心力」の開発を目的に、どのような教材と発問を設定すべきかの工夫が描き出されているのである。

開発主義教授法の普及と問題

明治一〇年代後半から二〇年代前半にかけて、『改正教授術』と同趣旨の、「開発主義」を方法原理とする教授法書が盛んに刊行されるようになる。例えば、木下邦昌編『小学教授新法』（一八八二年）や前川一郎他編『小学教授軌範』（一八八四年）などは、東京師範学校での実践に基づいた教授法書である。さらに、「開発主義」の思想に基づく教科書も多数出版された。若林虎三郎の編集した『小学読本』（五巻、一八八二年）、『地理小学』（二巻、一八八三年）などがそれである。この『小学読本』巻一の「教師須知」では、「実物或ハ図画ニヨリテ観念ヲ開発シテ後之ヲ表出スベキ文字ヲ与ヘ」と述べられ、『地理小学』も教授時間のおよそ二分の一を地図の学習に充てるなど、開発教授の方針を鮮明に打ち出している。「開発主義」教授法は、これらの教授法書や教科書の普及と、各種講習会の開催などを通して全国的な展開を見るに至るのである。

しかし、所定の「問い」と「答え」との遣り取りとしてマニュアル化された「開発主義」は、生徒の「心力」の開発という本来の理論的基盤から乖離し、著しく形式化・形骸化されたものとして普及することになった。その問題を、後年奈良女子高等師範学校長を務めた槇山栄次（一八六七～没年不詳）は、

> 当時における実地教育者は直観主義の本旨を悟らず、開発教授と問答教授とを、はきちがへ何でも問をかけて生徒に答へしむれば開発であると考へた。当時盛んに行はれた若林虎三郎、白井毅両氏の改正教授術の如きは、問答法を例示したものであると云ふことも出来る。問答法必ずしも悪いと云ふ訳ではないが、徒らに言語応酬の末に馳せて、精神活動の真の啓発を為し得なかったと云ふことは、当時における教授の弊であった(8)。

と振り返っている。こうして、「開発主義」教授法は、実際上は、「小学校教則綱領」という国家の定めた所与の教

授内容に対する「実物の提示と問答」という方法の適用として、その定式化が図られていくのである。

三．ヘルバルト主義教授理論の導入と展開

ヘルバルト主義の導入

初代文相森有礼の学制改革は、中等学校教員の需要を押し上げ、帝国大学でも教育学の講義が開設されることになった。その講師として同文科大学に招聘されたのがドイツ人エミール・ハウスクネヒト（Emile Hausknecht, 1853–1927）であった。ハウスクネヒトの講義は一八八七（明治二〇）年九月から始められたが、その内容はケルン（Hermann Kern, 1823-91）やライン（Wilhelm Rein, 1847–1929）ら、いわゆるヘルバルト学派の教授理論に基づくものであった。また一八八九年四月には、ハウスクネヒトの建議によって文科大学に特約生教育学科が設けられ、谷本富（一八六七～一九四六）、山口小太郎（一八六七～一九一七）、稲垣末松（一八六六～没年不詳）、湯原元一（一八六三～一九三一）、松井簡治（一八六三～一九四五）らの一二名が、教育学・教授法の講義・演習、実地授業の指導などを受けた。特約生は翌年七月までの一回限りで終わったが、彼らは、文科大学生としてハウスクネヒトの講義を受けた沢柳政太郎（一八六五～一九二七）や大瀬甚太郎（一八六六～一九四四）らとともに、ヘルバルト主義教授理論普及の一翼を担うことになる。

ハウスクネヒト帰国後の一八九一年以降、同門下によるヘルバルト学派（C・デ・ガルモ、H・ケルン、G・A・リンドネル、W・ラインら）の著述の翻訳紹介が活発化する。主なものを挙げると、本荘太一郎訳補『俄氏新式教授術』（一八九二年）、山口小太郎訳述『教育精義』（同年）、沢柳政太郎・立花銑三郎訳『格氏普通教育学』（同年）、湯原元一訳補『倫氏教育学』（一八九三年）、稲垣末松訳『麟氏普通教育学』（同年）、などがある。中でも湯原元一の『倫

氏教育学』は、「全国師範学校の約八分位に採用されて大いにヘルバルト主義の鼓吹の役を務めた」[9]と伝えられている。

また、大瀬甚太郎『教育学』（一八九一年）、能勢栄『新教育学』（一八九四年）、谷本富『実用教育学及教授法』（同年）、同『科学的教育学講義』（一八九五年）など、ヘルバルト主義に基づく教育学書・教授理論書も盛んに出版される。とくに谷本の『実用教育学及教授法』は、修身・歴史・地理から唱歌・体操に至る九教科の実地指導法を後述する「教授段階説」に基づいて例示したもので、ヘルバルト主義導入・紹介の一つのピークをなした述作といわれる。

一方、わが国における教授理論・教授法開発のセンターとしての役割を担っていた東京高等師範学校においても、ヘルバルト主義の導入が図られていく。その重要な契機となったのが、一八九〇年六月にドイツから野尻精一（一八六〇～一九三二）が帰国し、同校にてヘルバルト主義に基づく教育学を講じたことであった。野尻は一八八六年に森有礼文相に選ばれて、師範教育振興のためにドイツに派遣され、プロシアのノイチェルレ師範学校を卒業後、ベルリン大学やライプツッヒ大学に学んでいる。野尻以後、同校からは日高真実（一八六五～九四）、黒田定治（一八六三～没年不詳）、波多野貞之助（一八六四～一九二三）、大瀬甚太郎と、ドイツへの留学生派遣が続くことになる。ハウスクネヒトの招聘や留学生のドイツ派遣など、ヘルバルト主義導入の背景には、憲法制定に象徴される、ドイツをモデルとする国家体制の全般的整備という明確な政策的意図があったと見ることができる。

〔図 10-3〕ハウスクネヒト

ヘルバルト主義の普及

以上、ヘルバルト主義教授理論の導入には、帝国大学系列（ハウスクネヒトとその門下生）と東京高等師範学校系列（ドイツ留学生）との二つの経路を認めることができるが、その普及に少なからぬ役割を果たしたのが当時の教育ジャーナリズムであった。明治一〇年代後半以降、『東京茗渓会雑誌』（一八八二年刊）、『大日本教育会雑誌』（一八八三年刊）、『教育報知』（一八八五年行）、『教育時論』（一八八五年刊）、『教育実験界』（一八九八年刊）、『日本之小学教師』（一八九八年刊）、『教育学術界』（一八九九年刊）など、中央には多数の教育雑誌が存在し、教授理論や教授法に関する情報を発信していた。また各地方においても、県や郡の教育会から数多くの教育雑誌が刊行されていた（例えば、『信濃教育会雑誌』や『千葉教育会雑誌』など）。これら教育ジャーナリズムの動向も、明治二〇年代後半からそれまでの「開発主義」に代わって、「ヘルバルト主義」に基づく教授理論・教授法の紹介が活発化するようになる。

教育ジャーナリズムによるヘルバルト主義の隆盛には、その重要な背景として、一八九一年の「小学校教則大綱」の公布とそれに伴う「教授細目」作成の義務化があった。前章の二にて既述したように、同大綱によって、国の基準としての「教則大綱」とそれに基づいて府県が定める「教則」に依拠しながら、各小学校の校長または首席教員に各教科の「教授細目」を作成することが義務づけられた。同大綱に基づく「教則」が各府県にて公布されるのは、翌一八九二年以降のことであるが、この動向を受けて、教授細目をめぐる議論や教授細目のモデルを提示する記事が地方教育ジャーナリズムを賑わすようになる。これらの雑誌において、教授法モデルの作成に指導的役割を果たしたのは、高等師範学校附属小学校の教師たちであり、それらのリーダーを中心に地方における師範学校附属小学校教師たちの活躍があった。

東京高等師範学校においてヘルバルト主義教授理論が導入されたことは、同附属小学校での教授細目がヘルバルバルト主義に基づいて作成される条件を醸成し、その結果、同附属小学校の教授細目がモデルとなって各地の尋常師範学校附属小学校や公立小学校にヘルバルト主義教授法が伝播していくことになったのである。一九〇四年発刊の雑誌『教育研究』は、東京高等師範学校附属小学校内の初等教育研究会の刊行によるものであったが、同小学校での研究成果の発信を目的とするこの雑誌は、教授法のモデル作成とその全国的な普及に最も大きな影響力を発揮したのであった。(10)

ヘルバルト主義教授理論は、明治二〇年代前半のハウスクネヒトを介しての導入およびヘルバルト学派の著作紹介にはじまって、二〇年代後半には谷本富や湯原元一らの著述の刊行によって導入のピークを迎え、三〇年代以降は各教科に即したヘルバルト主義教授法の開発・普及という展開を見るに至った。こうして明治期における小学校の教科教授法は、まさにヘルバルト主義教授理論を媒介としてその定式化が図られたといっても過言ではない。

ヘルバルト学説の概要

では、このように明治中期から後期にかけてのわが国初等教育界を風靡したヘルバルト主義とは、いかなる理論・学説からなっていたのか。

そもそものヘルバルトその人は、教育学を、経験や思弁に基づく学問ではなく、より確実な体系性を有する科学として構築しようとした人物といわれる（教育の目的の基礎づけを実践哲学に、方法の基礎づけを心理学に求めた）。ヘルバルトの教授理論の土台にはペスタロッチーからの影響も指摘できるが（一七九八年、彼はブルグドルフにペスタロッチーを訪ねている）、彼の学的営為は教授理論・教授法にとどまらず、教育学という学問体系全般に関わっている（彼は、I・カントの後継者としてケーニヒスベルク大学で哲学と教育学を講じ、ゲッティンゲン大学でも教育学ゼミナールを担当している）。その教育学体系は主著『一般教育学』（一八〇六年）および『教育学講義綱要』（一八三五年）

に描出されている。

ヘルバルトによれば、教育の窮極の目的は「道徳的品性の陶冶」とされ、この目的に経験・感覚・知識・技術などの獲得がどう関わるかが、彼の教育学体系の基本的な関心事であった。ヘルバルトは「道徳的品性の陶冶」のための方法として、「管理」(Regierung)「教授」(Unterricht)「訓育」(Zucht)の三者を取り上げ、「教授」をもって学校の中心的機能と位置づけた。「管理」は「教授」の前提をなす環境構成や事前準備といえ(子どもの学習への姿勢を喚起するための諸準備)、「訓育」は教材という第三者を介しない、教師と子どもとの直接的関係における道徳的品性形成への働きかけを意味した。

その「教授」であるが、それは、決して知識や技能を一方的に教え込んだり、機械的に覚えさせたりすることではなく、子どもが学習対象に興味を覚え、意欲的に追求していく姿勢を培っていくことを課題とした。それゆえ「興味」が多方面に拡がりながら、しかも人格としての統一を保っている状態を形成することが教授活動の任務であった。そのため、ペスタロッチーの「直観から概念へ」という所論を、「明瞭」「連合」「系統」「方法」という学習者の認識過程として論理化し、これを教授活動の形式的段階に応用させようとした(教授形式としては、①子どもの知見を拡大するための「描写的教授」、②蓄積された知見を特殊なものに分解したり、結びつけたりする「分析的教授」、③それらの知見に概念や法則などの要素を与えて系統づけたり、それを使用する方法を与える「総合的教授」、という三者が説かれた)。これが後述する「教授段階説」の原型となるのである。

ヘルバルト学説が日本に流布した理由には、それが「道徳的品性の陶冶」を教育の窮極目的としたことで、「教育勅語」体制下の教育界に歓迎されたことを挙げることができる(前掲の『倫氏教育学』のように、ヘルバルト道徳説の基軸たる五道念、すなわち「内的自由」「完全性」「好意」「権利」「公正」という道徳理念は、しばしば儒教道徳の五倫五常と近似するものとして説かれていた)。だがそれとともに、その体系的な教育学説が本格的な教育学の導入を待ち望んでいた当時のわが国教育界の需要を満たすものであったこと、さらにはその教授理論、とりわけ「教授段階説」が実践的・具体的な教授方法として大いにもてはやされたこと、なども重要な要因であった。

ヘルバルト主義教授理論

わが国に導入されたヘルバルト主義教授理論は、主にヘルバルト学派のツィラー（Tuiskon Ziller, 1817-82）やラインの所説に基づくものであり、その基軸をなすのは「教授段階説」「中心統合法」「開化史的段階説」の三者であった。このうち「中心統合法」は、教科統合の方法原理であり、一つの教科・教材を中心として他の教科・教材を関連づけ、目的統一的な教科の内容構成を目指すものである。例えば、ツィラーはカリキュラムの中心に宗教、歴史、文学をおき、その宗教的・歴史的内容を中心として他の教科、教材を統合する方法を提示していたが、日本においては教科内容の公的規定としての「教則」によって、その積極的な導入には制約があった。

「開化史的段階説」は、未開から文明へという人類社会の歴史的発展段階を個人の幼児から成人に至る発達段階とアナロジカルにとらえ、人類の歴史を生徒の発達を通して跡づけさせようとする方法原理である。例えば、谷本富『科学的教育学講義』が、この説を、第一学年「童話」、第二学年「神代紀」、第三学年「神武天皇より応神天皇」、第四学年「仁徳天皇より蘇我氏滅亡」、第五学年「大化改新より王朝の盛時」、第六学年「王政の衰微より慶元偃武」、第七学年「徳川時代」、第八学年「明治の盛時」、というように、尋常・高等の両小学校に配列して提示するような事例もあったが、全体的にはやはり「教則」との関係もあって、積極的な摂取がなされたわけではなかった。

それに対し、「教授段階説」は当時の教育界からの圧倒的な支持を獲得し、全国津々浦々の小学校にて実践に移された。「教授段階説」は、上述のようにヘルバルトが学習者の認知過程を「明瞭」「連合」「系統」「方法」という心理的段階において説いたものを、ツィラーが「分析」「総合」「連合」「系統」「方法」という学校教育での具体的方法段階に整備したもので、わが国においては、これをさらにラインが「予備」「提示」「比較」「総括」「応用」という、授業実践上の五つの形式的段階に定式化したものが最もよく普及した。この五段階を簡略的に説明すれば、①「予備」とは、教師が授業に際して生徒の既習の知識を確認することであり、②「提示」は、授業内容についての提示と説明である。③「比較」は、これまでに教えた内容と新しい内容とを比較し関係づけて理解を深化させることであり、④「総括」は、文字通り学習のまとめである。そして、⑤「応用」とは、他の類似の事例などに適用させて内容の定着を図ることを意味する。

例えば、谷本富『実用教育学及教授法』は、教授段階説に基づく算術科の指導法を次のように紹介している。

> 第一段に於ては、先つ目的を告くべし。是は爾余の教科或は生徒の熟知せる日常事物に就て、一の応用問題を作り、之を以て告くべし。…通例は既習の算式、規則を反復々習して、素地を作るをよしとす。第二段にては、下級にては、庶物を陳列して問題を明にし、上級にては直に問題を提示し、生徒をして解式を工夫し、運算せしむべし。第三段にては、生徒の自ら工夫したる解式を比較検討し、并に教師其運算を補正すべし。第四段にては、教師自から正当の解式を表示し、之を説明すべし。また規則など適宜に書取らしむることあるべし。而して第五段に於て、応用問題を設けて練習せしむ。「数学は練習に在り」との言、ゆめ忘る、勿れ。(11)

こうして、教授法書、教育ジャーナリズム、各種講習会、あるいは高等師範学校や各地の師範学校を中心とする授業実践の取り組みを通して、五段階からなる教授法が各教科の指導法の定式として普及していく。教授方法が定式化されることで、公教育での授業実践が一定の質的水準を確保しえたことは、ヘルバルト主義の功績として認められることである。だが、その各教科への形式的適用は、その実践の質的発展に制約を与えたことも確かであった。

前述の槇山栄次は、ヘルバルト主義の弊害を

ヘルバルト派の教育説が、我初等教育の進歩に効果のあつたことは、何人も否認することの出来ない所であると思ふが、之に伴つて生じたる弊害も亦少くない。其一は形式を整へることに行き過ぎて、内容実質の之に伴はざる傾きのあること、其二は画一の弊に陥つたこと、其三は教師の教へる方面をのみ極め込んで、生徒の学ぶ方面を顧慮することの少かつたこと等である。(12)

と述べている。こうして、ヘルバルト主義の「教授段階説」は、元来のヘルバルト理論が重視した認識主体による興味と対象との統一への志向が失われ、国家が規定する所与の教材を伝達するための画一的な教授法として、著しく形式化・形骸化されていく。この教授段階説は、ヘルバルト主義が衰微する明治三〇年代後期以後も、三段階（予備・提示・整理）や四段階（準備・提出・総括・応用）という具合に簡略化された形式で定着していくのである。(13)

定式化された教授方法の問題

明治期に入ってからわが国に導入された教授方法は、西洋由来の近代学知に基づき、元来は、学習者が外界の対象を内部に取り込む主体的活動を支援することを方法的原理とするものであった。ところが、その普及は国が定めた「教則」（「小学校教則綱領」や「小学校教則大綱」）を前提とせざるをえなかった事情もあり、教師が所与の教材を伝達するための形式的な手続きとして短絡化される傾向があった。

「注入」や「刻印」といった方法上のイメージとしては、前近代の「素読」がそれを象徴するように見える。だが、「素読」には学習者の自学自習を喚起するという側面とともに、そこで得られた知がその後の自律的な学びを担保

するという含意も与えられていた。実際、より高度な学びとしての「会業」（会読や輪講）は、「素読」を基礎段階として学び終えた学習者たちによる主体的で相互的な「知の発信」ともいうべき学びの様態であった。

それに対し、開発主義の問答教授やヘルバルト主義の五段階教授は、所定の教材を伝達するための「注入」「刻印」と化すとともに、それがその後の主体的・自律的な学習へとどう発展するのかについての展望を欠くものとなっていた、と評することができる。本書では踏み込んだ論述を行うことができなかったが、近代学校の頂点たる帝国大学の教室では、学生たちが講義内容をひたすらノートに書き写す風景が一般的であったと伝わる。(14) そのことは、近代学校での教育が、学習者の「知の探求」や「知の発信」能力を養うことではなく、むしろ教育者からの「知の伝達」（学習者からいえば「知の受容」）を基軸に据えるものであったことを、はしなくも雄弁に物語っている。

四．ヘルバルト主義批判と新教育の萌芽

ヘルバルト主義教育学・教授理論は、明治三〇年代を迎えると、欧米からの新しい教育学・教育思想の流入やナショナリズムの高揚などを背景に、様々な批判に晒されるとともに、それの克服が目指されることになる。

社会的教育学

そうした批判の一つは、ヘルバルト主義は個人に着眼した学説であって、教育と国家・社会との関連という視点が欠落しており、その道徳説も理想主義ではあっても、結局は個人主義にすぎない、とする声であった。この、教育の社会的機能を重視する、いわゆる社会的教育学の立場からのヘルバルト主義批判は、それまでヘルバルト主義の普及に功績を残してきた谷本富の『将来の教育学』（一八九八年）や大瀬甚太郎の『実用教育学』（一九〇一年）な

どに、その嚆矢を見ることができる。例えば大瀬は、

彼ら（一八世紀の教育者）は教育を個人より個人に及ぶ働きとし個人と其の生活する社会との関係の如何に親密なるかを深く究めざりき。…個人の教育は社会の力に由り社会の状態と連関すること甚だ多く、又社会生活の進歩は社会の一分子たるべき個人を其の社会に適応する如く教化することに基く。(15)

と述べ、人類社会の歴史的発展の必然性と一つの社会の特殊性とを考慮に入れた教育の科学的攻究の必要性を提唱した。

このいわゆる社会的教育学は、ドイツのナトルプ（Paul Natorp, 1854–1924）、ベルゲマン（Paul Bergemann, 1862–1946）、ヴィルマン（Otto Willmann, 1839–1920）、あるいはシュライアマハー（Friedrich Daniel Ernst Schleiermacher, 1768–1834）らの学説を通して大いに注目され、幅広く紹介されるに至った。明治三〇年代とは、日清戦争から日露戦争へという時流を背景にナショナリズムが高揚した時期であり、例えば当時、社会的教育学の代表格と見なされたベルゲマンにしても、その思想の基調をなす社会有機体説が歓迎されたのは、そのような時勢との照応と見ることができる。

こうしてわが国の教育学界は、西洋とりわけドイツにおける教育学の進展と歩調を合わせながら、その強い影響の下に諸般の思想・学説を受容していくことになる。当時、科学的・実証的な教育学への関心も高まり、モイマン（Ernst Meumann, 1862–1915）やライ（Wilhelm August Lay, 1862–1926）に代表される実験教育学が盛んに紹介されたが、それもドイツ教育学受容の文脈に基づくことであった。ただし、社会的教育学に代表される新思潮・学説は具体的な教授理論としての展開には至らず、教授方法の世界では依然としてヘルバルト主義のそれが一定の影響力を

保持し続けていた。

樋口勘次郎の活動主義

他方、最盛期には「五段教授で汗水垂らし、それでもお腹はヘルバルト」という狂歌を流行させたヘルバルト主義の教授段階説に対しても、その形式主義の行き過ぎや画一性がもたらす弊害が指摘されるようになり、それを克服するものとして、子どもの自主的・自発的活動を重視する教育の必要性が提唱されるようになった。[16]

このいわゆる「活動主義」「自学主義」の教育を、最も早い時期に、一定の理論的体系を伴った形で提唱した人物の一人が樋口勘次郎（一八七二〜一九一七）であった。樋口は長野県諏訪の出身で、一八九五（明治二八）年に高等師範学校を卒業後、同校附属小学校の訓導となった（当時、高等師範学校を卒業して小学校の教員になる例はほとんどなかったが、彼はこの人事を快諾した）。樋口は二三歳の青年教師であったが、同校校長嘉納治五郎（一八六〇〜一九三八）の期待に応えて教授法と教科書の改良に打ち込み、その成果を『東京茗渓会雑誌』に発表した。

樋口の試みは、ヘルバルト主義教授理論の「中心統合法」から示唆を受けたものであった。上述のように、中心統合法はヘルバルト学派のツィラーによって発展させられたもので、道徳的・宗教的な情操教材を中心とし、すべての教科内容をそれに関連させて構成するカリキュラム理論であった。これは当時のアメリカにも影響を与えたが、アメリカでは、例えばパーカー（Francis Wayland Parker, 1837-1902）のように、教科統合の中心を道徳的・宗教的教材にではなく、自然科学的教材に求めるカリキュラム改造が試みられていた。樋口も当初は、ツィラーに倣って「昔噺」を中心教材とする修身科改造を志したが、やがてその実践はむしろパーカーの立場に接近していくことになる。それを象徴するものが有名な「飛鳥山遠足」である。

一八九六（明治二九）年一一月、樋口は尋常小学校二年生の生徒三七人と上野・飛鳥山間往復約六キロを遠足し、自然や地理、産業や博物などの教材を実地、実物に触れさせることを通して学習させた。当時、遠足は学校行事として一応の定着を見ていたが、その意義が教授活動との関連で理解されることは稀で、むしろ軍事訓練的色彩を帯びた身体鍛錬の手段と見なされる傾向にあった。それに対し、樋口は遠足に教授活動（教科統合）としての方法的意義を与えた。ここに樋口の斬新さがあった。

樋口の教授実践の試みは、その著『統合主義新教授法』（一八九九年）に一つの理論体系となって結実されている。同書は「総論」と「各科教授法」とからなっているが、その「総論」の中で、樋口の教授論の基調として、子どもの自発活動に大きな価値を認めようとするとともに、教授における「統合」を重視する方針が明確に打ち出されている。そして、子どもの自発活動を尊重する統合教授の事例として、上述の飛鳥山遠足の試みが紹介され、この遠足が生徒の自然に発する学びへの欲求に応ずるものであるとともに、その活動が「動物学」「植物学」「農業」「商業」「工業」「地理」「地質」「人類学」「物理学」「詩」「修身」「作文」などの学びを統合するものであることが強調されている。他方、樋口の立場と相反するものとして、ヘルバルト主義に基づく「管理」が取り上げられ、それが子どもに盲目的服従を強要し、その心身の発達を萎縮させるものであると厳しく批判されている。

樋口の「活動主義」の立場は、

> 予の信ずる教授の主義に於て、最も重要なるは、生徒の自発活動によりて教授せざるべからずといふにあり。自発活動とは、自身より発する活動といふ義にて、他より干陟せられて、受動的に発するものに対するの名なり。…抑も教授は教育者が被教育者を発達せしめむために施すところの作業なるが、発達は活動の結果にして、発達の分量は活動の分量に比例するものなれば、教授が生徒を活動せしめざるべからざるは論なし。而して其の活動が自発的なるべしといふは、自発活動は受身の活動よりも、力の発射する分量強く、従ひて大なる発達

を生ずるに適すればなり。(17)

という言葉に凝縮されている。さらに樋口は、子どもの自発活動を喚起するために、

自発活動の最も適切なる例は遊戯の際にあり。児童の、犬を逐ひ、猫を駆り、草をつみ、花を集め、土を掘り、石を積むは、彼等が自発的になすところにして、彼等の全力を傾注する所の遊戯なり。従て其の身心を発達せしむるの力甚だ大にして、彼等はかゝる遊戯によりて、動物の性に通じ、植物の形を学び、金石の質を知るものなり。即ち此の種の活動は彼等の愉快なる遊戯なると同時に、貴重なる学問なり。(18)

と、学習が「遊戯的」に行われるべきことを強調する。樋口にとって、子どもは単なる教育の客体ではなく、自らの学習を主体的に推し進めうる主体として理解されていたといってよい。

さらに樋口は、「統合教授とは、各種の教授材料を、可成《なるべく》親密に関係連絡して、殆ど一大学科を学ぶ如き感あらしむるやうに教授すること、換言すれば、教授によりて与へたる観念間に、可成強き連合を、可成多方に形成することを意味す」(19)と述べ、「子どもの心意」（教材に対する子どもの理解が統一的に図られるべきこと）や「学科の性質」（各学科の内容を占める諸事象はそれぞれに密接な関係を有すること）、あるいは「経済上の必要」（多様な教材を効率的に授けるには統合教授が有効であること）などの観点から、統合教授の必要を力説するのである。

樋口の主張は、画一的な知識の注入主義の色彩を濃くしていた当時の教育界に相応の反響をもたらした。当時の教育ジャーナリズムにも、樋口の「活動主義」に賛同を寄せる論説が掲載されたりもした。(20)ただし樋口は、その後ヨーロッパに留学し（一九〇〇年から一九〇三年）、帰国後は、この国が欧米先進諸国に対峙しうる東洋の先進国と

して発展していく必要性への認識から、「国家社会主義」を自らの立論の旗印として掲げるようになる（一九〇四年に『国家社会主義新教育学』を刊行）。それとともに、教育改革についても現状肯定的立場をとるようになる。新教育の源流と評される樋口も、当時の国家的要請に応える教育改良という重大な課題に、「活動主義」という立論のみで立ち向かうことは困難だったのである。

谷本富の自学輔導

樋口勘次郎とともに、「新教育」の源流を形成した人物と評されるのが、かつてヘルバルト主義普及の立役者であった谷本富であった。谷本は、帝国大学文科大学の特約生教育学科に学んだ後、山口高等中学校の教師を経て、一八九四（明治二七）年に高等師範学校教授となり、一八九九年から約三年半にわたって欧米に留学した。一九〇六年には京都帝国大学文科大学教授に任ぜられ教育学講座を担当するも、一九一三（大正二）年八月のいわゆる「沢柳事件」（次章にて言及）で辞職に追い込まれる、という経歴の持ち主である。

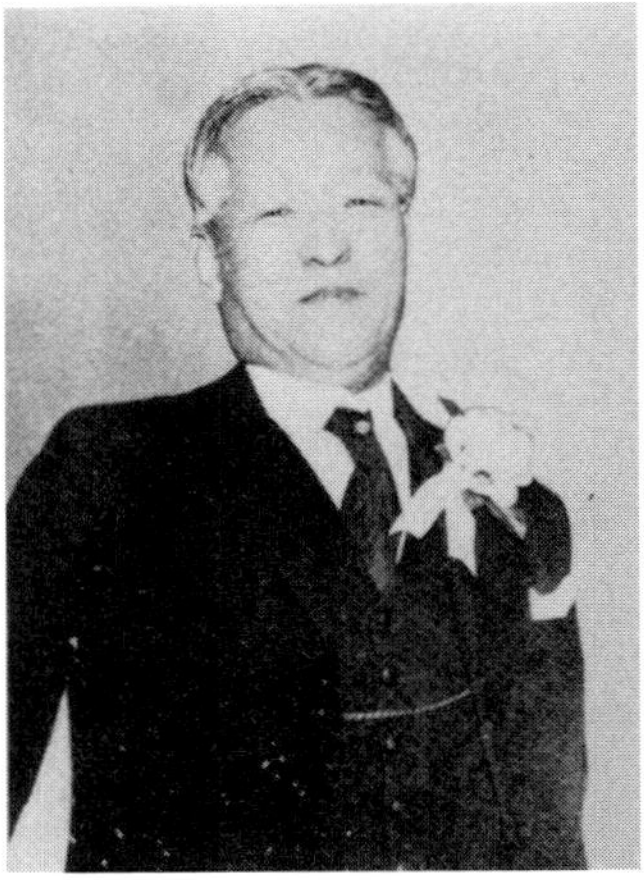
〔図 10-4〕谷本富

谷本が「新教育」を提唱するようになるのは、欧米留学からの帰国後のことである。その主張は『新教育講義』（一九〇六年）と『系統的新教育学綱要』（一九〇七年）の二書に凝縮されている。谷本は、後進資本主義国としての日本が欧米列強に伍して帝国主義的発展を遂げるためには、能動的・活動的な人物を育成することが必須の課題であるとの立論に基づき、そのための教育改造として「新教育」を唱えた。

谷本によれば、旧来の日本の教育には二つの短所があったとされる。その一つは、画一的で子どもの個性を尊重する姿勢に欠けることであり、もう一つは、自ら治め自ら助けるという自治自助の精神に欠けることであった。その結果、教育活動の全体が、教師の側の形式的な活動を中心に据え、子どもを受動的な地位に追いやる傾向に流れていた。彼がかつて信奉したヘルバルト主義についても、「ヘルバルトの方では何処までも児童を受動的の位置に於て観ることに過ぎて教師が干渉に過ぎる」[21]と批判される。ヘルバルト主義に代表される旧教育は、子どもの「自学」の価値について眼を閉ざしてしまっている、というのである。

そうして谷本は、

私は実地教授の上に二個の注文があり升、…それは第一には、教師は多く言はず、成可く生徒に多く言はせ、教師は多く書かず、可成く生徒に多く書かしむることを望む…又第二ヶ條には、生徒相互に助けると云ふ事是れが又大切なるものです、…尤も教師は打棄て置て好いのかと云ふとさうでは無いのであつて、教師は飽までも適当に輔導して行かねばならぬ、…唯だ今日までの処は兎角開発輔導に過ぎて居るのは悪い、今日以後は自学を重んぜよと云ふのであります[22]

と、新教育の基軸として、生徒の「自学」を基調に据え、これを教師が「輔導」するという、「自学輔導」の立場を前面に押し出すのである。さらに、「自学」に基づく活動的な人物を養成する理想的学校の目標として、

第一条　学校は根本的生徒のために立てられん事を要す、
第二条　学校は一層平等にし一切の児童に均等の機会を与へんことを要す、
第三条　学校は自然と合体せんことを要す、

第四条　学校は能動的方法に依りて其事業を遂行せんことを要す、
第五条　学校は遺伝、境遇、生得の能力及び傾向を承認し自働、創作、選択並びに自活のために機会を与へんことを要す、
第六条　学校は画一の要求を離れ差別の教育の最大必要を承認せんことを要す、
第七条　学校にては一切虚偽の勧奨を排斥し純粋の課業を好愛すること並びに其正道たるが故に是れを断行して完遂することを主とせしめんことを択取することを要す、
第八条　学校は身体、智力並びに道徳共に通じて健全ならんことを催進するを要す、
第九条　学校は既に其成立を得たる上は又其結果に就て責任を負はんことを要す、
第十条　学校の産物は自由且つ奮励の精神にして、観察を怠らず、勤労、創作的研究乃至美術的享楽等の良習慣を有し、活世界に立って創造者たるべく、自治思想の独立を有し且つ富資に貢献する公民たらんことを要す(23)

との一〇ヵ条を掲げた。「差別の教育（個性尊重の教育）」や「自治思想」に基づく、「活世界に立つ創造者」「富資に貢献する公民」の育成が、これからの理想的な学校の任務だと訴えるのである。

「自学輔導」を方法原理とする谷本の主張は、その後の新教育運動の展開に様々な形で反映されていく。ただし、谷本において、個性尊重や自学重視の主張が、日露戦争後における日本の帝国主義的発展のための教育改革論として説かれていたことに注意を払う必要がある。教育改造の試みが、より大きな国家的戦略の枠組みの中にどう位置づけられていくのかという問題は、大正期を中心とするその後の新教育運動の特質とその限界とを方向づけていくのである。

新学校の創設

明治末期には、自治・自由・自学などを標榜する新しいタイプの私立学校が誕生した。それらの「新学校」は、必ずしも上述の樋口や谷本との直接的なつながりをもつものではなかったが、日露戦争後の新しい時代に対処するための教育改造を目指した点において、樋口や谷本の試みと同様に、新教育運動の先駆的取り組みとして評価することができる。

例えば、一九〇七（明治四〇）年、今井恒郎（一八六四〜一九三四）が東京府豊多摩郡和田堀（現杉並区）に創設した日本済美学校は、構内に丘陵や森林、清流や田畑を有する学校として「田園教育舎」とも呼ばれた。学費は月額一五円で、当初は中学部生徒一五名と今井をはじめとする教師一五名の構成をもって開設され、寄宿舎制度に基づく家族的関係を形成した(24)。

一九一二（明治四五）年には、中村春二（一八七七〜一九二四）が高等師範学校附属学校尋常中学科の同窓生であった三菱合資会社の岩崎小弥太（一八七九〜一九四五）や今村銀行（後の第一銀行）の今村繁三（一八七七〜一九五六）の援助を受けて成蹊実務学校を創設した（一九〇六年創設の成蹊園を母体とする）。中村は、東京帝国大学在学中から私立曹洞宗第一中学林で講師を務めるなど、仏教に基づく教育実践の経験を有していた。一方、岩崎・今村ともにケンブリッジ大学留学の経歴をもち、イギリスのパブリックスクールや後述するアボッツホルムの学校などの教育方針に対する理解を有していた。こうして成蹊実務学校は西欧新教育の原理を摂取しつつ、伝統的な僧堂教育に基づく全く新しい教育理念を掲げて発足した。一学級定員は二五名と少人数教育を原則とし、始業前には三〇分間の「凝念法」を課した。また野外観察を盛んに実施したほか、夏季休業を全廃して精神修養や肉体鍛錬のための「夏の学校」を開いた(25)。なお、この学校は「実務学校」を称していたが、法的拘束を避けるべく、実業学校ではなく「各種学校」として開校した（その後、一九一四年に成蹊中学校、一九一五年に成蹊小学校、一九一七年には成蹊実業専門学校および成蹊女学校が創設されていった）。

以上は中等教育段階の学校であったが、これに対し、初等教育の改革を目指して一九一二年東京巣鴨に創設されたのが、西山哲次（一八八三～一九三九）の帝国小学校であった。西山は、哲学館（東洋大学の前身）卒業後アメリカに渡り、ニューヨーク大学で教育学を学び、一九一〇年に教育学博士の学位を取得している。留学中にはジェームズ（William James, 1842-1910）との接触もあり、プラグマティズムの思想の影響の下に、教育における画一的注入主義を排し、子どもの個性・自発性と自治を尊重する教育を実践しようと志した。ただし、その一方で天皇制国家を礼賛する立場をとり、朝礼の際生徒に「万歳」を課していたことには注意を要する（月曜は「天皇陛下万歳」、火曜は「父上、母上万歳」、水曜は「私達の先生万歳」、木曜は「私達の御友達万歳」、金曜は「帝国小学校万歳」、土曜は「大日本帝国万歳」）。なお帝国小学校は、開設当初は小学校児童三名、幼稚園児一七名であった[26]。

これらいわゆる「新学校」は、子どもの個性・自発性と自治・自由の尊重に基づく訓育を重視する傾向を有していた。寄宿舎制度に基づく教師と生徒との直接的な人格のふれあいや、学級の少人数定員方式もそうした原則から導き出されたものであった。だが、こうした教育方針に基づく学校経営を維持するためには、日本済美学校のように高額の学費を徴収するか、成蹊実務学校のように大ブルジョアの資金提供を期待する以外に有効な手立てはなかった（帝国小学校はそうした条件に恵まれなかったために、経営上の難航を余儀なくされた）。

また、いずれも画一的な注入教授を厳しく批判しながらも、他方で厳しい鍛錬主義をとっていた（成蹊実務学校での「凝念法」や「夏の学校」、帝国小学校での「万歳」など）。これは、当時にあって教育の使命が、日本の帝国主義的発展を保証するに足る身体強健で意志強固な能動的人間の養成に置かれていたことの必然的帰結とも見なしうる。

新学校に付随した、これら経営上のブルジョア的性格と方法上の鍛錬主義的性格は、その後の新教育運動の一特質を形成していくことになる。それは、日本の新教育運動がすでにその源流形成の段階で、「児童中心主義」の教育運動としての制約と限界とを内包させるものであったことを示唆しているのである。

第一一章　「近代教育」の見直し（その一）

――大正新教育運動

本章では、大正期を中心に活発に展開されたいわゆる「大正新教育運動」の概述を試みることにする。その際、同運動の教育史的意義の一側面を「近代教育の見直し」として評価しようとする。ただし同運動が、本書にて繰り返し述べてきた「国家による国民形成」という意味での「近代教育」を、全面的に見直そうとしたのかといえば、それは必ずしも正確な評価ではない。

同運動は「大正自由教育運動」とも称せられるように、教育のあり方の基本認識を教師による「統制」よりも、むしろ子どもの「自由」に据えようとした。同運動が概して、子どもの個性や自発性、主体的活動や生活経験などの尊重をスローガンに掲げたのも、「自由」を基軸とする教育改造を志してのことであった。それゆえ、「近代教育」が概して既定の知識・技能の画一的な注入教授へと流れる傾向があったとするならば、大正新教育はまさにその見直しを企図した教育運動であったと見ることができる。だが、大正新教育は、画一的注入教授の克服を目指そうとはしても、画一的注入教授の根源的な由来をなす「国家による国民形成」という近代教育の枠組み自体に批判の眼を向け、その改造を図ろうとする運動へと進展するまでには至らなかった。

その意味で、本章のタイトルに掲げた「近代教育の見直し」とは、大正新教育運動の極めて限定的・局所的な動向に対する評価にすぎない、ということに注意されたい。だが、それでもなお、国家が予め定めた教育内容を画一的・形式的に注入するような明治以後の教育に疑問を呈し、子どもの自発的な学びを主軸とする新しい教育のあり方を模索した試みには、近代教育の枠組みに収まりきれない何らかの教育的可能性を読み取ることも可能なはずである。本章が、限定的であるにせよ、大正新教育運動に「近代教育の見直し」という評価を与えようとするのは、その可能性の所在に重要な関心を寄せるからに他ならない。

一．大正新教育運動の背景

時代閉塞と近代的自我

前章にて紹介したように、明治末期には、「教則大綱」（国）→「教則」（府県）→「教授細目」（各学校）という制度的階梯に伴う定式化された教育のあり方の弊害を問題視する動きがすでに生起していた。上記の樋口勘次郎の試みはその代表的事例といえるが、同じく東京高師附属小学校の訓導であった棚橋源太郎（一八六九～一九六一）もまた、いわゆる官製の教科課程を批判し、実践的に「実科教授」の研究を推し進めた（一、二年に「直観教授」、三、四年に「郷土科」を特設し、家庭生活と理科・地理・歴史などを横断する教授プランを構想した）ことで知られる。

明治末期の教育状況に対する批判としてしばしば引き合いに出されるのは、「日本一の代用教員」を自任した石川啄木（一八八六～一九一二）の所説である。啄木は、一九〇六（明治三九）年に郷里岩手県渋民の尋常高等小学校の代用教員を経験するが、「教授細目」に雁字がらめとなった当時の小学校教育の様子を、小説『雲は天才である』に描き出している。また、彼の評論「時代閉塞の現状」（一九一〇年）は、日露戦争後の社会秩序の動揺や自由主義・個人主義・社会主義などの思潮を背景とする大衆意識の変化に対し、強権勢力が天皇制国家体制の一層の強化を図ろうとしたことで硬直化した当時の社会状況を論じたものであったが、啄木は、当時の学校教育もまた「閉塞の現状」にあると見なした。すなわち、個々の教員の役割は、単に校長の立てた教育方針（「教授細目」）を学級に具体化するだけとされるような官僚主義的な学校管理体制が、教育の硬直化を引き起こしていることを問題視したのであった。(1)

この時期にはまた、日清・日露戦争後の産業革命が進展する中で大都市への人口集中が始まり、国家・君主や家のためという伝統的生活理念から比較的解放された、いわゆる新中間層が誕生しつつあった。新中間層の主要部をやがて構成することになる学生層において、この伝統的生活理念からの離脱と、新しい生活理念としての個人意識（近代的自我）への目覚めが指摘されるようになった。夏目漱石（一八六七～一九一六）が『三四郎』（一九〇八年）の中で描出したような「自己本位」ないし「我意識」は、すでに一般的風潮として認識されるに至っていた。島崎藤村（一八七二～一九四三）の『破戒』（一九〇六年）や田山花袋（一八七一～一九三〇）の『蒲団』（一九〇七年）に代表されるいわゆる自然主義文学が青年教師たちに、現実への眼を開かせ、それに対する懐疑と思索を喚起するような影響を与えたのも、こうした歴史・社会的文脈と無関係ではない。

このような動向に対し、政府は一九〇六（明治三九）年に文部大臣牧野伸顕（一八六三～一九四九）の名において訓令を発し、「学生生徒ノ閲読スル図書」の内容精査や、「教員生徒等ヲ誘惑セムトスル」危険思想の取り締まりを図った。さらに、一九〇八年一〇月には「戊申詔書」が渙発され、日露戦争後の個人主義・社会主義の盛行を戒め、「宜ク上下心ヲ一ニシ忠実業ニ服シ勤倹産ヲ治メ惟レ信惟レ義醇厚俗ヲ成シ華ヲ去リ実ニ就キ荒怠相誡メ自彊息マサルヘシ」との道徳的規範を天皇の権威に基づいて示した。日露戦争後の天皇制秩序の再強化を図ろうとする強権側の統制と、自由主義・個人主義・社会主義に代表される国民大衆の自己主張への要求とが、国際的な帝国主義的環境への対処という課題を背負った日本の、社会的・思想的動向の主要なモチーフとなっていくのである。

大正デモクラシー

一九一二年、明治から大正へと改元（同年七月三〇日）された年は、「閥族打破、憲政擁護」を叫ぶ空前の民衆運動が起こった年でもあった。日露戦争後の資本主義の発展は、主に軍需の増大を背景とする積極的な外国公債導入と対外投資に基づくもので、国民生活の向上に伴う国内市場の拡大や生産力の増大によるものではなかった。この間、都市部を中心に増えつつあったいわゆる新中間層は、薩摩・長州両藩出身者による藩閥官僚の独占的な政治機構に対する批判の声を上げるようになっていた。

一九一一年に成立した第二次西園寺公望内閣は、こうした世論に応えて行財政改革に努力する姿勢を示したものの、一九一二年度の予算編成に当たっては、陸軍が二個師団の増設を要求した。当時の帝国主義的国際環境の中にあって、長州閥勢力の強い陸軍と薩摩閥の海軍とは、互いに軍備拡張を競っていたのである。この要求を否決された陸軍大臣は、国防の責を果たせないとして天皇に直接辞表を提出した。当時、陸海軍大臣は現役の大将・中将に限られていたが、陸軍の反発から後任の陸軍大臣が得られなかったため、一九一二年末に西園寺内閣は総辞職に追い込まれた。

西園寺内閣が辞職すると、代わって陸軍の長老で長州閥の桂太郎（一八四八～一九一三）が内閣を組織したが、これには民衆が強く反発し、こうして「閥族打破、憲政擁護」をスローガンとする第一次憲政擁護運動が活発な展開を見せた。この運動には、「憲政の神様」として人々の尊敬を集めた与党政友会の尾崎行雄（一八五八～一九五四）や野党国民党の犬養毅（一八五五～一九三二）が参加したことで、「閥族」と「憲政」とが正面から衝突することになった。一九一三（大正二）年二月一〇日の桂内閣不信任案提出前日に、政友会と国民党の院外団が両国国技館で開催した演説会には二万人もの参加者が集まり、また国会議事堂の周囲には不信任案を支持する万余の群衆が押し寄せたといわれる。(2) こうして、ついに桂内閣は総辞職に追い込まれた。これがいわゆる「大正政変」である。「大正政変」は、明治憲法下において民衆運動の高揚が内閣総辞職の引き金となった稀有な事例として、民衆の政治意識を高めることになった。この、民衆が政治上の一つの勢力として機能するという認識が、いわゆる大正デモクラシーの理論的支柱を形成することになる。

大正期におけるデモクラシー思潮の高まりは、東京帝国大学教授吉野作造（一八七八〜一九三三）が、「民本主義」という訳語を採用して独特のデモクラシー論を展開したことを重要な契機とする。一九一六（大正五）年、吉野は『中央公論』誌上に「憲政の本義を説いて其有終の美を済すの途を論ず」と題する長文の評論を載せたが、その中で「デモクラシー」には、「国家の主権は法理上人民にあり」という意味と、「国家の主権の活動の目標は政治上人民にあるべし」という意味との二つの異なる意味があるとした上で、前者を「民主主義」と、後者を「民本主義」と解釈した。その上で吉野は、「民主主義」は国家の権力の所在や主権を人民にありとするもので、君主国体たる日本には通用しない主義としつつ、その一方で、法律上の主権者たる君主がその主権の行用に当たって一般民衆の利福を政治の目的とし、一般民衆の意向を重んじながら政策決定を行う政権運用上の主義としての「民本主義」は、明治憲法の枠内で民衆政治の実を拡大するものと説いたのであった。(3)

「大正政変」の経験に基づく民衆の主体意識、あるいは「民本主義」の主張の根底をなす民衆の自主・自発といった精神的雰囲気は、堅牢に組み立てられた近代教育体制の内部にあって、すでにその萌芽を見つつあった「新教育」の極めて重要な社会的背景をなしたのである。

欧米新教育の伝播

「時代閉塞の現状」下での強権勢力と近代的自我とのせめぎ合いや、デモクラシーという社会的雰囲気が、大正新教育運動を間接的かつ緩やかに方向づける社会的背景をなしたのに対し、同運動に直接的かつ積極的な影響を及ぼしたものが欧米から流入する「新教育」の諸動向であった。

一九世紀末から二〇世紀初頭にかけての時期は、欧米を中心として、教師の側の「教授」活動を中心とする旧来型の伝統的教育に対して、子どもの自主性・自発性を尊重しその主体的な「学習」の支援を基軸とする新しい教育の取り組みとその思想が普及しつつあった。そうした新しい教育の試みを展開した学校のことが、当時「新学校」と呼ばれていた(4)。

「新学校」の代表的なものとして、セシル・レディー（Cecil Reddie, 1858–1932）が一八八九年にイギリスのアボッツホルムに建てた学校を挙げることができる。この学校は全寮制で、広大な校地に果樹園・農場・工場のほか各種の作業室・実験室と運動場などを備えていた。イギリスの伝統的中等教育機関であるパブリックスクールが、ギリシア語やラテン語などの古典語を中心とする教育を行っていたのに対し、この学校では、英語・フランス語・ドイツ語などの現代語に力点を置くとともに、生産的活動（労作）や芸術的活動を重視する教育を展開した。社会の近代化・産業化の進行を踏まえて、教育の内容や方法の大胆な改革を行ったのである。

アボッツホルム学校の影響は、その後ヨーロッパ各地に及んだ。フランスでは、一八九八年にドモラン（Edmond Demolins, 1852–1907）がロッシュに学校を創設した。この学校も全寮制で、実用的な教科や労作教育を採用するなど、教育内容の近代化を推し進めた中等教育機関であった。ドモランは同一八九八年に『新教育』（L' Education nouvelle）という書物を著したが、この書物は「新教育」という言葉が広く使用されるようになる発端をなしたものといわれている。

ドイツでも、一八九九年にリーツ（Hermann Lietz, 1868–1919）がイルクゼンブルクに「田園教育舎」を創設した。この学校も全寮制であったが、三つのL（Licht, Liebe, Leben――光と愛と生）を標語とし、田園地帯の豊かな自然環境を活かしながら、教科の学習だけではなく、労作や自然の中での遊びを教育内容に取り入れた。また生徒による自治活動を重視した。リーツはイルクゼンブルク以外にもいくつかの新学校を創設したが、この田園教育舎の試みは、多くの共鳴者を生じ、ドイツ各地に類似の学校の出現を見るに至った。

一方、アメリカでも一八九六年にデューイ（John Dewey, 1859-1952）がシカゴ大学附属小学校（その後、シカゴ大学実験室学校と改称）を設立し、新しい教育実践の試みを展開した。この教育上の実験的試みに基づいて著された『学校と社会』（一八九九年）は、教育活動の重力の中心を「教師や教科書」から「子ども」に移動させる「教育上のコペルニクス的転回」を唱えた記念誌的著作として知られるが、同書は早くも一九〇一年にはわが国にて翻訳・出版された。

また同じく一八九九年には、スウェーデンの教育思想家・女性運動家エレン・ケイ（Ellen Karolina Sofia Key, 1849-1926）の『児童の世紀』も出版された。同書においてケイは、西欧先進諸国に成立・普及した近代国家づくりの一環としての学校教育制度がむしろ子どもを精神的に抑圧していると批判し、子どもの成長・発達を優先した学校改革の必要性を強調した。この書は欧米で反響を呼んで広く読まれたが、わが国でも一九〇六年に抄訳・紹介された。

こうして、「子どもから」（vom Kinde aus）をスローガンとする教育改革運動とその思想とが、二〇世紀初頭の国際的な教育動向を形成するに至った。この国際的な「児童中心主義」の教育運動のうねりが、大正新教育運動の進展に最も重要な影響を及ぼすことになったのである。

二．大正新教育運動の動向

拠点としての新学校

以上のような社会的動向を背景に、いわゆる新教育運動が大正期における教育史の表舞台に登場することになる。そして、この運動の拠点となったのが、「新学校」と呼ばれた諸学校であった。前章にて紹介したように、明治末期に出現した「新学校」は中等段階の学校であったが、やがてそれは初等段階の学校へと基軸を移していく。そうした「新学校」には、旧来より教育改造の試みを展開していた官公立師範学校附属小学校と、新しい教育の実践を目指して開設された私立小学校との二系統を指摘することができる。両者が新教育の拠点となりえたのは、いずれも公立小学校に比べ、カリキュラム編制や教授方法に独自の工夫を加える余地が、相対的に担保されていたからといえる。

新教育運動の推進者には、明治三〇年前後に東京高等師範学校に学んだ人々が少なくなかった。彼らは、同校にて前述の樋口勘次郎に代表される「活動主義」の教育思潮に接していた。例えば、後述する野口援太郎（一八六八～一九四一）、木下竹次（一八七二～一九四六）、手塚岸衛（一八八〇～一九三六）、樋口長市（一八七一～一九四五）らは、いずれも同校の卒業生である。一方、私立学校については、これも後述する成城小学校がその代表格としての役割を果たすとともに、同校の教師であった赤井米吉（一八八七～一九七四）や小原国芳（一八八七～一九七七）が、新たに新学校を創設し、その後の新教育運動のリーダーとなったことが特筆される（因みに赤井・小原ともに広島高等師範学校の卒業生であった）。

師範学校附属小学校

師範学校附属小学校での新教育実践を代表する事例としては、兵庫県明石女子師範学校附属小学校にて同校主事・及川平治（一八七五〜一九三九）が試みた「分団式動的教育」、千葉師範学校附属小学校にて同校主事・手塚岸衛が展開した「自由教育」、あるいは奈良女子高等師範学校附属小学校にて同校主事・木下竹次が推進した「奈良の学習」（「合科学習」）などが最もよく知られている。

及川の「分団式動的教育」は、題材とは教師が一方的に提示するものではなく、子どもがその活動を通して自力で構成していくべきものとの基本認識に立ち、子どもが「為すことによって学ぶこと」、すなわち子どもが主体となって生活過程と学習過程とを統一することを目指すものであった（題材を「動的」に理解する）。それゆえ学級が学習の基本集団であることを認めつつも、動的教育は分団式の形態において最もその趣旨が徹底できることが強調されている。及川の試みは著書『分団式動的教育法』（一九一二年）ならびに『分団式各科動的教育法』（一九一五年）として体系化され、版を重ねることで大正期の教育界に大きな波紋を呼び起こすに至った。

千葉師範附属小の「自由教育」は、全学年全学級に「学級自治会」を組織させ、学級運営における児童の自治を推進したことと、毎日正午前の一時限を「自由時間」に充て、児童に教科と学習場所を自由に選択させたこと（これに伴って自学室も準備した）とに、その典型事例を見ることができる。それは「教育は教え授けたることの反復練習ではなく、自由なる学習による自己創造である」[5]との手塚の教育理念に基づいて試みられたことであった。

奈良女子高等師範附属小の「学習法」は、①「独自学習」を土台としつつ、それを「分団相互学習」や「学級相互学習」によって深化させ、再び「独自学習」に戻る、といった学習方式を採用する、②第一次限目に「学習時間」を特設して「独自学習」という学習展開の場を整える、③「合科学習」という学習形態に基づくカリキュラムを実施する、などの試みとして知られる。とくに「合科学習」は、「子どもの生活をそのまま生活させる方法」「題材中

〔図 11-1〕野口援太郎

心の合科学習」「一科を中心とした合科学習」という三種の方法を学年の進行を勘案しながら実施するもので、終戦後にまで継承され、同校が日本における綜合カリキュラム運動の拠点と評される由来をなした取り組みであった。(6) 木下竹次には主著『学習原論』（一九二三年）のほか、多数の著作があり、多くの読者を獲得した。

私立小学校

一方、私立小学校については、沢柳政太郎が校長を務めた「成城小学校」（一九一七年開設）、野口援太郎を校長として創設された「池袋児童の村小学校」（一九二四年開設）、赤井米吉によって創設された「明星学園」（一九二四年開設）などのほか、小学校ではないが、羽仁もと子（一八七三～一九五七）が夫吉一とともに創設した「自由学園」（一九二一年開設）や、建築家西村伊作（一八八四～一九六三）が歌人与謝野晶子（一八七八～一九四二）・画家石井柏亭（一八八二～一九五八）らの協力を得て創設した「文化学院」（一九二一年開設）などを、新教育の拠点として取り上げることができる。

これらの中で、最も急進的な教育改造を試みたのが「池袋児童の村小学校」であった。同校は、野口援太郎、下中弥三郎（一八七八～一九六一）、為藤五郎（一八八七～一九四一）、志垣寛（一八八九～一九六五）の四名を同人とする「教育の世紀社」を設立母体とし、東京池袋の野口の自宅を開放して始められた。六一名の子ども（保護者の職業は、実業、会社員、官公吏が多数を占めていた）と四名の専任教員、三名の専科講師によるスタートであった。授業は、子どもと教師とが相談して毎日の学習活動を定める。低学年はなるべく戸外で遊び、作り、描き、歌い、観察することに主眼を置く。高学年になると分科学習をするが、教科を細切れに学ぶのではなく、例えば一学期は歴史課程と地理課程、二学期は算術課程と国語課程という具合に取りまとめて学習する。その学習は、自分で教科書・参考書などを調べる独自学習を経て講座学習に移る。実験、鑑賞、発表会や飼育栽培などを豊富に取り入れる。試験は実施せず、成績通知も点数や評語ではなく、学習態度・学習進度の報告という形式をとる。こうして学級も教室も時間割もカリキュラムも定めない、徹底的な自由教育を試行したのである。[7] 野口は後に、国際新教育連盟（International New-education Fellowship：一九二一年結成）の日本部として設立された新教育協会の会長に就く（一九三一年）が、児童の村小学校は、国際新教育連盟との連絡の下に誕生した学校でもあった。

三．成城小学校の教育実践

沢柳政太郎という人物

〔図 11-2〕沢柳政太郎

大正新教育運動の拠点となった新学校の中で、その中核に位置したのが成城小学校であることは疑いない。同校校長を務めた沢柳政太郎は、信州松本の出身で開智学校に学び、上京の後は、東京師範学校附属小学校、東京府立中学校、東京大学予備門を経て一八八四（明治一七）年東京大学文学部哲学科に入学した。大学卒業とともに文部省に入省、群馬県立尋常中学校、第二高等学校、第一高等学校などの校長歴任後、一八九八（明治三一）年に文部省に戻り、普通学務局長として一九〇〇年の「小学校令」改正に取り組む。一九〇六年に文部次官に就任し、退官後は東北帝国大学総長、京都帝国大学総長を歴任した。まさに明治以後の文教行政の担い手、教育界の重鎮として活躍した人物である。

沢柳は、いわゆる「沢柳事件」（一九一三年、沢柳が京都帝国大学総長のときに文科大学教授谷本富をはじめとする七名の教授を、不適任を理由に免官させたことに端を発して、大学における教授会自治の問題へと波及した事件）によって京都帝国大学総長を辞職するが、その後私立成城中学校の校長就任を要請される。文部省在任中から、旧来の講壇教育学に不満を抱き、教育現実に関する科学的知見に基づく「実際的教育学」構築の必要性を意識していた沢柳は、新しい小学校設立という条件をつけてこの要請を受諾した。こうして一九一七（大正六）年四月、成城小学校が創設されたのである。この学校では、『成城小学校研究叢書』や機関誌『教育問題研究』を刊行し、教育の実践と研究との一体化を図るとともに、同校での教育実験に基づく教育改造のための実際的知見を発信した。沢柳はまた、一九一七年に帝国教育会の会長に就任し、全国の教員の力を結集するために尽力した。

創設趣意とカリキュラム

成城小学校は、創設趣意として、①個性尊重の教育（附、能率の高い教育）、②自然と親しむ教育（附、剛健不撓の意志の教育）、③心情の教育（附、鑑賞の教育）、④科学的研究を基とする教育、の四者を掲げている。(8)

①については、当時の「小学校令施行規則」が一学級の定員を尋常小学校七〇人以下、高等小学校六〇人以下と定めていたものを、同校では一学級三〇人を限度とした。教授方法や教材の分量も教授細目の形式に拘泥せず、能力に応じた学課の進行を図ることが力説されている。また同校では、春・秋二季入学による二重学年制を実施することで、一クラスの子どもの年齢差を小さくするとともに、子どもの能力に基づいてクラスを超級させたり、降級させたりする方式を採用した。こうして、一人ひとりの発達や能力に応じた教育を展開することが企図されたのである。

②については、田園的自然環境の中で身体の鍛錬のみならず、不撓不屈の精神を養うことで、剛健敢為な国民を形成するための素地とした。③は、教師と子どもとの人格的ふれあいと、芸術教育の重視に反映された。さらに④については、教師の日常経験を重視しつつ、綿密な観察・実験によって科学的知見を獲得することが目指された。科学的研究として重視されたのは、子どもの成長過程と教科課程との関連であり、その一つの試みが一九一八年入学児童を対象に行われた「児童語彙」の調査であった。(9) その結果、入学時点での子どもが平均約四、〇〇〇語もの語彙を所有していることが判明し（調査前は二、五〇〇〜三、〇〇〇語を予想していた）、この知見が同校での国語教育の改革に活用されたのであった。

以上のような創設趣意は、当然にカリキュラム編制にも反映されることになる。その中で注目されるのは、①当時の「小学校令施行規則」では第一学年から設けられていた修身科を、第四学年から始めることにした（低学年では生活に即して、具体的場面に応じた指導を行うものとした）、②当時の国語科の内容である「読み方」「読書」「綴り方」「書き方」に加えて、低学年に「聴き方」を設けた（「読み書く」能力とともに「聴き話す」能力を育もうとした）、③当時第四学年から始められていた理科を第一学年から設けることにした（自然とのふれあいの重視）、④全学年に「英語」、高学年に「特別研究」という独自の取り組み（週に二時間、学級を撤廃して子どもが好きな科目・題材をもって教師のところに行き、研究する）を導入した、などの諸点である。この「特別研究」が下記のダルトン・プランの導入的取り組みであったことが興味深い。

ダルトン・プランの導入

成城小学校の教育実践を特徴づけるものとして、いわゆるダルトン・プランを取り上げねばならない。これはアメリカ人パーカースト（Helen Parkhurst, 1887–1973）が考案した学習法で、その発端は、彼女が一九二〇年にマサチューセッツ州ダルトン市のハイスクールで実施した試みにあったといわれる。「自由」と「協同」とを根本原理とし、生徒がそれぞれ自主的に個別学習を行うとともに、生徒間の協同のための環境づくりの必要が強調される。その概要は、①生徒は教師と契約したアサインメント（作業予定表）に従い、自分のペースで各教科を学習する、②従来の学級や時間割は廃止され、各教科の「実験室」で担当教師の指導の下、学習が進められる、③学習進度は、「生徒一人ひとりの進度表」「一生徒の全教科にわたる進度表」「学級内での全生徒の進度表」という三種類の進度表に基づいてチェックされる、というものである。(10) 従来の学級を単位とする画一的な一斉教授に対し、生徒が自分のペースで、しかも教科の難易に応じて自由に時間を配当できるこの学習法は、教育改造への具体的方法を模索していた日本の教育界から大いに歓迎されることとなった。

ダルトン・プランが日本に広く普及するようになるのは、沢柳をはじめとする成城小学校関係者が一九二二（大正一一）年の欧米教育視察中にパーカーストを訪ねて同プランを参観し、これを同校に紹介したことと、一九二四年に成城小学校と大阪毎日新聞社の協同招聘によってパーカーストが来日し、全国を廻って講演会を開催したことが重要な契機となった。成城小学校では、一九二二年一一月からダルトン・プランの導入を試みた授業検討が始められ、一九二四年四月から第五学年以上で国語・数学・地理・歴史・理科などの教科で一斉に同プランを実施するようになる。その様子については、同校にて実際に同プランに基づく授業を受けていた生徒が、

私が五年になった時、有名なダルトンプランが導入実施された。午後の体操、音楽、図工、修身（一斉授業と言った）を除き、午前中は時間割りなし、生徒は全く自由だと言う。月初めに一か月分の各学科の予定進度を示され、国語、算数始め地理、歴史、理科等夫々の教室にその科目担当の先生が居て、教室のなかは各学年の生徒が入り交り、しかも出たり入ったり、参観に来た母等は全く吃驚させられたものだ。月初めに示された予

定を理解したと思えば、科目担当の先生の前で先生の質問に答え、更に翌月分に進むことになる。テストと呼んだこの試験は、実は極めて気楽な応待に終始し、先生から「君、まだこの辺よく判ってない様だから参考書の何頁の辺をよく読んで来なさい」等と云われ、「あれ！　いけねえ！」などと引き下がる。たまには「でも先生、これは僕は本の方が間違っていると思うんだけどなあ」等と食い下がったりして、楽しい印象しか残っていない。(11)

というような回想を記している。ダルトン・プランは、学習の進度では生徒間で個人差が生ずるものの、その学習が生徒によって主体的に行われるとともに、教師が各生徒の進度に合わせた個別指導を丁寧に行うことで、学習内容では統一的な基準を満たすことができる、というメリットがあった。その意味でこのプランは教科課程の改変を必ずしも必要とせず、当時の教育界からも受け入れられやすい学習法であったといえる。

ダルトン・プランは成城小学校以外にも、熊本県立第一高等女学校（同校校長の吉田惟孝は一九二一年から翌二二年の欧米出張時にいちはやく同プランに注目していた）、愛媛男子師範学校附属小学校、岡山県倉敷小学校、福井師範学校附属小学校など、全国の学校で広く採用されていく。ただし、同プランを実施するには、教師が一人ひとりの子どもの進度表を作成し、それに応ずる教材を準備するという手間暇をかける必要があった。また、一人の教師が担当する子どもの数を少なくしたり、必要経費を確保したりすることも求められた。こうした現実的問題にダルトン・プランの普及を妨げる条件があったのである。

〔表9〕八大教育主張

講演者	講演題目
及川平治（兵庫県明石女子師範学校）	動的教育の要点
稲毛詛風（創造社主筆）	真実の創造教育
樋口長市（東京高等師範学校）	自学教育の根底
手塚岸衛（千葉県師範学校）	自由教育の真髄
片上　伸（早稲田大学）	芸術教育の提唱
千葉命吉（広島県師範学校）	衝動満足と創造教育
河野清丸（日本女子大学校）	自動主義の教育
鰺坂（小原）国芳（成城小学校）	文化教育の主張

四．その他の動向

八大教育主張

新教育運動に対する共鳴が全国的規模において生じていたことを象徴する出来事が、一九二一（大正一〇）年八月に東京高等師範学校講堂で開催された「八大教育主張」の講演会であった。この講演会は雑誌『教育学術界』の出版元である大日本学術協会が主催したもので、会場の定員二、〇〇〇名に対して五、五〇〇名にものぼる申込者があり、また講演記録集『八大教育主張』も翌年に初版を出してから二年間のうちに一〇回もの版を重ねたと伝わる。

講師と演題は〔表9〕の通りである。講師の一人であった手塚岸衛の、

> 私は開会の当日に此の会に上りまして、満場立錐の余地なき実際家諸君の御集りを見て、今更らの感に戟たれたのであります。今や教育実際家覚醒の時期に際会して居ります。…従来の教育はあまりに一斉画一に過ぎはしなかつたか。又あまりに子供を受身になし、又あまりに注入に過ぎはしなかつたか。又あまりに干渉束縛に過ぎはしなかつたか。…一括して申せば大人本位で、教師本位であつて、教員を中心として、子供を中心に置かなかつた憂を持つのであります。[12]

という発言は、従来の教師本位の教育から子ども中心の教育への転換を求める主張に、多くの賛同が寄せられてい

たことを物語っている。また、小原国芳の「私は処々方々を講演して歩いて全く旅から旅で、準備が出来ませず、しかも五日の晩は八十噸の小舟で鳥も通はぬ玄界灘を渡り、下関から特急、六日の晩は汽車の中、…睡眠不足で朝飯すら取ることが出来ません[13]」という言葉からは、当時新教育運動のリーダーたちが全国各地において教育改造のための活動を精力的に展開していた様子が窺われる。

芸術教育運動

大正新教育運動は、教授方法上の革新を試みる取り組みだけにとどまるものではなかった。子どもの内面に潜む生命力に深い洞察を寄せた文芸家や芸術家たちもまた、新教育の重要な担い手となった。

〔図 11-3〕「赤い鳥」

例えば、上記「八大教育主張」の演者の一人である片上伸（一八八四～一九二八）は、早稲田大学教授にして著名な文芸評論家でもあった。片上は必ずしも専門の教育家や教育学者ではなかったが、教育を論ずる上で重要なのは、論者が専門家か門外漢かということではなく、真に教育を尊重し、教育の意義を理解することができるか否かだとの認識に基づき、従来型の修身偏重の教育を批判するとともに、文芸のもつ人間形成的意義を強調した。すなわち、「文芸教育は決して単なる感情教育ではない。人間の道徳生活に対して最も微妙な、甚深な、根本的永久的な感化を有するものは文芸であつて、その力に依つて、教育の根本的総合的な事業が成遂げられなければならないといふのが、私の提唱する文芸教育の意味である[14]」というのである。

少なからぬ芸術家たちもまた、旧来の教育を批判しその改造を試みる役割を演じた。中でも夏目漱石門下の作家鈴木三重吉（一八八二～一九三六）は、一九一八（大正七）年に児童向け雑誌『赤い鳥』を創刊し、自ら作品を創作しつつ、当代一流の芸術家たちの協力を得て、童話や童謡を中心に多くの名作を世に送り出した。また、児童からも作品を募集し、綴り方の指導を担当した。鈴木に協力した主要な芸術家を紹介すると、作家では芥川龍之介（一八九二～一九二七）、有島武郎（一八七八～一九二三）、小川未明（一八八二～一九六一）、小山内薫（一八八一～一九二八）、菊池寛（一八八八～一九四八）、久保田万太郎（一八八九～一九六三）、佐藤春夫（一八九二～一九六四）、新美南吉（一九一三～四三）、詩人・作曲家では北原白秋（一八八五～一九四二）、西条八十（一八九二～一九七〇）、山田耕筰（一八八六～一九六五）、画家では清水良雄（一八九一～一九五四）、山本鼎（一八八二～一九四六）など、錚々たる人物の名を挙げることができる。例えば北原白秋の文部省唱歌批判(15)に象徴されるように、芸術家たちは、旧来の教育とりわけ芸術教育において、子どもたちの純真で素朴な童心を育むための配慮が著しく欠落していることを問題視したのであった。

美術教育の方面では、『赤い鳥』の協力者でもあった山本鼎が、一九一九年に長野県小県郡神川小学校で開いた「自由画展覧会」がその改革の重要な契機となった。山本は東京美術学校にて西洋画を学んだが、大正年間に五年間の滞欧生活を経て帰国後は、児童画とその指導方法の改革を目指すようになる。当時、図画教育は手本の模写が主流であったが、山本はこれに異議を唱え、絵を描く技術・方法よりも、自分の眼で見、感じ取ったものをありのままに描くことの方が、子どもの成長には重要であることを力説した。神川小学校での自由画展覧会はその主張に基づいて開催されたものである。この展覧会には小県郡の三四校をはじめとする五四の小学校から六〇点以上の出品があり、好評を博した(16)。自由画展覧会は、その後東京や大阪などでも開催されるようになり、大きな反響を呼ぶようになる。自由画教育を実施した学校も、長野県下の小学校はもとより、山梨師範附属小学校、千葉師範附属小学校、埼玉師範附属小学校、富山師範附属小学校、宮城師範附属小学校、成城小学校など、全国各地に活発な拡がりを見せるに至った。

綴り方教授

大正新教育が教科内容の改革に結びついた事例としては、国語科とりわけ「綴り方」に顕著な足跡が残された。国語科の中で「綴り方」の分野には国定教科書がなく、教師は指導内容・方法に比較的自由な工夫を加えることができたからである。

大正期の国語教育に指導力を発揮した芦田恵之助（一八七三～一九五一）は、東京高等師範学校にて樋口勘次郎に師事し、活動主義への共鳴を起点に教育者としての道を歩んだ。一九〇五（明治三八）年に東京高等師範学校附属小学校の教師となった芦田は、作文指導に「随意選題」という革新的な方法を導入し、教師が課題を与えて子どもに文章を綴らせるという、それまでの一般的な「綴り方」指導を改めた。子どものありのままの生活経験や学習経験こそが、作文の土台をなすべきものとの主張に基づく試みであった。「綴り方」教授に対する芦田の主張はその著『綴り方教授』（一九一三年）にまとめられているが、そこでは「綴り方」の創出基盤としての子どもの実生活の重要性が強調されている。

その意味で、「随意選題」という方法を創出した芦田の思想と実践は、「綴り方」という分野を官製教科課程の枠から解放させるとともに、学校での「綴り方」教授を子どもの実生活と結合させる契機たらしめる役割を果たしたと評することができる。芦田の「綴り方」教授は、その後昭和初期に活発化する「生活綴り方運動」の重要な源流となるのである。

自由大学運動

大正デモクラシーの気運は、地方の一般民衆がより高度な教育機会を求める運動を招来させた。地方の民衆が新たな文化の推進者として立ち現れ、民衆による自治的な教育運動によって、労働と生活とを連結させる学習の機会を構築したこの動向も、大正新教育の一つの重要な側面に加えておくべきであろう。それを象徴するものが一九二一（大正一〇）年から約一〇年間にわたり試みられた上田自由大学（当初は信濃自由大学）である。

上田自由大学は、信州上田・小県地域の青年たちと土田杏村（一八九一〜一九三四）との交流の中から創り出された。この地域は、上述の山本鼎の自由画教育運動のほか、普通選挙運動や各種読書会あるいは哲学講習会の開催など、青年たちによる教育・文化活動が盛んな土地柄であった。そうした文化活動に参加する青年たちは、比較的裕福な農家の出身が多く、地元の中学校や実業学校に進学したが、卒業後は家業を継ぎ地元に定住するため、高等教育を受ける機会に恵まれず、自分たちの手で様々な学習活動の場を創り出していたからである。

一方、土田は京都帝国大学哲学科にて西田幾多郎（一八七〇〜一九四五）に学んだ哲学者・文明批評家で、一九一九年京都に日本文化学院を創設するとともに翌一九二〇年には雑誌『文化』を刊行し、新たな民衆文化の創造に自らの思想的課題を据えていた。自由大学の発端は、地域の青年会が土田に普通選挙に関する講演を依頼したことに見出されるが、それとともに、この地域にて自由画教育のほかに農民美術運動を進めていた山本鼎と土田杏村との交流も重要な契機をなしたといわれる。

上田自由大学の講義が開始されたのは一九二一年一一月のことであり、当初は上田市横町の神職合議所が会場に宛がわれた。農村青年の暮らしを考慮して農閑期を利用し、一講座三円の聴講料を徴収して、人文学系の講座を中心に、一講座平均五日間、一日約三時間の講義を行った。講師には「哲学概論」の土田杏村をはじめ、「文学論」のタカクラ・テル（一八九一〜一九八六）、「哲学史」の出隆（一八九二〜一九八〇）、「法律哲学」の恒藤恭（一八八八

〜一九六七）など、新進気鋭の学者・知識人が招かれた。聴講者は一講座当たり三〇〜六〇名前後で、農村青年や小学校教員が多く、中には芸妓や老人の参加も見られたという(17)。

この自由大学の試みは各地に反響を呼び、長野県の信南自由大学（のち伊那自由大学）・松本自由大学、新潟県の魚沼自由大学・八海自由大学、群馬県の群馬自由大学などへと波及していった。自由大学が各地に開設されるのに伴い、一九二四年には相互の連絡機関として自由大学協会が上田につくられ、翌一九二五年には機関誌『自由大学雑誌』が刊行された。

上田自由大学はその後、一九二六年三月から二年間の中断期間をはさんで一九二八年三月に再開されるが、一九三〇年一月の講義を最後に幕を閉じることになる。それには高額の聴講料、講師陣の確保難などの問題があったが、何よりも一九三〇年の世界大恐慌が農村青年たちの生活に壊滅的な打撃を与えたことが、最大の要因となった。約一〇年間に開かれた講義は延べ三四回に及んでいる。

五．新教育運動の挫折と限界

川井訓導事件

大正デモクラシーの高揚期にあっても、政府側は反権力・反体制的な思想や行動には絶えず監視の眼を光らせていた。「八大教育主張」の講演者についても、例えば、手塚岸衛の茨城県での講演会を県当局が禁止したり（「茨城県自由教育禁止事件」一九二一年）、千葉命吉の思想が危険視され、文部省が広島高等師範附属小学校に注意を与えたりする、といったことが行われた。

だが、新教育に対する干渉・弾圧が次第に強化されるようになるのは、文部大臣岡田良平（一八六四〜一九三四）

が一九二四（大正一三）年八月の地方長官会議において「教育の新主義」を鼓吹する風潮を戒める訓示を発してからのことであった。そして、この訓示が発せられた直後に国家権力による新教育への弾圧を象徴する事件が起きる。いわゆる「川井訓導事件」がそれである。

事件は同年九月に、松本女子師範学校附属小学校の訓導（現在の教諭に相当）川井清一郎（一八九四～一九三〇）の「修身」の授業を、長野県の臨時視学委員として来県していた東京高等師範学校教授樋口長市が視察したことに始まる。かねてより修身教授の改革に取り組んでいた川井は、国定教科書を使用せず、森鷗外の小説『護持院ヶ原の敵討』を副教材として授業を進めた。樋口はこれを問題視し、授業後の講評の中で厳しく叱責した。この事態を受け、事件の翌日に長野県知事が自ら同校を視察に訪れ、川井訓導に始末書を提出させるよう校長に求めた。校長は川井に始末書を提出させるとともに、今後は学校が定めた教授細目に従った授業を実施する旨の覚書を書かせた。その後、川井は県から行政処分による休職を命ぜられ、結局退職に追いやられた(18)。信濃教育会はこれに抗議し、雑誌『信濃教育』誌上で川井を擁護するキャンペーンを展開するが、自由教育への統制を進める当局の方針に影響を及ぼすには至らなかった。

この事件直後の同年一〇月、奈良女子高等師範学校附属小学校の合科教授の形態が官製教科構造を突きくずし、国定教科書の権威を無視する可能性があるとして、文部省から批難される。これに対し、主事木下竹次はあえて異論を唱えず、当局からの許可の範囲内で教授実践を進めていく。また、かねてよりその自由教育が監視の対象とされていた千葉師範学校附属小学校でも、一九二六年四月にその推進者であった手塚岸衛が同校からの転任を余儀なくされる(19)。

新教育運動の退潮

このように大正新教育運動は、一九二四年頃より退潮の方向を辿る。その最大の理由は国家権力による干渉と弾圧にあった。大正新教育運動はその源流が、明治末期の帝国主義的発展を担う新人物・活人物の育成を趣旨とする教育改造の試みにあったことからも、当時政府から危険視されていた社会主義運動や労農運動とは一線を画するもので、もともと反権力・反体制的性格は稀薄であった。だが、新教育推進者が唱える「自由」や「自主」とは、その理念を様々な社会実践へと推し進めていくならば、政治的・経済的自由を完全には保証しえない国家体制との摩擦を惹起するとともに、東アジア地域における植民地支配の矛盾を露呈させる恐れがあった。それゆえ新教育も、反体制的な要素もしくは反体制に結びつく要素を含んでいると見なされたとき、当然当局による干渉・弾圧の対象とならざるをえなかったのである。

他方、新教育の拠点としての新学校は、概ね、比較的経済的に恵まれた新中間層の子女のための学校という性格や傾向があり、その革新的な教育改造の試みもいわばブルジョア階層の支援と理解によって成り立っていたことは否めない。だが、限られた階層からの支援を頼みとせざるをえず、幅広く国民全体を巻き込んでの教育運動になりえなかったことが、新教育運動の展開に様々な制約と限界を与えることになった。

例えば、新学校が積極的に展開した子どもの興味・関心や生活体験を重視する教育は、必ずしも系統的な知識の習得を保証するものではなく、その結果、中等・高等教育への受験準備を求める新中間層の人々との間に、教育理念や方針をめぐる葛藤を生み出す恐れが残されていた。そうした葛藤は、成城小学校の事例に認めることができる。成城小学校は一九二二（大正一一）年に成城第二中学校を創設して、小・中学校の一貫教育を実現し、さらに一九二六（大正一五）年には七年制の成城高等学校を開設した（第二中学校はその尋常科に組み込まれた）。成城高等学校は一九二九年三月に第一回卒業生を送り出すが、その大多数は東京帝国大学や全国の官立大学への入学を果たすことになる。[20] だが、沢柳死後に同高等学校の校長に就任した小原国芳は、かねてからの全人教育の主張を実践するため、一九二九（昭和四）年に玉川学園を創設し、やがて一九三三年に成城学園を去ることになる。

また、新中間層からの支援といっても、それは必ずしも学校経営を安定させるほどの財政基盤を保証するものではなく、私立学校は絶えず学校経営上の不安材料を抱えていた。例えば、私立学校の中で最も急進的な教育改造の試みを展開した池袋児童の村小学校は、設立母体である「教育の世紀社」の経営不振や同校中学部（一九二六年に開設した城西学園）の地代不払いなどにより、一九三六（昭和一一）年に廃校に追いやられる。[21] 当局からの弾圧や教育方法上の問題以前に、学校経営上の問題を克服することは私立学校には容易なことではなかったのである。

こうした、新教育が有するブルジョア的性格を階級的立場から批判する声も上がっていた。例えば、「教育の世紀社」の同人の一人であった下中弥三郎は、資本主義の生産様式が「労働」を「苦役」に変化させてしまっているとの理解に基づき、教育実践は支配者階級の教育政策に追従するのではなく、労働者階級の立場に立つべきことを説いた。こうして下中は、新教育に対しても自ずから批判的な姿勢をとることになる。

下中によれば、新教育運動のいう「児童本位」は教育上正しい立場ではあるが、それは教育方法上の正しさであって、教育目標を「児童」に定めるのは無理・徒労だとされる。教育事業は、従来の一部特権的階級のためという目的を切り離して、そのすべてを民衆の上に完全に立脚させることによる社会改造を目的とするものでなければならない、というのである。そのためには、教育は改めて労働者階級との連帯・協力のための組織的方法を創出していかねばならないことになる。一九一九（大正八）年、下中を中心に組織された「啓明会」は、当初は教育による社会改造を目的とする「教育者の思想運動の団体」として発足した。だがやがて、社会改造運動には労働組合の存在は不可欠との認識から、教育者の思想運動も労働組合と提携する必要を認め、その性格は次第に教員組合化していく。

大正中期以後、農民運動や労働運動が飛躍的に高まり、農民・労働者の間には公立学校の階級的偏向（学校教員が小作農民の子弟を差別待遇する、あるいは教育内容が小作農民を無視するといった）を訴え、公教育制度の外部に自分たちの階級的要求にかなう学校を独自に設けようとする動きも現れるようになる。例えば、一九二一（大正一〇）年には友愛会に労働者教育協会が設けられ、日本労働学校が組織された。その後、翌一九二二年の大阪労働学校、神戸労働学校をはじめ、一九二四年から二五年にかけて、岡山、尼崎、京都、堺、名古屋などに労働学校が設立された。また一九二四年には、福岡県に日本農民組合経営による九州農民学校が開設された(22)。これらいわゆる労働学校運動や農民学校運動の当事者からすれば、新教育運動は一部の特権支配者階級のための教育運動にしかすぎないものと見えたことであろう。

大正新教育運動の限界

本章の冒頭で触れたように、大正新教育運動は、教育的営為の重心を「教師による教授」から「子どもの学習」へと転換させ、所与の教材を画一的・形式的に授けるのではなく、子どもがその活動を通して教材と生活体験とを統一することができるような学習を支援することに、教育の本質を見出そうとした。その限りにおいて、本書がいうところの「近代教育」のあり方を相対化するための視座を、この国の近代教育史に提供したことは間違いない。だが、そうした意義を有する教育運動でありつつも、そこには「近代教育」の堅牢な枠組みから抜け出すことのできない、いくつかの限界があったことを認めないわけにはいかない。

第一に、新教育運動は官公立師範学校附属小学校もしくは私立小学校を拠点として展開され、一般の公立小学校や中等段階の学校にまで波及することは少なかった。その意味で、いわゆる官僚、会社員、事業者、医師、教師などのいわゆる新中間層の世界で行われた運動であり、一般民衆全体を巻き込んでの国民的運動としての文脈を確保するには至らなかった。これはいわば「階層的限界」として理解しておくことができるだろう。

第二に、新教育運動が目指した教育改造は、教授方法に関する取り組みが中心であり、教育の目的がどこにあり、そのための教育内容をどう編制すべきかに関する認識や制度的枠組みの改変を迫るまでには至らなかった。もちろん、無学級・無時間割を実施した池袋児童の村小学校のような取り組みもあった。だが、そこでも官製の教科課程が完全に無視されたわけではなく、ましてや天皇制国家における国民形成という目的から逸脱したわけでもなかった。ダルトン・プランが各新学校において歓迎されたのは、それが官製の教科課程の枠内で実施可能な方法であったから、ということに象徴されるように、新教育のスローガンである「児童中心」とはあくまでも教授方法上の工夫としての児童中心であるにすぎなかった。いわば「方法的限界」が、新教育の特質を性格づけていたのである。

第三に、以上のような意味で、新教育の趣旨を完全に実現するためには、社会の側にそれに相応しい環境が整えられている必要があったが、当時の天皇制国家は未だそうした社会的環境を有する段階に達していなかった。当時の社会にあっては、「自由」であれ、「自主」「自学」であれ、それらは天皇制国家に奉仕する含意を有する限りにおいて容認されるべきものであり、それらをスローガンとする活動は、少しでも国家権力や国家体制に抵触する危険性を帯びるならば、ただちに弾圧の対象とされざるをえなかった。つまり端的にいえば、当時は教育改造によって社会改造を促すことが許されるような社会的環境にはなかった。いわば「体制的限界」が、新教育に対する分厚い壁として現前していたのである。

第一二章　「近代教育」の再編（その一）
——大正期の教育改革

一．臨時教育会議の発足と構成

教育調査会

すでに第九章にて言及したように、一八九七（明治三〇）年以降、この国の教育政策の策定には高等教育会議が重要な役割を果たしてきた。しかし、同会議は、最も重要な課題とされていた高等学校と大学の制度改革については、積極的な成果を上げることができなかった。そこで、一九一三（大正二）年、奥田義人文部大臣のときに、貴族院の建議に基づいて「教育調査会官制」が公布され、高等教育会議に代えて、新たに文部大臣の諮問機関として「教育調査会」が設置された。

同調査会の委員には、実業界、教育界、政界など各方面の有識者三〇名が選ばれ、教育制度、とくに高等教育制度の根本的改革のための調査を進めた。だがこの時期、文部大臣が頻繁に交替したこともあって（一九一三年二月奥田義人、一九一四年三月大岡育造、同年四月一木喜徳郎、同年八月高田早苗、一九一六年一〇月岡田良平という具合に）、調査の結果を具体的方策として提示するまでには至らなかった。

〔図 12-1〕岡田良平

この間、一九一四年には六月のサラエボ事件を契機に第一次世界大戦が勃発し、ヨーロッパ戦場を中心に各地で激戦が繰り返された。わが国は、ヨーロッパ戦場から離れた極東の地にあったため戦禍を受けることなく、却って海外市場の拡張による産業の発展によって多くの資力を蓄えることができた。それは、庶民階層の人々にとっても自分たちの子女をより上級段階の学校へと進学させる機会を増加させた。こうして中等・高等段階の学校制度の拡充が求められる条件が一層明確に準備されることになった。

一方、一九一七年の第二次ロシア革命に象徴される社会主義思想の台頭は、労働者運動や農民運動にも影響を及ぼし、やがて大戦後に訪れる経済不況の下でそれら労農運動が活発化する。また、大正デモクラシーの気運の中、自由主義や民主主義の思想も盛んに鼓吹されていた。学校教育でも新しい自由な教育をもてはやす風潮が顕著になっていた。こうした情勢下において、政府は改めて国民思想の善導を図るべく、思想問題を文教政策に組み入れる必要に迫られていた。

臨時教育会議の発足

一九一六（大正五）年一〇月、文部大臣に就任した岡田良平は、上記のような国内外の情勢を踏まえ、第一次大戦終結後を見据えた学校制度改革のための強力な文教施策を実施しようとした。そうして翌一九一七年九月「臨時教育会議官制」が公布され、ここに「臨時教育会議」が発足した。同会議は、内閣総理大臣の監督に属し、教育に関する重要事項を調査審議する機関とされ、総理大臣の諮詢に応じて意見を開申し、または総理大臣に対し建議することができるものとされた。従来の高等教育会議や教育調査会のように文部大臣の諮詢に応ずる機関ではなく、内閣直属の教育諮問機関として設けられたことに、同会議が果たす役割の重要性が示されている。

臨時教育会議は、総裁・副総裁各一名と四〇名以内の委員（発足時三九名）をもって組織され、それ以外に臨時委員を置くことができるとされた。総裁には平田東助（一八四九～一九二五）、副総裁には久保田譲（一八四七～一九三六）が就き、主な委員には、小松原英太郎、一木喜徳郎（一八六七～一九四四）、水野錬太郎（一八六八～一九四九）、江木千之、山川健次郎（一八五四～一九三一）、嘉納治五郎、手島精一（一八五〇～一九一八）、鎌田栄吉（一八五七～一九三四）、成瀬仁蔵、沢柳政太郎らの名前を挙げることができる。枢密顧問官、国務大臣、貴衆両院議員、帝国大学総長、専門学校・高等師範学校長、官界・財界・軍部・教育団体の代表など、各界の要人や代表者たちが集められ、学制改革問題全般に関する具体的・現実的な政策策定が期待できる陣容が整えられた。

同会議第一回総会の場で、内閣総理大臣寺内正毅（一八五二～一九一九）は、第一次世界大戦に伴う多難な内外情勢に鑑み、教育を振興して難局に対処する必要を強調するとともに、「教育ノ道多端ナリト雖国民教育ノ要ハ徳性ヲ涵養シ智識ヲ啓発シ身体ヲ強健ニシ以テ護国ノ精神ニ富メル忠良ナル臣民ヲ育成スルニ在リ」(1)と述べ、すべての教育的課題が「護国ノ精神ニ富メル忠良ナル臣民」の育成に集約されるべきことを改めて確認している。まさに国家による国民形成としての「近代教育」体制の再編・再強化こそが、この時期の教育改革の基軸とされたのである。

臨時教育会議は、一九一七年一〇月より一九一九年三月に至るまでの期間に、教育制度全般に関する事項を審議したが、この間に、①小学校、②男子の高等普通教育、③大学教育および専門教育、④師範教育、⑤視学制度、⑥女子教育、⑦実業教育、⑧通俗教育、⑨学位制度、という九つの問題について改善方策が諮問され、各事項について改革要綱が答申されるとともに、それに理由書が付された。また、この答申のほかに、とくに「兵式体操振興ニ関スル建議」（一九一七年一二月）と「教育ノ効果ヲ完カラシムベキ一般施設ニ関スル建議」（一九一九年一月）との二つの建議が行われた。前者の建議は、その後の学校への軍事教練導入の重要な契機となった。なお、臨時教育会議は一九一九年五月に廃止され、それとともに答申の実行に関する細案を審議するために臨時教育委員会が設けられた。

二．答申に基づく教育制度改革

大正後半期における教育制度の全般的改革は、すべて臨時教育会議の答申に基づいて実施されたことであり、またそうした全般的改革が一斉に着手されたことも、同会議の果たした役割の大きさを物語っている。

大学の制度改革

まず、明治期より課題として残されてきた高等教育制度改革についてであるが、政府は臨時教育会議の答申に基づいた大学制度の改善に着手すべく、一九一八（大正七）年一二月に「大学令」を制定した。これにより、従来帝国大学のみを大学としてきた制度が全面的に改められた（帝国大学については、これとは別に、翌一九一九年二月に「帝国大学令」が改定・公布された）。

「大学令」は、その第一条にて「国家ニ須要ナル学術ノ理論及応用ヲ教授シ並其ノ蘊奥ヲ攻究スルヲ以テ目的トシ兼テ人格ノ陶冶及国家思想ノ涵養ニ留意スヘキモノトス」と大学の性格を規定し、その構成についても、大学には複数の学部を置くことを常例とするとし、その学部として法学・医学・工学・文学・理学・農学・経済学および商学の八学部を挙げた。ただし、特別の必要のある場合には一学部をもって一大学を構成することも可能とし、単科大学の開設も認めた。さらに複数の学部を分合することも認めたので、例えば文理科大学のように二分野を併合した単科大学も設置可能となった。大学には研究科を置くこととし、複数の学部を置く大学では複数の研究科を総合して大学院を設けることができるとした。また、必要ある場合には大学に予科を設けることができるとし、その年限は二年または三年と定められた。なお、従来の「分科大学」を「学部」という名称に改めたのは、大学は独立した分科大学の単なる集合体ではなく、各専門領域が渾然と一体化した組織だという趣旨を明確にしたものといえる。

大学の入学資格は、①当該大学の予科を修了した者、②高等学校高等科を卒業した者、③文部大臣の定める所により高等学校高等科卒業と同等以上の学力があると認められた者とされ、大学の学部に三年以上在学し（医学部は四年以上）一定の試験に合格した者は学士を称することができると定められた。

「大学令」により、単科大学の設置が認められたので、それまで帝国大学という形態だけが認められていた官立大学の様相は大きく変わることとなった。まず一九二〇（大正九）年に、それまでの東京高等商業学校が東京商科大学として認可された。商業関係では、その後一九二九年に神戸商業大学（旧神戸高等商業学校）が設置された。工業関係では、同じく一九二九年に東京工業大学（旧東京高等工業学校）および大阪工業大学（旧大阪高等工業学校）が設置された。医学系では一九二二年に新潟、岡山の官立医学専門学校が、翌一九二三年に千葉、金沢、長崎の医科専門学校がそれぞれ医科大学に昇格した。また、一九二九年には東京と広島に文理科大学が開設された。これにより、従来までの東京と広島の両高等師範学校は文理科大学に附置される形で存続した。さらに所管は文部省ではなく関東庁であったが、一九二二年には旅順工科大学も設置されている。

一方帝国大学も、一九一八年までに東京、京都、東北、九州、北海道の各帝国大学が設置されていたが、「大学令」

制定後それぞれ学部が増設された。また一九三一（昭和六）年に大阪帝国大学、一九三九（昭和一四）年に名古屋帝国大学が新設され、文部省所管の帝国大学は計七校となった。なお、一九二五（大正一四）年に京城帝国大学、一九二八（昭和三）年には台北帝国大学が設置された。前者は朝鮮総督府、後者は台湾総督府の所管であったが、いずれも「大学令」「帝国大学令」の適用を受けた。

「大学令」では、上記のような官立大学以外に、公立大学および私立大学の設置も認められることになった。公立大学として最初に認可されたのは一九一九年の大阪医科大学であったが、これ以降、愛知医科大学（一九二〇年）、京都府立医科大学（一九二一年）、熊本県立医科大学（一九二二年）と、次々に旧医学専門学校の昇格が決定した。なお公立大学のうち、一九二八（昭和三）年に設けられた大阪商科大学は、設立主体が大阪市という点で異色の大学であった（「大学令」では公立大学の設置主体は「北海道及府県」とされていたが、一九二八年にこれが「北海道、府県及市」と改められた）。

私立大学の設置者は財団法人と定められたが、その財政基盤には「大学ニ必要ナル設備又ハ之ニ要スル資金」と「大学ヲ維持スルニ足ルヘキ収入ヲ生スル基本財産」を有するという条件が求められ、その基本財産については「現金又ハ国債証券其ノ他文部大臣ノ定ムル有価証券」を国庫に供託することが必要とされた。この供託金は、単科大学で五〇万円、それに一学部を加えるごとに一〇万円を加えることとされた(2)。

このような厳しい条件にもかかわらず、寄付金募集など様々な経営努力によって要件を満たした私立専門学校が、次々に私立大学へと昇格した。一九二〇（大正九）年二月の慶應義塾大学、早稲田大学を皮切りに、同年中に明治、法政、中央、日本、国学院、同志社の各大学がそれぞれ開設され、以後、東京慈恵会医科、龍谷、大谷、専修、立教、立命館、関西など、大正年間だけでも総計二二の私立大学が誕生した。比較的早い時期に昇格を果たしたのは、主として私立法律学校の系譜をひく専門学校であり、それに宗教系の専門学校が続いた。

こうしてわが国の大学は、一九一八（大正七）年には帝国大学の五校のみが存立し、学生数も全体で約九、〇〇〇人の規模であったものが、一九三〇（昭和五）年には四六の大学、学生数も約七〇、〇〇〇人と、飛躍的な拡充を遂げたのであった(3)。

高等学校の制度改革

高等教育制度改革のもう一つの課題とされてきた高等学校制度についても、臨時教育会議の答申に基づいて、一九一八（大正七）年一二月新たに「高等学校令」を公布し、旧高等学校令は廃止とした。同令では第一条で「高等学校ハ男子ノ高等普通教育ヲ完成スルヲ以テ目的トシ特ニ国民道徳ノ充実ニ力ムヘキモノトス」と高等学校の目的を明示した。これにより高等学校は高等普通教育の完成機関として位置づけられ、従来の大学予科としての性格が改められることになった。

また、大学と同様に、官立のほか公立・私立の高等学校を認めた。公立高等学校の設置者は「北海道及府県」、私立高等学校の設置者は私立大学の規定と同じように一定の基本財産を有する財団法人とされ、その基本財産は五〇万円以上とされた（資金や有価証券などを国庫に供託することも求められた）。

高等学校の修業年限は、尋常科四年・高等科三年の七ヵ年とし、高等科のみの設置も認められることとした（高等科は文科と理科に分けられた）。また七年制の高等学校には予科を設けることが認められた。尋常科の入学資格は、①当該学校の予科を修了した者、②尋常小学校を卒業した者、③文部大臣の定める所により尋常小学校卒業と同等以上の学力があると認められた者とされ、また高等科のそれは、①当該学校の尋常科を修了した者、③中学校第四学年を修了した者、③文部大臣の定める所により中学校第四学年修了と同等以上の学力があると認められた者とされた。なお高等学校の生徒数にはとくに考慮が払われ、尋常科三二〇人以内、高等科四八〇人以内、高等科のみの高等学校は六〇〇人以内とされ、一学級の生徒数も四〇人以内とされた。

「高等学校令」公布後、新制度に基づく高等学校が多数設置された。一九一八（大正七）年までには、第一から第八までの官立高等学校だけが存在していたが、翌一九一九年の新潟、松本、山口、松山の各官立高校の設置を皮切りに全国各地に増設され、一九二三年までに計七校の官立高等学校が新設された。公立高等学校も富山（のち官立に移管）、浪速（大阪府）、東京府立（東京府）の三校が、また私立高等学校も武蔵、甲南、成蹊、成城の四校が新設された。

ただし、高等学校の基本形態と想定された七年制の高等学校は、官立では東京高等学校ただ一校だけであった。一方、公立と私立の高等学校（上記七校）はすべて尋常科を付設した七年制の形態をとった。だが、旧来のいわゆるナンバースクール以外の高等学校が各地に新設されたことと、七年制高等学校が出現したことは、高等学校の全般的な性格を、旧来の帝国大学の予備教育機関から、高等普通教育の完成教育機関へと変化させる意味をもった。

一九一八（大正七）年の時点では、校数八校、生徒数六、七九二名であった高等学校は、一九三〇（昭和五）年には三二校、生徒数二〇、五五一名と、大幅な拡張を果たすのである。(4)

専門学校の拡充と女子教育

他方、高等教育の一画をなす専門学校に関しては、臨時教育会議の答申に基づく法規定の改正が実施されたわけではなかったが、一九一九年以降、官公私立の専門学校が大幅に増加した。専門学校と実業専門学校を合わせた数字では、一九一八（大正七）年に九六校、生徒数約五二、七〇〇人であったものが一九三〇（昭和五）には一六二校、生徒数約九〇、〇〇〇人となっている。(5) 専門学校の増設によって、従来よりも多数の中等学校卒業生を高等教育機関に進学させる機会を用意するとともに、社会の各分野で活躍する人材を養成する方策を進めることになった。

専門学校の拡充において、とくに注目されるのは女子専門学校の増加であった。それらには、福岡・大阪・宮城・京都・広島・長野の各府県に設置された公立女子専門学校もあったが、女性に幅広い分野の専門教育を提供する上で重要な役割を演じたのは私立女子専門学校であった。例えば一九二〇年から一九三四年までの一五年間に三六校もの女子専門学校が新設されているが、そのうち三〇校は私立の専門学校であった〈宗教系〈京都女子高等専門学校、金城女子専門学校など〉、裁縫・技芸系〈共立女子高等専門学校、東京家政専門学校など〉、医薬系〈帝国女子医学専門学校、東京女子薬学専門学校など〉など、多様な分野にわたっていた〉。これには、中等学校への女子入学者の増加（中等学校の入学者数は、一九一二年では中学校三三、三五八名、高等女学校二三、一三一名だったのが、一九二一年には中学校五三、一七七名、高等女学校五五、六一五名と、女子が男子を上回るようになった[6]）により、さらに上級の学校への進学を希望する女性が増えたことや高等女学校教員の需要が押し上げられたことに加え、職業資格制度が整備されていく中で女性が経済的な自立を求め、医師・歯科医・薬剤師・経理士などの専門的職業資格取得を目指すようになったこと、などが影響したと考えられる[7]。

〔図 12-2〕山川健次郎

なお、臨時教育会議では女子教育に関する審議も行われ、とくに女子のための高等教育機関の設置のことが問題として取り上げられた。これには上記のような女子中等教育の著しい拡充に加え、例えば成瀬仁蔵のように、女子の大学や専門学校の必要性を主張する声が教育関係者の間から上がっていたこと、あるいは、東北帝国大学が一九一三（大正二）年に独自の判断で帝国大学初の女子学生三名を入学させるという事例があったことなどが[8]、重要な背景をなしたものといえる。

だが、例えば当時の東京帝国大学総長山川健次郎の、

何処ノ女学校デモ専攻科若クハ高等科ヲ置クト云フコトニナッテ従ッテ、妊娠ト云フモノ、最モ盛ニアルベキ所ノ二十一、二ト云フ者ノ女ノ結婚期ト云フモノハ三年位遅レルノデアリマス、是ガ為ニ我民族ノ繁殖ト云フコトヲ妨ゲルト云フコトニナル(9)

との主張に象徴される、国家・民族に対する女性の任務に関する認識により、あるいは現行の「専門学校令」の枠組みでも一定程度の女子高等教育は可能との認識により、女子に対する高等教育機会付与の方法（とりわけ女子の大学開設）に対する積極的な政策や方針が打ち出されることはなかった。国家の学校制度体系として、大学が女子に開放されるようになるのは、戦後の学制改革によってである。

義務教育費の国庫負担

臨時教育会議の答申に基づく制度改革として重要なものに、一九一八（大正七）年三月の「市町村立義務教育費国庫負担法」の制定がある。この法律により、市町村立尋常小学校の正教員および準教員の俸給の一部は、国庫がこれを負担することとなり、そのため毎年一、〇〇〇万円を下らない金額が国庫から支出されることになった。国庫負担金の配分について、半額は市町村立尋常小学校の教員数に、残りの半額は市町村の就学児童数に比例して、市町村に交付されるものとされたが、総額の一〇分の一を超えない範囲内で、「資力薄弱ナル町村」に対し、とくに交付金額を増加することができるものとされた。

この法律の成立当初における国庫負担金は、小学校教員俸給総額の二割に相当したが、第一次世界大戦時の物価

急騰もありその割合が徐々に下がったため、国庫負担金の増額が要求されるようになった。こうして同法律は繰り返し改正され、それに伴って国庫負担金の額も、一九一八年から一九二二年までは一、〇〇〇万円、一九二三（大正一二）年からは四、〇〇〇万円、一九二六（大正一五）年は七、〇〇〇万円、一九二七（昭和二）年からは七、五〇〇万円、一九三〇（昭和五）年から一九三九年までは八、五〇〇万円という具合に増額されていった。(10)

だが、増額された国庫支出金の過半は、教員の俸給よりも地方の経費負担軽減に用いられることになった。その意味で、この法律は、教育改善という目的と並んで、地方財政の負担緩和という目的にも資するものとなったが、傾向としては時代の進展とともに後者の比重が徐々に大きくなっていったということができる。ともあれこの法律により、義務教育費に関して、国と市町村との間の分担関係が制度的に確立されたことは、わが国の教育財政史上、画期的な出来事であった。

社会教育行政

明治末期の大逆事件（一九一〇～一一年）以来、思想対策のための通俗教育や青年補習教育に関する事業が積極的に進められていたが、それでも当時、前述のように労働者運動・農民運動の増加や民衆生活の困窮化などを背景に社会主義思想が普及しつつあった。こうした情勢を受けて、臨時教育会議は通俗教育の改善についても答申を出している。

答申に基づいて一九一九（大正八）年には文部省官制が改正され、普通学務局内に通俗教育・図書館および博物館・青年団体などに関する事務を専管する第四課が設けられた。一九二一年には従来まで使用されていた「通俗教育」という官制上の用語が「社会教育」に改められ、さらに一九二四（大正一三）年には普通学務局内に社会教育課が設置された（第四課の改称）。また、この中央での社会教育行政機構の整備に応じて、地方についても一九二五年に

「地方社会教育職員制」が定められ、これによって道府県に専任の社会教育主事や社会教育主事補が置かれることとなった。

その後社会教育行政は、一九二九（昭和四）年に文部省に社会教育局が創設されることで、①青少年団体、②青年訓練所（後述）、③実業補習学校、④図書館、⑤博物館その他観覧施設、⑥成人教育、⑦社会教化団体、⑧図書の認定および推薦、⑨その他社会教育に関する事項、などを幅広く分掌することになった。従来、文部行政と内務行政の双方が管轄していた青年団や教化団体に関する事務がすべて社会教育局の所掌となったこと、また、実業学務局の所管であった実業補習学校関係の事務が社会教育局に移管されたことなどにより、社会教育行政全般の一元化が推し進められることになった。

以上、臨時教育会議は、大正期における様々な分野での教育制度改革を促進することになった。中でも、高等教育制度改革は最も重要な成果を上げた分野であった。しかし、同会議の極めて顕著な役割が、国民の思想対策に据えられていたことには改めて注意を払っておく必要がある。それは、独り国民思想善導のための社会教育行政機構の整備ということにとどまらず、例えば大学の目的に「人格ノ陶冶及国家思想ノ涵養ニ留意スヘキモノトス」、高等学校の目的に「特ニ国民道徳ノ充実ニ力ムヘキモノトス」という文言が加えられたように、高等教育の世界においても「国家思想」や「国民道徳」の涵養・充実が謳われるようになったことに象徴されている（なお専門学校の目的についても、一九二八年の「専門学校令」一部改正によって「人格ノ陶冶及国体観念ノ養成ニ留意スヘキモノトス」という文言が加えられた）。

三．文政審議会とその後の教育改革

文政審議会の設置

臨時教育会議は、以上のような教育制度改革の契機となる一方、義務教育年限延長、高等小学校を含む中等教育段階諸学校の改善、師範学校の専門学校程度への引き上げなど、その他の山積する諸問題はその解決を将来に留保していた。一方、その答申に基づいて制度化された事項の中にも、必ずしも構想通りに進まない事態が生じていた。例えば、高等学校制度では、七年制高等学校の設置が進まず、大正後半期の高等学校拡張期においても三年制高等学校の増設が優先されていた。また高等科への入学資格を中学校第四学年修了としたために、中学校第五学年の教育が混乱を来していた。

他方、国内外を取り巻く諸情勢は、一方で、第一次世界大戦を通じて国際的地位の向上を果たした「一等国」に相応しい国家体制の強化が求められつつ、他方で、大戦後の経済不況や関東大震災などによる生活不安・社会不安が軟弱な基盤の上に成長した資本主義経済のひずみを露呈させ、労働運動や学生運動の激化など、既存の国家体制に動揺を生じさせていた。こうして国家体制の基幹を形成するに相応しい教育制度再編の気運が高まりを見せるとともに、その教育制度を通じての国民の精神的基盤の再構築が企図されるようになった。

そうした折、関東大震災直後の一九二三（大正一二）年一一月に「国民精神作興ニ関スル詔書」が渙発され、「浮華放縦ノ習」や「軽佻詭激ノ風」を戒め、国民精神を涵養・振作することで国家の興隆と民族の安栄・社会の福祉を図るべきことが謳われた。これを受けて翌一九二四（大正一三）年四月に清浦奎吾内閣の下で「文政審議会官制」が公布され、内閣総理大臣直属の諮問機関として「文政審議会」が設置された。時の文部大臣江木千之は、かねてより内閣や文相が交替するごとに文教政策が変更されてしまうような事態に批判的であったが、そうした事態を避けるため、文政審議会についてはそれが恒久的な権威ある機関として設置されるよう、手段を尽くした。

江木は、各界の有力者を求めて奔走し、枢密顧問官、貴衆両院議員、関係閣僚、学者、軍部、財界代表者などからなる委員構成を実現させ、臨時教育会議に匹敵する陣容を整えた。ただし、臨時教育会議が帝国大学総長や官公私立学校長など教育関係者に構成上の比重を置いていたのに対し、文政審議会では現職大臣、各省官吏、報道界代表などが増強された。江木は、教育者や実務者の意見は政策の立案段階で聴取すれば十分であり、諸施策の実現のためには政治家、実業家、軍人、官僚など各方面の代表者に政策決定に参与する機会を提供し、その政策遂行のための協力体制をつくることが重要だと考えたのであった。[11]こうして、内閣総理大臣清浦奎吾（一八五〇～一九四二）を総裁、江木千之と一木喜徳郎を副総裁とし、その他委員五〇名以内（発足時四四名）からなる文政審議会が発足した（必要に応じて臨時委員を置くこともできるとされた）。

文政審議会は、一九二四（大正一三）年五月から一九三五（昭和一〇）年一月に至る期間に、①小学校令改正（義務教育年限延長実施）、②中等教育改善のための中等教科書の標準編纂、③師範教育の改善・充実、④学校における教練の振作、⑤幼稚園令制定、⑥高等小学校制度の改善、⑦青年訓練、⑧大学令改正、⑨師範教育制度改正、⑩学位令改正、⑪中学校教育改善、⑫師範教育改善、⑬大阪帝国大学創設、⑭青年学校制度制定、の一四件の諮詢を受け、一二答申とそれ以外に三件の建議を行った。それらは、大正後期から昭和初期にかけての教育諸施策の策定に重要な役割を果たした。ただし、一九二四年の六月に清浦内閣が退陣し、それに伴って文部大臣も江木千之から岡田良平に交替したため、江木文相のときの諮詢事項は上記の①と②にとどまった（①②に対する答申は、いずれも岡田によって撤回された）。

岡田にとって、教育制度改革の基本方針はすでに臨時教育会議で議了し、その答申に織り込まれていた。それゆえ文政審議会は、その既定方針の施行細則を検討する機関と認識された。ただし、恒久的で権威ある機関としての文政審議会は、岡田にとっても貴重な存在であり、それゆえ臨時教育会議答申の具体化のために岡田は同審議会を最大限に活用した。(12) 中でも岡田が熱心に取り組んだのが、後述する「学校教練」と「青年訓練」に関する施策であり、両者とも臨時教育会議の「兵式体操振興ニ関スル建議」を淵源とするものであった。なお、文政審議会は内閣審議会の設立により一九三五年一二月に廃止された。

軍事教練の導入

上記のように文政審議会は多岐にわたる諮詢事項に対する答申を行ったが、それに基づいて実施された施策として最も重要なものの一つに、一九二五年四月の「陸軍現役将校配属令」の公布がある。一九二二年のワシントン海軍軍備制限条約の批准により、主要国の戦艦保有が制限され、海軍が大規模な軍縮を行っていることから、陸軍についても軍縮を求める世論が高まった。この世論を背景に、一九二二年と一九二三年の二度にわたり陸軍の軍縮が実施された。これに対し陸軍では、国民に対し軍事の予備教育を実施することで軍縮の見返りを担保しようとした。こうして一九二四年六月に成立した加藤高明内閣の文部大臣岡田良平と、陸軍大臣宇垣一成（一八六八～一九五六）との協力の下、中等段階以上の諸学校に現役将校を配属して教練を担当させるとの構想が具体化され、その計画案が同年一二月に文政審議会に諮詢されたのであった。

〔図 12-3〕軍事教練

同配属令の施行により、官公立の師範学校、中学校、実業学校、高等学校、大学予科、専門学校、高等師範学校等の男子生徒は、配属された陸軍現役将校の直接指導の下、教練を修めることとなった。その施行に合わせるように、一九二五年四月には「中学校令施行規則」が改正され、体操の授業時数が週三時間から五時間に変更され、さらにその増課許容時数も「三時間以内」から「適宜」に改められた。また、同様の規定改正は他の諸学校にも行われた。また、私立の中学校、実業学校、高等学校、大学予科、専門学校等については当該学校の申請により、陸軍現役将校の配属を得ることができるものとした。

陸軍側も、同年五月のいわゆる宇垣軍縮によって陸軍四個師団が廃止される直前に配属予定者の氏名を発表し、八月までにほとんどの当該学校と一部の私立学校に対する現役将校の配属を完了した。配属された現役将校は一、〇〇〇人を超えた(13)。陸軍現役将校による学校での教練は、学生生徒の心身を鍛練して国民精神を涵養するとともに、国民全般の国防能力の増進を目的とするものと性格づけられた。まさに「軍事教練」と呼ぶに相応しいものとなった。

青年訓練所の設置

さらに文政審議会の答申に基づいて、翌一九二六年四月には「青年訓練所令」および「青年訓練所規程」が公布され、同年七月から全国一斉に青年訓練所が設置された。青年訓練所は、小学校卒業後職業に従事する概ね一六歳から二〇歳の男子青年を対象として、四年間の訓練を行う施設で、訓練科目として「修身及公民科」「教練」「普通学科」「職業科」が置かれた（四年間の総授業時数の半数が「教練」に宛がわれた）。設置主体は市町村および私人とされ、公立青年訓練所は区域内に居住する該当者を入所させることを常例とする、と定められた。また、訓練修了者には在営年限の短縮が認められる措置が講ぜられた。

小学校卒業後の勤労青少年に対する教育機関としては、一八九九年の「実業学校令」公布以後、実業補習学校がその中心的役割を担ってきた。実業補習学校は、すでに大正初期の一九一三年には学校数八、〇一四校、生徒数三

八四、九八三人の規模を有していたが、(14) さらに一九二〇（大正九）年の「実業補習学校規程」の改正により、「職業教育」と「公民教育」とを眼目とする勤労青少年教育機関として位置づけられていた。

一方、明治以前から各地に存在した若者組や若衆組などを母胎とする自主団体としての青年団は、明治末期には、広汎な勤労青少年をその影響下に置く組織に発展していたが、それを官製団体として国家の指導下に置くため、政府は一九〇五年の「青年団ニ関スル件」（文部省普通学務局長）や一九一三年の「地方青年団ニ関スル件」（内務省地方局長）などの通牒を発し、その組織化を奨励した。その後一九二五年には大日本連合青年団が組織され、青年団は中央集権的な指導体制を整える。それとともに、軍部は全国の在郷軍人会の存在を通じて青年団に対し強大な影響力をもつようになる。

勤労青少年に対する教育・訓練機関として、一方の実業補習学校が産業界の要請に応える形で職業教育に比較的重点を置いたのに対し、もう一方の青年団は軍部や在郷軍人会の影響もあって、入営に備えて青少年の心身を鍛錬することを志向する傾向があった。ところが一九一五年の「青年団体ノ指導発達ニ関スル件」（内務省・文部省訓令）により、青年団の多くは団員に実業補習学校への就学を奨励ないし義務づけたので、実業補習学校の在籍者に占める青年団員の比率が拡大し、それに伴ってその教育内容も心身の修養鍛練のための学科目を加設するようになった。上述の「実業補習学校規程」に基づく「公民教育」がそれである。

青年訓練所の設置は、こうした動向の中、背後に軍部の影響を受けた青年団の意向がほぼ満たされる形で実現したことであった。実際、同訓練所の開設に当たっては、陸軍や在郷軍人会が全面的に支援し、教練の指導に当たるとともに青年の入所勧誘にも積極的に乗り出した。だが、こうして男女勤労青少年の補習教育機関としての実業補習学校と、男子青年を対象とする青年訓練所が併立し、両者が制度的に一部重複しながら義務教育終了から入営に至る期間の青年をその影響下に置くことになった。しかも、両者ともその施設は既存の小学校に付設ないし併設されるのが一般的であった。

一九三四（昭和九）年の統計によれば、実業補習学校は一五、三〇六校、生徒数は男子八五七、四〇四人、女子四二四、四一〇人、青年訓練所は総数一五、七九五校、生徒数八一八、六八一人で、総数と男子生徒数は両者ほぼ同程度であった（ただし二重学籍により、青年訓練所生徒の少なくとも約半数は、実業補習学校生徒でもあったといわれる(15)）。この数字は、当該年齢青年の約半数が、いずれかの機関に在籍することを示すものであった。また、青年訓練所がとくに「教練」を重視したことを除けば、両者の教育内容も接近、重複する傾向にあった。やがて、実業補習学校のいわば青年訓練所化がなし崩し的に進行し、一九三五（昭和一〇）年の青年学校の成立をもって両者は統合されていくのである。

幼稚園制度

なお、文政審議会答申に基づく教育制度改革として、一九二六（大正一五）年四月に「幼稚園令」が制定され、公立・私立の幼稚園が学校体系の中に制度的に位置づけられたことを付言しておく。第一次世界大戦後の深刻な不況と物価高騰の中で、勤労者や農民の生活が圧迫され、生計を支えるため多数の婦人が職場に進出した。これに伴って、その乳幼児の保護が重要な政策課題とされ、都市や農村に託児所（内務省社会局管轄）が多数開設された。こうした状況下において、従来有産階級の子女のための保育機関としてとらえられがちであった幼稚園についても、幅広い一般大衆向けの機関として拡充されるべき必要性が認められるようになったのである。

ただし政府・文部省は、独自の法規定をもった幼稚園と既存の託児所との関係をどのように調整するのかや、三歳未満の幼児の保育をどのように性格づけるのか、あるいは幼稚園設置奨励のためにどのような具体的方策を講ずるのか、などについて、明確な方針を示すことはなかった。今日にまで続く「幼保一元化」問題は、すでに幼稚園制度発足時にまでその源流を辿ることができるのである。

ともあれ、文政審議会の最も重要な役割は、まさに教育と軍事との融合にあった。同審議会答申により、義務教育終了から入営時までの青少年に対し、中等段階以上の学校への進学者と勤労従事者とにかかわらず、軍事教練が実施される体制が構築された。この教育と軍事との融合は、これ以後の日本の近代教育の進展がそれまでの「政治的必要」にとどまらず、それ以上に「軍事的必要」を最重要の契機として方向づけられていく、その確かなルートを敷設することになるのである。

第一三章　「近代教育」の再編（その二）
――昭和戦前期の教育

一．昭和初期の教育状況

経済恐慌下の子どもと教師

一九二六年一二月二五日、大正天皇の崩御によって昭和の時代が幕を開けた。大正後期、この国は、第一次世界大戦後の戦後不況や一九二三年の関東大震災などによって深刻な経済危機に襲われていた(1)。昭和に入ると、震災処理のための震災手形が不良債権化し、各地の中小銀行が休業や倒産に追い込まれた。大戦景気で急速に発展した商社が破産したり、そこに巨額の融資をした銀行が経営危機に陥ったりした。この一九二七（昭和二）年の金融恐慌により、都市部では多数の企業が倒産し、労働者の解雇や失業者の増加が社会問題化した。

加えて一九二九年一〇月には、ニューヨーク証券取引所での株価大暴落を端緒とする世界的規模での金融恐慌（世界恐慌）がこの国をも直撃した。日本の主たる輸出品である生糸のアメリカ向け輸出が激減し、その価格が暴落したことで、製糸産業と養蚕農家が大きな打撃を受けた（当時、多くの農家が養蚕を兼業し、稲作収入に次ぐ収入を得ていた）。また、世界恐慌とほぼ同時期に実施した金解禁の影響から深刻なデフレーションが発生し、農作物の価格

〔図 13-1〕娘身売りの相談案内

が著しく低下した。こうした価格の暴落に対し、各農家は生産量を拡大することで収入を確保しようとしたが、農産物の生産高が上がると逆にその価格が一層下落するという悪循環が発生した。都市部で職を失ったために農村に帰る人々も増加したが、そうした人々の扶養の負担も加わって、各地の農家の家計はますます厳しい状況に追いやられた。

さらに、一九三一年と一九三四年の二度にわたる東北地方の冷害や、一九三三年の昭和三陸津波に代表されるような自然災害が農村部を襲ったりもした。とくに一九三四（昭和九）年の凶作は、東北地方に極めて深刻な被害をもたらした。例えばこの年、岩手県における米の収穫高は五一四、八五〇石であったが、この数字は前年の一、三二七、七八八万石の約三九％にすぎなかった。[2] 一九二九年から一九三三年までの五年間の平均収穫高と比較しても、一九三四年は岩手県で五四・四％の減収、青森県が四六・四％、山形県が四五・九％、宮城県が三八・三％、福島県が三三・四％、最も被害の少なかった秋田県でも二五・六％の減収となっている。[3]

こうして疲弊した農村では、膨大な負債と極貧による「娘身売り」や「欠食児童」の急増といった事態が引き起こされた。この時期、極貧の家計を助けるため身売りされていく娘たちのことが盛んに新聞報道で取り上げられた（一九三二年六月一七日の『東京日日新聞』は、全国を通じて一年間で最低四万人もの「娘身売り」が行われ、そのうち六、五〇〇人以上は東北六県と北海道の娘たちと報じている）。一方、「欠食児童」についても、一九三二年には文部省が全国の欠食児童が二〇万人を突破したと発表した。[4] 同年九月文部省は道府県に訓令を発し、欠食児童のための学校給食を開始することにしたが、交付される予算では間に合わず、各地からの義援金や篤志家による寄付金などが募られた。昭和初期における子どもたちの生活実態とは、まさに「娘身売り」と「欠食児童」という言葉に象徴されるような苛酷な状況下にあったのである。

一方、教師の生活にも深刻な事態が押し寄せていた。再三繰り返すように、第一次世界大戦後の経済不況はとくに農村部での教員生活に影響を及ぼし、大正末年頃から山梨、福島、栃木、茨城、秋田などの諸県下では教員俸給不払いの町村が発生していた。さらに、一九二七年の金融恐慌や一九二九年の世界恐慌の余波は、俸給の減額、俸給支払いの延滞、俸給不払い、俸給の強制寄付、さらには人員整理など、教員待遇の一層の悪化を引き起こした。

一九三一（昭和六）年には官吏減俸に伴い、小学校教員も月俸九七円以上の者（小学校教員全体の約一割に相当）が五分から二割の減俸となった。それにもかかわらず、同年一〇月の内務省通牒は教員俸給未払い町村が六八七町村（教員八、七八二人）にのぼることを告げ、その取り締まりを地方当局に督励した。だがこの年北海道・東北地方は凶作に見舞われ、教員俸給未払いはさらに増加する。帝国教育会が翌一九三二年六月に行った調査によれば、全国には二、五〇〇から三、〇〇〇もの未払い校が存在すると推定された。また同年末の内務省の調査では、全国町村数の約一割に当たる一、二三一町村が未払いであった(5)。

教員組合運動と新興教育運動

教員と子どもたちの生活を取り巻くこうした厳しい状況を背景に、一九三〇（昭和五）年五月には「全日本教員組合組織準備会」が合法的組織として結成され（翌六月に下中弥三郎が委員長に就く）、主に講演会を中心とする宣伝活動を展開した。だが同準備会の組織的活動は、一九二五（大正一四）年四月に成立した「治安維持法」により、絶えず警察当局からの干渉に晒されていた。そのため、その影響範囲も東京、神奈川、埼玉など関東地方の一部にとどまらざるをえず、同準備会では、非合法的教員組合への移行を主張する声が支配的になっていった。

そうした中、マルクス主義に基づく社会科学研究と啓蒙活動を行っていた民間研究機関プロレタリア科学研究所（一九二九年設立）所員の山下徳治（一八九二～一九六五）は、同準備会のメンバーと協議し、一九三〇年八月に合法的な民間教育科学研究機関として「新興教育研究所」を設立するとともに、ほぼ同時期に新たに非合法の「日本教育労働者組合準備会」を結成した。一方で、教育科学研究機関を創設することで合法的な教員組合活動の機能を担保するとともに、他方で、非合法の組織活動によってその影響範囲の拡大を図るとの合意に基づくことであった。

新興教育研究所は、プロレタリア教育の研究とその科学的建設を目指す教育科学研究の組織で、創設時のメンバーは教員出身者のほか、上記プロレタリア科学研究所教育部会の所員や教育ジャーナリストたちからなる三二名であった。同年九月には機関誌『新興教育』が創刊され、ブルジョア教育の反動的性格を批判するとともに、プロレタリア運動の一翼を担う教育労働者組合の結成を喧伝した。同創刊号は約四、〇〇〇部発行され多くの読者を獲得したが、早くも同年の一一月号および一二月号が発禁処分になるなど、同研究所の活動は絶えず当局の治安対策の対象とされていた。

一方、日本教育労働者組合の創立大会は同一九三〇年一一月、東京東中野の山下徳治宅にて秘密裏に開催された。同組合は新興教育研究所との密接な協力・提携関係により、「教員の完全なる経済的・政治的解放」と「プロレタリア、貧農児童の物質的・精神的生活の擁護」を目的とする活動を展開した。その理論的・政策的綱領は上述の『新興教育』誌を通して各地に発信され、それを通して各地にて同組合の地方支部結成運動が、非合法に進められた。だが、それらに対しては次々と当局からの弾圧が加えられる。沖縄では一九三一年一月の支部創立に関わった教員一三名が懲戒免職、四名が休職処分となった。同時期に創立大会を開いた秋田でも、六名の教員が解職、二名の師範学校生徒が退学となった(6)。この年の九月一八日には満州事変が勃発することになるが、時局はすでにこの国がファシズムに覆われようとしていた。

日本教育労働者組合はその後、一九三一年五月に日本労働組合全国協議会一般使用人組合教育労働部（略称「教労部」）として新たに発足することになる。この時点で組織的活動が確認される支部は、東京、神奈川、埼玉、沖縄八重山であったが、このうち東京、神奈川、埼玉の三支部には厳しい弾圧が加えられる。同年八月、東京では二六校にわたって四四名の教員が取り調べを受け、一二名が解職となる。神奈川では県下一二校にわたり二三名の教員が検挙され一二名が解職になる。埼玉でも新興教育研究所講習会に参加した関係教員一八名のうち、一〇名が解職になった。(7)

一九三二（昭和七）年は、教育労働者運動が最も活発に展開するとともに、それに対する弾圧が最も厳しく実施された時期でもあった。〔表10〕は、文部省思想局によって整理された数字であり、「左翼事件」として取り扱われているため、教育労働者運動に関する事件の全体を集計したものかどうかは必ずしも判然としないが、それでも教員検挙事件が発生した一道三府三六県において、一九三二年度の検挙者と行政処分対象者の数字が突出している。こうした中、教育労働者運動の指針として機能してきた『新興教育』誌も翌一九三三年六月号をもって廃刊となった。これを機に、教育労働者運動は事実上壊滅したといわれる。日本が国際連盟からの脱退を通告するのが、この年の三月のことであった。

〔表10〕左翼事件関係小学校教員

年度	事件数	検挙者	起訴処分者	行政処分者のうち 退職者	行政処分者のうち 休職者
1929年	3	31	1	15	1
1930年	15	53	7	46	4
1931年	23	157	2	98	2
1932年	33	348	43	151	84
1933年	25	127	20	67	18
計	99	716	73	377	109

石戸谷哲夫『日本教員史研究』講談社、1967年、460頁。

生活綴り方教育運動

上述したような「昭和恐慌」を背景に、子どもの生活実態が苛酷な状況に追いやられる中、子ども自身に日々の生活事実を直視させ、観察させ、それを綴らせることで、生活に働く原理を把握させ、真に自治的な生活を樹立させ、その実践能力を養うことを目指す教育運動が、全国各地で展開された。これがいわゆる「生活綴り方教育運動」である。

これは大正期に芦田恵之助が提唱した随意選題の綴り方教授や、鈴木三重吉らによる雑誌『赤い鳥』運動を、昭和初期の子どもの生活実態を見据えながら批判的に継承したものといえる。第一一章で述べたように、綴り方は国語科の一領域であったが国定教科書の指定がなかったため、教師たちの自由裁量の余地があった。綴り方は単なる文章表現指導という含意を超えて、生活教育の領域へと教育実践上の意義を押し広げたのである。

生活綴り方教育運動の全国的展開を担ったのは、雑誌『綴方生活』であった。同誌は児童の村小学校主事を務めた志垣寛を編集者として一九二九（昭和四）年に創刊されたが、翌年に出版社の争議によって休刊となった後、一九三〇年一〇月に小砂丘忠義（一八九七～一九三七）を編集発行人として再刊された。再刊に当たって同誌に掲載された「宣言」には、「社会の生きた問題、子供達の日々の生活事実、それをじっと観察して、生活に生きて働く原則を吾も摑み、子供達にも摑ませる。本当な自治生活の樹立、それこそ生活教育の理想であり又方法である。吾々同人は、綴方が生活教育の中心教科であることを信じ、共感の士と共に綴方教育を中心として、生活教育の原則とその方法とを創造せんと意企する者である(8)」と記されている。

綴り方の研究・実践上の交流の舞台となった雑誌には『綴方生活』のほかに、東京高師附属小を退職後雑誌社の編集顧問をしていた千葉春雄（一八九〇～一九四三）が主宰した『教育・国語教育』（一九三一年創刊）や『綴り方倶楽部』（一九三三年創刊）、あるいは詩人で児童文学者の百田宗治（一八九三～一九五五）が主宰した『工程』（一九三五年創刊）などがあった。

また、全国各地において教師たちの綴り方サークルが組織され、研究誌・同人誌の発行や文集交換などが盛んに行われた（ガリ版の普及が文集づくりを支えた）。中でも最も活発な活動を展開したのは東北地方の教師たちであった。秋田では、成田忠久（一八九七～一九六〇）、滑川道夫（一九〇六～九二）、佐々木昂（一九〇六～四四）、加藤周四郎（一九一〇〜二〇〇一）らによって結成された北方教育社から機関誌『北方教育』が創刊され（一九三〇年）、東北地方の地域性や自然環境を踏まえた生活教育実践を活発に展開した。北方教育社は一九三四年に東北地方を襲った大凶作を契機に、岩手、宮城、青森、福島の綴り方サークルと連携して北日本国語教育連盟を結成するとともに、翌一九三五年に機関誌『教育・北日本』を発刊した。この東北地方の教師たちの運動は「北方性教育」ともいわれ、全国の綴り方教師たちからの大きな反響を呼び起こした。

しかし、こうした生活綴り方教育運動も、戦時体制の進行とともに、当局からプロレタリア教育の一種と見なされるようになり、次第に弾圧が加えられていくことになる。一九四〇（昭和一五）年には、後述する「国民学校令」に関する関係規則の草案が発表されて「綴り方」が国民科に吸収されることになったのを機に、生活綴り方教員に対する弾圧が開始される。この年、東北六県や北海道をはじめ、長崎、福岡、山口、鳥取、愛知、静岡、東京、茨城、新潟などで多数の綴り方関係者が検挙され、その数は全国で三〇〇名を超えたともいわれる。(9) 当局による綴り方教育弾圧を象徴する事件であった。

郷土教育運動

上記のような昭和恐慌下にあって農村経済の疲弊が深刻化する中、文部省も農村部を中心とする地方教育の振興政策を打ち出していた。いわゆる郷土教育運動がそれである。これは一九三二（昭和七）年以後、政府が推し進めていた「農山漁村経済更生運動」（自力更生運動）との関わりにおいて行われたもので、自力更生運動が農家の負債整理や農産物価格の引き上げなどの経済・財政的支援とともに、「自力更生」に対する農村民の気運作興を課題としていたように、郷土教育運動も郷土の自然・文化・歴史などに関する理解を深めることで共同心・公共心や郷土愛を涵養し、郷土の再建に心身を捧げうるような実践主体を育成することを目指す教育上の取り組みであった。

文部省は、一九三〇（昭和五）年度から各地の師範学校に「郷土研究施設費」を支給し、郷土研究室の設置や郷土研究資料の蒐集のための財政支援を行うとともに、一九三二年から郷土教育に関する講習会・講話会を積極的に開催した。こうして多くの師範学校では、郷土研究室の設置・郷土資料の蒐集・陳列にとどまらず、それを通して郷土愛の覚醒や愛国心の涵養を目的とする教授活動が試行された。各師範学校附属小学校や公立小学校も、郷土調査を行ったり郷土読本を編集したりするなどの試みを展開した。郷土読本には、例えば信濃教育会松本市教育部会の『郷土学習帳』『郷土誌』や、水戸市教育会の『水戸郷土読本』などのように、各地方教育会によって編纂されたものもあった。

これら文部省の取り組みとともに郷土教育運動の担い手としての役割を果たしたのは、一九三〇（昭和五）年に発足した郷土教育連盟であった。同連盟は尾高豊作（一八九四～一九四四）と小田内通敏（一八七五～一九五四）が中心となり、これに志垣寛・赤井米吉ら大正新教育の担い手が参集した民間教育団体であったが、文部省と歩調を合わせながら、各地で郷土教育講習会・講演会を精力的に開催した。また同年に創刊された機関誌『郷土』は、郷土教育の全国的な展開に大きな役割を果たした。

郷土教育運動は、郷土の調査・研究を通してその特質の科学的・合理的理解を図るという要素を包摂しつつも、それ以上に、郷土愛や郷土への奉仕の精神の育成を目指す傾向にあったと見なしうるが、その傾向は戦局の進展に伴ってますます顕著なものになる。少なくとも日中戦争が始まった一九三七（昭和一二）年以降、この運動は郷土の現実を正しく認識する実践的な教育運動ではなく、抽象的な郷土を対象に情緒的な愛郷心・愛国心の涵養を目的とする精神運動として推進されていくのである。(10)

二.　思想対策と教学刷新

　これまで概述を試みてきたように、少なくとも明治後期の日露戦争以後、経済や産業の発展に伴う国民生活の多様化や、海外諸思想の流入に伴う社会思想の複雑化によって、教育の基本方針や政策をめぐる最重要課題は、まさに国民の国家意識や国体観念に関わる問題に向けられる傾向を顕著なものにしていた。大正期以後の臨時教育会議や文政審議会が、諸般の教育制度改革とともに重点的課題に据えたのも、まさに国民思想や国民精神の涵養という問題であった。

　こうした動向は、後述する一九三五（昭和一〇）年の「天皇機関説」事件を重要な契機として、より一層強固な体制となって国民教育と国民生活の全般を覆い尽くすようになる。この節では、国民精神（ないし国民道徳）と国民教育とが相即不離の関係において結ばれていく動向の概略を描出することで、昭和戦前期における教育体制の基底をなした「国体」観念の、教育史的な定位を探ることにする。

　すでに第九章の末尾にて触れたように、一八九〇年の「教育勅語」渙発以後も、国民道徳や国民精神の統合をいかに実現していくかという問題は、必ずしも不動の安定的決着を見ていたわけではなかった。例えば、日清戦争により国体思想が支配的になりつつあった一八九五（明治二八）年、第二次伊藤内閣の文部大臣西園寺公望（一八四九～一九四〇）は、高等師範学校において「本大臣ハ諸君カ正大ナル思想ヲ鼓舞シテ固陋ノ僻見ヲ打破シ、世界ノ文明ニ伴ヒテ教育ノ精神ヲ進メ、以テ其ノ学ヒ得タル所ヲ実地ニ活用セラレンコトヲ望ム」[11]との訓示を与え、東洋流の忠孝道徳に固執するのではなく、世界文明の進展に応じた教育精神を養うべきことを説いていた。西園寺はまた、一八九八年に再び文部大臣に就いたとき、新しい社会では上下道徳だけでなく自他の相互尊敬と併存を説く新しい道徳が必要との主旨を明治天皇に奏上したところ、天皇からそれを勅語として起草するよう命ぜられたが、病

気によって文相を辞したため実現されなかったと伝えられている。(12)

〔図 13-2〕井上哲次郎

国民道徳論

いわゆる大逆事件の起こった一九一〇（明治四三）年一二月、文部省は師範学校修身科担当教員講習会を主催したが、このとき講師を務めた井上哲次郎、穂積八束（一八六〇〜一九一二）、吉田熊次（一八七四〜一九六四）によってはじめて「国民道徳論」が公の場で論ぜられた。井上は翌年七月にも文部省主催の中等教員講習会で「国民道徳」を講述するが、その内容をもとに一九一二（大正元）年に『国民道徳概論』を出版する。「教育勅語」の官定解説者井上は、こうして国民道徳論のイデオローグとしての役割を演じていくのである。

井上は同書において、国民道徳が「国体」と一体であることと、「国体」が万世一系の皇統に由来するものであることを立論の大前提に据える。その上で「国体」の属性として、①国体と政体との分離（国体は万世不易だが、政体は時代とともに変化する）、②忠君と愛国との一致、③皇室の先在（建国創業は皇室の力によるものであり、それゆえ皇室が国民に先立って存在する）、④祖先崇拝（万世一系の皇統は祖先崇拝の精神をもって成り立つ）、⑤家族制度（万世一系の天皇が国家全体の家長の地位を占める）、⑥君臣の分が明らかであること、⑦国民による統一体の扶翼（国民が古今を貫いてよく統一体を維持してきた）、の七者を掲げ、これをもって国民道徳の内容を構成するものとする。(13) この書では、かつての『勅語衍義』よりも、「国体」観念が前面に押し出され、総合家族制度に基づく「忠」と個別家族制度に基づく「孝」との完全な一致こそが国民道徳の中核をなすものとして強調されている。

その後、大正期における皇統権威の動揺（大正天皇の健康問題により、一九二一年には皇太子が摂政となった）と第一次世界大戦に伴う内外情勢の変化（とくに人道主義、平和主義、民主主義の高調）は、井上に「国体」論の再構成を要求することになった。前章でも言及したように、一九二三（大正一二）年には「国民精神作興ニ関スル詔書」が出され、デモクラシーや社会主義の思想が流布する中で関東大震災に襲われた当時の社会風潮のことが「浮華放縦ノ習漸ク萠シ軽佻詭激ノ風モ亦生ス」と戒められるとともに、それゆえ今後は「先帝ノ聖訓ニ恪遵シテ其ノ実効ヲ挙クルニ在ルノミ」と、「教育勅語」に基づく国民精神作興の必要が改めて説論されたのである。

一九二五（大正一四）年、井上は『我が国体と国民道徳』を著し、「国体」の基礎を「万世一系の皇統」よりもむしろ「王道主義の一貫」にあるとしつつ、その王道主義ゆえに、わが国では建国以来人道主義や民本主義が行われてきた、との所論を立てた。このような、「国体」に対するある種の合理的説明を展開することで、井上は「三種の神器」の継承が必ずしも「国体」の正当性（皇統一系の証）とはなりえないこと、さらに「国体」観念の起点をなす神話伝説が歴史的事実ではないこと、などを論ずるのである。

だが、こうした王道主義の強調による人道主義・民本主義的国体論は、頭山満（一八五五～一九四四）をはじめとする伝統的国体論者から徹底的な攻撃を受けることになる。翌一九二六年、頭山らの請願により、同書は内務省の検閲を通過した書物としてすでに五版を重ねていたにもかかわらず、発禁処分に付される。(14) 井上もまた不敬罪に問われて、貴族院議員、帝国学士院会員などの公職を辞し、国民道徳イデオローグとしての地位を剥奪される。

井上は、国民道徳がすでに「教育勅語」によって基礎づけられていることを踏まえつつ、日清・日露戦争を経て資本主義が発展し、伝統的な忠孝観念の稀薄化と近代的自我の発見が進行する社会にあって、そうした新たな状況をも取り込んだ国民道徳論を再構成する必要を認めていた。それゆえ天皇や皇統の権威は、日本固有の神話伝説よりも、むしろ一層の普遍性が担保された王道主義に基づく、との所論を組み立てたのであった。だが、それは皇統の権威と国体の由来が記紀神話の神勅にあることを絶対視する伝統的国体論者たちにとって、到底容認できるものではなかった。

国民道徳に基礎を与えた「教育勅語」は、皇祖皇宗の肇国・樹徳という日本的特殊性を道徳の起点に据えつつも、その道徳が「古今ヲ通シテ謬ラス中外ニ施シテ悖ラス」と、普遍的なものであることを宣揚している。この日本的特殊を普遍主義の側から説明しようとした井上が国民道徳論の第一線から退いたことで、日本的特殊こそが元来の普遍主義であるとの独善的傾向（日本精神という「個別的特殊」は元来「普遍的価値」を包摂しており、それゆえ日本精神を拡充することが、世界平和という「普遍的価値」の実現に繋がるとの立論）が、これ以後の国民道徳論や国体論に付与されることになったのである。

思想対策問題

明治末期から大正を通して、社会主義思想が知識人や学生の間に浸透しつつあったが、昭和初期の世界恐慌は、資本主義に対する社会主義の優位性を人々に知らしめる意味をもった。また一九一七年のロシア革命も、わが国における社会主義運動の展開にとっての重要な契機となった。

高等教育機関に「国家思想ノ涵養」や「国民道徳ノ充実」といった目的規定を盛り込んだ「大学令」「高等学校令」が制定された一九一八（大正七）年、東京帝国大学では有志学生が同帝大教授吉野作造の協力を得て「新人会」を結成する。この「新人会」は、学生を中心として組織されたはじめての思想研究団体であった。同会は「人類解放の新気運」を促進し「現代日本の合理的改造運動」を展開するとのスローガンをもって全国の学徒に呼びかけ、これを契機に多くの大学、高等専門学校、高等学校に思想研究団体が組織され、自由主義・社会主義思想の研究と普及、普通選挙運動や学内民主化運動などに取り組むようになった。これらの学生思想研究団体（社会科学研究会）の多くは、ロシア革命五周年に当たる一九二二（大正一一）年一一月を期して秘密裏に「学生連合会」を結成し、全国的な提携を図るに至った。(15)戦後不況と大震災による社会不安の深刻化は、多くの学生の社会問題に対する関心を喚起し、各学校での思想研究団体活動を促進する要因となっていた。

翌一九二三年に「国民精神作興ニ関スル詔書」が出された後は、東京帝大の新人会をはじめ、各高等教育機関の思想研究団体が次々に学校当局の公認団体となり、こうして「学生連合会」は一九二四年九月に社会科学研究の促進と普及を目的とする「学生社会科学連合会」（以下、「学連」と表記）に改組された。同時に、関東連合会、関西連合会、東北連合会の三支部を設けて組織を整備し、各学校内での普及活動にとどまらず、対外的な社会活動にも積極的に参加するようになった。このとき、加盟団体四九（うち学校当局公認二七）、会員数およそ一、五〇〇名と伝えられる。(16)「学連」は、同年一一月には、全国学生軍事教育反対同盟を組織し、文部・陸軍両省で立案された軍事教育実施計画に対する反対運動を広範に展開し、政府との対決姿勢を強めるようになる。

だが、こうした学生運動とその拡大を危険視した当局は、まず一九二四年一一月に開かれた高等学校長会議の場で「社会科学研究会」解散の申し合わせを行い、これに基づいて各学校長が強硬策を講じたため、翌一九二五年中には全国二三高等学校の「社会科学研究会」がすべて表面上の活動を停止することになる。次いで、上述の軍事教育反対同盟による統一行動が盛り上がりを見せていた同一九二五年一一月に京都府警特高課が、京都帝国大学の学生をはじめ全国の学生活動家に対する検挙を開始した（京都学連事件）。このとき極秘に逮捕された学生のうち、三八名がはじめて「治安維持法」（一九二五年四月制定）の適用によって起訴された。京都帝大学生二〇名、東京帝大学生四名など、大部分が大学や高等専門学校の学徒であった。(17)

「学連」は翌一九二六年六月に「全日本学生自由擁護同盟」を結成して、組織の立て直しと学生運動弾圧に抗議する運動を展開するが、一九二八（昭和三）年三月、いわゆる第二次共産党事件に関連して多数の学生が検束され、さらに四月以後東京帝大の「新人会」、京都・九州・東北各帝大の「社会科学研究会」に解散命令が出されたことにより、翌一九二九年一一月、ついに「学連」は解体を宣言するに至る（東京帝大の「新人会」に続き、各加盟団体も相継いで解散する）。

なお、これら学生処分と併行して、大学における学問研究に対する官憲の圧迫も次第に強まっていく。まず、一九二〇年一月には東京帝国大学助教授の森戸辰男（一八八八～一九八四）が同大学経済学部の機関誌に無政府主義に関する論文を掲載したとの理由で休職を命ぜられ、同機関誌発行人の助教授大内兵衛（一八八八～一九八〇）とともに起訴された。また一九二八年四月には京都帝国大学教授河上肇（一八七九～一九四六）がマルクス主義の研究を理由に、同大学の退職を余儀なくされる。これ以後、九州帝国大学や東京帝国大学などにて「左翼」系教授が退職に追いやられる。また一九三三（昭和八）年には、京都帝国大学にて「滝川事件」が引き起こされる。これは、同大学法学部教授滝川幸辰（一八九一～一九六二）の刑法学説が危険思想であるとの理由で、当時の文部大臣鳩山一郎（一八八三～一九五九）が同大学に滝川の罷免を要求したことに端を発するもので、これに法学部全教授が辞表を提出して抗議活動を展開し、結果として七名の教授が京都帝国大学から追放されることになった(18)。

一方、文部省は、上述のような学生社会主義思想運動の高揚を重大な思想問題ととらえ、それへの対応として、一九二八年一〇月に専門学務局内に学生課を新設し、さらに翌一九二九年七月これを拡大強化して学生部（局に準ずる）に昇格させた。また一九三一（昭和六）年六月には「学生思想問題調査委員会」を設け、同委員会の「我が国体、国民精神の原理を闡明し、国民文化を発揚し、外来思想を批判し、マルキシズムに対抗するに足る理論体系の建設を目的とする、有力なる研究機関を設くること(19)」との提言に基づいて、翌一九三二年八月に「国民精神文化研究所」を創設した。同研究所は、「国体観念」や「国民精神」に関する研究を進める研究部と、幹部教員の養成・再教育と学徒の指導・矯正に当たる事業部とからなっていた。事業部では全国の師範学校・中等学校を中心に学校長や地方長官から推薦された教員の再教育に当たったが、受講を修了した教員たちは任地に戻り思想善導・教学刷新の第一線で働くことになる。

さらに、一九三四年六月には上述の学生部を思想局に改組昇格させ、学校や学生だけでなく社会全般の思想善導のための調査・監督・指導などに当たらせた。なお、後述するように、この思想局は一九三七年七月、教学刷新の一層の強化のために文部省の外局として新設された教学局に改組されることになる。

国体明徴と教学刷新評議会

一九三五（昭和一〇）年二月、貴族院本会議にて美濃部達吉（一八七三～一九四八）の「天皇機関説」が批判・排撃される。「天皇機関説」をめぐってはこれ以前にも、国粋主義団体原理日本社の蓑田胸喜《むねき》（一八九四～一九四六）が機関誌『原理日本』誌上で美濃部を激しく攻撃したり、その著作を不敬罪で告発したりするなどの問題が生じていたが、同機関説問題が広く国民の間に知られるようになるのは、この貴族院での質疑のことが報じられてからであった。

「天皇機関説」は、美濃部の三〇年来の主張であるにとどまらず、当時の憲法学における通説とも評しうる学説であったが、同機関説を反国体的とする政党や軍部、国粋主義者の追求は止むことがなく、同年三月には「政教刷新ニ関スル建議」（貴族院）や「国体ニ関スル決議」（衆議院）が採択された。こうした状況を受けて政府は同年四月に美濃部の著書を発禁処分とし、さらに文部省も全国の地方長官と各大学・専門学校・高等学校長宛に訓令を発して、「国体明徴」の徹底を求めた。だが、軍部からの圧力は収まらなかったため、政府は同年八月と一〇月に国体明徴問題に対する声明を発し、天皇機関説に対して「国体ニ悖リ其本義ヲ愆《アヤマ》ルノ甚シキモノニシテ厳ニ之ヲ芟《サン》除《ジョ》セサルヘカラス」[20]とする姿勢を明確にした。美濃部も同年九月、上記の第二次声明が出される前に貴族院議員（美濃部は一九三二年、学識経験者として貴族院議員に勅選されていた）を辞職することになる。

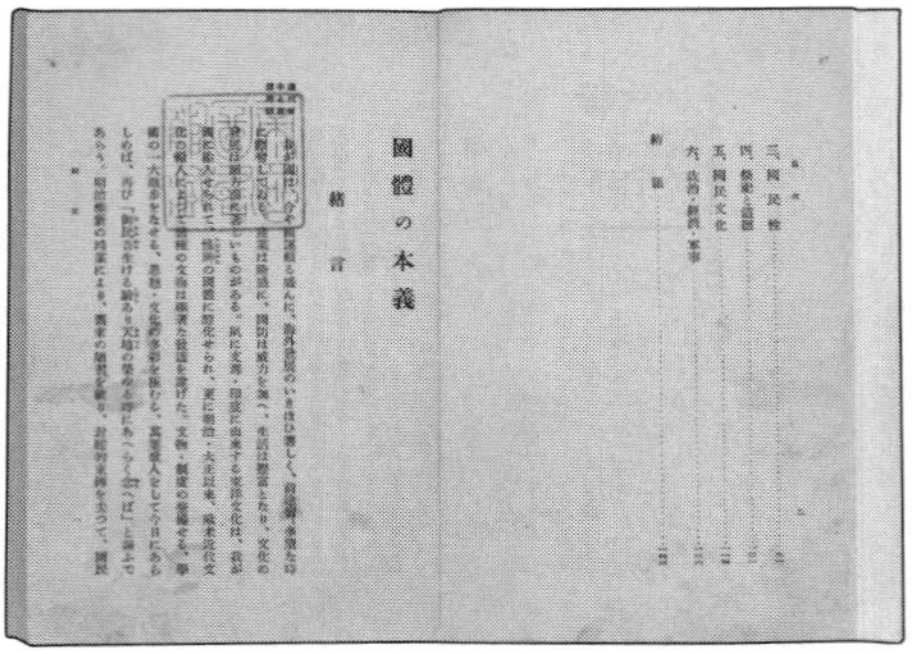

〔図 13-3〕『国体の本義』

上記声明により、天皇機関説排撃運動は沈静化に向かったが、他方で軍部は、政府に「国体明徴」の具体策を審議するための専門機関の設置を求めた。こうして一九三五年一一月、従来の文政審議会が廃止され、新たに文部大臣の諮詢機関として「教学刷新評議会」が設置されることになった（第一回総会は一二月開催）。教学刷新評議会は、紀平正美《ただよし》（一八七四〜一九四九）、西晋一郎（一八七三〜一九四三）、平泉澄《きよし》（一八九五〜一九八四）ら日本精神派の学者と、文部省思想局長、陸・海軍少将、司法省刑事局長、内務省警保局長などの幹事団によって、その議論がリードされていく。時運は、翌一九三六（昭和一一）年に二・二六事件が発生し、さらに一九三七年七月には盧溝橋で日中戦争の火ぶたが切られるという具合に、ファシズムと戦局の進行に支配されようとしていた。

教学刷新評議会は翌一九三六年一〇月の第四回総会をもって活動を終え、答申を文部大臣に提出した（平生釟三郎が同評議会長と文部大臣を兼ねていた）。その内容は、①「教学刷新ノ中心機関ノ設置」、②「教学刷新ノ実施上必要ナル方針」、③「教学刷新上必要ナル実施事項」とからなっている。このうち、①については、上記で言及したように一九三七年七月に文部省の外局として新設された教学局が、国体明徴の実施機関として、すなわち教育・学術の範囲を超えて広く国民の精神文化全般を国体観念で染め上げる機関として、その中心的機能を果たしていく。また②については、一九三七年三月に『国体の本義』が文部省思想局（教学局の前身）から刊行された。同書は三〇万部印刷され、全国の小学校から大学に至る各学校に配布されるとともに、一般読者にも販売された（『国体の本義』編纂作業自体は、教学刷新評議会答申が出される以前に、すでに思想局にて進められていた[21]）。

『国体の本義』の趣旨は、西洋由来の民主主義・社会主義・無政府主義・共産主義などはすべてその根底に個人主義があるが、その個人主義の行き詰まりがわが国に思想上、社会上の混乱を招いているとし、それを克服するには、わが国固有の国体を基として西洋文化を摂取醇化し、皇国の道に則った新たな日本文化を創造しなければならない、とするものであった。そして、その国体観念や国体史観は、記紀神話に基づく天孫降臨の神勅に基づいて説明されていく。すなわち、日本国創建の神話が史実として語られ、作為的に国体史観が構成されていくのである。

『国体の本義』の取り扱いについて文部省は、小学校での教科教育(修身・国史・地理・国語など)や祝祭日儀式にてその趣旨を述べるよう求めるとともに、中等学校、高等学校、専門学校に対しても関連教科にてその内容を教授するよう要請した。また、全国の高等学校、大学予科、専門学校、各府県師範学校の入学試験、文部省中等教員試験検定や各府県小学校教員試験検定の試験問題として出題されるようになった。

日中戦争開戦以降、戦争の長期化とそれに伴う天皇制国家の政治的危機を克服し一層強力な国家体制を確立するため、教学局は、国体史観に基づく行動規範を示して国民の自発的協力を引き出そうとする。以後、『臣民の道』(一九四一年)、『日本文化大観』(第一巻のみ刊行。一九四二年)、『大東亜戦争とわれら』(一九四二年)、『国史概説』(上下巻。一九四三年)など、『国体の本義』と同趣旨の書冊が編纂・刊行されていく(これら以外に、『家の本義』『勤労の本義』『婦道に関する資料』『大東亜史概説』など、公刊に到らなかった書冊の編纂も計画された)。

こうして教学局は、教育行政全般に加えて文化行政や宗教行政も広く所管していく。この動向との関連で、一九四二(昭和一七)年に「国民錬成所」が設立されるが、さらに翌一九四三年にはこれと前述の「国民精神文化研究所」とが合併して「教学錬成所」となる。こうして日本的特殊性を象徴する「国体」観念が、この国の思想・学問を完全に支配するとともに、その精神を体得・体現した皇国民の「錬成」こそが、教育の根本であり本質であるとされていく。このような教育の論理を不変・不動の格率とさせたものは、まさに高度にして強靱な「国防国家体制」の構築という、軍事的課題にあったのである。

三．戦時体制下の教育改革

教育審議会

教学刷新評議会は上記答申に添えられた建議において、国内外の情勢に対応する教育政策上の重要事項を審議するため、内閣総理大臣が統轄する諮詢機関を設置することを求めていた。これを受け、一九三七（昭和一二）年一二月に「教育審議会」が設置された。同審議会は、内閣総理大臣の監督に属し、その諮詢に応じて教育の刷新・振興に関する重要事項を調査・審議し、もしくは内閣総理大臣に建議することのできる機関で、総裁一名、委員六五名、臨時委員若干名から構成されるものとされた。総裁には枢密院副議長荒井賢太郎（一八六三〜一九三八）、委員には枢密顧問官、内閣書記官長、法制局長官、内務・文部・陸海軍など関係省庁の次官ら官界実力者に加えて東京帝国大学・京都帝国大学・東京商科大学・東京文理科大学の総長・学長、国民精神文化研究所員、貴・衆両院議員など、また臨時委員には各種中・高等教育機関の学校長八名が任命され、発足時の委員総数七三名という戦前の教育関係審議会でも最大規模の会議体となった(22)。

同審議会第一回総会の挨拶において、内閣総理大臣近衛文麿（一八九一〜一九四五）は「現下我が国の当面せる重要時局、並に其の後に来るべき内外の情勢に想到する時、教育の刷新振作を図つて我が国将来の飛躍的発展に備へることは欠くべからざる事柄(23)」と論じたが、これは高度国防国家の樹立を主導しようとする軍部の教育要求を反映するものでもあった。日中戦争に伴う時局の進展は、より一層強力な「教育の刷新振作」を求めるようになっていたのである。

教育審議会は、一九三七年一二月の設置以来、一九四一（昭和一六）年一〇月の第一四回総会をもって終了するに至るまで、ほぼ四年間にわたって審議を重ね、その間特別委員会を開くこと六一回、整理委員会を開くこと一六九回であった（特別委員の中から整理委員が指名され、その整理委員会で作成された答申原案が特別委員会に持ち帰られた。そして特別委員会にて審議決定された答申案が総会に提出され、最終答申が作成された）。こうして七つの答申と四つの建議が政府に提出されるに至ったが、その内容は、初等教育、中等教育、高等教育、社会教育、各種学校その他の事項、教育行政および財政にわたっており、これら各部門の制度・内容・方法などについて詳細な改善策の要項と改革の趣旨を論じている。

このうち学校制度改革に関する主要なものについては、①小学校を国民学校に改め、義務教育八年制の実施を決定した、②青年学校の義務制を実施するための方策を立てた、③師範学校の修業年限を三年とし、中等学校卒業程度をもって入学資格の原則とした、④中学校・高等女学校・実業学校を合わせて中等学校と称し、その第二学年以下において相互転校の途を開く方針を決定した、⑤女子高等学校の制度を認めるとともに、「大学令」による女子大学を創設することを決定した、などを挙げることができる。

また、教育の根本精神とそれに基づく内容・方法の改善については、詳細な実施方策が示された。まず教育の根本精神としては、「皇国ノ道」に帰一せしめる、あるいは「皇国ノ道」を修めしむ、という教育目的が、国民学校から大学に至る全学校教育の分野にとどまらず、さらに社会教育や家庭教育の分野にまで及ぶあらゆる教育的営為に盛り込まれた。「皇国ノ道」がすべての教育目的を規定し方向づける根源的目的であることが確認されたのである。

教育の内容に関しても、「皇国ノ道」に帰一させるために、従来各教科ごとに分けて教授されていた方式を改め、各教科を統合し知識の本質的な統一を図る合科教授を実施する方針をとった。これにより後述するように、国民学校などでは旧来の教科目が大幅に再編成されることになった。またすべての学校に共通する留意事項として、「東亜及世界」と「国防」に関する教材のことが取り上げられていることが注目される。
さらに教育方法については、「錬成」という方法概念が導入され、そのために行事活動や訓練活動が重視されることになった。例えば、「国民ノ基礎的錬成」を図る国民学校では「身心一体ノ訓練ヲ重視シテ児童ノ養護、鍛錬ニ関スル施設及制度ヲ整備拡充」することが、また「国家有為ノ人物ヲ錬成スル」場としての中等学校でも「実践鍛錬ヲ重ンジ質実剛健、勤労愛好ノ気風ヲ作興スルコト」が求められた(24)。

社会教育については、これまで国民教育はもっぱら学校教育に主力を注ぐ傾向にあったとの反省に立って、高度国防国家体制の整備のために社会教育の刷新・振興が必須との認識が示された。そのため社会教育の主要分野を、青年学校・青少年団・成人教育・家庭教育・文化施設の五つに分かち、この五者に関する要綱がそれぞれに定められた。

こうして、教育審議会は戦時体制下における学制改革と教学刷新のための基本方策を提示することになった。以下に述べるように、具体的な制度改善策については、戦局の進展のために実施に至らなかったものが少なくなかったが、「皇国ノ道」に帰一させるという教育の根本精神や目的は、まさにこの国のあらゆる教育活動に浸透させられたと評することは許されるであろう。私たちは、ここにすべての人間形成の営みを作為的・操作的に統制・支配することで、国家にとって有為な国民を形成しようとする「制度としての教育」ないし「近代教育」の、この国における一つの到達地点を見ることができるのである。

青年学校

教育審議会答申に基づき、一九三九（昭和一四）年以後、戦時体制に即応する学校制度改革が実施された。以下、その概要を実施年代順に眺めていく。まず、一九三九年四月に「青年学校令」が全面的に改正され、男子に対する青年学校義務制が実施されることになった。その結果、尋常小学校六年の課程修了後、高等小学校や他の中等諸学校に進学しない一九歳未満の男子は、原則として青年学校に就学しなければならなくなった。

青年学校は、文政審議会の議を経て一九三五（昭和一〇）年四月に制定された「青年学校令」により、それまでの実業補習学校と青年訓練所とを統合し、勤労青少年に対する統一的な教育機関として発足した（普通科と本科とからなり、就学期間は普通科二年、本科は原則として男子五年、女子三年）。だが、その後の青年学校への就学状況は、男子だけでいえば該当青少年の半数にも達しないような状況であり、また、徴兵検査の際に実施される壮丁教育調査でも、尋常小学校卒業者の学力の低さが問題視されていたことから、青年学校を義務制にして国民の知的水準の向上を図る必要が叫ばれていた。「青年学校令」の改正はこの課題に応えたものであった。

義務制の実施によって、青年学校は短期間に顕著な普及を見た。とくに、都市部における勤労青少年の青年学校への就学が進んだが、これは官公庁や工場・事業所などに私立の青年学校が設けられたことによる。私立青年学校数は、一九三八年一、二〇三校、一九四〇年二、一八八校、一九四二年三、〇八〇校と急増し、生徒数も、一九三八年の約二三万人から一九四二年には約六六万人に達した(25)。ただし戦時下の状況にあって、青年学校は、設備面では小学校と併設されるものが多く、また指導体制面では専任教員の確保が必ずしも十分でないなど、様々な問題を抱えていた。

なお後述するように、政府は一九四四年から義務教育年限を八年に延長する方針を決定していたが、これが実現すると、この国の義務教育制度は国民学校八年、青年学校五年の年限となるはずであった。しかしアジア太平洋地域に戦禍を拡大した内外情勢の推移は、この方針を実現させるには至らなかった。

国民学校

教育審議会答申に基づいて、最も大きな改革が行われたのは初等教育の分野においてであった。一九四一（昭和一六）年三月、「小学校令」が改正されて、新たに「国民学校令」が公布され、さらに同月「国民学校令施行規則」も制定されたことで、同年四月から従来の小学校が国民学校として発足することになった。

初等教育機関の名称が「小学校」から「国民学校」に改められたのは、「皇国ノ道ノ修練ヲ旨トシテ国民ヲ錬成シ、国民精神ノ昂揚、知能ノ啓培、体位ノ向上ヲ図リ、産業並ニ国防ノ根基ヲ培養シ、以テ内ニ充実シ外ニ八紘一宇ノ肇国精神ヲ顕現スベキ次代ノ大国民ヲ育成センコトヲ期セリ」という教育審議会答申の趣旨に沿ってのことであった。(26) つまり、この国の初等教育機関が、国内的に国力を充実させ、国外的に「八紘一宇ノ肇国精神」を顕現するための国民形成を至上の目的とする基礎的錬成の場であることを闡明にするとともに、その趣旨を貫徹するために、「国民学校」という名称が使用されたものと見ることができる（ただし、国民学校の設置者は基本的に市町村とされ、私立学校は「国民学校」を称することができなかった）。

この趣旨との関連で、国民学校の目的も「国民学校ハ皇国ノ道ニ則リテ初等普通教育ヲ施シ国民ノ基礎的錬成ヲ為スヲ以テ目的トス」（「国民学校令」第一条）と定められた。ここでいわれる「皇国ノ道」とは、文部省普通学務局編『国民学校制度ニ関スル解説』によれば、「国民学校に於ける教育の全般を貫く最高の原則」とされるもので、すなわち端的には「皇運扶翼ノ道」と解釈されている。(27) これまでの「小学校令」の規定では、小学校の目的には「道徳教育」「国民教育」と「生活に必要な知識技能の教授」の三者が掲げられていた。それに対し「国民学校令」では、国民学校における教育活動のすべてが「皇国ノ道」（皇運扶翼の道）の修練に帰一させられることになったのである。

国民学校の制度面については、この学校が初等科六年、高等科二年の課程からなるものとされるとともに、高等科も義務制とすることで、義務教育の年限が八年に延長されたことが注目される。この義務教育八年制は、一九四四（昭和一九）年四月から実施されることになっていたが、戦時下における非常措置によって延期されたまま終戦を迎えることになった。なお、国民学校からは初等科第六学年を修了すれば中等学校に進学できることになっており、そうした生徒は中等学校の二年修了をもって義務教育を終えることになっていたが、この措置も延期されたまま実現には至らなかった。

教育内容については、すべての教科・教材が「皇国ノ道」の修練に統合・帰一させられるとの方針から、従来の小学校教科を根本的に再編成し、教科の統合と知識の統一とが図られた。すなわち、「皇国民たるに必須不可欠の資質」として、①国民精神を体認し、国体に対する確乎たる信念を有し、皇国の使命に対する自覚を有していること、②透徹せる理知的能力を有し、合理創造の精神を体得し、以て国運の進展に貢献しうること、③闊達剛健なる心身と献身奉公の実践力とを有していること、④高雅な情操と芸術的技能的な表現力を有し、国民生活を充実する力を有すること、⑤産業の国家的意義を明らかにし勤労を愛好し、職業報国の実践力を有していること、の五者が掲げられ(28)、この五つの資質に対応するものとして、「国民科」（修身・国語・国史・地理）、「理数科」（算数・理科）、「体錬科」（体操・武道）、「芸能科」（音楽・習字・図画・工作・裁縫（女児）・家事（高等科女児））、「実業科」（農業・工業・商業・水産）の五教科が設定された（このうち「実業科」は高等科のみの設置とされた）。この五つの教科と各科目との関係は〔表11〕の通りである。

〔表11〕国民学校教科の構成

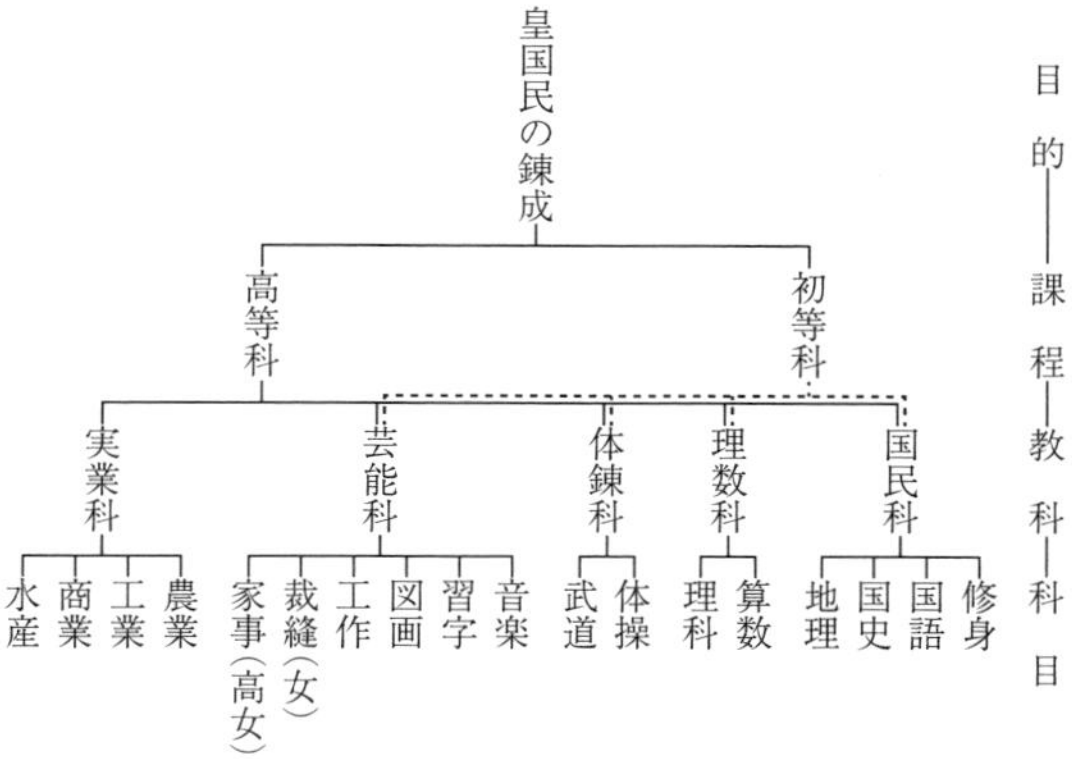

文部省『学制百年史』ぎょうせい、1972年、575頁。

さらに教育方法については、「錬成」という新たな方法概念が導入された。上に紹介した『国民学校制度ニ関スル解説』によれば、「錬成」とは錬磨育成を意味し、「児童の陶冶性を出発点として皇国の道に則り児童の内面よりの力の限り即ち全能力を正しい目標に集中せしめて錬磨し、国民的性格を育成すること」[29]とされる。児童の陶冶性や内面力が前提とされつつも、その内的能力を集中的に錬磨することで、皇国民としての資質を育成しようとする作為的・操作的な方法と見ることができるだろう。とくに「国民学校令施行規則」の「儀式、学校行事等ヲ重ンジ之ヲ教科ト併セ一体トシテ教育ノ実ヲ挙グルニカムベシ」（第一条第六項）や「各教科及科目ノ毎週授業時数外ニ於テ毎週凡ソ三時ヲ限リ行事、団体訓練ニ充ツコトヲ得」（第三十一条）という規定に従って、儀式・学校行事、共同作業、団体訓練などが重視された。また、学校環境を「国民錬成の道場」とするために、武道場や教室に神棚が設けられたり、詔勅や軍神の写真などが飾られたりした。また礼節や礼法が尊ばれ、低学年児童までもが、朝礼時の宮城遙拝や隊列行進などを強制された。

国民学校の発足した一九四一年の一二月、戦局は太平洋戦争へと突入した。「錬成」という方法概念は、まさに高度国防国家の完成と国家総力戦体制の確立という軍事的課題と不可分の関係において結ばれていたのである。

中等学校

一九四三（昭和一八）年一月、それまでの「中学校令」「高等女学校令」「実業学校令」が廃止されて、新たに「中等学校令」が制定された。この結果、中等諸学校の制度は「皇国ノ道ニ則リテ高等普通教育又ハ実業教育ヲ施シ国民ノ錬成ヲ為スヲ以テ目的トス」との目的規定に基づいて統一化された。中等学校の種類・名称は中学校、高等女学校および実業学校とされ、同年三月には、設備・編制・教科など各中等学校の運営に関する基本的事項を、それぞれ「中学校規程」「高等女学校規程」「実業学校規程」において定めた。こうして、中等学校の制度は同年四月から実施されることになった。

制度改革の概要について眺めると、まず中等学校の修業年限は原則四ヵ年とし、土地の情況によって高等女学校は二ヵ年、実業学校は男子三ヵ年、女子二ヵ年とすることができるものとされた。修業年限が短縮されたのは、生徒が実務に従事する時期を早くし、国力の増強に資することを企図してのことであった。入学資格は、修業年限四年課程の場合は国民学校初等科修了者、修業年限二年もしくは三年課程の場合は国民学校高等科修了者とされた。

中学校・高等女学校の教育内容については、「学校内外ノ生活ヲ挙ゲテ皇国民錬成ノ一途ニ帰セムベシ」との趣旨に基づいて、「教科」とともに「修練」が課された。「修練」は、「行的修練ヲ中心トシテ教育ヲ実践的綜合的ニ発展セシメ教科ト併セ一体トシテ尽忠報国ノ精神ヲ発揚シ献身奉公ノ実践力ヲ涵養スル」もので、「日常行フ修練、毎週定時ニ行フ修練及学年中随時ニ行フ修練」の三種とされた。(30)「教科」に加えて「修練」を設定したことによって、中堅皇国民の錬成を完遂することが期待されたのである。

なお、中学校の教科は「国民科」（修身・国語・歴史・地理）、「理数科」（数学・物象・生物）、「体錬科」（教練・体操・武道）、「芸能科」（音楽・書道・図画・工作）、「実業科」（農業・工業・商業・水産）、「外国語科」（英語・独語・仏語・支那語・マライ語・その他）の六教科とされ、また、高等女学校については、「国民科」「理数科」「家政科」（家政・育児・保健・被服）、「体錬科」（体操・武道・教練）、「芸能科」の五教科からなる基本教科と、「家政科」「実業科」（農業・商業）、「外国語科」の三教科からなる増課教科とに分けられた。

このほか、中学校と高等女学校について、それぞれ修業年限三年の夜間学校の設置を認めたこと、中等学校教科書の国定制が決定されたこと、さらには中学校・高等女学校からの実業学校への転校など、中等学校間の転校を制度として認めたことなどが、制度改革として注目される諸点であった。

以上のような中等学校制度は、一九四三（昭和一八）年四月から実施され、修業年限の規定についても同年四月の入学者から適用されることとなっていた。しかし実際には後述するように、アジア太平洋戦争の戦局激化に伴う決戦非常措置によって、中等諸学校の主要な教育活動は「勤労動員」に覆い尽くされてしまい、上記中等学校制度改革は事実上一年にして崩壊していくことになるのである。

その他の制度改革

「中等学校令」と同じく一九四三年一月、「高等学校令」の改正と「専門学校令」の一部改正が実施され、高等学校・専門学校ともに「皇国ノ道ニ則リテ」「国家有用ノ人物ヲ錬成」するとの目的規定が盛り込まれた。高等学校については、ここにも「修練」が導入され、その要綱には、午前六時の起床から午後一〇時の消灯までの寄宿寮内の日課が示された[31]。専門学校については、戦時体制下の国防的必要から工業系専門学校の増設が進められた。

また同年三月には「師範教育令」が改正され、師範学校が従来の道府県立からすべて官立に移管され、中学校卒業を入学資格とする本科（修業年限三年）と、高等小学校卒業を入学資格とする予科（修業年限二年）とからなるものとされた。こうして師範学校は、専門学校と同程度の段階の学校へと昇格した。すでに一九三九（昭和一四）年の「兵役法」ならびに「兵役法施行令」改正によって、それまで師範学校卒業者のみに認められていた短期現役制度と徴兵免除の措置が同年限りで廃止され（それゆえ師範学校志願者が著しく減少する傾向にあり）、さらに師範学校生徒の「勤労動員」も強化されて師範学校教育が後退しつつある中での昇格であった。

教科書制度について繰り返すならば、一九三九（昭和一四）年の青年学校義務制実施に伴い、同学校の「修身及公民科」教科書が国定制に移行することになった。師範学校についても、すでに「修身」「公民」「国史」の教科書は文部省が標準教科書を作成することになっていたが（一九三八年の『師範修身書』を皮切りに、以後『師範公民書』『師範国史』が刊行された）、これを一九四三年には国定制に移行させた。また同年、「中等学校令」によって中等諸学校の教科書も国定制となった。こうしてアジア太平洋戦争末期までに、国民学校・青年学校・中学校・高等女学校・実業学校・師範学校の主要教科はすべて国定制となった。高等諸学校についても一九四〇年の「高等諸学校教科書認可規程」により、高等学校・大学予科・高等師範学校・女子高等師範学校・専門学校などの教科書が、指定学科目について使用認可の申請が必要とされるようになった。教育内容に対する国家統制の強化は、高等諸学校にも及んだのである。(32)

中等学校以上の男子学生生徒を対象とする学校教練（軍事教練）も次第に強化され、一九四一年には「陸軍現役将校配属令」の一部改正が行われ、大学学部に対しても現役将校が配属されるようになる（ただし、アジア太平洋戦争も末期の一九四四年になると、後述する学校の戦時非常体制や学徒勤労動員の強化のために、学校教練を従来通り実施することは困難となっていく）。

なお、女子教育について、教育審議会答申に打ち出された女子高等学校や女子大学は戦局の進展・悪化の中で、ついに実施に移されることはなかった。

教育審議会答申以後の教育改革は、まさに戦時体制に即応した学校制度の再編を企図するものであった。だが、アジア太平洋戦争の戦局激化は、学校制度そのものを戦時体制・国防体制の中に埋め込んでしまう。次章にて言及するように、これ以後、この国の学校のあらゆる機能は「教育」よりも「軍事」を基軸とするものへと転換を余儀なくされていくのである。

第一四章 「近代教育」の再編（その三）
——戦争と教育

一．総力戦体制下における教育施策

総力戦体制

日中戦争開戦翌年の一九三八（昭和一三）年四月、近衛文麿内閣の下で「国家総動員法」が制定された。戦時における国防目的のために、国家のあらゆる人的・物的資源を統制・運用する権限を政府に与えたこの法律によって、この国はまさに総力戦体制に突入することになった。

ただし、一九三九年から翌一九四〇年前半にかけては、平沼・阿部・米内と短命内閣が続き、総力戦体制に向けての強力な政治力の結集は困難を極めていた。そうした中、同一九四〇年四月以後のヨーロッパ戦線におけるドイツ軍の勝利を契機に、近衛文麿を中心に新体制運動の気運が高まり、七月に第二次近衛内閣が成立すると各政党が解党してこの新体制運動に呑み込まれていく。こうして同年一〇月官製国民運動組織としての「大政翼賛会」が結成される。「大政翼賛会」は内閣総理大臣が総裁を務め、中央本部事務局の下に下部組織として道府県支部、大都市支部、市区町村支部、町内会、部落会などを設置して、国民生活の再編成を図るとともに、一九四二年六月には

大日本産業報国会・農業報国連盟・商業報国会・日本海運報国団・大日本婦人会・大日本青少年団の六団体を傘下に入れて国民運動組織を統合した。

しかしながら、「大政翼賛会」自体は公事結社であるために政治活動を行うことはできず、関連団体である翼賛議員同盟などが政治活動を展開した。翼賛会の内部には、解散した各政党や内務省などの主導権争いをめぐる駆け引きがあって、組織体の内実は必ずしも一枚岩ではなかったが、ともあれ「大政翼賛会」を中心に、戦争下において軍部の方針を追認し支える体制としての翼賛体制が構築されたことは間違いない。

なお、前章にて言及した教育審議会答申に基づく学制改革への取り組みは、一九四二（昭和一七）年二月に設置された「大東亜建設審議会」に引き継がれることになった。同審議会は同年五月に「大東亜建設ニ処スル文教政策」を発表したが、そこでは「大東亜建設」という国策推進のための文教政策の根本方針として「国体の本義に則り、教育に関する勅語を奉体し、大東亜建設の道義的使命を体得せしめ、大東亜における指導国民たるの資質を錬成する」[1]ことが謳われつつも、その一方で、国防・産業・人口政策など国策遂行のための総合的見地からなる教育計画の必要が取り上げられている。それまでの「教学刷新」を中心とする国体論的文教政策から、高度国防国家のための総合国土計画的な文教政策への志向転換がここに示唆されている。

こうして、高度国防国家が必要とする計画的な学校教育の再編成が積極的に推し進められることになったが、それは、まさに「戦時非常措置」として行われた政策でもあった。では、戦時非常措置として実施された施策とは具体的にどのようなものだったのか。以下、その概要を簡単に整理しておく。

在学年限の短縮

戦局の進展と戦時体制の強化に伴って、国防上の必要や物資調達上の必要から、多くの要員の確保が急がれるようになった。前述の「国家総動員法」や一九三九（昭和一四）年の「国民徴用令」の制定は、大量の労働力の動員体制を強化するために実施された方策でもあった。だが、時局が一層急迫の度を強めるに及んで、学生・生徒を戦時生産の各分野に動員する必要が増大し、この国家的要請に基づいて諸学校の在学年限を短縮する措置が講ぜられることになった。

在学年限の短縮については、太平洋戦争開戦直前の一九四一（昭和一六）年一〇月に勅令「大学学部等ノ在学年限又ハ修業年限ノ臨時短縮ニ関スル件」が公布され、「大学学部ノ在学年限又ハ大学予科、高等学校高等科、専門学校若ハ実業専門学校ノ修業年限ハ当分ノ内夫々六月以内之ヲ短縮スルコトヲ得」(2)と定められた。この勅令に基づき、文部省は省令を発して、一九四一年度には大学、専門学校、実業専門学校に加えて高等師範学校や実業学校なども、修業年限を三ヵ月間短縮する臨時措置を講じた（一九四二年三月の卒業予定者を一九四一年一二月に卒業させる）。これ以後、在学年限の臨時短縮措置は、毎年省令によって実施されていくことになるが、一九四二年度からは、大学、専門学校などに加えて高等学校高等科や大学予科も、六ヵ月短縮されて同年九月の卒業となった。

さらに、同一九四二（昭和一七）年八月には「中学校・高等学校学年短縮要綱」が閣議決定されたが、これに基づき、翌一九四三年一月に「大学令」および「高等学校令」が一部改正され、同年四月入学生から大学予科および高等学校高等科の修業年限が三年から二年に短縮された。また中等学校についても、前述した「中等学校令」の公布によって、同じく一九四三年四月入学者から修業年限五年が四年に改められた。こうして中等学校と高等学校および大学予科については、一九四三年度から在学期間が一年短縮されたのである。

なお、国民学校については、上述のように一九四一年三月制定の「国民学校令」により、一九四四（昭和一九）年四月から修業年限が八年に延長されることが予定されていたが、その前年の一九四三年一〇月に閣議決定された「教育ニ関スル戦時非常措置方策」により、この義務教育八年制は当分の間延期されることになった。

在学年限短縮の措置は、一九四四年度まで実施されたが、翌一九四五年度は後述するように各学校の授業が実質上停止されてしまったため、この措置を講ずるまでもなかった。ともあれ在学年限短縮の実施は、学生・生徒を軍事要員や軍需生産要員に充てるために講ぜられた措置であり、それゆえ、在学年限短縮は次項以下の「学徒動員」と不可分の関係にあったのである。

学徒動員

総力戦としてのアジア太平洋戦争は、大量の青壮年男子を軍隊に動員した。日中戦争開戦の一九三七年に六三万人、太平洋戦争開戦の一九四一年に二四〇万人に増大した兵員は、一九四五年の終戦時には七一九万人にも膨らんだ。これだけ大量の労働力を軍事部門に投入したので、生産部門の労働力の確保と補充は困難を極めた。そのため、婦人や年少労働者の就業時間制限が撤廃され、四五万人を超える未婚女性（女子挺身隊）が軍事産業部門に動員されたほか、七〇万前後の朝鮮人と四万人弱の中国人が主に炭坑労働力として徴用された。こうして三〇〇万人を超える学生・生徒たちも有力な労働力供給源と見なされ、戦時生産の各分野に動員されることになったのである。(3)

すでに日中戦争開戦翌年の一九三八（昭和一三）年六月には、文部次官通牒によって中等学校以上の学生・生徒の「集団的勤労作業運動」が実施されることになっていた。この勤労作業は、当初は夏期休暇などを利用した三〜五日間程度のもの（中等学校低学年は三日、その他は五日を標準とする）で、主に農作業や清掃作業あるいは簡易な土木作業などが行われたが、文部省は翌一九三九年三月にこれを学校の休業時だけでなく「漸次恒久化」し、正課に準じて取り扱うこととした。さらに、一九四一年二月の文部・農林次官通牒によって、最重要国策である食糧増産のために「一学年ヲ通ジ三十日以内ノ日数ハ授業ヲ廃シ勤労作業ニ振リ替フルモ差支ヘナキコト」(4)とされ、こうして勤労作業は年間三〇日以内にまで拡大されていく。

この集団勤労作業への動員組織として利用されたのが「学校報国隊」（「学校報国団」とも呼ばれた）であった。これは、同一九四一年八月の文部省訓令により、全国の中等学校程度以上の諸学校において組織されたもので、文部省の学校報国隊本部と並んで各地方にも報国隊の地方部が設けられ、その指示の下に各学校の報国隊が食糧増産その他の集団勤労作業に出動した。

戦局の進展と戦火の拡大に伴う軍事動員の増大は、学生・生徒の総力を戦力増強に結集する必要を生じさせ、前述のように一九四二年には、大学・専門学校の在学年限が六ヵ月短縮されたが、さらに翌一九四三（昭和一八）年の六月には「学徒戦時動員体制確立要綱」が閣議決定された。この閣議決定は、学徒の教育錬成内容を戦時動員体制に組み入れることを趣旨とするもので、「有事即応態勢ノ確立」と、「勤労動員ノ強化」を主な措置とした。例えば、前者については体育訓練（戦技訓練）、特技訓練（航空・海洋・機甲・馬事・通信など）、防空訓練の強化・徹底（女子学徒は戦時救護訓練）が求められ、後者については食糧増産、国防施設建設、緊要物資生産、輸送力増強などに関する動員が強化された。(5)

同じく一九四三年一〇月、政府は戦局の厳しい状況を踏まえて「教育ニ関スル戦時非常措置方策」を閣議決定した。この決定により、上述の義務教育八年制実施延期など学校の修業年限の縮減、学校の整理統合、勤労動員や国防訓練の強化、さらには徴集猶予の停止など、学校教育の全般を決戦体制に即応させるための徹底化と能率化が図られた。このうち勤労動員に関しては、中等学校以上の学徒の動員期間が「在学期間中一年ニ付概ネ三分ノ一相当期間」にまで拡大されることになった（これにより勤労作業の期間を三〇日以下とした一九四一年の決定は改変された(6)）。

さらに翌一九四四（昭和一九）年一月、政府は「緊急学徒勤労動員方策要綱」を閣議決定した。この要綱では、上記二要綱の趣旨を「勤労即教育ノ本旨ニ徴シ」てさらに徹底・強化し、学徒の勤労動員が戦力の増強や戦局の推移への対応に積極的に結びつけられた。動員期間は、「一年ニ付概ネ四カ月ヲ標準トシ且継続シテ之ヲ行フ」こと

〔図 14-1〕勤労動員

が建て前とされ、さらに「学校ノ校地、校舎内ニ設備ヲ講ジ又ハ材料ヲ供給セシメ学校内ニ於テ学徒ヲシテ生産ニ従事セシムルコト」が求められた[7]。ここに勤労動員は、その実施期間が断続するものでなく、継続して行われるものであり、しかも学校内でも実施されるべき性格のものと位置づけられた。従来の「教育錬成内容ノ一環」としての勤労動員から「勤労即教育」としてのそれに変質していったのである。

そして、同年二月の閣議決定「決戦非常措置要綱」において、政府はついに「原則トシテ中等学校程度以上ノ学生生徒ハ総テ今後一年、常時之ヲ勤労其ノ他非常任務ニ出動セシメ得ル」と、勤労動員通年の方針を決定した。ここに「教育」は「勤労」の内部に完全に吸収・解消させられることになった。同時にこの要綱では、「学校校舎ハ必要ニ応ジ之ヲ軍需工場化シ又ハ軍用、非常倉庫用、非常病院用、避難住宅用其ノ他ノ緊要ノ用途ニ之ヲ転用ス」と、学校施設の軍用化を明確に打ち出したほか、未婚女性の「女子挺身隊強制加入」を打ち出した[8]。

これを受けて翌三月には、「決戦非常措置要綱ニ基ク学徒動員実施要綱」が閣議決定され、中等学校以上の学徒は、男女を問わず、すべて常時勤労動員の体制に組み入れられ、軍需工場その他生産労働の現場へと動員されるに至った。この後政府は、勤労動員の一層の強化を図って、様々な方策を矢継ぎ早に決定するが、中でも同年七月には「学徒勤労ノ徹底強化ニ関スル件」を閣議決定し、①一週六時間を原則とする教育訓練時間（同年五月の文部省による指示に基づく）の停止、②国民学校高等科児童の継続動員、③供給不足の場合での中等学校低学年生徒の動員、④中等学校三年以上の男女の深夜修業の容認、などを指令した[9]。また翌八月には「学徒勤労令」が公布され、以上のような「勤労即教育」を本旨とする学徒動員が、学校報国隊の組織をもって実施されることが制度化された。

こうして、一九四四年の後半期には、国民学校初等科児童と理科系大学・専門学校第二学年以上の学生（軍需に基づく科学研究要員であった）および身体虚弱学生・生徒（同年一一月には身体状況に応じた作業に動員された）を除くほとんどすべての学生・生徒が戦時生産の各分野へ動員されることになった。

一九四五年三月、戦局がいよいよ苛烈となるに及んで、政府は「決戦教育措置要綱」を閣議決定し、「国民学校初等科ヲ除キ学校ニ於ケル授業ハ昭和二十年四月一日ヨリ昭和二十一年三月三十一日ニ至ル期間原則トシテ之ヲ停止ス」[10]と定めた。だが、動員から除外された国民学校初等科児童も「勤労」と無関係であったわけではなかった。国民学校の児童たちも、「銃後の守り」を担うべく運動場の開墾、松根《しょうこん》油などの採集、甘藷《さつまいも》などの栽培、蝗《いなご》とり、薪運びなど、様々な奉仕作業に従事させられていた。それは後述する学童疎開先においても同様に行われたことであった。

勤労作業に動員された学徒の数は、一九四四年六月で約九〇万人、同一〇月約二八九万人、翌一九四五年三月三一一万人、同七月三四〇万人に及び、動員比率で見ると大学・高等専門学校六四％、中等学校八二％、国民学校高等科五九％で、総平均六九％となっている[11]。

なお、これら学徒動員のうち、学徒が直接に兵員の補充に動員されたのがいわゆる「学徒出陣」であった。従来、「中学校又ハ中学校ノ学科程度ト同等以上ト認ムル学校ニ在学スル者」には一九二七（昭和二）年の「兵役法」により、二七歳までの在学徴集延期の特権が認められていたが、これが一九三九（昭和一四）年の同法改正によって二六歳までに短縮され、さらに日中戦争の長期化に伴う兵員不足を補うため、一九四一年一〇月以降は在学年限の短縮措置によって兵員の確保・補充が図られていた。

ところが、戦局のさらなる拡大と悪化により、兵員不足が一層深刻になると、政府は一九四三（昭和一八）年一

〔図 14-2〕学徒出陣

〇月に「在学徴集延期臨時特例」を公布し、中等学校程度以上の学校への在学を理由とする徴集猶予措置が停止され、これに伴って二〇歳以上（この年の一二月には徴兵適齢が一年引き下げられる）の学徒は直ちに徴兵検査を受け、同年一二月に入営することが命ぜられた（ただし理工系学生については、同年一一月の陸軍省令によって入営延期が指示された）。

こうして同年一〇月二一日、秋雨けむる東京神宮外苑陸上競技場において、文部省主催の「出陣学徒壮行会」が開催され、都下近県約三五、〇〇〇人の学徒兵が、約六五、〇〇〇人の見送りを受けながら、戦場に向けて行進した。このとき全国的に徴集された学徒の数は判然とはしていないが、これを一二万から一三万人と見積もる説もある(12)。このときの学徒たちの切々たる心情は、『きけわだつみのこえ』や『はるかなる山河に』など多数の戦没学生遺稿集に書き残されている。

学校の転換

戦局の進行と拡大は、諸学校での教育内容についても、戦時体制の論理に基づいてその改変を迫った。それを象徴する動向が「学校転換」である。上述のように、一九四三年一〇月の閣議決定「教育ニ関スル戦時非常措置方策」は、学校制度全般を戦時体制に即応させるために講ぜられた措置であったが、とくに学校の転換・改変に関わって以下のような事項を定めていた。

第一に、実業学校について、工業学校・農業学校・女子商業学校を拡充するとともに、男子商業学校をこの三者に転換させることが求められた。とくに工業学校については新設、学科の新設、二部授業の実施、あるいは各種学校の工業学校への改組などにより、工業学校生徒定員の増員が図られた。拡充すべき学科は、機械・航空・造船・電気・電気通信・工業化学・土木・建築などで、とくに電気通信関係の技術要員の緊急な需要に応えるべく、電気通信科の拡充・新設が必要とされた。

また既存の男子商業学校は、少なくともその半数以上を工業学校に転換させることとし、特別の事情によってこれが実施できない場合には農業学校、またそれも困難な場合には女子商業学校に転換させることとされた。実業学校に課されたこの戦時非常措置は、「当面ノ戦争遂行力ノ増強ヲ図ル」ために実施されたことであったが、こうして一九四四年には、既存の男子商業学校四五〇校のうち、工業学校に転換したものが二七四校、農業学校に転換したものが三九校、女子商業学校に転換したものが五三校となり、男子商業学校として存続したものは四八校にすぎなかった(13)。

第二に、高等教育機関について、高等学校では文科の入学定員が従前の三分の一に縮小され、その一方で理科の拡充・大増募が実施された。また大学、専門学校でも理科系大学・専門学校の整備・拡充と、文科系大学・専門学校の理科系への転換が図られた。

その結果、例えば官立専門学校では、高岡・彦根・和歌山の高等商業学校が、すべて工業専門学校に改組転換させられた。また、とくに私立の文科系大学には、これを専門学校に転換させるとともに入学定員を従前の二分の一にまで整理統合することが求められた。例えば、慶應義塾では一九四四年に高等部(専門学校)を廃校とするとともに、同年三月をもって商工学校および商業学校の生徒募集を停止し、これらを新設された慶應義塾工業学校に転換することにした。このほか、青山学院大学が青山学院工業専門学校に、立教大学文学部が立教理科専門学校に、あるいは立命館大学が立命館専門学校に転換するなど、同年中に理工系専門学校を開設、もしくは理工系学科を新設した文科系私学は一六校にのぼっている(14)。

〔図 14-3〕学童疎開

学童疎開

日本本土がはじめて空襲に見舞われたのは一九四二（昭和一七）年四月のことといわれるが（米空母ホーネットから発進した中型爆撃機が京浜地区や名古屋、神戸などを攻撃）、一九四四年七月にマリアナ諸島のサイパン島が陥落し、この島がアメリカ軍の大型爆撃機Ｂ29の発進基地となることで、これ以降本土空爆が激化する。

こうした状況下において、政府は、一九四四年六月に「学童疎開促進要綱」を閣議決定した。その趣旨は、「防空上ノ必要ニ鑑ミ一般疎開ノ促進ヲ図ルノ外特ニ国民学校初等科児童ノ疎開ヲ…強度ニ促進スル」[15]ことにあったが、学童疎開の基本方針として、縁故疎開を原則とし（それゆえ、まず親戚縁故先への疎開を勧奨し）、縁故先のない者に対しては集団疎開の方法をとることとした。

集団疎開については、同時に定められた「帝都学童集団疎開実施要領」においてその具体的方法が示された。それによれば、疎開の対象となったのは、国民学校初等科三年以上六年までの児童で、保護者の申請によって疎開させることとした。当初は東京都区部のみを対象としたが、翌七月の文部省通牒で、横浜・川崎・横須賀・大阪・神戸・尼崎・名古屋・門司・小倉・戸畑・若松・八幡の一二都市が追加指定されることになった。このうち、防空上最も重要な八都市（東京・横浜・川崎・横須賀・名古屋・大阪・神戸・尼崎）の疎開が急がれ、八月から九月にかけて約三五万人の児童が近接する三四都府県に集団疎開した。[16] 同年八月には、七〇〇名を超える学童を含めた約一、八〇〇名の疎開者を乗せた「対馬丸」が、軍の要請で沖縄から本土に向かったが、鹿児島県沖でアメリカ海軍潜水艦の魚雷攻撃を受けて沈没するという悲劇も生じた。

一九四五年に入ると本土空襲がますます激化し、同年三月の東京大空襲は死亡者・行方不明者数が推定一〇万人以上ともいわれる大惨事となった。同月、政府は新たに「学童集団疎開強化要綱」を閣議決定し、低学年（国民学校初等科一・二学年）児童も疎開の対象とするとともに、四月には京都・舞鶴・広島・呉の各都市が追加指定され、こうして約四五万人と推計される児童が親元を離れて疎開生活に移った(17)。

疎開先では、旅館、寺院、集会所、別荘などが宿舎に宛がわれ、児童と教職員とが共同生活を行った。日常の教育活動は、疎開先の国民学校もしくは宿舎で行われたが、授業以外に農耕作業、家畜の飼育、薪炭の生産など様々な勤労作業が実施された。

その疎開生活の様子について、以下、全国疎開学童連絡協議会が編纂した『学童疎開の記録(18)』に基づいて、東京都世田谷区立砧国民学校の事例を簡単に眺めてみよう。同校で第一次集団疎開が実施されたのは一九四四年八月のことであった。疎開先は長野県北安曇郡平村木崎の旅館街で、受け入れ先は地元の平国民学校であった。各学年男女各一級の二学級編制で、授業は二部制とされ、草刈り・薪運び・どんぐり拾い・蝗とりなどの勤労作業も盛んに行われた。毎朝、板木の合図の下、午前六時に起床、その後乾布摩擦・床上げ・清掃・洗面・点呼を済ませてから朝礼が始められる。朝礼は宿舎前の神社にて行われ、宮城遙拝、両親への挨拶、先生の講話、体操などが主な内容であった。学校へは全員が隊列をなして登校し、昼食時には宿舎に戻った。午後四時頃までが自由時間で、その後整理整頓・入浴・夕食・自習・床のべ・乾布摩擦などのスケジュールをこなし、就寝・消灯が午後九時であった。

翌年三月に上記の「学童集団疎開強化要綱」が決定されると砧国民学校も閉鎖され、同月に第二次学童疎開が、さらに五月には第三次学童疎開が実施された。これにより疎開児童が増加したため、同校児童はさらに北部の神城村などに再疎開することになった。このときの宿舎には寺院が宛がわれ、神城国民学校が受け入れ校となり、疎開児童も同校の学級に編入された。宿舎の寺院から学校まで片道四キロほどの行程があり、そのため毎朝午前五時の起床となった。この頃には東京都から疎開児童に配給される食糧が減少し、そのため寺院の隣接地を開墾した。また、地元農家への勤労奉仕作業にも駆り出された。寺院本堂を幕で仕切って用意された病室には、情緒不安や体調不良に陥った児童が常在していた。終戦後も疎開生活は継続され、砧国民学校児童の引き揚げが実施されたのは、一九四五年一一月のことであった。

教育の空洞化

上述のように、一九四五年三月に閣議決定された「決戦教育措置要綱」は、「全学徒ヲ食糧増産、軍需生産、防空防衛、重要研究其ノ他直接決戦ニ緊要ナル業務ニ総動員」することを目的とするもので、そのため国民学校初等科を除くすべての学校教育が停止されることになった。もちろん、国民学校児童の学校生活も、実質的にはそのほとんどすべてが国防訓練や勤労作業に覆い尽くされ、教育的環境に身を置いていたとは、到底評価することはできない。

さらに同年五月には「戦時教育令」が制定され、学徒に対して食糧増産や軍需生産などの「戦時ニ緊切ナル要務ニ挺身セシムル」にとどまらず、学校ごとに教職員と学徒とから構成される「学徒隊」を組織して、戦時に緊要な教育訓練を行うこととされた。この法令は二ヵ月前の「決戦教育措置要綱」の趣旨を追認したにすぎず、すでに教育の機能を喪失していた中等段階以上の学校と学徒に大きな変化を与えるものではなかった。だが、同法令により、国民学校児童もまた臨戦体制下の少国民として、明確に国家の軍事体制に組み込まれることになったことには注意を要する。同法令の公布に合わせ、文部大臣は「我ガ国学制頒布以来茲ニ七十有余年今ヤ戦局ノ危急ニ際シ教育史上未曾有ノ転換ヲ敵前ニ断行セントス」[19]との訓令を発したが、ここで指摘された「教育史上未曾有ノ転換」とは、まさにこの国のあらゆる学校教育の消滅、すなわち「制度として教育」の空洞化を意味した。

こうして、この国のすべての学生・生徒は、その人間としての成長が国家の教育によって保証され促進される権利を有する学習者というよりは、むしろすべてが国家の軍事的・政治的目的に対する無条件の奉仕を義務づけられた人的資源として、国家から認識され、国家の体制内に位置づけられていく。「制度としての教育」を推進する最大の契機としての政治の力は、その強大さゆえに、ひとたびその権力の志向が「教育」との親和性の最も稀薄な「軍事」へと突き進むとき、組み立てられていた「教育」の構造を土台から崩壊させ解体させる特異な自己否定的作用を身にまとってしまうのである。

二　植民地支配における教育

軍事的要請を最大の契機として教育が編制され制度化された動向については、いわゆる植民地支配下の状況の中にも、その苛酷な事例を見ることができる。それは、国家の意志がその強大な権力を背景に、人々の生の営みや人間形成の意味を規制し管理することにおいて、「制度としての教育」が自らに内在させる抑圧的体質を最もあからさまに顕在化させた事例といえる。「制度としての教育」が最も極端な方向にシフトするとき、そこにどのような問題性が浮上するのかを明確に理解するために、本節では極めて概略的ながら、近代日本の植民地教育政策の諸相を一瞥しておこう。

植民地の範囲

「植民地」とは通常、「国家ノ統治区域ノ一部ニシテ内地ト原則トシテ国法ヲ異ニシ、殊ニ憲法施行区域ノ外ニ在ルモノ[20]」と理解される。すなわち、国家の統治区域の一部でありながら、地理的に本国と隔たり、本国とは別個の社会生活が営まれることで、本国と異なる法令が適用されている地域のことを指す。本国の法令が同一に適用される地域を「内地」とすれば、植民地はまさに「外地」として理解される。

ただし「憲法施行区域ノ外ニ在ル」といっても、天皇、摂政、国務大臣、帝国議会の組織・権限など国家の最高中枢機関の組織に関する規定は、国家の統治権の及ぶ範囲である限り、「内地」「外地」にかかわらず効力を有するものとされた。「内地」と異なる国法が適用されたのは、植民地の文化や現地人の国家意識が「内地」と同一の水準に達していないと判断されたからであり、それゆえ植民地ではその国法に従って、例えば、人々に兵役義務が課されず、国会に代表者を送り出すことがなく、行政権と立法権との分立が行われない、などの措置が講ぜられたのであった。

こうした「内地」とは異なる統治体制がとられたのは、植民地とされた地域が対外戦争などの結果、新たに獲得された領土であったからにほかならない。では具体的に、植民地とはいかなる地域を指すのか。ここでごく簡単にではあるが、昭和戦前期における植民地をその歴史的経緯とともに確認しておこう。

(1) 一八九五（明治二八）年、日清戦争の結果、「日清講和条約」（下関条約）によって日本は台湾における一切の統治権を清国から譲渡され、統治機関として台湾総督府を設置した。

(2) 日露戦争の結果、一九〇五（明治三八）年の「日露講和条約」（ポーツマス条約）に基づき、ロシアは北緯五〇度を境界として樺太島の南部およびその付近の島嶼《とうしょ》の一切の統治権を、日本に譲渡した。それに基づき一九〇七年に南樺太の統治機関として樺太庁が設けられた。

(3) 一九一〇（明治四三）年、日韓両国の条約（いわゆる「日韓併合条約」）により、韓国は一切の統治権を日本に譲渡し、韓国の領土・人民を日本に併合するとともに、その地名を朝鮮と改称した。その統治のために朝鮮総督府が置かれた。朝鮮についてはそれ以前の一九〇五年、日本は大韓帝国を「保護国」とし（「第二次日韓協約」）、韓国統監府を置いて外交権・行政権・軍事権・司法権などを順次奪取していた。なお、「第二次日韓協約」および「日韓併合条約」については、当時においても無効であったとの見解があることに注意を要す。

(4)　一九〇六年、ロシアが中国に有していた租借地を日本に譲渡することを中国が承諾し（「満州ニ関スル条約」）、それに基づいて日本は関東州（遼東半島先端部と南満州鉄道付属地）の租借地の統治権を獲得した。領土の租借は、一定の期限を有し（一九一五年に租借期限が九九年に延長された）、租貸国がすべての領土権を失うわけではなく、住民が租貸国の国籍を保有することなどから、法律的には領土の割譲と同一ではなかったが、すべての人民と土地を支配下に置くことにおいて、実質的に租借権は領土権と同一の効果を有した。同年、関東州の統治機関として関東都督府（一九一九年に関東庁に改称）が置かれた。

(5)　一九二〇年、国際連盟規約の発効により、日本は南洋群島（旧ドイツ領ミクロネシア）の統治権を委任される。この委任統治区域も、実質的には完全な日本の領土として統治された。一九二二年に南洋庁が設置される。

以上が昭和戦前期日本の植民地である。アジア太平洋戦争中に、日本は兵力をもって交戦国の領土を占領し、自国の領土のように統治した。例えば中国では、東北地方に「満州国」という傀儡国家がつくられ（一九三二年）、さらに北京に中華民国臨時政府（一九三七年）、南京に中華民国維新政府（一九三八年）という傀儡政権が形成された。インドネシアやマレーシアなど東南アジアの諸地域でも日本軍による軍政が敷かれた。だが、これらの地域は当時の帝国主義的な国際秩序の下においても、法律上に確定した統治区域ということはできず、植民地とは区別して軍事占領地と呼ぶのが一般的である。

なお、一九四二（昭和一七）年には行政機構の改革によって、台湾総督府・朝鮮総督府は内務省の管轄となり、関東州、南洋群島の租借地・占領地ならびに中国、東南アジアの占領地は、一括して新設の大東亜省の管轄となった。だが、こうした「内地」と「外地」の再編は必ずしも実効性を発揮しないまま、一九四五年の敗戦を迎えることになった。

植民地教育の基本的特徴

国家の統治区域の一部でありながら本国とは異なる法体系が適用された地域という植民地の性格は、教育行政の機構や教育政策の方針にも反映された。ここで、植民地教育全般に共通する基本的な特徴を確認しておこう。

第一に、植民地の教育行政は、原則的に文部省の管轄ではなく、各植民地の統治機関に大幅な裁量の自由が与えられていた。例えば、現地人向けの初等学校の名称については、台湾と南洋群島では「公学校」、朝鮮では「普通学校」、樺太では「教育所」、関東州では「公学堂」という具合に、別個の名称が使用されていた。各植民地に共通したのは、どの地域においても日本人の通う学校が「小学校」とされ、現地人向けの学校にはこの名称が用いられなかった、ということである（ただし一九三〇年代後半以降は「皇民化」政策が進められることで、内地と同様の学校名称に統一されていく）。教科書についても、文部省著作のいわゆる国定教科書ではなく、原則として各統治機関の学務関係部局が国定教科書を参考にしながら作成した教科書が使用されていた。

ただし、裁量の自由が与えられていたといっても、教育制度の基本的枠組みを定める勅令を公布するような場合には、本国政府の承認を得る必要があった。例えば後述するように、台湾総督府は一九一九年に「台湾教育令」を制定するが、その規定内容については本国政府との折衝が行われた。また一九二二年には第二次の「台湾教育令」と「朝鮮教育令」とが同日に公布されたが、これは本国政府の調整に基づくことであった。

第二に、各植民地における初等教育段階の学校は、日本人の子どもと現地人の子どもとを別学とする体制が原則であった。また内地では一九〇〇（明治三三）年の第三次「小学校令」によって義務教育制度が実施されたが、植民地において現地人に対する義務教育制度は実現されなかった（例外的に台湾では一九四三年からの義務教育が制度化されたが、戦時下の混乱などで完全な実施には至らなかった）また、教育内容としては日本語教育が圧倒的な比重を占めたほか、内地で行われていた学校儀式や学校行事は、ほとんどそのままの形で植民地の学校でも実施された。

第三に、中等段階以上の教育機関の設置は総じて抑制される傾向にあり、現地人には「狭き門」になっていた。例えば、満鉄付属地では南満中学堂（一九一七年創立）、関東州では旅順第二中学校（一九二四年創立）がほとんど唯一の現地人向けの中等学校であった。台湾と朝鮮では一九二二年の「台湾教育令」と「朝鮮教育令」によって現地人向けと日本人向けの教育制度の統合を図ろうとしたが（台湾は中等学校以上で共学、朝鮮は専門学校や大学で共学）、入学試験が日本語で行われたため、日本人子弟が有利な状況に置かれたことは明らかであった。

では、植民地にあって実際の教育政策はどのように実施されていたのか。以下、その概略のみではあるが、台湾と朝鮮ならびに満州（関東州・満鉄付属地）の事例を通して整理しておこう。

台湾における植民地教育政策

まず、台湾の事例についてである。上述のように、日本が台湾の統治を開始したのは一八九五（明治二八）年のことであるが、台湾総督府初代学務部長伊沢修二は、同年七月に台北郊外の芝山巌《しざんがん》に学堂を設けて台湾人に対する日本語教授を始めた。統治政策の遂行に当たって日本語能力を身につけた台湾人の育成が緊要だったからである。

翌一八九六年には、総督府の直轄学校として台北に国語学校、全島各地に一四ヵ所の国語伝習所を開設した（いずれも官費にて維持される学校で、授業料は徴収しなかった）(21)。国語学校は、日本人と台湾人の通訳を養成する語学部と国語伝習所の日本人教員を養成するための師範部とからなっていた。また国語伝習所は、すでに漢学を学んでいる台湾人にもっぱら日本語を教え、各行政機関や軍隊の通訳を速成する甲科（修業年限六ヵ月）と、はじめて教育を受ける台湾人児童に日本語のほか、読書・作文・算術などの初等教育を授ける乙科（修業年限四年間）とに分けられた。

伊沢は教育事業の拡充を企図し、小学科六年、中学科四年の公学校を創設する構想を打ち出したが、これは時期尚早として見送られた。だが、当局も日本語を中心とする教育をより広範囲に普及させることは必要と見なし、こうして一八九八（明治三一）年七月に「台湾公学校令」が制定され、修業年限六年の「公学校」が発足した。ただし、国語伝習所が官費維持であったのに対し、公学校の経費は街庄（町村に相当）の負担とした。教科目は修身、国語、作文、読書、習字、算術、唱歌、体操とされ、教科書については検定制度を設けて、当局による規制を進めた。「教育勅語」についても、漢訳の勅語謄本が下付された。当時の台湾には清国以来の初等教育機関としての書房が存在したが（一八九八年で一、四九六校、生徒数二七、五六八人）[22]、公学校は書房の生徒を徐々に吸収することで、その拡張が図られていく。

同令が公布された一八九八年の時点で、公学校数は七四校、生徒数は七、八三八人であったが、一〇年後の一九〇八年には学校数二〇三校、生徒数約三五、八九八人に増加した。だが、就学率は一九〇八年の時点でも四・九三％（男子八・一五％、女子一・〇二％）と低い数字にとどまっていた[23]。

一九一九（大正八）年一月、「台湾教育令」が公布され、六年制の公学校と四年制の高等普通学校からなる普通教育の体系が形成された。さらに同年一〇月、台湾総督府は日本人と台湾人との共学制度に関する内訓を発し、台湾人の小学校への転入学と在台湾日本人の公学校への転入学が認められることになった。ただし、台湾人希望者すべての転入学が許可されたわけではなく、保護者の地位、資産、教育程度などが厳格に審査された。

「台湾教育令」は一九二二（大正一一）年に改正され、共学に関する諸問題の改善が図られた。すなわち、初等教育では、日本語を常用する者は小学校へ、常用しない者は公学校へ通学することとなった。だが、小学校での授業はすべて日本語であり、また台湾人教員の不在や教科書がすべて日本語表記であるなど、台湾人児童が小学校で学ぶには依然として高いハードルが待ち受けていた。小学校に在籍する台湾人児童は、一九二二年には五六四人と、その前年の五四人から約一〇倍もの増加を見、一九二六年には一、二三〇人と急増したが、それでも一九二二年の小学校在籍日本人児童数二二、四二六人、一九二六年の二六、一六二人と比べると少数であることに変わりはなかった。同時期の公学校児童数が一九二二年に二〇〇、六〇八人、一九二六年に二一九、一八二人であったことと比べても、台湾人の小学校への就学数の低さが窺われる(24)。

なお、中等学校については、「台湾教育令」の改正によって、台湾人と日本人との共学が原則とされ、台湾人のための高等普通学校は、中学校ならびに高等女学校に一本化された。ただし、入学試験がすべて日本語で行われたため、台湾人にとっては狭き門であった。例えば、中学校では一九二二年の時点で全学校数八校のうち、日本人生徒数が一、四五一人、台湾人が五六九人であった(25)。その後、一九三〇年には学校数一〇校、日本人二、九一七人、台湾人一、九〇八人と、台湾人生徒の増加が顕著となるが、台湾人約五五〇万人に対する日本人約三〇万人という人口比（一九三〇年）を考慮に入れるなら、中等学校が民族差別的性格を有していたことは否定できない（高等女学校も一九三〇年の数字によれば、一二校に日本人三、六七四人、台湾人一、三九八人と、台湾人生徒数は日本人生徒数の四割にも満たない少数であった(26)）。

なお、台湾では一九二二年に官立の台北高等学校が創設された（同年の生徒数は日本人七九人、台湾人二名）が、一九三〇年度の数字（日本人四八二人、台湾人一二〇人）のように、同校での台湾人学生数は概ね日本人の四分の一程度であった(27)。また、一九二八年に新設された台北帝国大学は、例えば一九三一年度で、文政学部学生九八人中日本人が八五人、理農学部学生九四人中日本人が八〇人という具合に、日本人学生が圧倒数を占めていた（ただし、一九三六年に開設された医学部については、日本人学生は概ね半数前後であった(28)）。

その後、満州事変の勃発に伴って、一九三三（昭和八）年には公学校、中学校・高等女学校の各規則が改正され、公学校における国語教育の徹底や実業教育の充実、中学校・高等女学校における国民道徳教育の強化が図られた。この年を起点に公学校生徒数が激増し、逆に書房数は激減していく。公学校は一九三四年に就学数が三〇万人を超え、一九三五年に就学率が四〇％を超える。一九四〇年の数字は、就学者六二九、三九二人、就学率五七・六％となっている。一方書房は、一九三〇年に一六四校、生徒数六、〇〇二人だったものが、一九三五年に八八校、生徒数三、一七六人となっている。(29)

戦局が日中戦争に突入した一九三七年以降、教育もいわゆる皇民化運動の一手段として利用されるようになる。台湾人が、日本の歴史・文化に対する理解など日本人としての最低限度の資質を身につけることが強く求められた。同年から新聞では漢文欄が廃止され、官公庁、銀行、企業もすべて日本語使用とされたが、学校では公学校での漢文が廃止され、台湾人同士の会話も含め、日常用語はすべて日本語とされ、とくに中等学校以上では他の模範となるよう日本語使用が徹底された。日本が「高度国防国家」体制へと移行した一九四〇年、台湾では皇民奉公運動が展開され、台湾人の日本姓への改称も許可されるようになった。

一九四一（昭和一六）年、日本において国民学校制度が発足したのに伴って、「台湾教育令」が改正され、台湾の初等教育機関もすべて国民学校に改組された。学科目も日本とほぼ同様に国民科、理数科、体練科、芸能科、職業科に統合された。しかし、これで日本人と台湾人との共学が完全に実施されたわけではなかった。台湾の国民学校では総督府が独自の教科書を編集し、教育課程を第一号表から第三号表までの三種に分けていたが、一九四一年の数字では、従来の小学校に相当する課程第一号表の国民学校一五一校に通う児童は、日本人四五、七七九人、台湾人四、一三五人で、従来の公学校に相当する課程第二号表の国民学校七六〇校では日本人八八人、台湾人六三七、二七六人であった（課程第一号表、第二号表による国民学校は初等科・高等科に分かれ、第三号表のそれは修業年限六年の国民学校で台湾人が圧倒数を占めた[30]。

国民学校の就学率は、一九四一年度末で日本人児童が九九・六％となり、台湾人児童は男子七三・六％、女子四五・七％、平均六一・六％であった[31]。なお、一九四三（昭和一八）年から国民学校の義務教育制度が実施されたが、戦争の激化により完全実施には至らなかった。

なお、戦局の進展により、台湾でも一九四一年より大学や専門学校などの在学年限短縮の措置が講ぜられた。一九四二年には陸軍特別志願兵制度が実施され（翌年には海軍特別志願兵制度も実施）、さらに一九四五年からは徴兵制の実施による召集が開始された。

朝鮮における植民地教育政策

朝鮮に対する教育支配が本格的に進められるのは、一九〇五（明治三八）年一一月の第二次日韓協約締結以後のことであるが、その先駆的試みはそれ以前からも行われていた。すなわち、一八九四（明治二七）年にはいわゆる「甲午の改革」によって科挙制度を廃止し、翌一八九五年には日本の制度に倣って小学校（尋常科三年、高等科三年）や中学校（尋常科四年、高等科三年）を設置することになった（実情に合わず実効を上げるには至らなかった）。さらに、一九〇四年の第一次日韓協約によって日本人顧問による顧問政治が進められたが、学務部門にも日本人の学政参事官が置かれた。日本による朝鮮統治の基本方針は、朝鮮民族を天皇に帰一させる「内鮮一体」であり、それゆえ朝鮮民族の同化（皇民化）こそが教育政策上の最重要課題であった。そして、日本の「近代化」の成果に倣わせる朝鮮の近代化こそが、同化（皇民化）のための第一歩とされたのであった。

一九〇五年の統監府設置後、日本からの借款金の一部を充てて、普通学校、師範学校、外国語学校、高等学校、高等女学校、実業学校などの制度を設けるとともに、私立学校への監督指導に着手した。初等教育については、上述の小学校が普通学校に改められ、修業年限も六年から四年に引き下げられたことが注目される。また中学校の名称も、高等学校に改められた。この名称変更は、朝鮮の学校体系に小学・中学・大学という接続系統を与えることを否定する意味をもった。このときの制度改革に基づく「内鮮一体」化への強制的施行に対しては、私立学校を中心に激しい抵抗が生じた（私立学校は多くが外国人宣教師の経営するものであったが、一九一一年の時点で一、四六七校、五七、五三二人もの生徒数を擁していた。またこれ以外に一六、五四〇校の書房に一四一、六〇四人の生徒が学んでいた）。(32)

その後、日韓併合の翌一九一一（明治四四）年八月、新たに「朝鮮教育令」が制定され、教育を普通教育、実業教育、専門教育の三種に分けた上で、普通学校、高等普通学校、女子高等普通学校、実業学校、専門学校の五種類の学校の整備を進めた。この法令には「教育ハ教育ニ関スル勅語ノ旨趣ニ基キ忠良ナル国民ヲ育成スルコトヲ本義トス」（第二条）との規定が設けられ、同化教育の方針が徹底された。当然のごとく、同令の制定に基づいて教育勅語の下付も実施された。また初代朝鮮総督寺内正毅の意向により、朝鮮人には必ず日本語を学ばせることとし、学校での授業には日本語が強制された。

このうち普通学校は四年制の初等教育機関であったが、その役割は上級学校への進学準備よりも、初等教育を通じての皇民化の一定程度の完成に求められた。同学校で第一学年から日本語が課されたのも、そのためである。だが上述のように、当時の朝鮮各地には在来の初等教育機関である書堂が遍在し、さらにそれ以外にも宗教系を中心とする多数の私立学校も存在した。書堂は一九一一年では一六、五四〇校だったものが、その後も増加し続け、一九二一年には二四、一九三校に達する。同年の生徒数も、書堂の二九八、〇六七人という数字は、公立普通学校の一五二、一八五人を大幅に上回っていた。(33)

一方、日本人の教育機関は、併合以前から日本人居留民団によって設立され、一九〇五年には在外指定学校として日本の公立小学校と同様の取り扱いを受けるようになった。中学校も一九〇九年に京城中学校が設立され、高等女学校も一九〇六年に釜山、一九〇八年に京城、仁川に設立されていた。一九一〇年の時点で小学校の就学率は九八・一二％に達していた(34)。

一九一九（大正八）年三月、朝鮮各地で全土的な抗日独立運動が展開された。こうした事態の出現を予想していなかった朝鮮総督府は、直ちに鎮圧行動に乗り出すとともに、総督武官制の廃止や警察制度の改革、あるいは朝鮮文字による新聞刊行の許可など、「文化政治」と称される諸々の改革を行った。そして、これらの改革とともに重視されたのが教育改革であった。同年以降、様々な教育施策が講ぜられるが、それらを集約する意味を有したのが、一九二二年の「朝鮮教育令」の改正であった。

このいわゆる第二次「朝鮮教育令」により、日本語を常用する者の普通教育は、小学校、中学校、高等女学校にて行われることになった。日本語を常用しない者は、従来通り普通学校、高等普通学校、女子高等普通学校に通うこととされたが、修業年限（普通学校六年、高等普通学校五年、女子高等普通学校五～四年）をはじめ、入学資格や学科課程、あるいは上級学校への入学資格等すべて日本語常用者の普通教育機関と同一となった。このように普通教育においては、日本語常用を基準とする日本人と朝鮮人との別学が継続されたが、実業教育、専門教育、大学教育については共学が原則とされた。

これ以後、普通学校の生徒数は著しく増加し、一九二二年の二三七、九四九人（うち官立校生徒一、〇一一人、私立校生徒八、三七二人。またこれ以外に一〇九人の日本人が普通学校に通っていた）から、一九三二年には四九六、〇七六人（うち官立校生徒七三〇人、私立校生徒二三、五六三人）となっている(35)。

また中等段階の学校の状況を一九三二年の数字で見ると、高等普通学校の二六校（公立一五校）、生徒数一二、五九三人（公立六、五八六人）に対し、中学校（すべて公立）は一一校、五、七二八人、女子高等普通学校の一七校（公立七校）、生徒数四、六一三人（公立一、七四四人）に対し、高等女学校は二五校（公立二四校）、八、三一二人（公立八、一〇六人）となっている。[36]朝鮮人の中等学校への就学が活況を呈しているように見えるが、この数字は、当時の朝鮮半島における朝鮮人（約二、〇〇〇万人）と日本人居留者（約五二万人）の人口比を勘案して評価すべきであろう。[37]

専門学校については、一九一六（大正五）年の時点で官立専門学校五校（京城法学専門学校、京城医学専門学校、京城高等商業学校、京城高等工業学校、水原高等農林学校）が設置されており（これ以降私立、公立も設置されていく）、同年の学生数は日本人七四名、朝鮮人四六四名と朝鮮人が多数を占めていたが、その後日本人の増加と朝鮮人の減少傾向が生じ、一九二二（大正一一）年には日本人四六八名、朝鮮人四二三人、一九三二年（昭和七）では官立五校の在学者が、日本人八一七人、朝鮮人三四三人となっている。[38]

また大学は、一九二四年に予科を開設し、一九二六年に京城帝国大学として設立された。創設五年後の一九三〇年度の在学者数は、法文学部が日本人一五七人、朝鮮人八七人、医学部が日本人二二三人、朝鮮人一〇三人と、日本人が朝鮮人の概ね二倍の人数を占めていた。[39]

なお、師範学校については、一九二一年創設の官立京城師範学校が、第二次「朝鮮教育令」によって小学校教員を養成する一部と、普通学校教員を養成する二部とに分かれ、一部は日本人生徒のみで、二部が日本人と朝鮮人の共学になった。実業学校では、農業学校が朝鮮人、商業学校が朝鮮人と日本人、工業学校が日本人中心という、実業別の傾向が形成された。

一九三七（昭和一二）年の日中戦争開戦により、大陸経営の拠点としての朝鮮の軍事的・経済的意義は一層重要になった。朝鮮総督府は、初等・中等教育の速やかな普及と「国体明徴・内鮮一体・忍苦鍛錬ノ三大教育方針」によって皇国臣民の育成を期する方針を明示した。これに基づき、一九三八年三月に第三次「朝鮮教育令」を制定し、初等教育から高等教育に及ぶ大改定を実施した。これにより、普通教育機関がすべて小学校、中学校、高等女学校に統一されたほか、専門学校や大学に至るまで、師範学校を除くほぼすべての学校制度において「内鮮」の区別を廃止した。この「内鮮一体」は、まさに「一視同仁」の政策によるものと説かれた。

だが、「内鮮一体」の内実は、朝鮮人の日本帝国臣民への完全な同化を目指すものであり、それは「皇国民ノ誓詞」（児童用のそれは「一、私共ハ、大日本帝国ノ臣民デアリマス。二、私共ハ、心ヲ合ハセテ天皇陛下ニ忠義ヲ尽シマス。三、私共ハ、忍苦鍛錬シテ、立派ナ強イ国民トナリマス」というものであった）[40]の斉唱、毎朝の宮城遙拝、神社への参拝、皇国民体操の強要などに象徴された。もちろん修身や歴史などの教科を通して、朝鮮人児童に、従来以上に日本と天皇に対する帰一意識を植えつけることが求められたのもいうまでもない。これらは、神社の設置と参拝、皇紀年号の使用、朝鮮服の追放と国民服の制定、さらには一九四〇年から実施された「創氏改名」（朝鮮人に日本式氏制を強要）などと並ぶ、朝鮮における国民精神総動員運動の一環として行われたことであった。

また、同一九三八年の「小学校規程」の改正によって小学校の教授用語が日本語に限定された。この措置は、朝鮮で「陸軍特別志願兵令」が公布された直後に講ぜられたことであり、それは一九四四年から朝鮮にて徴兵制度が実施されるための布石としての意味を有した。

一九四一（昭和一六）年には、内地の「国民学校令」公布に合わせて、台湾の小学校も国民学校に改組されたが、朝鮮の国民学校は各府（日本の「市」に相当する地方行政組織）の第一部特別経済及び学校組合設立のものと、第二部特別経済及び学校費設立のものとに分けられ、同年における前者五二四校の国民学校は日本人児童数九三、四一九人、朝鮮人児童数五、二八五人、後者二、九七三校の国民学校は日本人数九〇五人、朝鮮人数一、五〇二、九〇六人という内訳であった。[41]また、日本の国民学校ではすでに授業料無償が原則となっていたが、朝鮮では一九四六年度からの国民学校の義務制実施が計画されたにすぎなかった。なお、一九四二（昭和一七）年における朝鮮人児童の就学率は男子五六・三％、女子二四・二％と推計されている。[42]こうした数字や事情は、「内鮮一体」の実態が民族間の別学と皇民への同化にすぎなかったことを物語っている。

日本語の強要に象徴される「皇民化」教育政策は、戦争遂行のための労働力、兵力の供給源として植民地の人民を徴用する、という軍事的要請に応ずるものであった。その結果、日本語を解する朝鮮人の比率は、一九三五年に約九%（台湾人は約三五%）であったものが、一九四二年には約二〇%（台湾人は約六二%）となり、さらに一九四五年には約三五%（台湾人は約七〇%）と上昇している。(43)

関東州および満鉄付属地における植民地教育政策

日露戦争中、日本は占領地域で軍政を実施したが、一九〇四（明治三七）年に金州軍政署が当地の中国人郷紳層の要請により、南金書院民立小学堂の設立を許可したのが、日本が関東州での教育事業に関わった起点とされる。翌一九〇五年には大連と旅順に官立の公学堂が開設され、こうして中国人に対する日本語教育が開始された。

関東州での軍政は、一九〇六年九月に民政に移管され、関東都督府が大連に設置される。だが、すでに同年三月には「関東州公学堂規則」が制定され、中国人子弟のための初等教育機関としての「公学堂」の制度が設けられた（これに伴い上述の南金書院民立小学堂は官立に移管され、関東州公学堂南金書院と改称された）。これら官立公学堂の修業年限は六年で、同規則に「公学堂ハ支那人ノ子弟ニ日本語ヲ教ヘ徳育ヲ施シ並其ノ生活ニ必須ナル普通ノ知識技能ヲ授クルヲ以テ本旨トス」（第一条）とあるように、とくに日本語教育が重視された。

以後、軍政下に設立された上記三校をモデルに、枢要地に官立公学堂が設けられ、大正末の一九二五年には一〇校、児童数六、〇二六人（発足時の一九〇六年は、一七六人）を数えた。(44) 公学校の設置運営に関する経費はすべて関東州当局が負担し、学堂長は必ず日本人で、教員も半数以上が日本人であった。その後一九一五年に「公学堂規則」が改正され、修業年限は初等科四年、高等科二年に分けられた。教科目は修身、日本語、漢文、算術、理科、地理、唱歌及体操とされ、そのうち日本語が全授業時数の約三分の一を占めた（その後一九二三年には高揚する排日運動への対応として、日本語よりも漢文の時数を増やしたが、日本語重視の方針に変わりはなかった）。

一方、従来から当地には、民間初等教育機関としての「書房」が広く存在し、一九〇六（明治三九）年の時点で三五五の書房に五、五七九人の児童が学んでいた(45)。読書人が伝統的教育を施す書房の存在は、植民地教育政策には障碍と見なされたが、散在する書房に通う多数の児童を公学堂に収容することは不可能であった。そこで書房に代わりうる施設として、公立の初等教育機関としての「小学堂」や「蒙学堂」が旅順・大連・金州などに設立されることになった（公学堂に準じた普通教育が目指されたものが小学堂、農業などの実業教育が目指されたものが蒙学堂と称された）。これらの学堂は、一九一五（大正四）年に制定された「関東州普通学堂規則」により、「普通学堂」という名称に統一された。普通学堂の修学年限は四年で、教科目には修身、日本語、漢文、算術、体操などがあり、教職員はすべて中国人であった。普通学堂は一九一五年に七七校、児童数七、〇五二人であったものが、一九三〇年には一二五校、児童数約一三、一五二人と増加した(46)。

他方、旧来の書房は普通学堂の増加に伴って減少していくが、関東州当局は一九二二（大正一一）年に「書房規則」を制定して書房の取り締まりを開始し、さらに一九二七（昭和二）年には認可制を採用する。だが、それにもかかわらず一九三〇年の書房数は二四六校を数えた(47)。

以上のように、関東州では都督府が直接に教育事業を執り行ったが、南満州鉄道付属地では、一九〇六年に設立された半官半民（政府が資本金の半額を出資）の南満州鉄道株式会社（以下、満鉄と略称）が都督府の監督の下で教育事業の経営に当たることになった（同年の「南満州鉄道株式会社設立に関する逓信、大蔵、外務三大臣命令書」に基づく）。満鉄による中国人教育は、一九一一年の蓋平公学堂の設立によって開始され、以後各地に公学堂が創設された。満鉄付属地公学堂の経費はすべて満鉄が負担し、堂長はすべて日本人で、教員も圧倒的に日本人が多数を占めた。一九一五年には学校数七校、児童数八六四人、一九二四年には一〇校、二、〇四九人を数えた(48)。

一九一四年に制定された「満鉄付属地公学堂規則」によれば、修業年限は初等科四年、高等科三年の計七年で関東州とは異なっていた。教科目は修身、中国文、日本語、算術、手工、図画、唱歌、体操などで、日本語が必須として重視されたが、初等科では中国文の授業時数が日本語のそれを上回っていた。このように満鉄付属地と関東州とで公学堂教育の内容が微妙に異なったのは、両者の地政学的環境の相違に基づく。すなわち関東州が遼東半島の尖端に位置し、台湾や朝鮮に準じた同化教育政策を実施する条件をある程度備えていたのに対し、満鉄付属地は内陸にあって中国側に包囲された地域にあったため、直線的な同化教育を実施することは中国側の強い反発と抵抗を招く恐れがあったからであった。

関東州ならびに満鉄付属地での対中国人教育政策が、総合的な系統性をもって整備されていくのは、一九一五年にいわゆる「対華二一ヵ条要求」問題が一応の決着を見、遼東半島の租借権と南満州鉄道の権益が九九年に延長されて以後のことである。

まず手がけられたのは師範教育の整備（とくに中国人教員の日本語能力の向上）であった。上述の普通学堂の教員には、すでに一九一〇年代初めより、旅順公学堂や公学堂南金書院に修業年限一年の速成師範科を付設して、その卒業生を充てていた。また一九一八年には旅順師範学堂を開設して、公学堂の中国人教員養成を行うことになった。このほか、満鉄でも一九一三年に中国人教員の講習を目的に教員講習所を開設した。

中等教育についても、まず満鉄付属地では一九一七年に南満中学堂を創設し、中国人を対象に日本の中学校と同程度の教育を開始した。同校は本科（四年）と予科（一年）とからなり、本科の教科目は修身、日本語、漢文、英語、歴史、地理、数学、物理、化学、図画、体操で、漢文以外の授業はすべて日本語で行われた。また、日本語の訓練を重視して全寮制が採用された。一方関東州では、中等教育を希望する中国人を関東都督府中学校（一九〇九年、日本人を対象に創設。後の旅順中学校）に入学させていたが、一九二四年には旅順第二中学校を開設し、日本人中学校とほぼ同様の教育を行った（ただし教授用語は日本語）。

高等教育では、一九二二年に、従来専門学校であった旅順工科学堂（一九一〇年創設）と南満医学堂（一九一一年に奉天に創設）がそれぞれ「大学令」に基づく旅順工科大学ならびに満州医科大学に昇格した。旅順工科大学（予科三年、本科学部四年）は日中両国学生の共学制をとり、とくに修業年限一年の予備科を付設して中国人が予科に進むための予備教育を実施した。一九二八年当時、予科は日本人学生一六五人、中国人二八人、本科は日本人一一七人、中国人九名で、予備科には中国人学生一四人が在籍していた[49]。また満州医科大学（予科三年、本科学部四年）は、中国人学生のために予備科（一年、予科への準備教育）のほか専門部（四年）も開設している。一九二八年当時の収容状況は、本科が日本人一二六人、中国人九人、予科・予備科が日本人一九一人、中国人八五人で、専門部には七三人の中国人が在籍していた[50]。

〔図 14-4〕満州医科大学と同付属病院

日本人子女への教育

一方、関東州在住の日本人子女に対する教育は、基本的に内地の教育制度の延長路線がとられた。一九〇六（明治三九）年、民政署は「関東州小学校規則」を公布したが（これに基づいて大連と旅順に小学校が開校された。なお同規則第一条には「小学校ハ内地人ノ児童ヲ教育スル所トス」と、小学校が日本人を対象とする学校であることが明確に謳われている）、これは内地の第三次「小学校令」（一九〇〇年）に準拠したものであった。また同規則は、関東都督府設置後の一九〇八（明治四一）年に改正されるが、これも内地にて「小学校令」の一部改正（一

〔図 14-5〕奉天第一中学校

九〇七年）が行われ、小学校の就学年限が六ヵ年に延長されたのを受けてのことであった。ただし、内地ではすでに第三次「小学校令」によって小学校の授業料が無償とされたのに対し、関東州の小学校では授業料（尋常小学校月二〇銭、高等小学校月五〇銭）が徴収され、それゆえ義務教育制度の規定も設けられなかった。また、高等小学校には随意科目として英語が配当されていたが、現地語である中国語は随意科目にも加えられなかった（中国語はその後、一九二七年から小学校の正課に加えられ、尋常小学校四年から学ばれることになった。ただし随意科目でも可とされた）。一九〇六年に二校、児童数五六一人の規模であった関東州の小学校は、一九一六年には一一校、五、三四九人となり、さらに一九三一（昭和六）年には二二校、一六、三三三人と拡大していく。[51]

満鉄付属地でも、一九〇八（明治四一）年に内地の第三次「小学校令」に準拠した「南満州鉄道付属地小学校規則」が満鉄の社則として定められた。ただし中国語科目を加設するとともに、授業料免除とするなど、関東州とは異なる規程を設けていた。同規則でも義務教育規程は設けられなかったが（中国領土である満鉄付属地において、日本人だけに義務教育を実施すれば、中国人の反発を招くことは明らかであった）、満鉄付属地の小学生の就学率はほぼ一〇〇％近くまで達していた。[52] なお、一九二二（大正一一）年には、それまで別個の教科書編集を行っていた関東庁と満鉄とが共同して南満州教育会教科書編輯部をつくり統一教科書が発行されることになった。

中等学校については、前述の如く、中国人対象の中学校が南満中学堂と旅順第二中学校の二校しか存在しなかったのに対し、日本人に対しては、関東州に旅順第一中学校（一九〇九年に関東都督府中学校として開校）、大連第一中学校（一九一八年に大連中学校として開校）、旅順高等女学校（一九一〇年に関東都督府高等女学校として開校）などの官立中等学校や、公・私立の中等学校が開設されたほか、満鉄付属地でも一九一九（大正八）年の奉天中学校の開校を皮切りに、多数の中学校・高等女学校が満鉄によって設立された。さらに実業学校も陸続と開設され実業教育の充実を担った。なお当初、中学校を卒業した日本人子弟が、大学教育を受けるには進学先を内地に求めるしかなかったが、上述のように専門学校として発足した旅順工科学堂（一九一〇年設立）と南満医学堂（一九一一年設立）が、一九二二年にそれぞれ旅順工科大学ならびに満州医科大学に昇格したことで、中学校から大学予科に進むルートが開かれた。

満州国における教育政策

一九三二（昭和七）年三月、「満州国」の建国が宣言され、それに伴って一九三四年にそれまでの関東庁（一九一九年に関東都督府が関東庁に改組されていた）が廃止され、満州国日本大使館に関東局が設置された。同年九月のいわゆる「日満議定書」により、満州国は領土内の日本の権益を尊重することとされたため、引き続き関東局が日本の租借地である関東州の行政とともに、満州国内に所在する満鉄付属地の行政をも所管することになった（関東局長官は、駐満州国日本大使と関東軍司令官とを兼任したため、強大な権力を掌握した）。このため、満州国建国以後も日本人子女は、関東局が管轄する日本人学校に通った。

満州国政府組織の教育行政については「文教部」が置かれたが、同国政府官吏の人事は実質的に関東軍によって掌握されていた（各部門の重要ポストには日本人を任用することとされ、その選定は関東軍司令官の推薦に委ねられた。文教部は総務・学務・礼教の三部門からなっていたが、総務・学務部門の長は日本人が指定された）。建国当初は、中華民国の「壬戌学制」（一九二二年）に準拠した学校体系がとられ（小学校が初級四年と高級二年に分けられ、それに初級三年・高級三年の中学校が接続。また中等段階に職業学校を配置）、さらに各学校課程において「四書」『孝経』を講授して「礼教」を尊崇することが謳われた。だが、すでに建国翌年の一九三三年には日本政府によって「満州国指導方針要綱」が閣議決定されており、その中の

満州国民の教化に就ては同国民をして同国の帝国に対する不可分的関係を自覚せしむると共に東洋平和確保の特殊使命を有することの自尊心及五族協和の想を涵養せしむることを主眼とし且労作教育に力点を注ぎ実業教育を振興せしむるものとす(53)

との方針に従って、その後徐々に皇民化教育が推し進められていく。とくに文教部編纂の教科書を通して、日本語（当初は高級小学校のみ）や日本歴史、さらには日本と満州国との結びつきなどが、現地の中国人に教えられていった。

一九三七（昭和一二）年、満州国の新学制が制定される（「国民学校令」「国民高等学校令」「女子国民高等学校令」「大学令」など学校別の勅令が公布された。実施は翌年から）。これにより、従来の小学校が修業年限四年の国民学校と二年の国民優級学校に改組された。国民学校の学科目は国民科・算術・作業・図画・体育・音楽で、このうち「国民科」は国民道徳・国語・国史・地理・自然を包括する総合教科として新設された。「国民学校」の名称や「国民科」という総合教科の出現が、内地の「国民学校令」制定（一九四一年）に先行したことが注目される。なお、満州の国民学校・国民優級学校については、授業料の無償制は採用されなかった。国民学校の就学率は、一九三九年六月末の時点で約四四％ほどであった(54)。

また、国民学校・国民優級学校に接続する中等教育機関として国民高等学校（修業年限四年）ならびに女子国民高等学校（修業年限四年もしくは三年）が創設された。内地の中学校・高等女学校より修業年限が一年ほど短くなっ

ているが、国民高等学校についていえば農業科・工業科・商業科などの実業科が置かれ重視されたこと、軍事教練が導入されたこと、日本語以外に選択必修語学として満州語・蒙古語・ロシア語・英語などが設けられたことなどが注目される。

大学についても一九三八（昭和一三）年、新京に建国大学（前期三年・後期三年の修業年限）が開設され、国民高等学校卒業（もしくは日本の学制に基づく中学校卒業）が基本的な入学資格とされた。同大学では毎年一五〇名の学生を募集したが、半数の七五名は日本人（朝鮮人、台湾人を含む）に、残り五〇名が漢系（漢族・満族）、二五名が蒙古系と白系ロシアに割り振られていた。実際、一九四一年における学生構成は、日本人四七％、漢系三七％、朝鮮七％、蒙古四％、ロシア三％、台湾二％、という具合であった。教員も日本人が九割を占め、講義は日本語で行われた。(55)「五族協和」というスローガンの内実とその矛盾が、ここにも顕著な姿を現していたのである。

新学制制定と同年の一九三七年末に「満洲国における治外法権の撤廃および南満洲鉄道付属地行政権の移譲に関する日本国満洲国間条約」（一九三六年六月締結）が施行され、旧満鉄付属地の教育行政も基本的に満州国に移管されることになった。だが同条約では、満州国に居住する日本人の教育については、内地の法令によって日本人学校を運営することや、日本国政府が教育行政を行うことが当面認められたため、旧満鉄付属地での日本人学校は駐満全権大使が管轄し、日本国内法に準じて運営された。こうした方針は日本人開拓団の学校にも適用され、日本人学校は満州国の教育制度の外側に置かれた（ただし、これら日本人学校の中には日本人以外の民族を受け入れた学校もあった）。

一九四一（昭和一六）年一二月の太平洋戦争開戦は満州国の教育にも多大な変化をもたらした。その前年の五月に二回目の訪日を果たした満州国皇帝溥儀（一九〇六～六七）は、伊勢神宮で修祓を受けた神鏡を持ち帰り、天照大神を満州国の祖神として祀るため帝宮内に建国神廟を造営した。これは満州国皇帝が日本の神を祖神として拝礼することを意味したが、この趣旨を全満州国民へと普及・徹底させるべく、日本政府は『国民訓』（一九四二年）を制定し、学校での暗誦を強要した。学校儀式でも日本の国歌斉唱や東京の宮城に対する遙拝が取り入れられた。

一九四三年には満州国の文教審議会が設置され、翌年その答申が出されたが、そこでは勤労奉仕の推進、軍事教練の強化、修業年限の短縮など、まさに本土における決戦体制と同様の方針が打ち出された。修業年限の短縮でいえば、一九四〇年三月に開校された旅順高等学校では、最初の卒業生が二年半の在学期間で学窓を巣立つことになった。こうして戦局の進行と悪化は、まさに日満一体の教育状況を用意することになった。植民地における皇民化教育政策を根本において支えたものとは、まさに日本の軍事的要請の一点にこれを集約させることが可能であろう。

近代教育の暗部

これまで再三指摘してきたように、「制度としての教育」を組み立てる最大の契機は、国家による国民形成を推し進めようとする政治の力であった。この政治権力は、国家経営の見地からすべての国民を、行政・法制・経済・産業・軍事・文化・学術などの各分野にそれを担う人材として配置しようとする。そして、その人材養成のための最重要の手段が教育と見なされることになる。「近代教育」の論理とは、まさにこのような文脈に凝縮されうるものである。

この意味において、「近代教育」はそのあらゆる施策の実効範囲を国家という枠組みの内部に押し留めようとする。あらゆる国民を国家という枠組みの内部に囲い込もうとする。それゆえ「近代教育」は、個々人の生の目的を国家の目的の内部に解消させようとする。国家の発展に貢献することが、個々人の最大の幸福と見なされることになる。だが、国家の目的は、圧倒的に強大な権力によってその方向性が規定されており、しかも、その権力は個々人の生の目的を容易に操作し、改作し、破壊さえしてしまう暴力性を帯びている。いわゆる植民地教育政策とは、「近代教育」の有するこの暴力性が最も過激な形となって姿を現した典型的事例と見ることができよう。だが、それとともに、この暴力性は「近代教育」の暗部として、その論理に絶えず包摂されているものであり、それゆえその暴力性が顕在化するような事態に、私たちは万全の注意を払っておく必要があるのである。

第一五章　「近代教育」の見直し（その二）
――戦後新教育の動向

一．終戦直後の教育政策動向

占領教育管理機構の設置

一九四五（昭和二〇）年八月一四日、日本はポツダム宣言を受諾し、翌一五日、国民に敗戦を告げる天皇の詔勅放送（いわゆる玉音放送）が流された。同月二八日に、アメリカ太平洋陸軍（GHQ/USAFPAC〔GHQ=General Headquarters / USAFPAC=United States Armed Forces in the Pacific〕）の先遣部隊が厚木に到着して進駐を開始し、三〇日には同太平洋陸軍総司令官マッカーサー（Douglas MacArthur, 1880-1964）が厚木飛行場に降り立った。九月二日、東京湾に停泊するアメリカ戦闘艦ミズーリ号の艦上で、連合国に対する降伏文書の調印式が執り行われ、ここに日本は連合国軍の占領支配下に置かれることになった（ただし、アメリカは当初から日本占領の主導的地位を確保し、すでに八月一〇日にトルーマン大統領はマッカーサーを連合国軍最高司令官に任命し、同月一六日にはアメリカ軍による日本単独占領の方針を声明していた）。

一〇月二日、ポツダム宣言に基づく占領政策遂行のために連合国軍総司令部（GHQ/SCAP〔GHQ/ SCAP=Supreme

Commander for the Allied Powers」。以下ＧＨＱと表記する）が東京に設置され、その最高司令官にマッカーサーが就任した（GHQ/SCAPとGHQ/USAFPACの司令官を兼務）。さらに同司令部に民間情報教育局（CI&E=Civil Information and Education Section）が設置された（ＣＩ＆Ｅは九月二二日にアメリカ太平洋陸軍総司令部の専門部として設置され、一〇月二日にＧＨＱに移管された）。以後、占領下における教育政策の策定はこのＣＩ＆Ｅを中心に推し進められていく。なお、ＧＨＱの対日占領政策は、日本政府諸機関を通して実施する間接統治という形をとったため、文部省が引き続き教育行政機関として存続することになった。

こうして終戦後の日本は、事実上はアメリカ主導の単独占領下に置かれていたが、一九四五年一二月のアメリカ、イギリス、ソビエト三ヵ国外相によるモスクワ会議の結果、ワシントンに極東委員会が、東京に対日理事会が設置されることとなった。極東委員会（FEC=Far Eastern Commission）は、アメリカ、イギリス、ソビエト、中国、フランス、オランダ、カナダ、オーストラリア、ニュージーランド、インド、フィリピンの一一ヵ国（一九四九年にビルマ、パキスタンが参加）の連合国による日本占領管理に関する最高政策決定機関となり、これ以後、形式的にはＧＨＱもその決定に従うことになった。

終戦直後における文部省の施策

占領軍の先遣部隊が厚木に到着した八月二八日、文部省は地方長官・学校長宛に「時局ノ変転ニ伴フ学校教育ニ関スル件」を通達し、学校での平常授業の再開（生徒を帰省させた学校も九月中旬までには授業を開始する）を指示した。これ以前にも、政府・文部省は学徒動員の解除（八月一六日文部次官・厚生次官通牒）、学校教練など軍事教育の廃止（八月二四日学徒動員局長通牒）などの措置を講じ、戦時から平時への教育体制の復帰を図った。

文部省は、こうして再開されつつあった学校教育の基本方針を明示するため、九月一五日に「新日本建設ノ教育方針」を発表した。日本人自身の手による戦後初の教育改革プランがそこに示されたのである。ただし、そこには「世界平和ト人類ノ福祉ニ貢献スベキ新日本ノ建設ニ資スルガ為メ従来ノ戦争遂行ノ要請ニ基ク教育施策ヲ一掃シテ文化国家、道義国家建設ノ根基ニ培フ文教諸施策ノ実行ニ努メテヰル」(1)と、これからの教育方針の基本姿勢が、戦争遂行を目的とする施策の一掃と文化国家・道議国家建設に向けての施策の実行にあることが謳われつつも、その一方で

　今後ノ教育ハ益々国体ノ護持ニ努ムルト共ニ軍国的思想及施策ヲ払拭シ平和国家ノ建設ヲ目途トシテ謙虚反省只管国民ノ教養ヲ深メ科学的思考力ヲ養ヒ平和愛好ノ念ヲ篤クシ智徳ノ一般水準ヲ昂メテ世界ノ進運ニ貢献スルモノタラシメントシテ居ル(2)

との文言に凝縮されるように、教育の重要な役割の一つが「国体ノ護持」にあることが強調されていた。ここには、国体は、軍国的思想からは切り離され、科学的思考や平和愛好の精神とは融合するとの認識が示唆されている。

　この軍国主義的な思想・施策の一掃という方針が具体化された一つの例が、九月二〇日に発せられた「戦後ニ伴フ教科用図書取扱方ニ関スル件」（文部次官通牒）であった。この通牒で文部省は、従来の国定教科書の継続使用を認めつつも、時局の変転により不適当と判断される箇所を削除するよう指示した。こうしていわゆる「墨塗り教科書」が、日本の

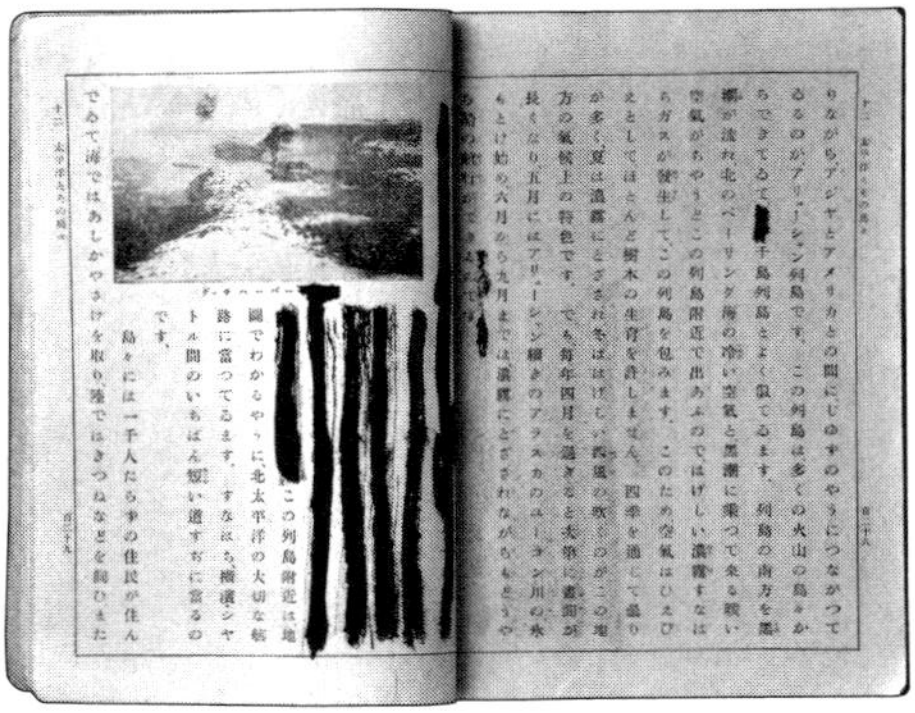

〔図 15-1〕墨塗り教科書

教育史に登場することになった。文部省は、削除すべき教材の基準として、国防軍備を強調した教材や戦意昂揚に関する教材、あるいは国際和親を妨げるような教材を例示したが、その後CI&Eの指導により、翌年一月に国民学校後期使用教科書削除表が示され、これに従えば、教科書の記述はほとんど黒々と塗りつぶされる事態となった。

GHQの四大教育指令

こうした文部省の姿勢に対し、GHQ側は、「国体護持」とは「日本の神聖な起源、天皇の神性、国民の父としての天皇、天皇の指導下に世界をおく日本の使命のような観念を含むものである」[3]として、強い警戒感を示した。また、一〇月一一日に面談に訪れた新首相幣原喜重郎（一八七二〜一九五一）に対し、マッカーサーは憲法改正の必要を示唆するとともに、婦人参政権の実現、労働組合の組織奨励、特高組織の撤廃、独占的産業支配の改善とならんで教育の自由化を要求した。

GHQは、教育の世界における軍国主義や極端な国家主義（以下、極端な国家主義を超国家主義と表記する）思想の一掃と、教育の自由化・民主化推進を、文部省や日本政府の手に委ねていたわけではなかった。CI&Eは、すでにその発足直後から教育改革に関する調査・研究を精力的に推し進めていたが、それに基づいてGHQは一九四五年末までに、日本政府に対しいわゆる「四大教育指令」[4]を発令する。

第一の指令は、同年一〇月二二日に発せられた「日本教育制度ニ対スル管理政策」（Administration of the Educational System of Japan）である。この指令は、①軍国主義的および超国家主義的イデオロギー普及の禁止、②議会政治、国際平和、個人の権威、集会・言論・信教の自由などの基本的人権に合致する諸概念の教授や実践の確立の奨励、③平和的で責任を重んずる公民を育成するための教科や教科書の準備、④軍国主義や超国家主義を鼓吹した教育関係者の罷免と、自由主義的・反軍的言動のために解職された教育関係者の復帰、などを求めている。

第二の指令は、同月三〇日に発せられた「教員及教育関係官ノ調査、除外、認可ニ関スル件」（Investigation, Screening, and Certification of Teachers and Educational Officials）で、これは上記第一指令の教職追放措置に関する補完的性格を有するものであった。それによれば、①軍国主義者や超国家主義者、さらには占領政策への反対者は直ちに教育機構から解職し、今後いかなる教育機構の中にも職を与えない、②未だ復員していない陸海軍人や、復員後教育機構に就職していない陸海軍人は、今後指令があるまでいかなる教育機構の中にも職を与えない、③審査は現職者のほかに教職志望者にも実施されねばならない、とされている。

これらの指令に基づき、文部省は地方長官、諸学校長宛に通牒を発し適格審査や教職追放に取り組むが、教職不適格者の基準が明示され、それがGHQから承認されるのは、翌一九四六年五月七日の勅令「教職員ノ除去、就職禁止及復職ノ件」においてであった。第二指令が発せられてから、この勅令制定に至るまでに教職員または教育関係官吏の地位を辞職したものは一一五、七七八名であり、また同勅令制定以後一九四七年四月末日までの適格審査総数は五六八、二二八名で、そのうち五、二一一名が教職追放となった。(5)

第三の指令は、一九四五年一二月一五日に発せられた「国家神道、神社神道ニ対スル政府ノ保證、支援、保全、監督並ニ弘布ノ廃止ニ関スル件」（Abolition of Governmental Sponsorship, Support, Perpetuation, Control and Dissemination of State Shinto〈Kokka Shinto, Jinja Shinto〉）である。同指令の目的は、一つには国家と神道との分離であり、そのため神道と神社に対する公費による財政援助の禁止、神道における軍国主義・超国家主義イデオロギー宣伝の禁止、官公吏の公的資格による神社参拝の禁止、国民の信教の自由の保障、宗教としての宗派神道の承認などが盛り込まれた。もう一つは、教育制度における神道の除去であり、そのため教科書や教師用参考書からの神道教義の削除、学校での神社参拝・神道関連儀式の禁止、神棚など国家神道の物的象徴の学校からの除去などが示された。これにより、従来、教育勅語謄本と御真影の保管庫として使用され、教育と国家神道との結びつきを象徴する建造物であった「奉安殿」が撤去の対象となった。

さらにこの指令では、国家神道に限らず軍国主義や超国家主義的イデオロギーの宣伝・弘布を禁止しているが、そのイデオロギーとして、①日本ノ天皇ハソノ家系、血統或ハ特殊ナル起源ノ故ニ他国ノ元首ニ優ルトスル主義、②日本ノ国民ハソノ家系、血統或ハ特殊ナル起源ノ故ニ他国民ニ優ルトスル主義、③日本ノ諸島ハ神ニ起源ヲ発スルガ故ニ或ハ特殊ナル起源ヲ有スルガ故ニ他国ニ優ルトスル主義、④ソノ他日本国民ヲ欺キ侵略戦争へ乗リ出サシメ或ハ他国民トノ論争ノ解決ノ手段トシテ武力ノ行使ヲ謳歌セシメルニ至ラシメタルガ如キ主義、の下に他国を支配する日本の使命を擁護し、正当化する理論を含むものとされている。ここにおいて、「国体」を護持しながら軍国主義や超国家主義を退けることが可能とする政府、文部省の楽観的な見通しが完全に否定されることになったといえる。

そして第四の指令が、同年末の一二月三一日の覚書「修身、日本歴史及ビ地理停止ニ関スル件」（Suspension of Courses in Morals〈*Shushin*〉, Japanese History and Geography）である。この指令は、修身・日本歴史・地理三教科の中止、三教科の教授法を規定した法規の停止、教科書・教師用参考書の回収とともに、文部省による代行計画案、教科書・教師用参考書改定計画の作成とそのＧＨＱへの提出を内容とするものであった。

三教科の授業全面停止とすべての教科書・教師用参考書の回収という厳しい措置がとられたのは、いうまでもなく三教科が軍国主義・超国家主義や国家神道的色彩に最も覆われていたと判断されたからであった。ＣＩ＆Ｅは三教科の五〇種に及ぶ教科書を詳細に調査した結果、そこには軍国主義的・超国家主義的イデオロギーが幾重にも織り込まれており、それは許容範囲内の記述とも密接に絡み合っているとした。地理が問題視されたのも、戦時下の「国民学校令施行規則」にある「国民科地理ハ我ガ国土国勢及諸外国ノ情勢ニ付テ其ノ大要ヲ会得セシメ国土愛護ノ精神ヲ養ヒ東亜及世界ニ於ケル皇国ノ使命ヲ自覚セシムルモノトス」（第一章第二節第六条）との規定が、日本帝国主義の海外侵略を正当化するものと見なされ、それが地理教科書の検討結果によって裏づけられたからにほかならない。

同指令に対し文部省は、削除訂正を加えた上での現行教科書の使用許可を要望したが、GHQはそれを認めず厳しい態度を貫いた。その後、文部省側も新教科書の編集や教師用手引書作りに乗り出し、その結果、一九四六（昭和二一）年六月に地理科の授業が（暫定地理教科書による再開）、一〇月に日本歴史の授業がそれぞれ再開されることになる。このとき小学校用の歴史教科書として刊行された『くにのあゆみ』（上下二巻）は、国家起源の説明をそれまでの国定教科書のような肇国神話ではなく、学問的な客観的史実に基づいて叙述したはじめての歴史教科書と評されている。ただし、修身はその後も再開されることはなく、戦後の新学制の中で復活することもなかった。

一九四六年の元旦には、いわゆる天皇の人間宣言と呼ばれる「新日本建設ニ関スル詔書」が出され、天皇自らが超国家主義や国体観念の根拠を否定した。当時のCI&E局長ダイク（Ken Reed Dyke, 1897–1980）は、天皇の人間宣言は「神道指令」（上記の第三指令）の効果の一、〇〇〇倍の影響を日本人に与えたと評価している。(6)

アメリカ教育使節団報告書

CI&Eは、以上のような「四大教育指令」の策定作業を進める傍ら、日本の新教育制度の方向づけに助言を与える使節団の組織とその招聘を検討していた。使節団員の人選などをめぐって、最高司令官マッカーサーやアメリカ連邦教育局、陸軍省、国務省との調整が重ねられ、一九四六年二月に使節団の人員が決定された。イリノイ大学名誉総長でニューヨーク州教育長官のストッダード（George D. Stoddard, 1897–1981）を団長とする総勢二七名から構成されていた。

このアメリカ教育使節団は、ワシントンで予備会議をもち、来日途中のホノルル、グアムでも協議を重ねた上、

〔図 15-2〕「アメリカ教育使節団報告書」

同年三月五日と七日、二組に分かれて空路東京に到着した。その後、途中三日間京都・奈良を訪問するなどしながら精力的に会合を重ね、三月三〇日付でGHQに同使節団報告書（Report of the United States Education Mission to Japan）を提出した。翌四月七日、GHQはマッカーサーの声明とともに同使節団報告書を公表し、これ以後の教育改革がこの報告書の線に沿って進められるべきことを示唆した。

アメリカ教育使節団報告書は、全六章構成でこれに序論と要旨とが付されている。[7] 第一章「日本の教育の目的及び内容」では、従来の日本の教育制度はその組織とカリキュラムにおいて、たとえ軍国主義や超国家主義が組み入れられていなかったとしても当然改革されるべき、高度に中央集権化された一九世紀的型に基づくものであったとされ、生徒の能力や興味を無視し、標準化や画一化の達成をもって教育の成果と見なす傾向にあったと指摘している。

第二章「国語の改革」では、国語の簡素化とローマ字採用の計画を勧め、今の時点が全面的にローマ字を採用する絶好の機会だと力説している。第三章「初等及び中等学校の教育行政」では、いわゆる六・三・三制に基づく単線型学校制度の導入、男女共学、教育行政における地方分権化、公選制教育委員会制度の創設などが提案され、第四章「教授法と教師養成教育」では、暗記型・詰め込み式・形式的・画一的教授法の改革と、そのための教師の再教育と教員養成制度の改革（総合大学での教員養成）が求められた。また、第五章「成人教育」で公立図書館網の整備や各種成人教育の普及が提案され、第六章「高等教育」で日本の高等教育の保守性・閉鎖性を指摘するとともに、大学における一般教育の充実、国公立と私立格差の是正、女子に対する全面的解放、学問の自由の保障などを説いている。

これらの提案の中には、その後の教育改革において実現されたものも少なくない。その意味で、同使節団報告書はまさに戦後教育改革の青写真としての役割を担った文書と評することが可能である。

二．新教育の制度的枠組み

教育刷新委員会の設置

アメリカ教育使節団の来日中、CI&E教育課員による講義が数多く行われたが、それとともに使節団の議論に少なからぬ示唆を与えたのが日本教育家委員会であった。同委員会は、一九四六年一月九日のGHQ指令「日本教育家ノ委員会ニ関スル件」(Memorandum concerning Committee of Japanese Educators) により、アメリカ教育使節団に協力することを任務として設置されたもので、翌二月二日文部省によって二九名の委員が任命された。委員長には東京帝国大学総長南原繁（一八八九～一九七四）が就き、第一高等学校長天野貞祐（一八八四～一九八〇）や東京文理科大学長務台理作（一八九〇～一九七四）ら当時の教育界の重鎮が委員に名を連ねた。

〔図 15-3〕南原繁

この日本教育家委員会の役割について、後に南原繁は

昭和二十一年三月、スタッダード博士を団長とするアメリカ教育使節団が参りましたね。…これに対して日本側も教育家委員

会というのをつくって、自主的に日本の教育体系についての抜本的改革を考え、アメリカ使節団といろいろ意見を交換し、われわれ日本側だけの意見もとりまとめて「建議書」という形で、文部大臣とスタッダード団長に提出したものです。そしてこれには、それなりに日本の文教政策の伝統をふまえた議論がもりこまれていた。ですから、三月末に出されたアメリカ教育使節団の報告書を鵜呑みにして教育改革が行われたというものではありません。その結果、八月には教育刷新委員会がつくられている。(8)

と語っている。南原の言葉にある「建議書」は、当時公表されなかったが、そこには教育委員会制度や、六・三・三・四制の学校体系など使節団報告書と同趣旨の提言が盛り込まれていた。ただし、全面ローマ字化には反対の姿勢をとるとともに、後述するように、平和主義に基づく新日本建設の根幹となるような「新教育勅語」の渙発が要請されていた点が、使節団報告書の内容とは異なっていた。

日本教育家委員会は、使節団の帰国によってその任務を終了したが、その設置当初にGHQから発せられた覚書には、同委員会が文部省とCI&Eに日本の教育改革に関する研究成果を報告する任務を与えられた常設委員会となるべきことが示唆されていた。こうして、一九四六年八月、「教育刷新委員会官制」が公布され、ここに日本教育家委員会は「教育刷新委員会」に改組・拡充されることになった（実際、日本教育家委員会の二九名の委員中、一九名が教育刷新委員会の委員に就任した）。同委員会は、委員長、副委員長各一名と五〇人以内の委員から構成され、委員長には前文相の安倍能成（一八八三〜一九六六）、副委員長には南原繁が就任した。従来の教育関係審議機関（臨時教育会議であれ教育審議会であれ）は、内閣総理大臣もしくは文部大臣の諮問事項を審議することを原則としたが、教育刷新委員会は、それとは異なり、文部省から独立して教育に関する重要事項を自由に調査・審議できる機能が与えられた（その背後にはCI&Eの意向が働いていた）。

教育刷新委員会は、一九四六年九月七日に第一回総会を開催し、同年一二月二七日の第一回建議を皮切りに、一九五一年一一月八日の最終建議に至るまで、総会を開催すること一四二回、専門的事項の審議のための特別委員会を開くこと二一回、建議事項は三五件に及んだ。それらの建議は、そのほとんどが戦後教育改革の基本となる法令に具体化され、新教育の基盤を築いたのであった。なお、教育刷新委員会は一九四九（昭和二四）年六月一日に教育刷新審議会と改称され（「国家行政組織法」により諮問的・調査的合議機関に「委員会」という名称を使用することが排除された）、一九五二（昭和二七）年六月五日の中央教育審議会発足によって解散するまで、約六年間活動を継続した。

同審議会の建議のうち、戦後教育改革に重要な影響を与えたものを概観しておこう。まず、「教育基本法」については、主に第一特別委員会にて審議が行われ、その内容は、概ね旧教育基本法の条文に反映された。例えば、「教育の目的」について、「教育は、人間性の開発を目ざし、民主的平和的な国家及び社会の形成者として、真理と正義を愛し、個人の尊厳を尚び、勤労と協和とを重んずる、心身共に健康な国民の育成を期するにあること」と記されているが、これは「教育の方針」に関する規定とともに旧基本法に近似する表現であった。あるいは基本法の中に教育の機会均等、義務教育、女子教育、社会教育、政治教育、宗教教育、教育行政などの原則を明示すること、との建議も、ほぼ実現されたことであった。

「学校制度」については、①国民学校初等科に接続する教育機関として、修業年限三年・全日制・義務制・男女共学制の中学校（仮称）、②中学校に接続する教育機関として、三年制で全日制あるいは定時制の高等学校（仮称）、③高等学校に接続する教育機関として四年制（三年または五年でも可）の大学、などの設置が建議された。この学制の根本的改革に関する建議は、「学校教育法」を準備する意味をもった。それはまた、『アメリカ教育使節団報告書』の示唆ないし勧告の線に沿うものでもあった。

「教育行政」については、官僚的画一主義・形式主義の是正、教育の自主性の確保と教育行政の地方分権、教育財政の整備、市町村および府県教育委員会の設置、中央教育委員会の設置などが建議され、さらに、「教員養成」（教員養成は総合大学および単科大学にて行う）、「私学振興」「社会教育の振興」「大学の自由と自治」など、教育改革に関する諸問題が網羅的に審議され、教育改革全般についての具体的な方策が建議として示されたのであった。

教育勅語問題

戦後の教育改革を推し進める上で、大きな課題となったのが、日本近代教育の精神的支柱であった「教育勅語」をどう取り扱うか、という問題であった。とはいえ、終戦直後において日本政府・文部省の姿勢は、教育勅語に対し肯定的な評価を示していた。これは上述のように「国体の護持」と平和主義・民主主義とは共存するとの認識に基づくことであった。

例えば、戦後教育の始発期（一九四五年八月から翌年一月まで）に文部大臣を務めた前田多門（一八八四〜一九六二）は、一〇月に実施された新教育方針中央講習会の挨拶で、「教育勅語は吾々に御諭し遊ばされて、吾々が忠良なる国民となる事と相並んで、よき人間となるべきこと、よき父母であり、よき子供であり、よき夫婦であるべき事を御示しになっております[9]」と述べ、教育勅語を積極的に擁護した。前田の後を受けて文部大臣に就任した安倍能成や田中耕太郎（一八九〇〜一九七四）も同様に、教育勅語に肯定的な評価を与えていた。

一方、連合国の中心となったアメリカは、終戦以前から対日占領政策の準備を進め、教育勅語の処理に重要な関心を寄せていたが、占領開始直後のＣＩ＆Ｅは、教育勅語の取り扱いについて明確な方針をもっていたわけではなかった。この問題に対するＣＩ＆Ｅの統一見解は、一九四五年一二月三日付の「神道指令・担当者研究」（Shinto Directive Staff Study）において示されることになる。そこでは、教育勅語は、超国家主義を明確に否定する新教育勅語に取り替えられるか、もしくは学校から排除されるか、のいずれかの処理が必要との方針が示されている（CI&Eの新教育勅語草案としては、京都に本部を置くアメリカ第六軍軍政部の依頼によって同志社大学教授有賀鐵太郎が起草した「京都勅語案」が知られている）。

この問題は上述の日本教育家委員会でも取り上げられたが、同委員会の方針は、①従来の教育勅語は天地の公道を示したものであるが、時勢の推移により国民の精神生活の指針として適さないものも含まれる、②それゆえ、改めて新日本建設の根幹となるべき国民教育の新方針を明示した詔書が渙発されることが望まれる、というもので、[10]すなわち、従来の教育勅語を肯定した上で、新たな教育勅語の渙発を要請するものであった。

また、『アメリカ教育使節団報告書』では、学校儀式における教育勅語と「御真影」の使用停止が明確に勧告されたが、教育勅語自体の廃止にまで踏み込んだ主張が盛り込まれたわけではなかった（数名の委員からは、教育勅語の廃止とともに新教育勅語にも反対する強硬論も提示されていた）。こうして、従来の教育勅語の取り扱いについては、勅語奉読の禁止という措置が政策として固まりつつあったが、時の文相田中耕太郎は一貫して勅語擁護論を唱え、CI&Eと対立する状況にあった。

一九四六年九月四日、CI&E・文部省・教育刷新委員会の三者のトップ会談が行われ、その結果、教育刷新委員会が独自の立場で第一特別委員会を舞台に教育勅語問題を審議することになった。そして特別委員会での集中的な審議を経て、九月二五日の第二回総会において、①教育勅語に類する新勅語の奏請はこれを行わないこと、②今後の教育の根本方針は新憲法の精神に則るべきこと、が決定された。ただし、教育刷新委員会の基本姿勢は、教育勅語の廃止には否定的であり、勅語は後述する「教育基本法」とも併存・両立するとの立場をとっていた。

それに対し、CI&Eは同年一〇月八日の文部次官通牒「勅語及詔書等の取扱について」を通して、公式に教育勅語の奉読を禁止する措置を講じさせた。勅語奉読の禁止措置は、教育勅語を否定・排除する施策として実施されたことであり、この点においてＣＩ＆Ｅと日本側との間には、教育勅語処置に関する認識に相当の懸隔が存在した。「教育基本法」の制定作業は、こうした懸隔が埋められない状態のまま推し進められることになる。

教育勅語問題に最終的な決着がついたのは、「教育基本法」が制定されてからほぼ一年三ヵ月後の一九四八（昭和二三）年六月一九日における、衆議院での「教育勅語等排除に関する決議」と、参議院での「教育勅語等の失効確認に関する決議」によってであった。両決議は、ＧＨＱ民政局が衆参両院の文教委員長に「口頭命令」を行ったことで、審議の端が開かれたものであった。だが、両院本会議の場で、教育勅語の排除・失効に対する異論が示されることはなかった。教育刷新委員会や文部省など、当時の日本側の認識にもかかわらず、「国体主義」に基づく教育勅語と、民主主義を基調とする「教育基本法」との併存関係が長期にわたり継続することは、原理的に不可能であったのである。

教育基本法の制定

一九四六（昭和二一）年一一月三日「日本国憲法」が公布され（施行は翌年五月三日）、平和主義、国民主権、基本的人権の尊重がこの国のあり方を方向づける基本原則として確認された（日本国憲法には、教育に関しても、第二十六条〔教育権・義務教育〕をはじめとして、第十九条〔思想・良心の自由〕や第二十三条〔学問の自由〕など、関連諸規定が設けられた）。憲法のこの理念と目的を実現するための教育のあり方を定め、その意味で憲法の付属法的な性格を与えられたものが「教育基本法」（一九四七年三月三一日公布・施行）であった。

一九四六年五月に文部大臣に就任した田中耕太郎は、前述のように一貫して教育勅語擁護論を唱えるが、その一方で教育基本法の構想を抱き、その立案を積極的に推進する。ＣＩ＆Ｅは、同基本法の立案について、教育刷新委員会の自主性を保証するよう文部省に要望するが、基本法草案に示された男女共学条項や教育行政条項については、積極的に修正を求めている。だが、ＣＩ＆Ｅの論評は主に基本法草案の英訳文と日本側からの報告に基づいて行われたもので、その意味で、同基本法の制定作業は日本側が主導権をもって進めたものといってよい。

「教育基本法」は、「前文」および全一一条から構成されていた。前文では、日本国憲法の理想の実現が「根本において教育の力にまつべきものである」ことが高唱され、まず第一条と第二条で「教育の目的」と「教育の方針」が示された。続いて教育の民主化を徹底させる「教育の機会均等」が第三条に、九年制・無償制の「義務教育」と「男女共学」が第四条、第五条に配置され、それら「学校教育」の公共性と教員の使命が第六条に定められた。また、学校教育と併行して振興が図られねばならない「社会教育」の原則が第七条に、そして従来の国家体制の中で排除されたり歪曲されたりしていた「政治教育」と「宗教教育」に関する規定が第八条、第九条に示された。最後に第十条にて「教育行政」のあり方を掲げ、第十一条に補則が盛り込まれた。

なお、同基本法は同じく一九四七年三月三一日に制定された「学校教育法」とともに、帝国議会の審議を経て制定された。ここに戦後の教育法制の原則となる「教育立法の法律主義」が確立を見るに至る。これは教育の重要事項を、議会の審議を経ない「勅令」で定めていた戦前の教育法制からの脱却と、民主主義の教育体制の構築を意味する、重要な出来事であった。

新しい教育法制の確立

一九四七年から四九年にかけて、戦後教育改革の基盤となる法律が次々に制定される。中でも上述の「学校教育法」は、六年制の小学校に続く中等段階の教育機関を三年制の中学校とそれに接続する三年制の高等学校に単純化し、同時に高等教育機関を四年制の大学に一本化し、大学をすべての高等学校卒業生に開放する、単線型の学校体系（いわゆる「六・三・三・四制」）をこの国にもたらした。「教育の機会均等」の理念を具体化するための制度的枠組みがここに準備されたのであった。

一九四八（昭和二三）年七月一五日には「教育委員会法」が制定され、中央集権的な教育行政から地方分権型の教育行政への移行のための根本的施策が示された。同年一〇月五日、住民の直接投票による教育委員の選挙が実施され、一一月一日から都道府県、五大都市（大阪、京都、名古屋、神戸、横浜）と任意設置の市町村に教育委員会が誕生した。中央教育行政についても、翌一九四九年五月三一日に「文部省設置法」が公布され、その結果、文部省は「従来の中央集権的監督行政の色彩を一新して教育学術文化のあらゆる面について指導助言を与え、またはこれを助長育成する機関」(11)と位置づけられることになった。

この一九四九年中には、「教育公務員特例法」（一月一二日）、「教育職員免許法」（五月三一日）、「国立学校設置法」（五月三一日）、「社会教育法」（六月一〇日）、「私立学校法」（一二月一五日）など、一連の重要法律が制定され、戦後教育制度の基本的枠組みが急速に整備されていった。

三．新教育の実施

新学制の発足

こうして戦後の新学制が、小・中学校は一九四七（昭和二二）年度、高等学校は一九四八年度、大学は一九四九年度（キリスト教系大学や女子大学など一部の大学は一九四八年度）から発足することになった。しかし、戦災により焼失、破損した多数の学校の復旧すら思うに任せなかった当時の状況にあって、新学制の実施には多くの困難が待ち受けていた。

そもそも新しい民主教育の目的やあり方について、多くの教師たちが明確な理解を得ているわけではなかった。

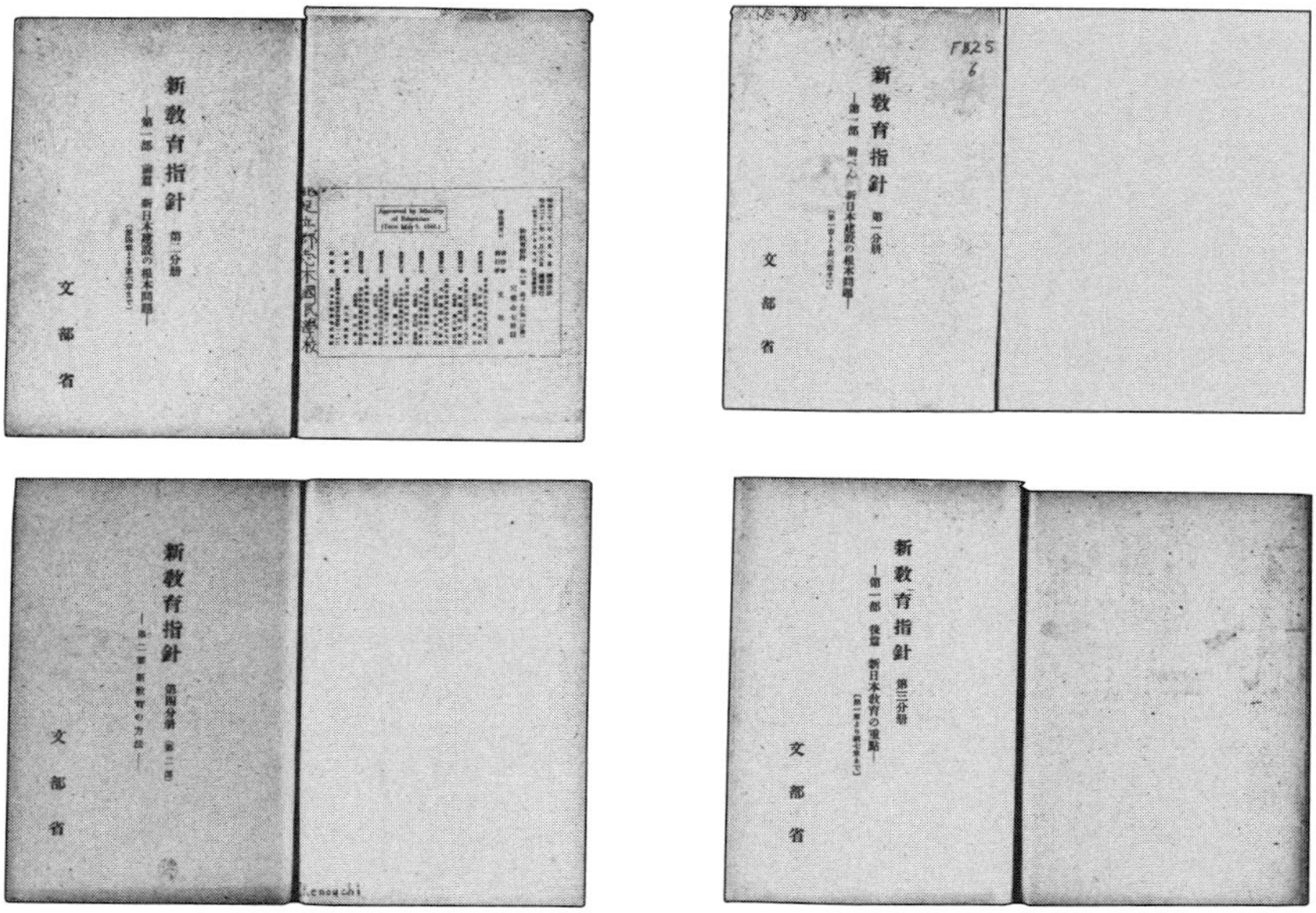

〔図 15-4〕「新教育指針」

文部省は、一九四六年五月に『新教育指針』と題する小冊子を発行し（翌年二月の第四分冊まで継続発行）、新教育の基本的理念や方針に関する平易な解説を加え、教師たちの利用に供した（同指針は「学習指導要領」が作成される前段階での、いわば「教師用手引き書」として機能した）。またCI&Eとの共催で、一九四八年度から一九五二年度まで「教育指導者講習」（IFEL=The Institute For Educational Leadership）を実施し、戦後教育を担う指導者養成を積極的に推し進めた（各地の大学が会場となって約六週間から一二週間に及ぶ長期講習が行われ、戦後混乱期の中、九、〇〇〇名を超える受講者を数えた）。

制度面では、とくに新制中学校は、義務教育制を導入しつつも（一九四七年の発足時には、同年第一学年の生徒のみを義務就学とし、以後学年進行によって一九四九年度に義務就学が完成した）、その一方で何らの母体をもたず、従来の国民学校高等科や青年学校普通科などを転用する形で発足したため、校舎や教室の不足は深刻を極めた。発足時に独立校舎を有したケースは一五％にすぎず、二部・三部授業を実施したり、講堂や屋内体育館を間仕切りしたり、あるいは廊下や物置きなどを代用したりする例も少なくなく、いわゆる青空教室は至る処で見られた。教員もその約半数は国民学校からの転任によるもので、その他は青年学校や中等学校からの充足によってまかなわれたが、それでも発足当初の教員充足率は約八一％であった。(12)

新制高等学校は、そのほとんどが旧制中等学校からの移行であったことと、準備期間に一年の余裕があったことで、比較的円滑に発足した。新制高等学校には、学区制、男女共学制、総合制という「高校三原則」の方針がGHQから強く要請された。学区制は、旧制の中等学校間に存在した格差を是正して、高等学校の普及と平準化を図る趣旨によるものであった（そのために「教育委員会法」にて、都道府県教育委員会に学区制を定める権限が与えられた）。また、高等学校における男女共学の実施とともに普通科と職業科を合わせた総合制高等学校の設置が勧められた。「高校三原則」は地域の実情を尊重することが原則とされ、必ずしも強制されたわけではなかったが、地方軍政部の意向により、この方針が強力に実施されたケースもあった。なお、私立高等学校の場合は、旧制中等学校が母体となったため統廃合の例がなく、「高校三原則」も適用されなかったため、男女別学や中学校と高等学校併設の形態をとるケースが多かった。

新制大学は、旧制の大学、高等学校、専門学校を母体として発足したが、CI&Eは、大学の大都市集中を避け、また教育の機会均等を実現するため、とくに国立大学について一府県一大学の方針を貫くよう要請した。その結果、国立大学の一府県一校は実現されたものの、一九五二年の数字では、学校数、在学者数ともに、大都市を有する東京、愛知、京都、大阪、兵庫、福岡の六都府県のそれが全国のほぼ三分の二を占めていた。とくに私立にあっては、学校数で五三％、在学者数で六三％が東京に集中していた。(13)なお、一九五三（昭和二八）年四月時点の全国の大学数は、国立大学七二校、公立大学三四校、私立大学一二〇校の計二二六校であった。また、一九四九年五月には「学校教育法」の一部が改正され、暫定措置（旧制専門学校の中には大学への転換が認められなかったものも存在した。その後、一九六四年六月の「学校教育法」一部改正により恒久化された）として修業年限二年または三年の短期大学が設けられることになった。

新教育課程の発足と社会科の誕生

新学制発足直前の一九四七（昭和二二）年三月二〇日、文部省は『学習指導要領一般編（試案）』を刊行した。これはアメリカにて行われていた学習指導に関する教師用ガイドブック（Course of Study）をモデルとしたもので、その趣旨は、同「学習指導要領」序論に描かれた、

これまでの教育では、その内容を中央できめると、それをどんなところでも、どんな児童にも一様にあてはめて行こうとした。だからどうしてもいわゆる画一的になって、教育の実際の場での創意や工夫がなされる余地がなかった。…もちろん教育に一定の目標があることは事実である。また一つの骨組みに従って行くことを要求されていることも事実である。しかしそういう目標に達するためには、その骨組みに従いながらも、その地域の社会の特性や、学校の施設の実情やさらに児童の特性に応じて、それぞれの現場でそれらの事情にぴったりした内容を考え、その方法を工夫してこそよく行くのであって、ただあてがわれた型のとおりにやるのでは、かえって目的を達するに遠くなるのである。またそういう工夫があってこそ、生きた教師の働きが求められるのであって、型のとおりにやるのなら教師は機械にすぎない。…これからの教育が、ほんとうに民主的な国民を育てあげて行こうとするならば、まずこのような点から改められなくてはなるまい。…この書は、学習の指導について述べるのが目的であるが、これまでの教師用書のように、一つの動かすことのできない道をきめて、

それを示そうとするような目的でつくられたものではない。新しく児童の要求と社会の要求とに応じて生まれた教科課程をどんなふうにして生かして行くかを教師自身が自分で研究して行く手びきとして書かれたものである。(14)

という言葉に凝縮されている。「試案」として作成されたことに象徴されるように、まさに教師が自分自身の授業実践に関する研究を進めていくための「手引き書」という性格が、「学習指導要領」に与えられたのであった。

こうして新学制による小学校の教科が、国語・社会・算数・理科・音楽・図画工作・家庭（第五・六学年）・体育・自由研究（第四・五・六学年）と定められた。このカリキュラム編制で、従来と大幅に異なった点は、従来の修身・公民・地理・歴史が姿を消し、新たに社会科、家庭科、自由研究が教科に加えられたことであった。

中でも「社会科」は、新教育の花形と称された教科で、その構想の発端は、一九四五年一〇月、文部省に「公民教育刷新委員会」が設置されたことにあった。同委員会はGHQの指示とは関係なく、日本側が自主的に設置したもので、主な委員には、文部大臣就任以前に文部省学校教育局長を務めていた田中耕太郎のほか、東京帝国大学教授戸田貞三（一八八七〜一九五五）、和辻哲郎（一八八九〜一九六〇）、田中二郎（一九〇六〜八二）、大河内一男（一九〇五〜八四）らの名を挙げることができる。同委員会が同年一二月にまとめた答申（第一次・第二次の二種類）では、新しい平和主義・民主主義国家の建設には「公民教育の刷新」が不可欠であり、そのために道徳原理に関する知識と社会生活に関する知識とを統合させた「公民科」の設置が提唱されていた。

同年末にはGHQより「三教科停止指令」が発せられたが、上述のように、それは新しい教科書が作成されるまでの一時停止という措置でもあった。これを踏まえ文部省はその作業を進め、翌一九四六年六月に地理の授業、一〇月に歴史の授業が再開された。残された課題は、「修身」に代わる新教科の教科書作成であったが、文部省は同年一〇月、公民教育刷新委員会の答申に沿って、ＧＨＱの指令とは無関係に『国民学校公民教師用書』と『中等学校・青年学校公民教師用書』を編集した。当初ＧＨＱ側は、「指令」を逸脱するものとしてこの公民教師用書を認めなかったが、文部省側は「修身」に関しては暫定教科書をつくらず、公民教育に関する教師用書の作成に代えたいとする要求を変えず、結局ＣＩ＆Ｅ担当官の承認を得るに至った。こうして刊行された公民教師用書であったが、これは翌一九四七年の「社会科」発足によって活用されることなく幻のテキストとなる。ただし、公民教育刷新委員会の「公民科」構想は、前述の『学習指導要領一般編（試案）』ならびにその後刊行された『学習指導要領社会科編Ⅰ・Ⅱ（試案）』に継承され、その意味で「社会科」を通して発展的解消を遂げていくのである。

「公民科」構想が「社会科」設置に発展していく過程では、すでに『アメリカ教育使節団報告書』が「社会研究」の導入を示唆していたことが注目されるが、より直接的・具体的な契機となったものは、文部省とＣＩ＆Ｅ教育課との連絡会議での濃密な議論と折衝であった。とくに上記の公民教師用書の内容が、当時アメリカにて行われていた「ソーシャル・スタディーズ」(Social Studies) の内容と類似するものであったこと、さらにＣＩ＆Ｅ担当官の中にそのカリキュラム作成に携わった経験者が存在したことが重要な意味をもった。一九四六年九月頃には、「社会科」新設の判断が下され、一〇月には文部省側に社会科委員会が構成される。小学校の社会科委員には、重松鷹泰（一九〇八〜九五）や上田薫（一九二〇〜　）らが、また中等学校には勝田守一（一九〇八〜六九）や馬場四郎（一九一三〜七二）らが就いた。勝田守一は前述の『中等学校・青年学校公民教師用書』の執筆者でもあったが、当時の文部事務官青木誠四郎（一八九四〜一九五六）も、『国民学校公民教師用書』の執筆者であった。またＣＩ＆Ｅ側については、小学校担当がハークネス (K. M. Harkness) とヘファナン (Helen Heffernan)、中等学校担当がオズボーン (Monta L. Osborne) であった。

こうして、アメリカにおける「ソーシャル・スタディーズ」の「コース・オブ・スタディ」(Course of Study) をモデルとし、ヴァージニア州の「ヴァージニア・プラン」などを参照しながら「社会科学習指導要領」の単元構成が確定されていく。一九四七（昭和二二）年五月五日、まず小学校用の『学習指導要領社会科編Ⅰ（試案）』が、また六月二二日、中学校・高等学校用の『学習指導要領社会科編Ⅱ（第七学年〜第一〇学年）（試案）』が刊行される（高等学校は第一学年のみ）。社会科の授業は、当初の予定では同年四月から始められることになっていたが、その趣旨を教師たちに理解させる時間の確保も考慮に入れられ、同年九月からの実施となった。

新設された「社会科」のねらいは、青少年に社会生活を理解させ、その進展に力を致す態度や能力を養うことに置かれた。そのため、社会生活を構成する「人と他の人との関係」「人間と自然環境との関係」「個人と社会制度や施設との関係」という三者の相互依存の関係を理解させるとともに、それに関わる知識を自分から進んで追求する姿勢を育むことが肝要とされた。こうした方針は、従来の修身や歴史、地理などの教科が、既存の知識を受容・吸収させることに終始し、青少年の内発的な学習意欲や学習活動を軽視する傾向にあったことへの反省に基づいて立てられたことであった。「生活単元学習」「コア・カリキュラム」「問題解決学習」といった戦後新教育運動の主要な理論は、まさに「社会科」を通して実践されていったのである。

新しい教育実践の推進

新学制の下、各地域や各学校で自主的な教育計画や教育実践の試みが様々に展開された。

例えば、一九四六年一二月には東京都港区の桜田国民学校で「桜田プラン」が発足する。これは、文部省から未公開の「社会科学習指導要領」の原案を借り受け、文部省案の実施に向けてその具体的方策を明らかにするために作成された実験プランであった。また、一九四七年二月からは兵庫師範学校女子部附属小学校による「明石附小プラン」も実施された。これは、同小学校によって自主編成されたコア・カリキュラムの試みで、中心学習と基礎学習とから構成された[15]。

地域教育計画の先駆的・代表的実践として知られているのが、「川口プラン」である。同プランは、埼玉県川口市社会科委員会と中央教育研究所との共同プロジェクトによって作成された「川口市社会科学習課題表」に基づき、川口市内の二四の小・中学校と高等学校との協力体制（一九四七年度）の下に試みられた授業実践をいう。終戦直後の混乱期に、川口市内に勤務する五〇〇余名の教師たちと、市内の学校に通う二〇、〇〇〇人余りの児童・生徒たちによって、地域社会の綿密な調査が実施され、市民の協力を得ながら川口市の現状と市が抱える問題点を把握する試みが展開された。「学習指導要領」が作成される以前の段階で、新しい教育理論に基づき、地域に根ざしたカリキュラム開発の方法論を具体的に提示した「川口プラン」は、全国の教育関係者から大きな注目を集めた[16]。

地域教育計画型の教育実践は、地域の生活・文化・経済・政治等の直面する諸課題との関連においてカリキュラム編成を構想し、そうした取り組みへの住民参加や地域生活改善などを志向する点に特徴があった。子どもたちが日常生活を営む地域の現実的課題や社会的機能に即した学習テーマが、単元を構成することになるのである。

これに対し、単元構成の基本を「地域の課題」よりも、むしろ、子どもの「生活経験」に求め、様々な生活経験や学習素材が子どもの学習活動を通して統合されていくための指導過程や教育技術、あるいは学習形態などの方法的側面に関心を寄せる傾向を有したのが、コア・カリキュラム型の教育実践であった。そしてこの教育実践をリードしたのが、一九四八年一〇月に結成された民間教育研究運動団体コア・カリキュラム連盟（一九五三年に「日本生活教育連盟」に改称）であり、同連盟の発行する機関誌『カリキュラム』であった。

コア・カリキュラムは、日常生活における諸問題の解決を学ぶ「生活単元学習」を中心課程とし、問題解決のために必要とされる知識・技術などを周辺課程に位置づけ、各教科間および教科外活動との相互関連を重視するものである。その場合、何を中心課程に据えるかによって立場の相違が生ずる。例えば、上記の「明石附小プラン」は社会科をコアにする試みであったが、これ以外に、奈良師範学校女子部附属小学校の「吉城プラン」のように教科外活動をコアに据えるような試みもあった。その意味で、コア・カリキュラム運動は、社会科と他の教科、あるいは社会科と教科外活動との内容上の重複や不統一といった「学習指導要領」上の問題を、実践レベルにおいて克服しようとする取り組みでもあったのである。

戦後新教育運動は、わが国の近代教育史上、はじめて教師ないし学校がカリキュラム編成の主体として位置づけられた点と、カリキュラム編成の基軸として地域の生活現実や子どもの興味・関心が、はじめて教育実践の表舞台に登場するようになった点において大きな意義が認められる。それは、「制度としての教育」に付随する教育の論理、すなわち国家主導による国家経営の一環としての国民形成（国家にとって有用な人材の育成と配置）という教育の論理を、生を営む個々人の主体的な人間形成への支援という教育の論理へと転換させる意味を有した点において、画期的な取り組みであったといえる。

そうした運動を展開するについて、子どもの主体的な「経験」の連続的更新や「生活経験」による教材の統合という観点から、Ｊ・デューイに代表される児童中心主義や経験主義の教育学説や思想が盛んに参照されたことはいうまでもない。だがそれとともに、国が定める教科内容を一方向的に注入するだけの実践ではなく、子ども自身が主体となって自らの学習活動を統御し、その学習活動を通じて自らを形成していくような「自学主義」への理解と、そうした「自学」を「輔導」するための多彩な教育実践の経験がすでにこの国には相当程度に蓄積されていたこと、そして、それが「新教育運動」の重要な教育史的背景をなしたこと、を見過ごすわけにはいかないであろう。

第一六章　「近代教育」の再興（その一）
――講和・独立後の教育政策動向

一．新教育に対する批判

学力低下問題

戦後新教育運動は、子どもの興味・関心や生活体験を重視し、子ども自身が主体的な活動を通して様々な学びの素材を統合的に身につけていくことを、その実践の基軸に据えるものであった。だが、その試みは決してスムーズに展開したわけではなく、そこには様々な摩擦や軋轢が生じたり、あるいはそれが厳しい批判の眼に晒されたりすることも少なくなかった。とくに各教科（とりわけ社会科）の単元を、子どもの生活経験に基づいて構成すべきか、あるいは既存の知識体系に基づいて構成すべきかという問題は、学習形態としてのいわゆる「問題解決学習」と「系統学習」との対立の問題と連動し、様々な議論を生じさせた。

そうした中、新教育に対する批判の顕著な根拠として浮上したのが「学力低下」問題であった。新学制発足以後、保護者たちの間から、最近の子どもたちは漢字の読み書きや計算能力、あるいは地名や歴史上の重要人物に関する知識などの基礎学力が低下しているのではないか、との批判の声が示されるようになった（そうした批判を象徴するものが「六三制、野球ばかりがうまくなり」という川柳であった[1]。そのため、一九四八年頃から一九五〇年代にかけて、いくつかの研究者グループや諸機関、諸団体による学力調査が行われるようになった。比較的規模の大きいものとしては、日本教育学会が一九五一年と五二年の両年に行った「義務教育終了時の学力調査」（全都道府県一四四校の中学三年生対象）や、国立教育研究所が一九五二年から五四年にかけて行った「学力水準調査」（全都道府県約一万名の小学六年生と中学三年生対象）、あるいは日本教職員組合が一九五三年に実施した「国語・算数・数学の学力調査」（全都道府県の小学六年生と中学三年生対象）などを挙げることができる。

だが、これらの調査は必ずしも、学力低下が戦後新教育に帰因するとの結論を導き出すための実証的なデータを提示しえたわけではなかった。また、学力低下についても、その要因には、教師の力量や教員養成のしくみ、教育課程や教育行政の混乱、あるいは戦災の影響と貧困など、様々なものが指摘されていた[2]。実際、新学制の下でコア・カリキュラムや生活単元学習が実践されたとしても、その経験の蓄積は依然として乏しく、それゆえ新しい教育実践の影響に客観的な評価を与えるには、もう少し長い時間の経過が必要であったことは否めないであろう。

民間教育研究運動団体による批判

ところで、当時の調査の中で、しばしば引き合いに出されたものに一九五一（昭和二六）年に国立教育研究所員久保舜一（一九〇八〜　）が実施したものがある。久保は、戦前の一九二九（昭和四）年に教育心理学者田中寛一（一八八二〜一九六二）が行った調査と類似する条件の学校を選び、田中の調査と同一の問題を使用して算数の学力を調査した[3]。その結果、一九五一年の小学六年生の学習到達度は、一九二九年頃の児童よりも概ね二年程度の遅れが生じていることが明らかにされた。久保は、学力低下の原因が新教育にあると結論づけたわけではなく、教師の授業能力に個人差があることや、教科書中心の授業形態など複数の問題を指摘していたが、それにもかかわらず、この調査結果が知られるようになると、戦後新教育の算数では計算練習を軽視する生活単元学習が行われ、それが学力低下を招いているとの声が提示されるようになった。

この調査結果は、とくに数学教育関係者に少なからぬ衝撃を与え、それが遠山啓（一九〇九〜七九）を中心とする数学教育協議会（数教協。一九五一年四月結成）による活発な新教育批判の引き金となった。数教協はその設立趣旨において、「今日の数学教育は破局に瀕している。児童の計算力は二年低下しているといわれ、論理的思考に対する意欲は失われつつある。これは戦後の社会状勢に起因するところも多いが、その最大の原因は経験単元または生活単元とよばれる学習形態によるといわなければならない(4)」と、戦後新教育の生活単元学習を厳しく批判するとともに、数学教育は経験に追い回されるのではなく、経験を組織する合理的な思考や批判的態度を基軸とする近代科学の精神に基づかねばならない、と論じている。

教育において重視すべきは経験それ自体ではなく、経験を秩序づけるための合理的思考や学問の系統性であるとし、その立場から新教育の生活単元学習や問題解決学習を厳しく批判したのは、数学教育の関係団体にとどまらず、歴史教育者協議会（歴教協。一九四九年七月結成）や科学教育研究協議会（科教協。一九五四年一一月結成）といった歴史教育や理科教育の関係団体の場合も同様のことであった。例えば歴教協は、その設立趣意書の中で「歴史教育は、げんみつに歴史学に立脚し、正しい教育理論にのみ依拠すべきものであって、学問的教育的真理以外の何ものからも独立していなければならない(5)」と謳い、歴史教育は歴史学に基づいた系統的な知識を授けるものであるべきと唱えていた。

またさらには、日本民主主義教育協会（民教協。一九四七年発足。前身は民主主義教育研究会）のような、戦前の新興教育運動や教育科学運動の系譜を継承して、新しい民主主義教育運動を展開した教育団体も、新教育における経験主義や児童中心主義を厳しく批判した。例えば、マルクス主義教育学者として知られた矢川徳光（一九〇〇〜八二）

は、その著『新教育への批判』の中で、

経験知では天動説しかわからない。地動説がわかるためには、多くの経験が整理され組織され、その経験に基づいて推理されねばならなかったのである。まして、社会現象においては、ただの経験知では、社会現象を天動説的にしか見ることはできない。というのは、心の問題としてしか、つまり主観的観念論的にしか、解することができない、ということである。社会現象の見かたにおいてコペルニクス的転回をするということは、唯物史観に立って社会生活を見るということである。唯物史観に立たないかぎり、社会生活の経験を、たとえば、A・D・C・Bと四つかさねてみても、それは、その四つの間をうろついていることにしかすぎない。そういうのを口の悪いロシヤ人は「はいまわる経験論」と言ったのである。それらの四つの経験はA・B・C・Dという秩序をもっているものであることを知るためには、四つの経験A・D・C・Bのおのおのにおいて、直接的には自覚されなくとも、実は共通的に存在しているところの或るものが、認識されねばならないのである。その或るものを契機として経験が整理され、組織されて理論となり、科学となるのである。(6)

と述べ、「はいまわる経験主義」という戦後新教育に対する最も象徴的な批判を提示した。

これらの民間教育研究運動団体は、戦前の国家主義的な教育体制や軍事主導の教育認識に対する反省に立って、民主主義的な教育のあり方を追求したが、その反面、戦後新教育の重点的取り組みであった生活単元学習、すなわち、学問的な知識よりも子どもの生活経験によって学習活動のまとまりを基礎づけようとする方法を必ずしも歓迎しなかった。これは、少なからぬ教育関係団体がマルクス主義的な科学観によって、各教科に関わる知識の系統性を重視したこととともに、生活単元学習が文部省の主導（当時の「学習指導要領」はあくまで「試案」として示されたものであったが)によって推進された、という事情もあったことは否めない。

新教育批判が頂点に達するのは一九五一年から一九五二年頃といわれるが、この時期は、全国の教職員の最大組織である日本教職員組合(日教組。一九四七年六月、全日本教員組合協議会〔全教協〕・教員組合全国同盟〔教全連〕・大学専門学校教職員組合協議会の三者が合同して結成)が教育運動を本格的に推進しつつある時期でもあった。すなわち、一九五一年一一月には日教組の第一回研究大会(その後の「教育研究集会」)が開催され、翌五二年六月の大会では「教師の倫理綱領」が採択されている(一〇項目からなる同綱領は、第八項の「教師は労働者である」との文言がとくに注目された)。

新教育の実践者であるこの教員集団は、上記の民間教育研究運動団体とも連携関係を取り結んでいくが、コア・カリキュラムや生活単元学習あるいは問題解決学習に象徴される戦後新教育の取り組み自体に対する日教組の姿勢は、必ずしも一枚岩ではなかった。そこには、マルクス主義に基づいて科学や学問の系統性を重視する立場と、戦前の国家主義・軍国主義の対極に子どもの生活経験の重視を据えようとする立場とが混在していた。教育観や教育認識に関する根本的な問題については、必ずしも明確な立論が貫かれたわけではなかったが、その一方で、反権力・対文部省という政治闘争的傾向は鮮明であったことが、その後の日教組運動の性格とそれに対する人々の評価を少なからず規定していくことになるのである。

新教育批判が頂点を迎えた時期はまた、次節で述べるように、冷戦の進行に伴うアメリカの対日占領政策の転換、日本側における保守的思想の台頭、さらには日本の講和独立といった動向を通して、この国を取り巻く内外の諸情勢が急速に大きな転換を遂げようとしている時期でもあった。とりわけ政治的に様々な厳しい対立構造が現出する社会状況の中で、新教育への評価や批判は、単に教育上の問題としてではなく、むしろより大きな政治上の問題として取り扱われるようになる。例えば文部省と日教組との対立は、「問題解決学習か系統学習か」という教育観の対立に当てはめられるものではなく、むしろ、「保守か革新か」という政治的イデオロギー上の対立に解消させられる傾向にあった。

こうして新教育批判に関する諸動向には、それが必ずしも実証的・客観的なデータに基づいて行われたものではなく、多分に情緒的な印象を付随させるものであったことと、さらにその議論を惹起させ方向づけた契機が必ずしも教育上の関心というよりも、むしろ政治的イデオロギーによる強力な規定を受けたものであったこと、などの傾向ないし特徴を認めることができる。とりわけ、教育上の議論が政治的関心によって規定されていく傾向は、まさにこれ以降の戦後教育史を性格づける特徴となっていくのである。

二．講和・独立と戦後新教育の再編

冷戦をめぐる教育政策

ＧＨＱの対日占領政策は、一九四八（昭和二三）年一〇月頃より、当初の非軍事化・民主化を目指すものから、国内安定化のための経済復興と極東地域の安全保障体制の構築を基軸とするものへと路線の転換が図られるようになる。(7) これには、南北朝鮮の分断に象徴される米ソ「冷戦」構造の固定化や中華人民共和国の成立（一九四九年一〇月）など、極東地域を取り巻く国際情勢が重要な背景をなしていた。「冷戦」下にあって、日本を自由主義陣営に組み入れるとともに、「反共の防壁」とすることが、占領政策の重点課題とされるようになったのである。

そうした中、一九四七年七月にＣＩ＆Ｅ顧問イールズ（Walter C. Eells）は新潟大学の開校式に出席し、そこで、全国の大学から共産主義を信奉する教授を追放すべきという趣旨の講演を行った。イールズは、その後も同年一一月の徳島大学から翌一九五〇年五月の北海道大学に至るまで、全国三〇校の大学において講演を行い、同趣旨の「赤色教授」の学園追放を説いて廻った。このいわゆる「イールズ声明」に対しては、全国大学教授連合や日本学術会議が「学問の自由」の観点から抗議声明を発したり、学生が抗議行動を起こしたりした。

だが、それでも「イールズ声明」を契機に「レッド・パージ」が大きなうねりとなって教育界を吹き荒れることになる。大学については、ＧＨＱがレッド・パージには関与しないとの立場を表明したため、それが公然と行われることはなかった。(8) より大きな影響を受けたのはむしろ小・中学校や高等学校の教員であり、一九四九年九月から翌年三月頃までに追放処分となった教員数は全国で約一、二〇〇名にのぼったと伝えられる。(9)

一九五〇年六月には朝鮮戦争が勃発する。翌月マッカーサーは内閣総理大臣吉田茂（一八七八〜一九六七）に書簡を送り、警察予備隊の創設と海上保安庁の人員増員などを指令した。こうして、日本が本格的にアメリカの安全保障戦略に組み入れられていく最中の同年八月、第二次アメリカ教育使節団が来日する。同使節団はギブンス（Willard E. Givens, 1886-1971）を団長とする五名のスタッフから構成されていたが、いずれも第一次教育使節団に加わっていたメンバーであった。第二次教育使節団も、一ヵ月足らずの調査期間を経た同年九月に報告書を提出し、そこで戦後日本の教育改革の全般的取り組みを承認するとともに、とくに高等教育の改善を勧告している。

だが、それ以上に同報告書が人々の注目を浴びたのは、民主的市民の育成を求める社会教育に関する勧告の中に「極東において共産主義に対抗する最大の武器の一つは、日本の啓発された選挙民である」(10) という記述が盛り込まれたことであった。ここにおいて、「制度としての教育」に包摂される政治主導の教育の論理が、強大な権力を背景に再浮上することになったが、この論理は講和独立後のこの国の教育政策にも明確に継承され、力強く発揮されていくのである。

〔図 16-1〕天野貞祐

「逆コース」の始動

アメリカの対日占領教育政策が「反共産主義」へと針路をとる時流にあって、日本側に浮上しつつあったのが、戦前の教育文化を再評価しようとする保守的動向であった。一九四九（昭和二四）年五月吉田茂首相は、直属の諮問機関である教育刷新委員会とは別に、私設の諮問機関として「文教審議会」（翌年四月に「文教懇談会」に改称）を発足させ、教育勅語に代わる教育宣言の作成などを提案した。「教育基本法」は民主主義国家全般に妥当する法規定であるが、それとは別に、この国の歴史と伝統を踏まえた日本人像のための教育指針が必要との認識に基づくことであった。そして、こうした吉田の意向に沿って第三次吉田内閣の文部大臣に迎えられたのが天野貞祐であった。

天野貞祐の文相在任期間は一九五〇（昭和二五）年五月から一九五二年八月までであったが、この間、一九五一年九月にはサンフランシスコ講話会議が開催されて、日本と連合国（四八ヵ国）との間で平和条約が調印されるとともに、翌一九五二年四月の平和条約発効によって、日本の主権回復が果たされた。日本が独立国家として再出発するその時期に、この国の教育政策をリードする立場にあったのが天野だったのである。

天野文相は、戦後における「国家と個人」の関係や倫理が、中道を逸した国家軽視の風潮に流れつつあることを問題視し、そのために道徳教育に関する施策を積極的に打ち出した。まず一九五〇年一〇月に、学校の祝日行事において国旗掲揚と国歌斉唱を実施することが望ましいとの談話（「学校における『文化の日』その他国民の祝日の行事について」）を発表するとともに、その趣旨の周知徹底を要望する通達（いわゆる「天野通達」）を出した。また、翌一一月には全国都道府県教育長協議会の場で「新しい修身科」の特設と、教育勅語に代わる民主主義社会に必要な「教育要綱」の制定を構想として打ち出した。

「修身科」の特設については、上述の吉田首相の私的諮問機関「文教懇談会」でも協議されたが、そこでは、今後は社会科の中で地理・歴史的分野と併行して道徳教育的側面を強化する、との趣旨が確認された。道徳教育を特設教科ではなく全教育課程を通じて行うべきとの意見は、すでに前述の第二次『アメリカ教育使節団報告書』（同年九月）にも示されていたが、さらに、天野文相から諮問を受けて「道徳教育振興の方策」を審議した教育課程審議会（一九四九年七月設置）も、翌一九五一年一月の答申の中で、「道徳教育振興の方法として、道徳教育を主体とする教科あるいは科目を設けることは望ましくない。道徳教育の方法は、児童、生徒に一定の教説を上から与えて行くやり方よりは、むしろそれを児童生徒に自ら考えさせ、実践の過程において体得させて行くやり方をとるべきである」[11]との見解を明らかにした。こうして文部省は、道徳に関する教科の特設を断念し、道徳教育は教育活動の全体を通じて行うとの方針を基調とする「道徳教育の手引要綱」（一九五一年四月に「総説・小学校編」、五月に「中・高等学校編」を発表）を作成した。

天野文相は新しい修身科の特設は断念したものの、民主社会での道徳の基準を示す「教育要綱」の制定には意欲をもち続けた。同要綱の内容は明らかにされなかったが、一九五一年一〇月の国会答弁において天野は、「国民実践要領」の制定とその中に「国家の道徳的中心は天皇にある」との主張を盛り込む考えを表明した。翌一一月には、朝日新聞に「国民実践要領」の大綱が報ぜられたり、読売新聞にその「文相草案」が紹介されたりした。

「国民実践要領」は、前文と「個人」「家」「社会」「国家」の四章から構成されており、その基調をなす主張は、自他の人格の尊厳への自覚に基づく「道義の精神」（「自主独立の精神」と「和の精神」の両面をもつ）の確立であり、必ずしも戦前・戦中の国体主義への回帰を志向するものではなかった。だが、第四章に「国家の盛衰興亡は国民における愛国心の有無にかかる」や「われわれは独自の国柄として天皇をいただき、天皇は国民的統合の象徴である。それゆえわれわれは天皇を親愛し、国柄を尊ばねばならない[12]」などの表現が盛り込まれていたため、マスコミや世論の激しい攻撃を浴びることになった。また同一一月末に開かれた国会の公聴会でも、参考人から「国民実践要領」への反対意見が示された。その結果、天野は「国民実践要領」の制定を断念する意向を表明するに至る。天野が『国民実践要領』を小冊子として公刊したのは、文相を辞任してから約七ヵ月後の一九五三（昭和二八）年三月のことであった。これら道徳教育をめぐる天野文相の施策には、これを当時の再軍備の進行動向と結びつけることで「逆コース」という評価が与えられてきた。

なお、この時期における教育制度改革動向については、吉田首相の私的諮問機関として一九五一年五月に設置された「政令改正諮問委員会」のことに言及しておく必要がある。この委員会は、サンフランシスコ平和条約の締結に向けて諸準備が進められていく過程で、マッカーサーに代わって連合国軍最高司令官に就任したリッジウェイ(Matthew Bunker Ridgway, 1895–1993）が一九五一年の憲法記念日に対する声明の中で、日本政府が占領下に公布された諸法令を再審査する権限を認めたことを受けて設置されたもので、各種行政制度の改革に関する答申を次々とまとめていった。教育制度についても同年一一月に「教育制度の改革に関する答申」がまとめられたが、そこでは、

終戦後に行われた教育制度の改革は、過去の教育制度の欠陥を是正し、民主的な教育制度の確立に資するところが少くなかった。しかし、この改革の中には、国情を異にする外国の諸制度を範とし、いたずらに理想を追うに急で、わが国の実情に即しないと思われるものも少くなかった。これらの点は、十分に検討を加え、わが国の国力と国情に照し、真に教育効果をあげることができるような合理的な教育制度に改善する必要がある。[13]

と、今後の教育制度改革の基本方針を確認した上で、具体的には、①普通教育を偏重する従来の制度を改め、職業教育の尊重強化と教科内容の充実合理化を実現すること、②従来の生活経験中心のカリキュラム方式に偏することを避け、論理的なカリキュラム方式を加味すること、③教育委員会の委員は地方公共団体の長が議会の同意を得てこれを任命するものとすること、などの提言が行われた。

この答申の内容が伝えられると新聞紙上には賛否両論が寄せられ、教育界にも様々な反応があった。教育刷新審議会も一九五一年一一月に南原繁委員長の名で、政令改正諮問委員会答申は幾多の重要問題を含むもので、にわかに賛意を表しがたく、今後は教育のための恒久的審議委員会を設け、教育刷新の基本方針を堅持しながら慎重な審議を進めるべき、との趣旨の声明を発表した(14)。教育刷新審議会は翌一二月に「中央教育審議会について」の建議を提出し、これ以降、教育制度改革に関する諸施策の策定作業は中央教育審議会の手に委ねられていく。こうして結局のところ、政令改正諮問委員会の答申は直ちに実現の運びに至ったわけではなかった。だが、そこで提起された上記のような具体策は、後述する講和独立後の教育行政制度の再編成を経て、次々と実施に移されていくことになるのである。

講和・独立後の教育政策動向

一九五二（昭和二七）年四月のサンフランシスコ平和条約の発効により、日本は主権を回復し、再び独立国家としての歩みを開始することになった。これを最も重要な契機として、教育行政や教育制度に関する全般的な再編成の作業が積極的に推し進められていく。

まず同年六月六日に、「中央教育審議会」が設置された。同審議会は、文部大臣の諮問に応じて、教育に関する基本的な重要施策について審議する機関とされ、その委員は、文部大臣が内閣の承認を経て任命し、二〇名以内で組織するものとされた（必要に応じて臨時委員や専門委員を置くことができるとされた）。中央教育審議会は、設置直後から精力的に審議を積み重ね、翌一九五三（昭和二八）年七月二五日に「第一回答申」を提出して、学校制度・教育委員会制度・教員制度に関し、戦後制度を再検討する旨の見解を示したのを皮切りに、その後矢継ぎ早に答申を取りまとめていく。

中でも、重要な政策論議を招来したものの一つとして、一九五四（昭和二九）年一月一八日の「教員の政治的中立性維持に関する答申」を挙げることができる。この答申は、公務員の身分を有する教員の政治的活動の禁止と政治的中立の確保を趣旨とする内容からなっていたが、その中で、「教員の政治的中立性に関する問題のうち、最も重要なるは、高等学校・中学校教員の大部分を包容する日教組の行動があまりに政治的であり、しかもあまりに一方に偏向している点と、その決議、その運動方針が組合員たる五〇万の教員を拘束している点と、その教員の授業を受ける一、八〇〇万の心身未成熟の生徒・児童の存在する点とにある」[15]と、日本教職員組合のことを名指しで批判しながら、教育の政治的中立が阻害されているという現状認識を提示したのであった。

この答申には、委員の間からも反対意見が挙がっていたが（例えば、元文部大臣の前田多門は、日教組自体には批判的であったが、公民教育を担う教員が政治的無能者扱いされることをよしとはしなかった）、政府・文部省はこの答申を拠り所として、同年二月一八日にいわゆる「教育二法案」、すなわち「義務教育諸学校における教育の政治的中立の確保に関する法律案」と「教育公務員特例法の一部を改正する法律案」を閣議決定し、同月二二日に国会に提出した。前者は、義務教育諸学校の教職員が、特定の政党等を支持または反対させる教育行動を教唆・煽動した場合に、懲役または罰金を科すというものであり、また後者は、公立学校教育公務員の政治的行為の制限を国家公務員並みに強化しようというものであった。

この二法案に対しては、日教組はもとより全国教育委員会協議会幹事会、全国連合小学校長会、全国大学教授連合会などの教育関係団体が反対の意向を示したのに加え、日本教育学会も会長長田新（一八八七～一九六一）の名で批判的見解を表明した。新聞界の論調も、「この法案に賛成している新聞は一つだけ」[16]といわれるような状況であった。にもかかわらず、同二法案は一部修正（「義務教育諸学校における教育の政治的中立の確保に関する法律」との名称を「…確保に関する臨時措置法」に改めるなど）の上、同年六月三日に国会で可決され即日公布されることになった。

こうして講和独立後の教育政策の基軸をなす動向の一つは、教員の政治活動や組合運動の規制にあったといえるが、それとともに顕著な政策動向となって現出したのが、教育行政システムにおける中央集権指向と教育内容における道徳強化の方針であった。

このうち教育行政システムについては、一九五二年七月の「文部省設置法」一部改正により、文部省が、教育・学術・文化等に関する国の行政事務を一体的に遂行する責任を負う行政機関であることが明記された。その結果、文部省は、終戦後の指導助言・助成育成を主とする立場から、指導助言に勧告を加えた監督行政としての立場へとその機能を転換させた。その監督行政としての性格は、とくに初等・中等教育の内容に関する事項において顕著となった。例えば、「学習指導要領」に関しては、改正前の「文部省設置法」（一九四九年五月三一日制定）の付則第六項にあった「初等中等教育局においては、当分の間、学習指導要領を作成するものとする。但し、教育委員会において、学習指導要領を作成することを妨げるものではない」との文言が削除され、将来的に教育委員会に委ねられる含みが残されていた「学習指導要領」の作成が、もっぱら文部省の手に委ねられることになった。

また、教科書制度についても、すでに一九四七（昭和二二）年三月に制定された「学校教育法」第二十一条の「小学校においては、監督庁の検定若しくは認可を経た教科用図書又は監督庁において著作権を有する教科用図書を、使用しなければならない」との規定（中学・高校もこの規定を準用）に基づいて、翌一九四八年四月に「教科用図書検定規則」が、また同年七月に「教科書の発行に関する臨時措置法」が定められ、一九四九年度から教科書検定制度が実施されていたが[17]、一九五三（昭和二八）年八月の「学校教育法」の一部改正により、従来「監督庁」の権限とされていた教科書検定が「文部大臣」の権限と変更されるに至った（これについては、第一七章の二にて改めて述べる）。

これら「学習指導要領」の作成ならびに教科書検定の権限が、地方教育委員会の手を離れ、文部大臣に集中的に与えられたことは、教育行政システムの中央集権化を示唆する象徴的な出来事であったといえる。だが、この政策動向がより一層顕著な形となって教育史の舞台に現出するのは、以下に述べる「教育三法案」の提出といわゆる「地方教育行政法」の成立によってであった。

一九五五（昭和三〇）年は、戦後政治史にとって画期をなす年であった。この年の一〇月に社会党の右派・左派の統一が果たされるとともに、翌一一月には自由党と日本民主党との保守合同によって自由民主党が結党され、ここにいわゆる五五年体制が成立した。政府は自由民主党の方針に基づき、同年一二月から開催された国会に三つの重要法案を逐次提出した。

その一つは「臨時教育制度審議会設置法案」で、これは教育基本法の改定を含め、教育制度全般に及ぶ改革を審議するため、中央教育審議会とは別に内閣の諮問に応ずる審議機関を設置しようとするものであった。二つ目は「地方教育行政の組織及び運営に関する法律案」（地方教育行政法案）で、その趣旨は教育委員の公選制を廃止して首長の任命制に改め、教育行政の集権化と一体化を図ろうとすることにあった。三つ目は教科書検定制度を強化するための「教科書法案」であった。このうち「臨時教育制度審議会設置法案」は、教育基本法改定に対する世論の激しい反対の声が上がる中、「地方教育行政法案」の強行採決に伴う混乱もあって審議未了、廃案となる。「教科書法案」も同様に廃案となったが、その後の行政措置や行政指導により、教科書検定制度は実質上同法案の趣旨に沿った形で運用されていく（第一七章の二にて後述）。

これに対し、政府・与党が全力を傾けて成立させたのが「地方教育行政法案」であった。同法案は、地方分権化、民意の直接的反映、官僚統制の排除という戦後教育行政の基本方針を転換させる意味をもつものとして、議会内外で激しい反対運動が展開された。とくに一九五六（昭和三一）年三月に東京大学総長矢内原忠雄、前東京大学総長南原繁、学習院大学長安倍能成ら一〇大学長によって出された「文教政策の傾向に関する声明」は、戦後教育改革の基本原則の堅持を求めたことで社会的に大きな影響を与えた。京都大学総長滝川幸辰ら関西一三大学長もこれに賛同する声明を発するとともに、日本教育学会も法案反対の意見を提出した。日教組をはじめとする多数の教育関係団体による反対運動も活発に展開された。しかしながら、同法案は同年六月二日に警官隊の本会議出動という異常事態の中、強行可決されたのである。

「地方教育行政法」の成立（一九五六年六月三〇日）により、「教育委員会法」は廃止され（同年九月）、それに伴って、教育委員は地方公共団体の長が議会の同意を得て任命することとなった。その結果、教育行政の一般行政からの独立や地方分権の制度的枠組みは大きく後退することになった。以後、この法律を根拠に教育行政は管理的色彩を強め、学校管理規則の制定や教員に対する勤務評定の実施などの施策が強力に推し進められていくのである。

三．社会科の変容と道徳教育の強化

戦後教育改革の見直しは、以上のような教員組合運動に対する規制や教育行政の中央集権化に限らず、さらに教育課程や教育内容に関する施策にも顕著な形で示されるようになった。それを象徴するのが、社会科のあり方の見直しと道徳の時間の特設であった。

社会科の変容

社会科は、戦後新教育の象徴として登場したこともあり、それだけに新教育のもつ様々な矛盾や問題は、社会科のあり方に最も集約された形で反映された。民主主義社会における公民的素養の育成という社会科の目標が、保守的立場からは「愛国心の涵養」において不十分として批判され、社会主義的立場からも無国籍的・没階級的と批判された。学習内容についても、その生活経験重視の方針が地理や歴史的知識の系統性を重視する立場から疑問視され、学習方法もまたその問題解決学習が「はいまわる経験主義」として批判された。

さらに重大な問題は、戦前の「修身科」が消滅したことにより、修身科が担ってきた道徳教育的役割が社会科に引き継がれることになったにもかかわらず、社会科と道徳教育との関係は曖昧なまま据え置かれてしまっていた、ということにあった。もちろん、戦後新教育の基本的立場が、道徳教育は全教育課程を通じて行われる、というものであったことはすでに述べた通りであるが、それでも全教育課程の中で社会科が道徳教育にいかなる貢献を果たすべきかについては、それが不透明であったことは否めない。

こうして教育課程審議会では、すでに天野文相の頃から、社会科のあり方について検討を進めていたが、その答申内容に方針の転換が示唆されるようになったのは、一九五三（昭和二八）年八月の「社会科の改善に関する答申」においてであった。そこでは、社会科が民主主義の基本的諸要素を育む上で一定の役割を果たしてきたことを評価しつつも、他方で、児童・生徒が地理や歴史に関する常識的な知識を有していなかったり、道徳の理解や道徳的判断の養成が不十分であったりなどの問題が生じていることが指摘され、その上で、

社会科の改善に当って力を注ぐべき面の一つは、基本的人権の尊重を中心とする民主的道徳の育成である。学

校教育において、このような道徳教育を重視することの必要なことは論をまたない。とはいえ道徳教育は、社会科だけが行うもののように考えることは誤りであって、これは学校教育全体の責任である。しかし、社会科が道徳教育に対して、責任をもつべき主要な面を明確に考え、道徳教育に確実に寄与するように、その指導計画および指導法に改善を加えることは重要なことである。(18)

というように、社会科が道徳的側面の指導に相応の役割を果たすべきことが提起された。これは、一九四七年度の『学習指導要領社会科編Ⅰ（試案）』が、社会科の趣旨を、既存の知識の伝授ではなく、子どもたちの社会的経験の発展に置いていたことからの転換を示唆するものといえる。

こうして社会科の見直しが始動しつつあった中、社会科教科書の内容が偏向しているとのキャンペーンが、保守合同直前の日本民主党によって展開された。同党が、一九五五年八月から一一月にかけて刊行したパンフレット『うれうべき教科書の問題』（第一集〜第三集）がそれである。それによれば、現行の社会科教科書の多くは日教組の講師団に属する学者によって執筆された「赤い教科書」とも呼ぶべきもので、恐るべき偏向に犯されている、とされ

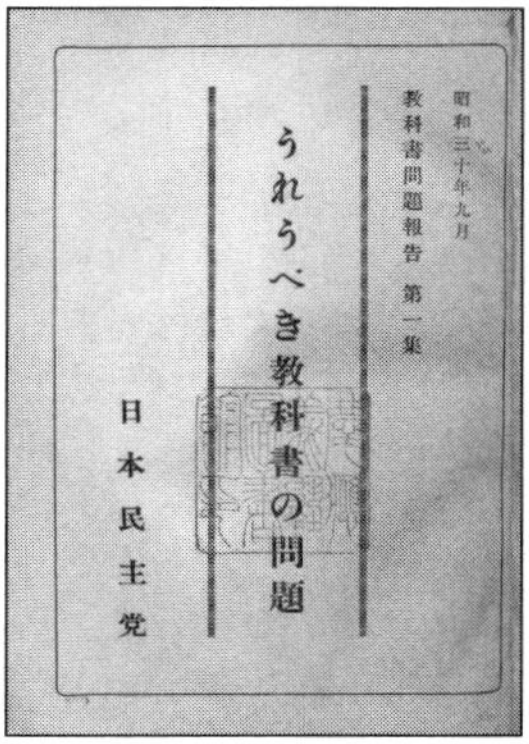

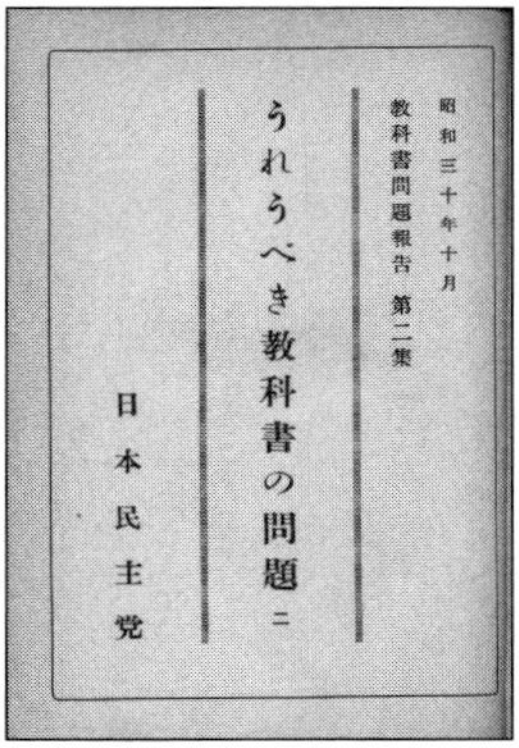

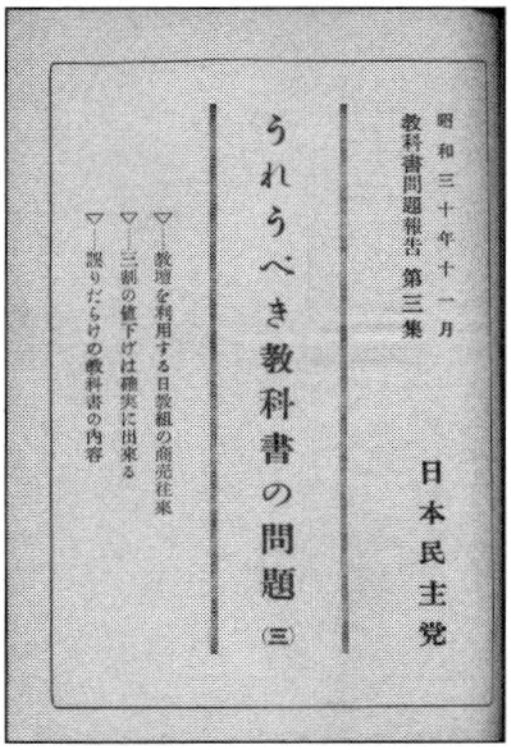

〔図 16-2〕
「うれうべき教科書の問題」

る。そして、その偏向のタイプには、①教員組合運動や日教組を無条件に支持し、その政治活動を推進するもの、②日本の労働者がいかに悲惨であるかをいい立て、それによつて急進的・破壊的な労働運動を推進するもの、③ソ連・中共をことさらに美化・賛美して、祖国日本をこきおろすもの、④マルクス・レーニンの思想を、そのまま児童たちに植えつけようとするもの、の四つのものがあると指摘する。

これに対し、執筆者たちはパンフレットの撤回を求める抗議書を日本民主党に提出するとともに、史学会、歴史学研究会などの学会からも偏向批難が中傷にすぎないと反論するなど、広範な反対運動が実施された。だが、いわゆる五五年体制に入った段階において、政府・与党による教育内容の規制強化の方針は、大きな政策動向としてその後の教育史の歩みを方向づけていく。

社会科の方針転換が明確な形で打ち出されるのは、一九五五（昭和三〇）年一二月の「小・中学校学習指導要領社会科編」の改訂を通してであった。例えば、『小学校学習指導要領社会科編（昭和三〇年改訂版）』には、「学習指導要領」改訂の要点として、「道徳的指導、あるいは地理、歴史、政治、経済、社会等の分野についての学習が各学年を通して系統的に、またその学年の発達段階に即して行われるよう、…つとめたこと」と記された。ここには、社会科の学習が、従来の生活経験を通しての問題解決学習から、各分野の知識に関する系統学習へと転換したことが明確に謳われている。

また『中学校学習指導要領社会科編（昭和三〇年改訂版）』でも、「従来のような学年別の単元組織を示すことなく、地理的分野、歴史的分野、政治・経済・社会的分野に分けて示し、各学校において、いろいろの指導計画が立てられるように幅をもたせた」と、社会科の総合教科としての意味合いが薄められ、それが地理・歴史・政治経済の三分野に区分されることが明示された（高等学校についても、翌年の「学習指導要領」改訂により、社会科は「社会」「日本史」「世界史」「人文地理」の四科目からなるものとされた）。

道徳教育の強化と「学習指導要領」の変容

こうして社会科は、その内容を構成する各分野の系統性が重視されるようになるとともに、全教育課程の中で「道徳教育について特別な地位を占めている」（『小学校学習指導要領社会科編（昭和三〇年改訂版）』）との認識に基づいて、この教科を通じての道徳指導にも十全の役割を果たすべきことが説かれた。だが、その一方で政府・与党には、一九五七（昭和三二）年七月に文部大臣に就任した松永東（一八八七～一九六八）の「地理・歴史を社会科の中におりこみ、修身や倫理というものを独立させる方がよい。…このさいはっきりした指針を与える必要からも道徳教育を独立教科にしなければならない」[19]との発言に見られるように、道徳教育を独立した形で実施する方式を求める声も小さくはなかった。

一九五八（昭和三三）年三月、教育課程審議会は「小学校・中学校教育課程の改善について」を答申した。同答申は、道徳教育が学校教育活動の全体を通して行われるとの従来の方針に変更はないとしつつも、それに加えて、道徳教育のより一層の徹底強化を図るために、新たに「道徳教育のための時間」を特設することを提起した。この道徳の時間は、毎学年・毎週一時間以上とされ、従来の意味での教科としては取り扱わないこととされた。また、道徳教育の目標が、個性豊かな文化の創造と民主的な国家・社会の発展に努め、進んで平和的な国際社会に貢献できる日本人の育成にあることが謳われた。ここでとくに「日本人」の育成が謳われたのは、保守合同以来の自由民主党の文教政策が「教育基本法」の問題として、それが普遍的価値を説きつつも、この国の歴史・文化に根ざした日本人の育成には不十分だとする認識を提示していたこととの関連性を示唆している[20]。

教育課程審議会の答申を踏まえ、同年八月に「学校教育法施行規則」が一部改正され、ここに「道徳の時間」が小学校・中学校において、各教科、特別教育活動、学校行事と並ぶ一領域として教育課程の中に位置づけられ、同年九月からその授業が実施されることになった（ただし文部省は、すでに教育課程審議会答申が出された直後の三月一八日に「道徳の時間」の特設を都道府県教育委員会等に通達していた）。

この教育課程審議会答申は、「道徳の時間」の特設を準備するにとどまらなかった。それは、子どもの生活経験を起点にしつつ、様々な学習内容を自らの経験を通して統合することで、学習活動に主体性と統一性とを与えることを趣旨とする、戦後新教育の方針そのものを大きく転換させる役割を果たした。その最も重要な動向の一つが、「学習指導要領」それ自体の性格の変容であった。

同一九五八年一〇月、文部省はこの答申を受けて、小・中学校の「学習指導要領」を全面改訂した。それまでの「学習指導要領」は、教育活動における教師の主体性を前提に据え、一人ひとりの教師が創造的な授業実践を組み立てていくための手引きという性格が与えられていた。「学習指導要領」に「試案」の文言が付されていたことが、そのことを雄弁に物語っている。それに対し、この「学習指導要領」は同年一〇月一日の『官報』に告示された（「小学校学習指導要領」は「文部省告示第八十号」、中学校のそれは「文部省告示第八十一号」）。従来のものが文部省の著作物にすぎなかったのに対し、この度の改訂版には他の教育法規と同様に法的拘束力をもつ基準としての性格が与えられたのである。こうして「学習指導要領」が、教育課程・教育内容に関する国家基準を示す文書となった限り、そこから「試案」の文字が消されたのは当然のことであった。

「新・学習指導要領」は、小学校が一九六一（昭和三六）年四月から、中学校が一九六二年四月から実施された（高等学校については、一九六〇年一〇月に別途全面改訂され、一九六三年四月から実施）。この「学習指導要領」の変容は、カリキュラム編成に関する戦後新教育の基本的な枠組み――すなわち、教師ないし学校をカリキュラム編成の主体として位置づけ、しかもその編成作業の基軸に地域の生活現実や子どもの生活体験あるいは興味・関心を据えようとする枠組み――を根底から覆す意味をもった。これ以降、教育内容の編成は、国家が望ましいと考える知識・技能・態度などを系統的に学ばせるために、国家の強大な権力を背景に国家主導の下実施されていくことになる。

本章の題目は、「近代教育の再興」と表記されている。この場合の「近代教育」が「国家による国民形成」を意味することは、これまで再三再四繰り返してきたところである。この一九六〇年前後にあって、この国は平和主義と民主主義を基調とする国家であることを自任し（もちろん再軍備路線を歩んでいるとの批判は少なからず存在したが）、その意味で戦前の国体主義を基調とする大日本帝国とは全く異なる国家体制を組み立てていたと評することができよう。だが、それにもかかわらず、政策として推し進められようとした教育認識については、①国家が望ましいとする人間像を定め、②その人間像に適う人材を養うために相応しい教材・内容を選択・配当し、③それを操作的・他律的に注入し彫塑する、という点において、戦前のそれと何ら変化することのない論理が力強く継承されていたのである。

第一七章 「近代教育」の再興（その二）
——高度経済成長と教育

一 高度経済成長下の教育政策

経済界の教育要求

一九五〇年代半ばから一九七〇年代初頭にかけて、日本の経済は飛躍的な成長を遂げた。いわゆる高度経済成長の時代を迎えたのであった。この間の経済成長率は、一九五五（昭和三〇）年から一九六〇年までの実質平均成長率が八・七%、一九六〇年から一九六五年までが九・七%、その後一九七〇（昭和四五）年までの五年間には一二・二%まで伸長した。(1) 一九五六（昭和三一）年に経済企画庁が発表した『経済白書』（「日本経済の成長と近代化」）には「もはや『戦後』ではない」と記され、一九六八（昭和四三）年には日本の国民総生産がアメリカに次いで世界第二位となった。

こうした飛躍的な経済成長をもたらした要因の一つが、産業構造の急速な変化とそれに伴う技術革新や生産力の向上にあったことは論をまたない。産業構造の変化でいえば、全産業に占める第一次産業従事者の割合は、一九五五年には四一・一%であったが、一九六五年には二四・七%、一九七〇年には一九・三%に減少した。逆に第三次

〔表12〕産業別15歳以上就業者数（割合）の推移（%）

年　次	総　数	第一次産業	第二次産業	第三次産業
1955年	100.0	41.1	23.4	35.5
1960年	100.0	32.7	29.1	38.2
1965年	100.0	24.7	31.5	43.7
1970年	100.0	19.3	34.0	46.6
1975年	100.0	13.8	34.1	51.8
2005年	100.0	5.1	25.9	67.3

総務省統計局「2005年度国勢調査」「III 変化する産業・職業構造」より作成。

産業従事者は、一九五五年に三五・五%であったものが、一九六五年に四三・七%、一九七〇年には四六・六%に上昇している〔表12〕。当然のごとく産業構造の変化は、それに見合う労働力の確保を必要とすることになり、そうした労働力需要に応ずる人材の選別と配分のための機能が学校教育に求められることになる。高度経済成長下における教育政策動向の特徴の一つは、まさにそれが経済や産業の発展への適応能力をもった質の高い労働力の確保という観点から推し進められた、という点にあった。

こうした文脈に基づいて、日本経営者団体（日経連）や経済同友会などの経済関係団体は、すでに一九五〇年代より、教育政策に関する要望や意見を次々と発表していた。例えば日経連は、一九五二年一〇月の「新教育制度再検討に関する要望」において職業教育や産業教育の拡充を要望したのを皮切りに、一九五四年一二月の「当面の教育制度改善に関する要望」では小・中学校における勤労尊重の気風育成や社会生活上の訓練・しつけの必要を強調したほか、一九五六年一一月の「新時代の要請に対応する技術教育に関する意見」でも技術者養成計画に基づく産業技術向上の確保の必要性を訴えている[2]。これら産業教育の充実に基づく技術者養成と、国家社会や職場への帰属意識ならびに勤労意識をもった労働者養成（そのための道徳教育の強化）とからなる経済界の教育要求は、後述する経済審議会や中央教育審議会の答申に反映されていくことになる。

教育投資論・教育計画論

経済成長は、国家の政策上の最重要路線でもあった。一九六〇（昭和三五）年七月に内閣総理大臣に就任した池田勇人（一八九九～一九六五）は、同年一二月、その内閣において「国民所得倍増計画」を閣議決定し、農業生産基盤の整備と中小企業資金の適正な供給、国土総合開発計画の策定と積極的な公共投資、さらには輸出拡大と外貨収入の増大などにより、国民所得を一〇年間で倍増させる計画を推し進めた。この計画は、同年一一月の経済審議会答申として取りまとめられたものでもあったが、そこには、経済政策の一環としての人的開発論や教育投資論が提言として盛り込まれていた。

その趣旨は、①科学技術の革新によって社会経済の高度な発展を維持するためには、人的能力の向上を図る必要がある、②人的能力の向上には、国民全体の教育水準を高め、広い知識、確かな判断力、適正な価値観と実践力を身につけさせることが必要である、③その際の長期的課題は、科学技術者および技能者の量的確保とその質的向上のための中等教育の拡充である、というものであった(3)。こうして、この時期の教育政策は、まさに経済政策の観点から規定される傾向を強めた。中等教育の拡充（職業教育の充実）や道徳教育の強化という方針も、質の高い労働力の確保という観点から説かれていた。

教育政策が経済政策の一環として策定される傾向を象徴するのが、一九六二（昭和三七年）年一一月に発表された文部省白書『日本の成長と教育――教育の展開と経済の発展』であった。そこでは、

教育は消費の性格をもつものではあるが、同時に投資として重要な意義をもっている。教育は、生産の展開において、特に技術革新の行なわれるときにおいて、技術革新の成果を生産過程の中におりこんで軌道にのせてゆくための、欠くべからざる要素である。このような時代にあっては教育を投資とみる視点がいっそう重視さ

れなければならない。(4)

と、教育投資論の立場からする人的能力開発の必要性が積極的に論ぜられた。学校経営についても、企業経営論の適用による学校管理論や合理化論が脚光を浴びるようになった。

さらに、翌一九六三年一月の経済審議会答申「経済発展における人的能力開発の課題と対策」では、「産学協同」と「能力主義」に基づく教育改革の必要性が強く求められた。とくに能力主義については、「戦後の教育改革は、教育の機会均等と国民一般の教育水準の向上については画期的な改善がみられたが、反面において画一化のきらいがあり、多様な人間の能力や適性を観察、発見し、これを系統的効率的に伸長するという面において問題が少なくない」(5)と戦後新教育の問題点を指摘し、その上で、今後の新しい価値観とシステムが要請される経済の歴史的段階においては、教育においても、社会においても、「能力主義」を徹底することが必要不可欠だと強調されている。

この答申に示された「能力主義」とは、急速に進展する技術革新の時代での人材確保という観点から、国民一般の教育水準の向上とともに、経済関連の各分野において主導的な役割を果たしうる人的能力、すなわち「ハイタレント」の発見と養成を求めるものであった。そのために、学校体系を多様化し、「飛び級」や「飛び進学」など、進級・進学制度が能力に応じて弾力的に運用されるべきことを要求した。多様化された学校が、競争と選別の機関としての性格をより濃厚に発揮することが必要とされたのであった。

道徳教育と「人づくり」

一方、質の高い労働力の確保のため、道徳教育のより一層の強化・充実も求められた。すなわち、一九六三（昭和三八）年七月、教育課程審議会は「学校における道徳教育の充実方策について」を答申した。そこで持ち出されたのは「教育基本法」との対峙、すなわち同基本法に示された教育観は普遍的価値を有するものであったとしても、その一方で日本の歴史・伝統を踏まえた「日本人」の形成のためには不十分だとする、「逆コース」以来の政府・与党の基本的な教育認識であった。

同審議会答申は、この基本認識に立ち、学校での道徳教育において尊重されるべきものとして、①「教育基本法」にいう「人格の完成」とは、「心身ともに健康な日本国民の育成」を目指すものでなければならないこと、②その教育に当たっては、とくにわが国の文化、伝統に根ざしたものを十分に活用し、内容的に充実していく必要があること、③その際、国民としての自覚を高め、公正な愛国心を培うように一層努力する必要があること、④道徳教育においては、宗教的あるいは芸術的な面からの情操教育が一層徹底するよう、指導内容や指導方法について配慮する必要があること、などをとくに提起している[6]。なお、この答申に示された道徳認識は、後述する「期待される人間像」に、より体系的な所論となって受け継がれていくことになる。

一九六二（昭和三七）年八月、池田首相は参議院選挙後に開催された臨時国会での所信表明演説の中で、引き続き所得倍増計画を中軸とする政策を推し進めるとともに、それに加えて、国家の根本たる「人づくり」に全力を尽くす決意を披瀝した。具体的には「徳性を涵養し、祖国を愛する心情を養い、時代の進運に必要な知識と技術とを身につけ、わが国の繁栄と世界平和の増進に寄与し得る、よりりっぱな日本人をつくり上げること[7]」が青少年育成の眼目とされた。この趣旨に基づき、同年一〇月には私的諮問機関として「人づくり懇談会」を発足させた。

一九六〇年代の高度経済成長下における教育政策を、あえて「人づくり」政策と表現するならば、それは、一方において科学技術の革新や産業構造の変化に適用できる質の高い労働力の養成を目指し、もう一方において祖国を愛する心情と日本の歴史・文化に対する敬愛の念に満ちた日本人の育成を目指すものであったといえる。その論理は、西洋先進文物の摂取を目指した「開明路線」と、皇運の扶翼を目指す「復古路線」との両者を教育の基軸に据えた明治政府の方針と、思考様式における形式的な近似性を窺わせるものである。

マクロな視線から見れば、明治以後の教育には、調和的関係に結ばれることが必ずしも容易でない複数の課題（開明を目指す知育と復古を目指す徳育という）を、外側から教授することに意を用いるばかりで、それら複数の課題が一個の成長主体の内部にてどのように統合され、消化されていくのかに関する合理的な理論ないし思想を提示することに不熱心であった、との問題を指摘することができるかもしれない。だとすれば、この時期の「人づくり」政策は、科学技術の素養を備えた質の高い労働能力と、国家や帰属社会に対する敬愛の念とが、一個の人間においてどのように調和的に形成されうるのか、に関するいかなる合理的理論を用意することができていたのか。この問題こそが、教育の関心からなる「人づくり」政策の論点たりうるはずである。

二．「期待される人間像」と「第三の教育改革」

「期待される人間像」

「国家による国民形成」としての教育は、それが人間にとっての普遍的価値を目指すものであることとともに、国家に対する帰属意識や忠誠心を身につけさせるものであることを要求する。その意味で、講和独立以後のこの国の教育政策は、まさに国民形成の論理に基づいて推し進められる傾向を鮮明なものにしていた。高度経済成長下のこの時期において、この傾向を示した最も顕著な事例が「期待される人間像」であった。

一九六六（昭和四一）年一〇月、中央教育審議会は答申「後期中等教育の拡充整備について」を発表した。この答申は一九六三年六月の文部大臣の諮問に対して取りまとめられたものであった。文部大臣諮問は、科学技術の革新や経済の高度成長という社会的背景にあって、多様な国家社会の人材需要に応えるための後期中等教育の理念とそのあり方の検討を求めたもので、具体的な諮問事項は「期待される人間像について」と「後期中等教育のあり方について」の二点であった。

このうち後者に関しては、高等学校教育の改善（職業教育の充実を中心とする教育内容の多様化）や勤労青少年に対する恒常的教育機関の設置、あるいは社会教育活動の充実などが提言されたが、必ずしも斬新で実効的な措置が示されたわけではなかった。その一方で、前者については、それが今後の国家社会における人間像はいかにあるべきかという教育の理念に関わる問題に検討を加えるものであったために、「中間草案」が公表された時点（一九六五年一月）から人々の関心を集め、様々な論議を呼び起こすに至った。このいわゆる「期待される人間像」は、中央教育審議会答申別記として公表されるとともに、答申が出された一九六六年に文部省から小冊子（広報資料）としても刊行された。

「期待される人間像」は、第一部「当面する日本人の課題」と第二部「日本人にとくに期待されるもの」とからなっている。第一部では、まず技術革新の時代に伴う人間性疎外の観点から、「人間性の向上と人間能力の開発」が求められている。第二に、国際化とナショナリズムの観点から、「世界に開かれた日本人であること」が必要とされている。これとの関連で、敗戦の悲惨な事実が過去の日本と日本人を悉く否定的に評価するような錯覚を生じさせたこと（いわば「戦後のひずみ」）が指摘されている。第三に、戦後の民主主義が日本の精神的風土に根づいていないとの観点から、「民主主義の確立」が要請されている。答申は、民主主義を阻害するものとして革命主義や全体主義を取り上げ、それとの対極に、個人の自覚と日本民族としての共同責任の樹立を強調する。これらは、技術革新が進む中での人間性の疎外、国際化の進展の中での日本の伝統の喪失、戦後の社会情勢下での

〔図 17-1〕期待される人間像

民主主義の曲解という、三つの危機意識への対応として打ち出されたもので、要するに「人間としての、また、個人としての深い自覚をもち、種々の国民的、社会的問題に対処できるすぐれた知性をそなえ、かつ、世界における日本人としての確固たる自覚をもった人間になること[8]」が、当面の日本人の課題だというのである。

そして第二部では、「個人として」「家庭人として」「社会人として」「国民として」の四つの章が設けられ、それぞれの立場において、これからの日本人にとくに期待する徳性や規範が列挙されている。「個人として」では、「自由」「個性」「自己愛」「意志」などが示され、その根底に生命の根源に対する「畏敬の念」を挙げている。個人のあらゆる徳性の根源に「宗教的情操」を据えているのである。「家庭人として」では、家庭を「愛の場」「いこいの場」「教育の場」とすることと、家庭が社会や国家の基盤であるとする観点から「開かれた家庭」であることが求められている。「社会人として」では、「仕事に打ち込む」「社会福祉に寄与する」「創造的である」「社会規範を重んずる」など、概して労働意欲と帰属社会への忠誠を喚起するような徳性が掲げられている。

人々からの大きな反響を呼んだのが「国民として」の内容であり、そこでは「正しい愛国心を持つこと」「象徴に敬愛の念を持つこと」「すぐれた国民性を伸ばすこと」が示された。「愛国心」については、個人の幸福も安全も国家に依拠するものであり、愛国心こそがその国家への忠誠を意味することと、さらにそれが人類愛に通ずることが説かれる。「象徴への敬愛」では、天皇への敬愛が日本国への敬愛に通ずることと、象徴としての天皇を実体としての自国に戴いてきたところに日本国の独自の姿があることが強調される。これは、その思考様式において戦前の国体観念の論理との親和性を窺わせる。「すぐれた国民性」では、世界史上人類文化に重要な貢献を果たした国民がそれぞれに独自な風格を備えていたことと、明治以降の日本人もこの国の歴史と伝統によって培われた国民性を発揮したことが説かれ、その上で、その国民性（勤勉努力の性格、高い知能水準、優れた技能的素質）をさらに発展させるべきことが強調されている。

「期待される人間像」が審議された中央教育審議会第一九特別委員会の主査を務めたのは当時の東京学芸大学長高坂正顕（一九〇〇～六九）であった。この文書は、前章にて言及した天野貞祐の「国民実践要領」との類似性がしばしば指摘されるが、両者はともにいわゆる「京都学派」にその名を連ねる関係にあった。さらに、天野は「国民実践要領」編纂に際し、その協力を高坂に委嘱していたが、天野はまた「期待される人間像」を審議した中教審第一九特別委員会の委員を務めていた。西田幾多郎門下でともにカント哲学の研究に勤しんだ両者の関係に鑑みるならば、戦後教育史の節目をなした重要な文書に「京都学派」の影響が示唆されることは、注目されるべきところであろう(9)。

「期待される人間像」には、賛否両論を含め様々な批評が寄せられたが、例えば、これを学校での道徳教育の教材として一律に使用するという方針が立てられるには至らなかった。その限りおいて、答申が出された後、この文書に対する議論は早々と収束するに至った。だが、これ以後の「学習指導要領」には、「期待される人間像」の内容が少なからぬ影響を与えた。例えば、「中学校学習指導要領」の「道徳」について、国家意識に関わる記述を見ると、一九五八（昭和三三）年改訂版では「国民としての自覚を高めるとともに、国際理解、人類愛の精神をつちかっていこう」となっていたものが、この答申以後に出された一九六九（昭和四四）年版では、「日本人としての自覚をもって国を愛し、国家の発展に尽くすとともに人類の福祉に寄与する人間になることを目ざす」と、「愛国心」に関わる表現が明確に打ち出されている。

「期待される人間像」は、戦後教育改革が「日本の伝統」を断ち切ってしまったことや、それに伴う日本人のアイデンティティの喪失を「戦後のひずみ」ととらえ、それを日本人の手によって是正する、との趣旨を有する文書であった。だがその試みは、道徳教育の性格を「他律的」な方向へと導くようにも見え、必ずしも広く国民一般からの理解を得るには至らなかった。だが、「人づくり」政策のための学校制度改革のプランは、その後のいわゆる「四六答申」に引き継がれていくのである。

「四六答申」

一九七一（昭和四六）年六月、中央教育審議会は「今後における学校教育の総合的な拡充整備のための基本施策について」を答申した。この答申は、戦後新学制発足から二〇年という時間の経過や、技術革新の進展などの社会情勢の変化を踏まえ、就学前教育から高等教育に至る学校教育制度全般の包括的な改革プランを提言したもので、文部大臣からの諮問が行われた一九六七（昭和四二年）年七月から、ほぼ四年もの時間を費やして取りまとめられたものであった。昭和四六年に出された答申ということから、一般に「四六答申」と呼ばれている。同答申はまた、その改革プランを、明治初期と第二次世界大戦後という二つの激動期における教育制度上の抜本的改革に匹敵する、「第三の教育改革」と位置づけている。

答申の内容は広範・多岐にわたるが、主要な提言事項としてはこれを大きく三つに分類することが可能である。第一に、従来の基本的な教育制度や枠組みの組み替えに関するものである。例えば、①四・五歳児から小学校低学年までの一貫教育や、中学校と高等学校との一貫教育（コース別・能力別指導を実施）を行う学校の設置や、②高等教育機関を、第一種「大学」・第二種「短期大学」・第三種「高等専門学校」・第四種「大学院」・第五種「研究院」と種別化した上で、例えば大学を「総合領域型」「専門体系型」「目的専修型」に、短期大学を「教養型」「職業型」に類型化する、などのプランがこれに相当する。

第二に、教育のより一層の量的拡充方策に関するもので、例えば、幼稚園教育の普及や特殊教育の充実など、教育の機会均等を推進するための方策に加え、高等教育の整備充実に関する国の計画的な調整を求めたことも、これに含めることができよう。

第三に、教育の質的向上に関するもので、①教育課程の改善（教育内容の精選と多様なコースの設定）や教育方法の改善（グループ別指導や能力別指導の導入）、②公教育の質的水準の維持向上（公立学校の学級編成、教職員の配置数や施設・設備の改善充実）、③教員の養成・研修・待遇改善（教員養成大学の整備充実、現職教育や各種研修の充実）のほか、④学校の管理運営体制の改善策（校長の指導に基づく校内管理組織の確立）などもこれに該当するといえよう。

「四六答申」を受け、文部省では一九七一年七月に教育改革推進本部を設置して答申事項の実現を図ろうとした。だが、答申が謳った中・高一貫教育校などの「先導的試行」や、高等教育の種別化・類型化などは、関係者の合意が得られず、具体的な進捗を見るには至らなかった。だが、その一方で、答申に盛り込まれた諸事項は、その後、各種審議会での議論を経て文教行政に取り入れられ、実施に移されたものも少なくなかった。

例えば、初等中等教育については、一九七七（昭和五二）年の「小・中学校学習指導要領」の改訂によって「教育内容の精選」が図られるとともに、翌七八年の「高等学校学習指導要領」改訂と合わせて、小・中・高等学校における教育課程の一貫性が方針として打ち出された。公立小・中学校の学級編成も、一九八〇（昭和五五）年には「公立義務教育諸学校の学級編制及び教職員定数の標準に関する法律」が改正され、従来の一学級四五人が四〇人に改善された[10]。さらに、一九七九（昭和五四）年度からは、「学校教育法中養護学校における就学義務及び養護学校の設置義務に関する部分の施行期日を定める政令」の公布により、養護学校の義務制が実施された。

また、教員の資質向上については、一九七四年の「学校教育の水準の維持向上のための義務教育諸学校の教育職員の人材確保に関する特別措置法」（いわゆる「人材確保法」）の公布により教員の待遇改善が図られたほか、いわゆる新教育大学の設置（一九七八年に上越教育大学、兵庫教育大学、一九八一年に鳴門教育大学を開設）も進められた。これら以外に、高等教育制度改革についても、例えば「総合的な教育課程（一般教育と専門教育との区分の解消）」や「資格認定制度」の導入など、次章にて後述する臨時教育審議会に引き継がれていく提言が、「四六答申」には含まれていた。

教育内容の現代化

前章にて言及を加えたように、「学習指導要領」は一九五八（昭和三三）年の改訂（小・中学校）により、科学技術の革新と経済の高度成長という国家的要請に基づいて、系統的な学習の重視や基礎学力の充実を基本的方針とするようになった。当時は、一九五七年のソビエト連邦による人工衛星スプートニク号の打ち上げ成功に強い衝撃（スプートニク・ショック）を与えられたアメリカが、数学や自然科学教育のカリキュラム改造運動（例えば、ＰＳＳＣ〔Physical Science Study Committee〕のカリキュラム開発）に積極的に乗り出し、そうした科学技術教育振興の気運が日本にも少なからぬ影響を及ぼしていた。

それまで戦後新教育の理論的支柱として評されてきたＪ・デューイの学説を、論文「デューイの後に来るもの」（*"After John Dewey, What?"* 1962）で批判したアメリカの心理学者ブルーナー（Jerome Seymour Bruner, 1915- ）が注目されたのも、こうした動向を背景とすることであった。

その後の国内情勢も、国民生活の向上と産業構造の変化など、社会環境の進展にはめざましいものがあり、さらに日本が国際社会にて果たすべき役割も大きくなりつつあった。こうした時代の要請に応えるべく、教育内容の一層の向上を図るため、一九六八（昭和四三）年に「学校教育法施行規則」の一部改正とともに「小・中学校学習指導要領」が全面的に改訂され、一九七一年四月から実施されることになった。

このときの「学習指導要領」は、まさに「教育内容の現代化」を基本的方針とするもので、例えば、小学校の算数に「集合」が導入されるなど、科学の発展と技術革新の時代に対応した高度な教育内容が編成されるようになった（その一方で、小学校社会科の歴史学習には神話や伝説を取り上げることが盛り込まれた）。中学校についても、生徒の能力・適性に応ずる教育を進めるため、学業不振者対策として能力別の課程を組み込むことが可能となった。総じて、この改訂は高度経済成長下の「人づくり」政策に応答するものであり、それに対しては、教育体制における選別機能を促進するものとの批判も生じていた。

教科書検定と教科書裁判

「学習指導要領」が一九五八（昭和三三）年以後、文部省告示として法的拘束力をもつようになったことはすでに前章で述べた通りであるが、それと歩調を揃えるかのように、教科書検定制度も次第に強化される傾向を示した。

戦後の教科書制度については、第一次『アメリカ教育使節団報告書』が「教科書の作成および発行は自由な競争にまかせるべきである」(11)との見解を提示していた。だが、CI&Eは旧来の国定教科書制度を否認しつつも、文部大臣による検定教科書制度への移行には理解を示し、それに基づいて、「学校教育法」第二十一条に、教科書には監督庁の検定もしくは認可を経たものか、監督庁が著作権を有するものを使用すること、との規定がなされたのであった。つまり、戦後新学制の発足当初は、教育における自主・自治の精神や地方分権の観点から、教科書検定は住民によって公選された都道府県教育委員会によって行われることが構想の一つに含め込まれていた。

これを受けて文部省は、検定教科書の使用開始を一九四九（昭和二四）年四月からとするとともに、一九五〇年度を最後に国定教科書を全廃する方針を立てた。教科書検定制度については、一九四八年二月に「教科用図書の検定要領」を告示して、検定作業の大綱と具体的日程などを明示し、また同年四月に「教科用図書検定規則」、七月に「教科書の発行に関する臨時措置法」を定めた。さらに翌一九四九年七月には、教科書に関する重要事項の調査審議機関である「教科用図書審議会」と、検定申請された教科書の調査機関である「教科用図書検定調査会」が設置され、こうして検定制度の仕組みが整備された。

当初の検定手続きは、各教科五名一組からなる非常勤の教科書調査員（文部省から委嘱された学者・教員など）が申請図書を調査するとともに、その結果を「教科用図書検定調査会」に提出し、そこで合否を決定するというものであった。[12] なお、翌一九五〇年五月に、「教科用図書検定調査会」は「教科用図書審議会」と統合されて、「教科用図書検定調査審査会」に改組される。

その後、前章にて言及したように、一九五三（昭和二八）年八月に「学校教育法」が一部改正され、教科書検定は文部大臣の権限に属することと定められた。また一九五六年には、中央教育審議会の「教科書制度の改善に関する答申」に基づいて教科書検定の強化を目指す「教科書法案」が国会に提出された。この法案が廃案になったことは既述の通りであるが、文部省はその代替措置として、同年一〇月に行政措置（省令）によって教科書調査官の制度を新設するとともに、教科用図書検定調査審議会委員の増員を行って検定機構を強化した。これに加え、一九五八年一〇月に「学習指導要領」が文部省告示となったことで、同年一二月には「教科用図書検定基準」を全面改訂し、申請教科書の内容をより厳しくかつ細かにチェックするようになった。

とくに社会科歴史教科書については、皇国史観やアジア太平洋戦争に関わる記述を中心に、厳しい検定が行われたが、こうした動向の中でいわゆる教科書裁判が始められる。歴史学者で東京教育大学教授の家永三郎（一九一三〜二〇〇二）の著した『新日本史』は、一九五二年以来高等学校用教科書として使用されてきたが、一九六〇年の「高等学校学習指導要領」改訂に伴う一九六三年の検定で不合格となり、[13] また翌年の検定でも条件つき合格ながら二九〇ヵ所にわたる書き換えを求められた。一九六五年（昭和四〇年）六月、家永は、こうした検定は憲法第二十一条第二項の禁止する検閲に該当するものであるとの理由で、訴訟を起こしたのである（第一次訴訟）。

家永はまた、一九六四年の検定で修正を求められた箇所を復活させる部分改訂の検定申請を行ったところ、これも不合格となったため、一九六七年六月、その不合格処分の取り消しを求める訴訟を起こした（第二次訴訟）。

この教科書裁判の審理は第二次訴訟が先行し、一九七〇年七月、東京地方裁判所は「不合格処分は取り消す」との家永勝訴の判決（杉本判決）を下した。第二次訴訟は、その後東京高等裁判所の第二審（七五年一二月）でも家永勝訴となったが、最高裁判所の第三審（八二年四月）では「原判決を破棄し、東京高裁に差し戻す」との判決が出され、差し戻し控訴審（八九年六月）でも訴えを脚下されたため、家永は上告を断念（一九八九年七月）して訴訟は終結した。第一次訴訟も、第一審（七四年七月）では家永が一部勝訴したが、第二審（八六年三月）で全面敗訴となり、第三審（九三年三月）でも家永が全面敗訴となったため訴訟は終結した。なお家永は、これ以外にも一九八二年の検定を不服とする第三次訴訟を一九八四年一月に起こし、これも第三審まで争われたが、最終的な上告審判決（九七年八月）は教科書検定制度自体は合憲だとするものであった（ただし文部大臣の処分の一部に、裁量権逸脱の違法があると認定された）。

このいわゆる教科書裁判（家永訴訟）は、ほぼ三二年間もの長きにわたって争われたが、検定制度自体の違憲性は認定されなかった。だが、この裁判を通して、国家による教育管理ないし教育統制のあり方に広範な関心が寄せられ、それが「近代教育」の思惟構造、すなわち「国家による国民形成」をもって教育の範型とするような思惟構造、を相対化するための視座を提供する一助となったことは間違いない。

こうして、一九六〇年代から七〇年代にかけて、この国の教育政策は、国家の経済成長に資する人材養成・人材供給という観点から、①知育面では、児童・生徒の能力に応じて、より高度な水準の知識を授ける、②徳育面では、国家・社会や帰属集団に対する忠誠心を基調とする道徳教育を推し進める、③教育行政面では、国家による教育内容の統制を強化する（校長・教頭・主任という職能制に基づく学校管理体制の強化も図られた）、という方針を顕著なものにした。だが、この方針の基軸をなした「教育の現代化」や「能力主義」は、行政が用意した教育プログラム上での競争と選別をもって、学校教育の重要な機能とするような教育の論理を浸透させる意味をもった。その論理が、やがて次節にて触れるような「教育荒廃」の状況を顕在化させることになるのである。

三．様々な「教育問題」の顕在化

「詰め込み」と「落ちこぼれ」

一九五九年に創設された国際教育到達度評価学会（IEA＝International Association for the Evaluation of Educational Achievement）は、数学や理科を中心に国際的な教育調査事業を行っていたが、その結果は、わが国においても各方面からの注目を集めていた。

一九六四（昭和三九）年に行われた第一回国際数学教育調査は、一二ヵ国の参加によって行われたが、その結果、日本の中学二年生の平均総得点は七〇点満点中三一・二点で、これはイスラエルの三二・三点に次ぐ、第二位の数字であった。また、一九七〇（昭和四五）年に実施された第二回国際数学教育調査では、日本の中学一年生が平均正答率六二・三％と、参加二〇ヵ国中第一位の成績を修めた。

理科についても、一九七〇年に行われた第一回国際理科教育調査の結果、日本の小学五年生の平均総得点は四〇点満点中二一・七点、中学三年生の平均総得点は八〇点満点中三一・二点で、ともに参加一八ヵ国中第一位の成績であった。また、一九八三年に実施された第二回国際理科教育調査でも、日本の小学校五年生の平均正答率六四・三％は参加二六ヵ国中第一位、中学三年生の平均正答率六七・三％が第二位（一位はハンガリーの七二・二％）であった(14)。

これらの数字は、「教育の現代化」や「人づくり」政策の成果と見なすこともでき、本来的には歓迎されるべきものであった。だが、その一方でテストと同時に行われた様々な調査からは、この結果が必ずしも手放しで喜ぶことのできるものではないことも明らかになった。例えば、第二回国際数学教育調査に眼を遣ると、日本の学校の年間授業日数は、中学二四三日、高校二一五日と、参加二〇ヵ国中最長であった（参加国平均は中学一九四日、高校一九二日）。調査対象学級の生徒数も、日本の中学三九名、高校四〇名は、平均値の中学二八名、高校二三名を大幅に上回っていた。また、「教科書をしばしば使用する」と答えた日本の教師の割合は中学九一%、高校八七%で、これも平均値中学七五%、高校七七%を上回っていた。

生徒の学習態度についても、例えば「数学の勉強は、ほとんど暗記ばかりです」という質問に対して「反対」や「大反対」と答えることを「望ましい反応」とした場合の、日本の生徒の「望ましい反応率」は、他国の生徒より劣っていた。あるいは、日本の生徒は、数学の学習を大切だと考えているが、その学習内容は中学一年でも難しいと考え、数学が嫌いになってしまっている、というような傾向が示された(15)。

これらを総合すると、日本の生徒が世界でトップクラスの成績を修めることができたのは、「詰め込み」授業（長い授業時間と多人数学級）で既定の知識（教科書中心）を機械的に暗記させた（暗記中心）からであるが、その反面、数学学習への不安を感じている生徒が少なくない、という傾向が看取されたのであった。

この「詰め込み教育」は、いわゆる業者テストの普及と浸透を招き寄せた。一九七六年五月に東京都教育委員会が発表した業者テストの実態調査によると、一九七五年度に業者テストを実施しなかったのは、都内五二八の公立中学校のうち、わずかに三校であった。中学三年の実施回数は、年間七〜一〇回が全体の四九%、一一回以上が三四%で、ほぼ八〇%の中学校で、月一回の業者テストが行われていた。また、同年八月に文部省が発表した調査結果によれば、全国に約八〇の業者が存在し、全都道府県で業者テストが行われ、その回数は中学一・二年で年間一〜四回、中学三年では半数の都道府県で年間六〜一〇回となっていた。いわゆる「偏差値」を算出する業者は三五都道府県にまたがり、うち一三の地域で偏差値による各高等学校の合格水準を予想する資料が中学校に送られていた。[16]

こうした「詰め込み教育」をめぐる諸問題が各方面から指摘されつつあった時期と相前後して、いわゆる「落ちこぼれ」問題が広く世間の関心事としてクローズアップされた。その発端は、一九七一年六月（上述の「四六答申」が発表された月）に開催された全国教育研究所連盟の研究大会において、「義務教育改善に関する意見調査」の報告がなされたことにあった。それによれば、自分の授業に関して「どのくらいの子どもが一応その内容を理解しているとお考えですか」との質問に対し、「約二分の一」と「二分の一より少ない」と答えた教師が、小学校教師の六五・四％、中学校教師の八〇・四％にのぼったというのであった。[17]

実際、国立教育研究所が一九七五（昭和五〇）年に約一七、〇〇〇人の児童・生徒（小学六年、中学三年、高校二年）を対象に行った「学習到達度調査」（発表は一九七七年一月）によると、国語では、小学校で習った漢字の半分も書けない者が、小学生六四％、中学生三一％、高校生一六％にのぼったほか、例えば「関心」という漢字の書き取りの平均正答率は、小学生二六・五％、中学生五六・三％、高校生五八・六％にとどまった。数学では、とくに分数の計算能力が低く、例えば「$8\frac{1}{6}-2\frac{2}{3}$」の正答率は小学生三九・七％、中学生四六・八％、高校生六九・三％であった。社会科や理科では記憶中心の問題には強いが、実験や論理には弱いという傾向も認められた。[18]

「人づくり」政策の下、戦後新教育とは対極的な、系統的知識を効率的に授ける教育が推し進められたにもかかわらず、新教育批判の焦点と同様の「学力低下」問題が、浮上することになったのである。以後、「落ちこぼれ」という言葉が流行語となるほど、子どもの学力が深刻な社会問題とされていく。

校内暴力

一九八〇年代に入ると、教育界は全国的に吹き荒れる「校内暴力」の嵐に最も大きな衝撃を受けた。学校での生徒の暴力的行為は、以前にも、校内の器物破壊や生徒間暴力というケースが少なからず発生していた。だが、この時期の「校内暴力」は、生徒による対教師暴力がこれに加わり、それが各地で頻発するようになったのである。

「校内暴力」が人々の予想を超えるほど深刻化した状況にあることを周知させた一つの契機は、一九八〇年五月に東京都葛飾区立奥戸中学校において、五名の生徒が現行犯逮捕されるという事件が起こったことにあった。教室にラジオカセットを持ち込み、ロック音楽を流し続けた生徒を教師が注意し、ラジオカセットを取り上げて職員室に持ち帰ったところ、これに腹を立てた複数の生徒が職員室に押しかけ、教師たちに暴力を加えたため、校長は警官の導入に踏み切ったのであった。この事件は新聞でも大きく報ぜられ、しかも学校内で生徒が現行犯逮捕されるという稀有な出来事であったため、強い衝撃を関係者に与えることになった。

〔表13〕中学生・高校生による教師に対する暴力事件の補導状況
（昭和 50 年～ 55 年）

区　分		50年	51年	52年	53年	54年	55年
中学生による事件	認知件数	119	139	193	174	211	372
	被害教師数	149	204	221	226	304	503
	補導人員	240	330	342	296	473	763
高校生による事件	認知件数	30	22	22	17	21	22
	被害教師数	28	30	31	19	24	29
	補導人員	68	86	63	34	37	35

法務省『昭和 56 年度犯罪白書』に基づく。

また、同年一〇月には三重県尾鷲市立尾鷲中学校にて、五一名もの警官が校内に入校し、二七名もの生徒が警察署にて事情聴取を受け、うち一〇名が保護観察処分になるという、大きな事件が発生した。午後の授業が始まっても教室に入ろうとしない生徒一〇数名に、教師が説得を試みたことが発端となって、複数の生徒が教師に暴力を振るい、その後会議室で教師側と生徒側との話し合いがもたれるも、生徒側が激高して乱闘状態に陥った。校長の通報を受けた市の教育長と教育課長はしばらく事態の推移を見守っていたが、やがて教育長が警官の出動を要請したのであった。(19)

両校はともに、その後教職員や関係者の努力によって、「校内暴力」を克服した学校としても知られるようになるが、ともあれ、当時このような生徒による対教師暴力事件が全国各地で発生していた。一九八一年版の法務省『犯罪白書』によれば、校内暴力事件の中学生補導人員数は、一九七五（昭和五〇）年の四、五〇六人から、一九八〇年には七、一〇八人へと増加している。中学生による対教師暴力事件に限っても、その認知件数と補導人員数はそれぞれ、一九七五年が一一九件、二四〇人であったものが、一九八〇年には三七二件、七六三人と大幅に増加している（表13）。

文部省の統計によれば、一九八〇年代における中学校の校内暴力発生件数は、一九八三（昭和五八）年度の三、五四七件をピークに、その後一九八四年度の二、五一八件、一九八五年度の二、四四一件と下降傾向を示すようになる。だが、その後も「校内暴力」は沈静化したわけではなく、中学校での発生件数は毎年二、〇〇〇件から三、〇〇〇件を超える数字を数え、さらに調査方法を改めた一九九七（平成九）年度からは発生件数の飛躍的増加が見られるようになった（一九九七年度は一八、二〇九件、二〇〇五年度は二三、一一五件、二〇一一年度は三五、四四三件）[20]。

「教育問題」の含意

いわゆる「教育の荒廃」を象徴する問題としては、これら以外にも青少年の自殺や「いじめ」、あるいは不登校や体罰など、様々な深刻な事件がメディアを通じて報道され、教育上の重大事として人々の注目を集めてきた。数字だけを紹介するならば、例えば「いじめ」の発生件数（小・中・高校の総数）は、一九八五（昭和六〇）年度の一五五、〇六六件をピークに、以後下降傾向を示し、一九九三（平成五）年度には二一、五九八件まで減少したが、調査方法を改めた一九九四年度には五六、六〇一件と増加に転じ、さらに再度調査方法を改めた二〇〇六（平成一八）年度には一二四、八九八件と増大している[21]。

児童・生徒（小・中・高校生の総数）の自殺については、一九七九（昭和五四）年の三八〇人（うち高校生二六五人）をピークに、翌一九八〇年には二三三人（うち高校生一六四人）と減少に転じ、その後しばらく二〇〇人前後の数字で推移した。一九九〇年代一〇年間の平均自殺者数は約一四九人（うち高校生約九二人）となっているが、この数字をもって状況が改善されたとは到底見ることはできない[22]。

これら様々な「教育問題」を惹起させた原因の一つは、画一的な教育と偏差値序列に基づく進路指導など、旧態依然たる学校の管理的体質が、多様化する生徒の適性や関心に対応する弾力性を喪失させてしまったことにある、との指摘がしばしばなされた。また、そうした「管理教育」を克服する必要性が各方面から求められもした。だが、教育を「国家による国民形成」として理解する思想的態度が、あらゆる教育政策の前提に据えられる限り、その教育の営みから「管理的体質」を払拭することは、原理的にほとんど不可能といえるはずである。この国の奇跡的ともいうべき高度経済成長を支え続けた「人づくり」を基軸とする教育政策は、様々な「教育問題」の噴出を通じて、その近代教育としての枠組みが深刻な制度疲労を起こしつつある状況を、はしなくも露呈することになったのである。

第一八章　「近代教育」の混迷
――国家統制と市場原理

一．臨時教育審議会とその後の教育改革

臨時教育審議会設置の経緯

一九八二（昭和五七）年一一月に内閣総理大臣に就任した中曽根康弘（一九一八～　）は、「戦後政治の総決算」をスローガンに様々な制度改革に乗り出した。当時、イギリスの首相サッチャー（Margaret Hilda Thatcher, 1925-2013）や、アメリカ合衆国の大統領レーガン（Ronald Wilson Reagan, 1911-2004）らによって、いわゆる「新自由主義」に基づく政策――すなわち、経済は個人・企業の自由に任せ（規制緩和や民営化）、政府の役割を治安維持や防衛などに限定する「小さな政府」への改革――が推し進められていたが、中曽根もまた「新自由主義」への政策転換を図ろうとした。

とくに、第二次臨時行政調査会（一九八一年三月発足）の答申に基づいて、一九八三（昭和五八）年七月に「臨時行政改革推進審議会」を設置し、行政経費の節減と予算の効率化、あるいは日本電信電話公社・日本専売公社・日本国有鉄道の民営化など、大胆な行財政改革に取り組んだ。この行財政改革は、文教関係にも反映され、文教政策

に関する公財政支出の縮減と受益者負担の増額などが求められた。

またこの時期は、前章にて言及したような校内暴力や「いじめ」など、「教育の荒廃」が依然として重大事とされるとともに、第二次ベビーブームによる大規模校の増加や受験競争の低年齢化など、様々な教育問題も浮上していた。中央教育審議会（第一三期）は一九八三（昭和五八）年一一月に「審議経過報告」を公表し、学校教育の画一性・硬直性を打破するために、自己教育力の育成、基礎基本の徹底、個性と創造性の伸長、文化と伝統の尊重などを提言したが、具体的施策を実施するための路線が明確に敷かれたわけではなかった。

中曽根は、かねてより教育の問題に重大な関心を寄せ、とりわけ戦後教育の展開とその象徴である「教育基本法」には批判的な姿勢を示していたが、様々な教育問題の発生という状況に鑑み、「戦後政治の総決算」の一環として、教育改革にも強力なリーダーシップを発揮しようとした。こうして、一九八四（昭和五九）年八月、内閣総理大臣直属の諮問機関として「臨時教育審議会」が発足したのであった。

内閣総理大臣直属の教育審議機関としては、大正期の臨時教育会議や昭和戦前期の教育審議会、あるいは戦後の教育刷新委員会などの例があったが、講和独立後は文部大臣の諮問機関である中央教育審議会が教育政策立案・策定の中心的役割を担ってきた。それに対し、臨時教育審議会は、長期的展望に立ちながら、政府全体の責任で教育改革に取り組むとの趣旨の下、内閣総理大臣の諮問機関として設置されたのであった（臨時教育審議会が総理府に設置され、その答申には内閣全体が責任をもって対応することになったため、予算編成にも相応の影響を与えた）。同審議会は、内閣総理大臣が任命する二五名以内の委員で組織され、また専門的事項を調査審議するための専門委員を置くこともできるものとされた。同一九八四年九月に第一回総会が開催されてから、一九八七（昭和六二）年八月の設置期間満了に至るまでのほぼ三年間に、四次にわたる答申を取りまとめ内閣総理大臣に提出した。

臨時教育審議会答申の内容

その答申の内容に眼を移すと、まず一九八五（昭和六〇）年六月の第一次答申は、教育改革の基本方向と審議会の主要課題を提示したもので、当面の具体的改革案として、①学歴社会の弊害の是正、②大学入学者選抜制度の改革、③大学入学資格の自由化・弾力化、④六年制中等学校の設置、⑤単位制高等学校の設置、などを掲げた。

〔図 18-1〕「臨時教育審議会答申」

次いで、一九八六年四月の第二次答申は、教育改革の全体像を明らかにしたもので、①生涯学習体系への移行、②初等中等教育の改革（徳育の充実、基礎・基本の徹底、学習指導要領の大綱化、初任者研修制度の導入、教員免許制度の弾力化）、③高等教育の改革（大学設置基準の大綱化、高等教育機関の多様化と連携、大学院の充実と改革）、④教育行財政の改革（国の基準・認可制度の見直し、教育長の任期制・専任制の導入など教育委員会の活性化）、などを提言している。

一九八七年四月の第三次答申は、第二次答申で残された重要課題を取り上げたものであり、生涯学習体系への移行のための基盤整備、教科書制度の改革、高校入試の改善、高等教育機関の組織・運営の改革、などが主要な内容となっている。

そして、一九八七年八月の第四次答申は、最終答申としてこれまでの三次にわたる答申の総括を行い、改革を進める視点として、次の三点を提示した。その第一は、「個性重視の原則」である。審議会発足当初からいわゆる「教育の自由化」が議論の焦点の一つとなっていたが、最終答申では、教育における画一性・硬直性・閉鎖性を打破して、個人の尊厳、自由・規律、自己責任の原則を確立するという趣旨から、自由化よりはむしろ個性重視が謳われた。第二は、「生涯学習体系への移行」である。すなわち、従来の学校中心の教育観がいわゆる学歴偏重社会の由来をなしているとの認識に基づき、今後はそれを改めて、多彩な学習活動が、学校教育の基盤の上に、各人の責任と自由選択により生涯を通して行われていくような、教育体系の総合的再編成を図っていかなければならない、としている。そして、第三は「社会の変化への対応」であり、とりわけ、教育が直面している最重要課題として「国際化」と「情報化」への対応の必要性が強調されている。

答申に基づく教育制度改革

臨時教育審議会答申に示された提言は、その後の教育改革の方針を全般的に方向づける役割を果たした（もちろん、臨時教育審議会答申の中には、それ以前の中央教育審議会の議論などを継承したものが少なからず存在しており、改革の起点がすべて臨時教育審議会にあったわけではない）。以下、概略的にその主要なもののみ列挙してみる。

まず、生涯学習に関しては、一九八八（昭和六三）年七月、文部省の機構改革により、既存の社会教育局が改組されて新たに生涯学習局が設置された。生涯学習局は、文部省各局において実施されている教育、スポーツ、文化に関する事務について、生涯にわたる学習活動を奨励・振興するという観点から関係施策の企画調整を行う権限を有するものとされ、その意味で、同局の設置は文教政策全体を生涯学習体系へと移行させる方針を明らかにするものであった。

「生涯学習」論は、一九六五（昭和四〇）年にユネスコ（国際連合教育科学文化機関：United Nations Educational, Scientific and Cultural Organization）の成人教育推進国際委員会で「生涯教育」[1]の構想が提唱されたことが重要な契機となって、教育界からの注目を集めるようになった。その後、中央教育審議会がいわゆる「四六答申」の中で、生涯教育の観点から全教育体系を総合的に整備すべきことを指摘し、さらに一九八一（昭和五六）年六月の答申「生涯教育について」の中で、家庭教育、学校教育および社会教育の各分野を横断して教育を総合的にとらえる必要性を提言した。臨時教育審議会の答申はこうした政策動向の流れに棹さす意味を有するもので、その後、中央教育審議会の答申に基づいて、一九九〇（平成二）年六月に生涯学習に関するはじめての法律として「生涯学習の振興のための施策の推進体制等の整備に関する法律」が制定された。

初等・中等教育関係では、一九八七（昭和六二）年一二月の教育課程審議会答申を経て、一九八九（平成元）年三月に小・中・高等学校の「学習指導要領」が改訂されたが、これについては後述する。また、一九八八（昭和六三）年三月に単位制高等学校の制度が創設されたほか、同年一一月に高等学校の定時制・通信制課程の修業年限が「四年以上」から「三年以上」に改められた。さらに教科書検定制度についても、一九八九年四月に「教科用図書検定規則」および「教科用図書検定基準」が全面的に改正され、審査手続の簡略化、検定基準の重点化・簡素化などの措置が講ぜられた。

臨時教育審議会答申が、初等・中等教育の主要な課題の一つとしたのは教員の資質向上の問題であったが、その認識に基づいて、一九八八（昭和六三）年五月に「教育公務員特例法」および「地方教育行政の組織及び運営に関する法律」が一部改正され、翌年度から新任教員に対する初任者研修制度が実施されることになった。また同一九八八年一二月には「教育職員免許法」が改正され、免許状の種類および免許基準の見直し（基礎資格を大学院修了程度とする専修免許状、学部卒業程度とする一種免許状、短大卒業程度とする二種免許状、の三種類となった）がなされるとともに、社会人を教員として活用するための特別免許状の制度が創設された。

高等教育関係では、大学改革を推進するため、一九八七（昭和六二）年九月、「学校教育法」および「私立学校法」の一部改正によって「大学審議会」が設置された。大学審議会答申の中で、その後の大学改革に重要な影響を与えたものに一九九一（平成三）年二月の答申「大学教育の改善について」がある。この答申に基づいて、①大学設置基準の大綱化・簡素化（例えば、一般教育、専門教育、外国語などの開設授業科目区分の廃止）、②大学の自己点検・評価システムの導入、③科目登録制・コース登録制の導入など履修形態の柔軟化、などの施策が実施に移された。

また、同じ一九九一年二月には「学位制度の見直し及び大学院の評価について」「短期大学教育の改善について」「高等専門学校教育の改善について」「学位授与機関の創設について」などの答申も提出された。これらにより、大学院・短期大学・高等専門学校の各学校に対しても、大学と同じように「設置基準の大綱化」と「自己点検・評価システムの導入」が実施されることになるとともに、新たに学位授与機構が創設されることになった。

さらに大学入試制度についても、一九九〇（平成二）年度の入学者選抜から、従来の共通一次学力試験（一九七九年度より導入）に代わり、国公私立大学を通じて利用できる大学入試センター試験が実施された。なお、大学審議会はその後も大学改革に関する重要な答申を行ったが、二〇〇一（平成一三）年一月の中央省庁再編に伴って中央教育審議会大学分科会に再編された。

その後の教育改革

臨時教育審議会が設置期間満了（一九八七年八月）となった後の一九八九（平成元）年四月に中央教育審議会が再開された。ここで、教育政策に関する中心的かつ包括的な議論は、再度中央教育審議会に委ねられることになった。一九九六（平成八）年七月、中央教育審議会は「二十一世紀を展望した我が国の教育の在り方について」の第一次答申を発表し、二一世紀における日本の教育のあり方の基本的方向性を示した。そこで打ち出されたのは、教育における「不易」と「流行」ということであった。

すなわち答申は、第一に、教育には、どれほど社会が変化しようとも「時代を超えて変わらない価値のあるもの」

（不易）があるとする。それは、一つには「豊かな人間性、正義感や公正さを重んじる心、自らを律しつつ、他人と協調し、他人を思いやる心、人権を尊重する心、自然を愛する心」などの道徳心の涵養であり、もう一つには「子供たちにその国の言語、その国の歴史や伝統、文化などを学ばせ、これらを大切にする心をはぐくむ」という、いわば国家に対する帰属意識や忠誠心（愛国心）の育成だとされる。

第二に、答申は、教育は「時代の変化とともに変えていく必要があるもの」（流行）に柔軟に対応していくことも必要だとする。例えば、国際化や情報化など、社会の変化への迅速な対応がこれに相当することはもちろんのこと、それとともに、将来展望の不透明な社会にあって「自分で課題を見つけ、自ら学び、自ら考え、主体的に判断し、行動し、よりよく問題を解決する資質や能力」を育むことも極めて重要な課題だとし、そうした資質や能力のことを「生きる力」と称したのであった。

こうして、二一世紀に向けて、国際社会の中で活躍できる日本人を育成するために、①道徳心・愛国心の形成（不易）と、②「生きる力」の育成（流行）との二つの方向性が打ち出された。このうち、「生きる力」の重視については、後述する「ゆとり教育」との関連において、その路線を補強する意味合いを有したものと見ることができる。だが、「生きる力」を育む教育とは、戦後新教育の基調をなした「問題解決学習」への回帰と評価できなくもないはずである。にもかかわらず、「生きる力」を育む教育が、「問題解決学習」に寄せられた様々な批判をどう克服することができるのかについて、その問題が吟味され、具体的展望が示された形跡は、これを見出すことが困難である。

さらに、「道徳心・愛国心」の形成についても、その価値を自明視することが「自分で課題を見つけ、学び、考え、主体的に判断し、行動し、よりよく問題を解決する」能力の育成と矛盾しないようにするために、あるいは、この方針が偏狭で排他的な愛国心の形成に陥らないようにするために、どのような配慮や工夫が必要なのかについて、その吟味の痕跡を探ることも困難といわざるをえない。これら、教育の基本方針に関する理論構造の不整備と不整合は、これ以後に設置される様々な教育関係の会議体での議論にも、自覚化されることが稀薄なまま継承されていくのである。

二一世紀を迎えようとする時節になってから、この国の教育改革プランの策定作業は、文部科学大臣（二〇〇一年一月の中央省庁等改革により、従来の「文部省」が「文部科学省」に再編成された）の諮問機関である中央教育審議会ではなく、内閣総理大臣の強い意向によって設置された「教育改革国民会議」や「教育再生会議」などが基軸となって推し進められていく（ただし、これらの会議体と中央教育審議会との関係や役割に関する議論は、必ずしも煮詰められたわけではなかった）。この動向は、政治の力が最大の契機となって構成される「制度としての教育」が、その性格を剝き出しにする形で、一層強固なものに再編成されることを意味した。

二〇〇〇（平成一二）年三月、内閣総理大臣の私的諮問機関として「教育改革国民会議」が設置され、同年一二月には最終報告「教育を変える十七の提案」が提出された。(2) この「教育改革国民会議報告」の提案は、二〇〇一（平成一三）年一月に文部科学省が発表した「二十一世紀教育新生プラン」にほぼ全面的に引き継がれ、教育改革のための具体的措置が講ぜられることになった。

同プランは、日本の教育が危機に瀕している、との教育改革国民会議の認識をそのまま継承し、その危機的状況として次の三点を挙げている。すなわち、第一に、不登校、校内暴力、学級崩壊、凶悪な青少年犯罪が続発していることと、その背景に家庭や地域社会の「教育力」の低下と、過度に個人の尊重を強調し「公」を軽視する傾向が看取されること、第二に、行き過ぎた平等主義による教育の画一化や過度の知識の詰め込みにより、子どもの個性・能力に応じた教育が軽視されていること、そして第三に、科学技術の急速な発展、経済社会のグローバル化・情報化など社会が大きく変化する中で、これまでの教育システムが時代や社会の進展から取り残されつつあること、である。

そしてこれらの諸問題への対応として、第一の「公」軽視の傾向改善に対しては、①「家庭教育手帳」「家庭教育ノート」の作成・配布、②道徳の副教材『心のノート』の作成・配布（二〇〇一年度から実施）、③奉仕活動の充実（二〇〇一年七月に「学校教育法」「社会教育法」を改正）、④出席停止制度の要件の明確化、などの施策が実施された。また、第二の子どもの個性・能力の重視については、①全国的な学力調査の実施、②中高一貫教育の推進、③大学への一七歳入学の促進、などが、さらに第三の新しい時代の学校づくりについては、①指導力不足教員に対する人事管理システムづくり、②各学校における評価システムの確立、③新しいタイプの学校（コミュニティ・スクール）の設置の促進、などの措置が講ぜられた。

だが、「教育改革国民会議報告」に基づくこれらの施策と、その前提をなす教育上の基本認識に対しては、いくつかの問題を指摘することができる。第一に、改革プランの事実認識に関わる実証性の問題である。例えば、「教育的危機」として取り上げられている青少年犯罪の発生率についていえば、日本は先進諸国の中で極めて低い水準にあった。一九九六年時点での少年による殺人の発生率は、アメリカが日本の約一四倍、ドイツが約六倍、フランスとイギリスが約五倍の水準であった。いじめや校内暴力についても、必ずしも日本の状況が他の先進諸国と比べて際立って悪化していることを示すデータが存在するわけではなく、さらに、その原因が学校教育のあり方や「公」軽視の傾向にあることを裏づける客観的根拠が提示されているわけでもなかった。(3) 問題に対する事実認識が、実証的なデータではなく情緒的な印象に基づくものだとすれば、その施策の妥当性・有効性は根底から再吟味されねばならないはずである。

第二に、子どもの個性・能力に応じた教育や、新しいタイプの教育システムづくりへの対策として、習熟度別学習の普及や中高一貫校の設置、あるいは学校選択制への移行など、いわゆる競争原理の導入がその基軸をなす観点とされている点である。もちろん、「行き過ぎた平等主義」や「時流に取り残された教育システム」という認識自体の正当性が尋ねられる必要があることはいうまでもないが、競争原理の導入が社会的・経済的弱者を切り捨ててしまう恐れはないのかや、競争原理が「教育の私事化」を促進し、それが逆に「個」の過度の尊重や「公」軽視の風潮を激化させる恐れはないのかなど、丁寧な議論を要する問題が残されていることは否めない。

そして第三に、複数の課題を提起する場合の、各課題間の整合性の問題についてである。例えば、「教育改革国民会議報告」では、「個々人の才能の伸長」のためには「一律主義を改め、個性を伸ばす」ことが求められつつも、「人間性豊かな日本人の育成」のためには「道徳の教科化」が示唆され、「奉仕活動の義務化」が謳われている。つまり、知識・技術に関わる側面では、個性化や自由化が叫ばれながら、道徳や国家意識に関する側面では、画一化や他律化が自明の前提とされているように見えるのである。だが、この「知」と「徳」との教育を要請する論理の不整合（さらに不整合が生じていることへの無自覚）が、個々人の成長の意味を個々人の内部にて分裂させてしまうことになりはしないのか、そのことが問われねばならないはずである。

ところで、この、「知」は時代の進展に応ずるものを、「徳」は普遍的価値に基づくものを、という二重の教育要請は、この国が「制度としての教育」を推し進めようとして以来の全体的傾向といえ、さらに戦後、高度経済成長期の「人づくり」政策以降に最も顕著に認めることのできる教育政策上の特質と評することができる。そして、戦前（とりわけ昭和戦前期）において、「知」と「徳」との統合を「国体精神」に求めようとする思考様式が存在した（「国体精神」の涵養が、「知」「徳」の統合を可能にする）ことに着目するならば、戦後において（少なくとも天野貞祐文部大臣の時代から）一貫して「愛国心」育成の必要が強調されてきたことの理由も、この問題に関連づけて理解することができるかもしれない。

すなわち、国を愛し、国の発展に尽くそうとする心の形成が、一方で「流行」としての「知」を開拓し、他方で

「不易」としての「徳」を受容する人格の基盤となる、という思考様式の存在可能性である。実際、「教育改革国民会議報告」は「教育基本法」の改定を求め、新しい基本法には「自然、伝統、文化の尊重、そして家庭、郷土、国家などの視点」を盛り込むべきことを強く要請した。「二十一世紀教育新生プラン」も、「教育基本法」の見直しを中央教育審議会に諮問するスケジュールを公表した。だが、「愛国心」を基盤に個々人の人間形成（「知」「徳」の涵養）を推し進めようとする論理は、まさに「国家による国民形成」それ自体を支える論理というべきである。その意味で、二一世紀を展望する教育政策プランといっても、それは依然として「国家による国民形成」という論理的枠組みの内部に所在し、そこからの離陸を企図するようなものではなかったというべきである。

二. 「ゆとり教育」の推進とその問題

「ゆとり教育」の実施経緯

一九八〇年代以降の教育政策の全般的動向を方向づけたものが臨時教育審議会とその答申（新自由主義に基づく教育政策）であったとすれば、同年代以後の初等・中等教育の基本方針を規定し、その意味で児童・生徒に対する教育のあり方を象徴づけたものが「ゆとり教育」であったといえる。

教育政策上の議論において「ゆとり」の問題が浮上するようになった発端の一つは、一九七六（昭和五一）年一二月の教育課程審議会答申「小学校、中学校及び高等学校の教育課程の基準について」にあった。そこで教育課程改訂の基準として、「人間性豊かな児童生徒を育てること」や「国民として必要とされる基礎的・基本的な内容を重視するとともに児童生徒の個性や能力に応じた教育が行われるようにすること」とともに、「ゆとりのあるしかも充実した学校生活が送れるようにすること」が掲げられ、各教科の内容の精選や授業時数の改善の必要が指摘されたのであった。

当時は、高度経済成長下の「人づくり」や「教育の現代化」路線が、ともすれば知識の詰め込みや受験競争の激化を招いているとの指摘がなされつつあり、そのために、児童生徒の学習負担の実態を考慮して教育課程の改善を図り、学校生活全体を「ゆとり」あるものにする必要が打ち出されたのであった。

この答申を受けて、一九七七（昭和五二）年に新しい「小学校学習指導要領」が告示され、一九八〇（昭和五五）年度から実施（中学校は、一九七八年告示、一九八一年度から実施）されることになった。同「学習指導要領」によって、例えば、小学校六年生の年間総授業時数は、従来の一、〇八五時間から一、〇一五時間に削減された（六年生の国語・算数は、それまでの二四五時間・二一〇時間が、二一〇時間・一七五時間に削減）。

新しい教育課程とそれに基づく「ゆとり」路線は、一九八一（昭和五六）年六月の中央教育審議会答申「生涯教育について」(4)においても、

我が国の初等中等教育は、従来ややもすれば既成の知識を与えることに主眼を置く傾向が強かった。このような傾向に対して、現在、子供が自ら考え、積極的に学び、伸び伸びと活動することができるように、ゆとりのある、しかも充実した学校生活の実現を目指した新しい教育課程が実施に移されつつある。

と評価されている。生涯教育の観点からは、初等・中等教育の課題は、子どもの主体的な学びや伸びやかな活動を支援するための「ゆとり」ある学校生活の実現にあり（生涯にわたる自己形成のために、初等・中等段階では学びへの意欲を育むことが何よりも肝要）、新しい教育課程はそうした方針に基づいて実施されている、というのである。

中央教育審議会はまた、一九九一（平成三）年四月の答申「新しい時代に対応する教育の諸制度の改革について」

の中で、子どもたちの生活全体を見直し、「ゆとり」ある生活の中で、社会の変化に適応する能力や個性の伸長を図る必要を提言したが、こうして、翌一九九二年九月から月一回、さらに一九九五（平成七）年四月からは月二回という形で、学校週五日制が段階的に実施されるようになった（「学校教育法施行規則」の一部改正による）。また、一九八九（平成元）年四月には、小・中学校および高等学校の「学習指導要領」が改訂され、それに基づいて、一九九二（平成四）年度から新教科「生活」が小学校低学年の教育課程に導入された。「生活科」は、従来の社会科と理科とを統合する内容を有するもので、社会や自然との関わりに関する認識を、子ども自身の具体的な活動や体験を通して獲得することが目指された。このときの「学習指導要領」では、とくに体験的活動の重視や、児童の興味・関心を生かした自主的、自発的な学習の促進が謳われたが、「生活科」はそうした方針を象徴する教科として新設されたのであった。

その後も中央教育審議会は、一九九六（平成八）年七月の「二十一世紀を展望した我が国の教育の在り方について」の第一次答申、および翌年六月の第二次答申において、「ゆとり」教育をさらに推し進める必要を積極的に論じた。すなわち、第一次答申では、「ゆとり」ある生活の確保のために学校週五日制の完全実施が提言され、第二次答申では、単なる知識の蓄積量としての学力から、自ら学び自ら考える力としての学力へという、「学力観」の転換が強く要請された。(5) 上記にも紹介した「生きる力」（自ら学び、自ら考える力など、個人が主体的・自律的に行動するための基本となる資質や能力）こそが真の学力であること、そして、この「生きる力」の育成が「ゆとり教育」の骨子であることが改めて確認されたのである。

これを受けて、教育課程審議会は一九九八（平成一〇）年七月に「幼稚園、小学校、中学校、高等学校、盲学校、聾学校及び養護学校の教育課程の基準の改善について」を答申した。この答申では、「多くの知識を教え込むことになりがちであった教育」から「幼児児童生徒に自ら学び自ら考える力を育成することを重視した教育」への転換

が強く求められ、そのために、

幼児児童生徒の発達の状況に応じて、知的好奇心・探究心をもって、自ら学ぶ意欲や主体的に学ぶ力を身に付けるとともに、試行錯誤をしながら、自らの力で論理的に考え判断する力、自分の考えや思いを的確に表現する力、問題を発見し解決する能力を育成し、創造性の基礎を培い、社会の変化に主体的に対応し行動できるようにすることを重視した教育活動を積極的に展開していく必要がある。

との方針が明示された。こうして一九九八年一二月、同答申に基づいて、小・中学校の「学習指導要領」が改訂された。この「学習指導要領」は二〇〇二（平成一四）年度から実施されたが（高等学校は一九九九年三月改訂、二〇〇三年度から実施）、同年度からは「学校教育法施行規則」の一部改正により学校週五日制が完全実施となった。こうして二〇〇二年四月から「ゆとり教育」が大きな前進を遂げることになったのである。

この「ゆとり教育」を象徴するものは、第一に、授業時数の大幅削減であった。小学校のケースを見ると、上述のように、一九八〇年度実施の「学習指導要領」以来、小学校六年生の年間総授業時数は一、〇一五時間とされていたが、これが二〇〇二年度からは九四五時間に削減された。小学六年生の国語・算数も一九八〇年度以来の二一〇時間・一七五時間が、それぞれ一七五時間・一五〇時間に削減された。中学校三年生の年間総授業時数も、一九六九（昭和四四）年度から一、一五五時間、一九七七（昭和五二）年度から一、〇五〇時間となっていたものが、二〇〇二年度からは九八〇時間となった。

第二には、教育内容の精選（教育内容の削減）が進められた。すなわち上記の授業時数の削減と歩調を揃えるように、小・中学校では教育内容の三割削減が図られた。当時は、文部科学省の調査[6]などによって、小学生で三割、中学生で五割、高校生で七割の児童・生徒が「授業がわからない」状態に置かれていることが報告されていた。このいわゆる「七五三」問題に対処するため、教育内容を削減しても、自分で学ぼうとする意欲や学び方をしっかりと身につけさせ、その結果全員が一〇〇点をとれるようになることが目指された。

そして第三が、「総合的な学習の時間」の導入であった。小学校各学年では年間三五時間（一年生のみ三四時間）、中学校では年間七〇～一三〇時間（三年生）がこの総合学習に充てられ、体験的な学習や問題解決的な学習（自然体験や社会体験、観察・実験、見学・調査、発表・討論、生産活動など）を積極的に取り入れることとされた。こうした子どもたちの主体的な学習活動を促進することにより、興味・関心を喚起し学習意欲を高めることが目指されたのであった。上記の教育課程審議会答申では、「我々は、この時間が、自ら学び自ら考える力などの［生きる力］をはぐくむことを目指す今回の教育課程の基準の改善の趣旨を実現する極めて重要な役割を担うものと考えている」と、「生きる力」の育成にとって、「総合的な学習の時間」が最重要の方策と位置づけられている。

そのために、国はこの時間の内容を一律に規定することはせず、学校や教師の創意工夫に委ねる方針をとった。「小学校学習指導要領」も「例えば国際理解、情報、環境、福祉・健康などの横断的・総合的な課題、児童の興味・関心に基づく課題、地域や学校の特色に応じた課題などについて、学校の実態に応じた学習活動を行うものとする」と、例示的に三種類の課題の大枠のみ掲げたにすぎなかった。だが、このことが少なからぬ教師たちに、「総合的な学習の時間」を通して子どもたちは何を学ぶのか、またその学びをどのように組織すればよいのか、に関わる不安と混乱を与えることにもなった。長らく教育内容の作成は、原則として文部（科学）省の手に委ねられてきており、「総合的な学習の時間」にだけその役割が学校や教師に委譲されたとしても、学校現場における教育内容編成能力の蓄積は稀少なままであった。教育政策としても、学校側の対応としても、あるいは教授・学習理論の面でも、「総合的な学習の時間」導入が準備不足のまま進められたことは、否めなかったのである。

「ゆとり教育」批判と「ゆとり教育」の後退

「ゆとり教育」は、自ら学ぶ意欲や主体的に学ぶ力を育成することを重視することで、問題解決学習を基軸として展開された戦後新教育と近似する教育上の性格を有していた。そして戦後新教育がやがて学力低下の批判に晒されたように、「ゆとり教育」批判もその論拠の一つとされたのは学力低下の問題であった。

二〇〇二年度からの完全週五日制や授業時数の大幅削減、あるいは教育内容の三割削減などの施策をめぐっては、それが子どもや若者の学力低下を招きかねないことを危惧する声が寄せられていた(7)。また文部科学省も、そうした声に応えるかのように、これらの施策が実施される直前の二〇〇二年一月に「確かな学力の向上のための二〇〇二アピール『学びのすすめ』」を発表し、「新・学習指導要領」が「確かな学力」と「豊かな心」を養うために実施されるものであることを訴えた。また二〇〇三(平成一五)年一二月には、前年度から実施されたばかりの「学習指導要領」を一部改正し、各学校は、子どもの実態に応じて、「学習指導要領」に示されていない内容についても、指導することが可能であることを明確にした。

そうした動向の中、二〇〇四(平成一六)年一二月に、OECD(Organisation for Economic Co-operation and Development)がその前年の二〇〇三年に実施したPISA(Programme for International Student Assessment)調査の結果が公表された。二〇〇三年実施のPISAは、四一ヵ国・地域(OECD加盟三〇ヵ国、非加盟一一ヵ国・地域)の約二七六、〇〇〇人の一五歳児を対象に、数学的リテラシー・科学的リテラシー・読解力の主要三分野に加えて、問題解決能力も調査したが、その結果、日本は調査対象の国と地域の中で、科学的リテラシーで第二位(二〇〇〇年の前回調査では第二位)、問題解決能力では第四位(前回は未調査)となったものの、数学的リテラシーは第六位(前回は第一位)、読解力は第一四位(前回は第八位)と下がり、さらに平均得点も参加国平均の五〇〇点を下回った(8)。

さらにPISA発表の直後には、IEA(国際教育到達度評価学会)が二〇〇三年に行ったTIMSS(Third

International Mathematics and Science Studies）調査の結果も公表され、その結果、中学校数学では日本は四五ヵ国中第四位（一九九九年実施の前回は三八ヵ国中第四位）、中学校理科で第六位（前回は第四位）という数字が示された。数学と理科の到達度評価については、第一七章の三にて言及したように、かつて日本が最上位を占めていた（中学数学は一九六四年の調査で第二位、一九八一年の調査で第一位、中学理科は一九七〇年の調査で第一位、一九八三年の調査で第二位）こともあって、この数字も関係者に少なからぬ衝撃を与えた。

これらの調査結果は、これをマスコミが大きく報じたこともあって、この国の教育政策の針路にも多大な影響を及ぼすことになった。すなわち、翌二〇〇五（平成一七）年二月に開催された中央教育審議会において、文部科学大臣は「学習指導要領」の見直しを諮問した。[9] 文部科学大臣は、すでに二〇〇三（平成一五）年五月に「今後の初等中等教育改革の推進方策について」を中央教育審議会に諮問していたが、それに加えて、あえて「学習指導要領」改訂と「ゆとり教育」見直しの方針を明らかにしたのであった。こうして、二〇〇八（平成二〇）年一月に中央教育審議会から「幼稚園、小学校、中学校、高等学校及び特別支援学校の学習指導要領等の改善について」が答申され、それに基づいて同年三月に小・中学校の「学習指導要領」が改訂されることになった（施行は小学校が二〇一一年度、中学校が二〇一二年度から。高等学校は改訂が二〇〇九年三月、施行が二〇一三年度から）。

この「学習指導要領」における大きな変更点は、第一に、従来の「ゆとり教育」路線の見直しであった。もっとも「新・学習指導要領」では、改めて「生きる力」を育むことが理念として謳われており、その限りでは従来の教育方針を踏襲しているといえなくもない。だが、そこでは、「生きる力」は「ゆとりある生活」を通して育まれるという従来の認識に代わって、それが知識・技能の習得や思考力・判断力・表現力などの育成と密接に関わるとの認識が示された。実際、「ゆとり教育」を象徴する「総合的な学習の時間」は、小学校についていえば、それまで中・高学年の四年間トータルで四三〇時間が組み込まれていたものが、二八〇時間に大幅削減された（小学校六年生では年間一一〇時間が七〇時間となった)。これは明らかに、「ゆとり教育」路線からの脱却を物語るものといえよう(10)。

第二に、これも従来の方針からの転換を象徴するかのように、授業時数の増加が図られた。例えば小学校では、国語・社会・算数・理科・体育の授業時数が一〇%程度増加されるとともに、週当たりのコマ数も低学年で週二コマ、中・高学年で週一コマ増加されることになった。小学校六年生でいえば、年間総授業時数がそれまでの九四五時間から九八〇時間に増加され、また教科では算数が一五〇時間から一七五時間、理科が九五時間から一〇五時間へと増加された。

第三に、教科内容が系統学習の観点から見直された。上記のように理数系の教科は授業時数の増加が図られたが、それとともに反復指導や課題学習の充実が謳われた。また、一方で国際化への対応、他方で日本の伝統・文化への理解が改めて図られた。小学校に外国語活動が導入されることになったこと、中学校にて武道が必修化されたことなどは、各方面から様々な論議を呼んだ。

繰り返しになるが、「新・学習指導要領」では「生きる力」の育成という方針自体が見直されたわけではない。見直されたのは、「生きる力」を育むための要件に関わる認識であった。「小学校学習指導要領」の総則には、

学校の教育活動を進めるに当たっては、各学校において、児童に生きる力をはぐくむことを目指し、創意工夫を生かした特色ある教育活動を展開する中で、基礎的・基本的な知識及び技能を確実に習得させ、これらを活用して課題を解決するために必要な思考力、判断力、表現力その他の能力をはぐくむとともに、主体的に学習に取り組む態度を養い、個性を生かす教育の充実に努めなければならない。その際、児童の発達の段階を考慮して、児童の言語活動を充実するとともに、家庭との連携を図りながら、児童の学習習慣が確立するよう配慮しなければならない。

と述べられている。「生きる力」を育むために、①創意工夫を生かした特色ある教育活動、②基礎的・基本的な知識及び技能の確実な習得、③思考力、判断力、表現力その他の能力の育成、④主体的に学習に取り組む態度の養成、⑤個性を生かす教育の充実、⑥児童の言語活動の充実、⑦児童の学習習慣の確立、などが必要だというのである。もちろん、それぞれの項目がそれぞれに重要であることは論をまたない。だが、各項目間の関連がどうなっているか、あるいはどの項目に中核的取り組みとしての含意が与えられているのか、に関する吟味が加えられた痕跡をこの文章に認めることは困難である。

こうして現今の教育政策は、考えられうる施策を複数の項目としてただ羅列することに終始し、それらの中で何に重点が置かれ、また諸施策がいかなる構造連関に基づいて実施されていくのかを明示的に掲げようとする姿勢に、著しく欠ける傾向にある。明らかなことは、二〇〇八年改訂の「学習指導要領」に基づいて「ゆとり教育」の方針が見直されたことだけであって、これからの教育のあり方にどのような針路を与えようとするのかについては、まさに混迷と混沌の状態に覆われていると評せざるをえない。

三 教育政策の今日的動向

教育基本法の改定

少なくとも講和・独立以後のこの国において、一貫して教育政策上の重要課題として前面に押し出されてきたことは、人間性豊かな「日本人」の育成ということであった。そして、この政策課題を支持し続けた最も基本的な認識は、戦後の教育は平和主義や民主主義あるいは基本的人権などの普遍的価値を重視してきたものの、他方で、日本の伝統や文化を理解しこれを尊重する精神に満ちた日本人の育成を必ずしも明確な方針として掲げてこなかった、というものであった。学校行事における国歌・国旗の取り扱いや愛国心の涵養が絶えず教育上の論議を巻き起こしてきたのも、「日本人」の育成という政策課題にその問題の所在があったといえる。

そして、この政策課題を推進する立場から、絶えず問題視され続けてきたものが戦後教育の根本的なあり方を定めた「教育基本法」であった。「教育基本法」については、その制定過程から「よき日本人の育成」や「祖国観念の涵養」といった観点が欠けているのではないかとの疑問が寄せられ、その後も時の文部大臣が見直しの必要に言及するような事態がしばしば生じていた。(11) だが、その見直しの動きが本格化かつ具体化し、政府による改正法案提出へと加速する重要な契機となったのは、二〇〇〇（平成一二）年三月に内閣総理大臣の私的諮問機関として「教育改革国民会議」が設置されたことにあった。

すでに上記にて触れたように、同国民会議は同年一二月の最終報告の中で、一七の政策提言を行い、その中に教育振興基本計画の策定と「教育基本法」の見直しを組み入れたが、これを受けて翌二〇〇一年一一月に文部科学大臣が中央教育審議会にその方策を諮問した。中央教育審議会は、その後約一年四ヵ月に及ぶ審議を経て、二〇〇三（平成一五）年三月に答申「新しい時代にふさわしい教育基本法と教育振興基本計画の在り方について」を文部科学大臣に提出した。同答申は、従来の「教育基本法」が謳う「個人の尊厳」や「人格の完成」という理念を大切にしつつも、その一方で二一世紀を切り拓く心豊かでたくましい日本人の育成を目指す観点から、「教育基本法」の改正が必要と提言した。与党もまた、その後基本法改正に関する協議会や検討会を設け、約三年にわたる議論を経て、二〇〇六（平成一八）年四月に最終報告「教育基本法に盛り込むべき項目と内容について」を取りまとめた。

これら中央教育審議会答申や与党協議会の最終報告などを踏まえ、政府は「教育基本法案」作成し、同二〇〇六年四月二八日の閣議決定を経て、同法案を国会に提出した。国会では、衆・参両議院に特別委員会が設置され、累計一九〇時間近い審議を重ねたが与野党間で議論が集約されるには至らず、結局参議院本会議での強行採決により、二〇〇六年一二月一五日に新しい「教育基本法」が成立し、同月二二日に公布・施行されることになった。

新しい「教育基本法」における主な変更点には、第一に、「教育の目的」のほかに新たに「教育の目標」が規定され、そこにとくに道徳心・自律心・公共の精神の涵養や伝統・文化の尊重、あるいは郷土や国を愛する心と国際社会の一員としての意識の涵養などが盛り込まれたこと、第二に、旧教育基本法では触れられていなかった生涯学習、大学、私立学校、家庭教育、幼児教育、学校・家庭・地域社会の連携・協力などに関する規定が設けられたこと、第三に、教育行政における「教育基本法」の上位法としての性格や「権力拘束規範」としての性格が薄められたこと（第一六条に「教育は不当な支配に服することなく、この法律及び他の法律の定めるところにより行われるべきもの」と規定された）、などを挙げることができる。

第一の変更点については、「公共心」や「愛国心」などの重視が教育における国家主義的傾向を強めることにならないか、あるいは第三の変更点についても、教育における国家管理や官僚支配を正当化する道を切り開くことにならないか、などの問題をめぐって、各方面からの様々な議論が呼び起こされた。教育目標が総花的に拡張され、その全体構造の整合性を疑問視する声も上がった。(12) だが、第二の変更点をめぐって、「教育基本法」の性格に関する根本的な問題がそこに所在していることは、気づかれにくい問題であった。すなわち、旧教育基本法がいわば「教育行政のあり方」を定める性格を有していたのに対し、新教育基本法は家庭や学校・地域など教育の当事者のあり方を規制するような傾向を有している、という点である。

例えば、旧教育基本法第七条の「家庭教育及び勤労の場所その他社会において行われる教育は、国及び地方公共団体によって奨励されなければならない」という規定は、明らかに行政を律する条文としての性格を有する。それに対し、新教育基本法には、例えば第十条の「父母その他の保護者は、子の教育について第一義的責任を有するものであって、生活のために必要な習慣を身に付けさせるとともに、自立心を育成し、心身の調和のとれた発達を図るよう努めるものとする」や、第十三条の「学校、家庭及び地域住民その他の関係者は、教育におけるそれぞれの役割と責任を自覚するとともに、相互の連携及び協力に努めるものとする」などの規定に明らかなように、国民の態度や姿勢・意識を直接規制するような含意を顕著に看取することができる。

新しい「教育基本法」成立を受けて文部科学大臣は、

これまでの教育基本法が掲げてきた普遍的な理念を継承しつつ、公共の精神等、日本人が持っていた「規範意識」を大切に、それらを醸成してきた伝統と文化の尊重など、教育の目標として今日特に重要と考えられる事柄を新たに定めています。(13)

という談話を発表した。新教育基本法の制定によって、「日本人」を育成するための法的枠組みの基盤が整ったことを率直に歓迎したものといえよう。もちろん、「制度としての教育」が「国家による国民形成」を強力に志向するものである限り、この国の教育制度が「日本人」の育成を要請するのは当然のことである。その意味において、「教育基本法」の改定は、まさにこの国の教育が二一世紀を迎えた後も引き続き「近代教育」の枠組みを前提とし、その枠組みの内部もしくは延長線上にて様々な施策を推し進めていくべきものであることを、高らかに宣言したものと見ることができる。ここに「国家による国民形成」としての教育が、まさに根本法の次元で再編成・再強化されることになったのである。

政治主導の教育改革

教育に関する審議会が内閣総理大臣直属の諮問機関として設置される動向が活発化したのは、大正期から昭和戦前期にかけての時期であり、このとき「臨時教育会議」（一九一七年設置）、「文政審議会」（一九二四年設置）、「教育審議会」（一九三七年設置）などが陸続と開設された。社会や時局の急速な進展に伴って教育に関しても重要問題が山積し、それへの重厚な対応が求められたため、教育界の代表はもとより政界・官界・軍部など広く実力者・有識者の知見を結集する必要があったからといえる。

近年もまた、「臨時教育審議会」（一九八四年設置）、「教育改革国民会議」（二〇〇〇年設置）、「教育再生会議」（二〇〇六年設置）、さらに「教育再生懇談会」（二〇〇八年設置）と、首相直属の会議体の設置が積極的に進められてきた。だが、近年の動向が大正・昭和戦前期と異なるのは、近年ではこれらの会議体のほかに、文部（科学）大臣の諮問機関としての中央教育審議会が教育政策の策定においてすでに重要な役割を果たしてきていることと、近年の会議体の委員構成においては教育界や教育学界の代表者の占める割合が相対的に低下していることである。

だが、この傾向は等閑に付すことのできない重要な問題を孕んでいる。一つには、これまで教育政策策定の役割を中心となって担ってきた文部（科学）大臣の諮問機関である中央教育審議会と、内閣総理大臣直属の教育審議機関との関係や機能分担が必ずしも明確でないという点であり、もう一つには、国の教育政策の立案・策定に、教育に関する専門的知見や科学的・実証的知見が反映されなくなる恐れが生ずるという点である。つまり、近年においては、時の政権の強い意向により内閣府・首相官邸に組織された会議体の場で、教育や教育学研究の専門家を含めないまま、重要な教育政策の骨格が策定される、という傾向が顕著なものになっているのである。まさに「政治の力」を最大の契機として形成される「制度としての教育」のもつ政治主導の論理が、露骨なまでに前面に押し出されてきているのが、近年の教育政策動向なのである。

中でも、二〇〇六（平成一八）年九月に設置された「教育再生会議」は、一七名の委員中に教育学者が一人も含まれず、しかも同再生会議が緊急に取りまとめた第一次報告（二〇〇七年一月。なお同再生会議の報告は、二〇〇八年一月の最終報告までの四次に及んだが、その主要な提言はすでに第一次報告に出揃っていた）がその後の教育政策に重要な影響を与えた点において、様々な論議を投じた会議体であった。

教育再生会議第一次報告での主な提言は、①ゆとり教育の見直し（授業時数の一〇％増）、②学力の向上（全国学力調査の実施）、③いじめ対策（出席停止制度と毅然たる指導体制）、④徳育の充実と体験学習の推進、⑤教員の質の向上（教員免許更新制の実施）、⑥教育システムの改革（第三者による学校評価システムの導入、副校長・主幹等の管理職の新設）、⑦教育委員会制度の改善、⑧「社会総がかり」での教育参画、などであった。すでに二〇〇六年末には「教育基本法」が改定され、それを受けて、翌二〇〇七年六月には下記のいわゆる「教育三法」（「学校教育法」「地方教育行政の組織及び運営に関する法律」「教育職員免許法及び教育公務員特例法」）が成立することになるが、同再生会議での議論はそうした法改正スケジュールと歩調を合わせながら進められたのであった。

このうち、①の「ゆとり教育」見直しは、上述の二〇〇八年一月の中央教育審議会答申に基づく「学習指導要領」改訂によって具体化され、④の徳育の充実についてもその方針が「学習指導要領」に盛り込まれた。また、②の全国的な学力テストについては、二〇〇七年度から全国の小学校六年生および中学校三年生を対象に「全国学力・学習状況調査」が実施されることになり、さらに⑧はすでに「教育基本法」第十三条にその趣旨が明示されていた。こうして教育再生会議の諸提言は、「教育三法」の成立によってその具体化・実効化が推し進められていくことになる。だが、それは単に教育再生会議の提言というにとどまらず、少なくとも一九八〇年代の臨時教育審議会以降における教育政策動向の延長線上に位置づけられるべきものであり、さらに今後の教育政策のゆくえを示唆するものでもあるといえる。

教育政策のゆくえ

上述のように、二〇〇七（平成一九）年六月に、「学校教育法等の一部を改正する法律」「地方教育行政の組織及び運営に関する法律の一部を改正する法律」ならびに「教育職員免許法及び教育公務員特例法の一部を改正する法律」が公布された。このいわゆる「教育三法」成立の契機は、一つには、上述の教育再生会議第一次報告がこれらの法律の改正を提言したことにあり、もう一つには、中央教育審議会がそれまでの審議の積み重ねに加えて、同第一次報告を参考にしながら、同二〇〇七年三月に答申「教育基本法の改正を受けて緊急に必要とされる教育制度の改正について」を取りまとめたことにあった。

これらの報告や答申を踏まえ、政府は上記の三法案を国会に提出したが、ここでも与野党の合意形成が得られないまま、二〇〇七年六月二〇日の参議院本会議での強行採決により、同法案は可決・成立し、同月二七日に公布された。このいわゆる「教育三法」および前年の二〇〇六年一二月に成立を見た「教育基本法」に基づく教育体制と、これらの法律に基づいて講ぜられた諸施策、あるいはそれらと密接に関連する近年の教育政策動向をマクロな視線から吟味するとき、そこには大きく二つの傾向を読み取ることができる。その一つは、「国家による教育管理の強化」であり、もう一つは、「教育への市場原理の導入」である。

このうち「国家による教育管理の強化」を象徴するものは、第一に「教育基本法」に愛国心や公共心の涵養といった国民の精神生活に関わる目標が規定され、その達成が強調された点である。上述したように、同基本法にはさらに、家庭や地域における人々のあり方を律するような規定が設けられる一方、逆に国家権力に拘束を与える規範としての性格は弱められている。「教育基本法」のこうした傾向が、「学校教育法」や「学習指導要領」に反映されることはいうまでもないが（例えば、「学校教育法」第二十一条には一〇項目の教育目標が規定され、規範意識・公共の精神・文化伝統の尊重・愛国心・愛郷心などの涵養が盛り込まれた）、それが教育実践の場面でどう具体化され、子どもたちの「心」のあり方にどのような影響を与えていくのかについては、これを注意深く見極めていく必要がある。

第二に、「地方教育行政の組織及び運営に関する法律」が改正されたことで、教育行政に対する国の権限が強化された。すなわち、同法律第五十条の規定により、国は教育委員会の運営について、是正・改善に関する「指示」や「是正要求」を行う権限を有するものとされた。教育委員会に対する国のチェック機能を強化することで、国の意志がより鮮明に反映できるように教育行政の仕組みが改められたのである。

第三に、「学校教育法」の改正により、従来の校長・教頭・教諭・養護教諭のほかに、副校長・主幹教諭・指導教諭などを置くことができるものとされた（第三十七条）。教員構成における中間管理職の増員と学校管理体制の強化は、ある意味では、学校の裁量権を拡大しその責任体制を明確にする方策と理解することができるかもしれない。だが、この法改正が、管理職と一般教員との間にどのような関係をもたらすのか、また、学校管理体制の一元化が却って教育行政における上意下達の官僚的支配を強化することにならないのかなど、注視すべき問題が少なからず残されている。

第四に、「教育職員免許法」の改正によって、いわゆる教員免許更新制が導入され、二〇〇九（平成二一）年四月から、原則としてすべての教師に一〇年ごとに三〇時間以上の更新講習が義務づけられた。この制度は教育再生会議においては「不適格教員の排除」の一環として打ち出されたことであったが、不適格教員の実態に対する客観的・実証的な検証が不十分なまま、全教員の適格性が定期的にチェックされるシステムがつくられたのである。またその一方で、この制度導入のそもそもの理由をなした不適格教員に対しては、「教育公務員特例法」の改正により、「指導改善研修」を課したり、免職その他の必要な措置を講じたりすることができるようになった（第二十五条第二項および第三項）。教員の資質向上という方針は、裏返しにいえば、現職教員に対する不信感が重大な背景をなしているといえる。その不信感が、実証的データではなく情緒的な印象に基づくものであるとすれば、この施策の問題性は明らかといわざるをえない。

一方、「教育への市場原理の導入」は、新「教育基本法」や「教育三法」成立以前から、その施策が徐々に具体化され、浸透ないし拡充されてきた。その一つは、「学校選択制」の導入である。学校の多様化を促し、学校選択の自由化を進めるべきとの主張は、すでに一九八五（昭和六〇）年六月の臨時教育審議会第一次答申における「教育の自由化」論にその具体的な起点を見出すことができる。ただしその後、文部省は学校選択制の導入には慎重な姿勢を示していたのであるが、「いじめ」の問題や通学区域の非合理性（例えば、最も近距離の学校に通学できないといった）の問題に対応するために、一九九七（平成九）年一月に「通学区域の弾力的運用について」を各都道府県教育委員会に通知した。また、二〇〇〇年から東京都品川区が学校選択制を導入したことで、この制度は全国的な注目を集めるようになった。

その後、二〇〇三（平成一五）年三月の「学校教育法施行規則」の一部改正により、各教育委員会は、その判断に基づいて学校選択制を導入することが可能となった。二〇〇六（平成一八）年に実施された文部科学省の調査によれば、学校選択制を実施している自治体は、小学校段階（一、六九六自治体）で二四〇（一四・二％）、中学校段階（一、三二九自治体）で一八五（一三・九％）と、必ずしも多数を占めているわけではない。だが、上記の「通学区域の弾力的運用について」を通知した一九九七年での自治体数が、小学校で六五、中学校で三〇であったことからすれば、学校選択制の導入が徐々に拡がってきていることは間違いない(14)。

「教育への市場原理」導入を象徴する第二の動向は、「特色ある学校づくり」の名の下に進められている諸施策である。例えば、近年注目を集めてきているものに「中高一貫教育校」開設の動向がある。中高一貫教育校は、一九九七（平成九）年六月の中央教育審議会第二次答申「二十一世紀を展望した我が国の教育の在り方について」を受けて、翌一九九八年六月に「学校教育法等の一部を改正する法律」が成立し、それに基づいて一九九九（平成一一）

年四月から制度化された（新たに「中等教育学校」の規定が設けられた）。

制度がスタートした一九九九年度には全国に四校が開設されたが、その後増加傾向を示し、制度発足一〇年後の二〇〇九年度には三七〇校となり、さらに二〇一二（平成二四）年度には私立・国立を含めて全国に四四一校が設置されている（公立一八四校、私立二五二校、国立五校）[15]。これら中高一貫教育校設立の趣旨は、上述の中央教育審議会第二次答申によれば、中等教育の一層の多様化と生徒の個性を重視する教育の推進にあるとされている。だが、これらの学校での一貫教育が進学・就職実績を第一義的に目指すようになれば、またそれが上述の学校選択制と結びつけられるならば、その存在は、容易に学校の序列化や格差化を促進するように機能することが予想される[16]。

第三は、いわゆる「教育バウチャー制」である。すでに文部科学省は、二〇〇五（平成一七）年一〇月に「教育バウチャーに関する研究会」を発足させ、この制度の検討や諸外国事例の調査を行ったが、これが国の政策として実施されるには至らなかった。この制度が人々の注目を集めるようになるのは、二〇〇七（平成一九）年一二月に教育再生会議が第三次報告の中で、学校選択制の促進と、児童生徒数を勘案した予算配分を提言したことを一つの契機とする。同報告は、学校教育の質を高めるためには「適正な競争原理」を導入することが必要だとした上で、その方策として、①画一的な教育や悪平等の弊害を改めて、各学校が授業や課外活動での創意工夫と情報公開を進める、②それに基づいて、児童生徒や保護者が主体的に学校を選択できるようにする、③この学校選択制によって、児童生徒が多く集まり、保護者からの厚い信頼が寄せられた学校に予算配分を増やす、④この「バウチャー的な考え方」により、学校や教職員のインセンティブが働くようにする、などを提言した。今後の教育バウチャー制の導入・実施は不透明ではあるが、学校選択制の普及との関連において、その動向はこれを注視していく必要がある。

第四は、これも学校選択制との関連において打ち出された政策であるが、いわゆる「学校評価」の導入である。小・中学校や高等学校などにおける自己評価の必要性については、一九九八（平成一〇）年九月の中央教育審議会答申「今後の地方教育行政の在り方について」や二〇〇〇（平成一二）年一二月の教育課程審議会答申「児童生徒の学習と教育課程の実施状況の評価の在り方について」、あるいは、同年同月の教育改革国民会議最終報告などにおいても言及されていたが、これが制度化されたのは、二〇〇二（平成一四）年三月の「小学校設置基準」ならびに「中学校設置基準」の制定（幼稚園及び高等学校は設置基準の一部改正）に基づく。

この時点では、学校の自己点検・評価とその結果の公表は努力義務とされていたが、その後、二〇〇七（平成一九）年六月の「学校教育法」の一部改正、ならびに同年一〇月の「学校教育法施行規則」の一部改正により、自己評価の実施・公表とその評価結果の設置者への報告が義務づけられ、さらに保護者など学校関係者による評価の実施・公表が努力義務とされた。文部科学省の学校評価等実施状況調査によれば、公立学校（幼稚園、小学校、中学校、高等学校、中等教育学校、特別支援学校）では、努力義務である学校関係者評価についても、二〇〇八（平成二〇）年度間は八一・〇％、二〇一一（平成二三）年度間では九三・七％の学校がこれを実施している。(17)

学校評価は、もとより各学校における教育活動や学校運営の充実・改善、あるいは保護者や地域社会との連携協力に資することを目指して行われるものであり、その限りでは前向きに考えられるべきものである。だが、これが上記の学校選択制や教育バウチャー制を前提として行われる色彩の濃いものになるならば、それは各学校を競争と序列化の世界に追い込むことになりかねない。この動向についても、今後、冷静な分析を加え続けていく必要が認められるのである。

以上、近年における教育政策動向を「国家による教育管理の強化」と「教育への市場原理の導入」という視点から論じた。だが、前者は教育にある種の「規制」を加えることを目指し、後者は教育にある種の「自由」を与えようとする点において、教育政策上、相異なる方向性を志向するものといえる。国家の統一的政策でありながら、それが相異なる二つの方向性を指し示すものになっているのはいかなる理由に基づくのか。また、二つの相異なる方向性が、人々の人間形成の営みを分裂させないようにするために、どのような手立てが講ぜられているのか。まさに、この問題に、「制度としての教育」（「近代教育」）の性格と特質、あるいはその現状と限界を読み解くための重要な示唆が含意されているように思われる。

第一に、「制度としての教育」の最大の課題である「国家による国民形成」、すなわち、様々な分野と能力において国家の発展に貢献できる人材を、学校教育を通して計画的に養成・選別・配置する、という近代教育の枠組みが、今日においてはもはや通用しなくなりつつある、ということである。この国が発展途上にあった明治の時代にあって、あるいは、この国が全体主義的国家体制を敷いていたアジア太平洋戦争終結以前の時期にあって、この教育上の枠組みがそれなりに有効に機能したことは歴史の物語るところである。また戦後にあっても、高度経済成長下の時期には、計画的な人材の養成と選別・配置というシステムの効力は、まだ担保されていたといえるかもしれない。

だが、産業構造の複雑化、人々の価値観の多様化、社会全体の成熟、さらにはグローバル化（地球規模の問題群の発生とそれへの対応の必要）などが、急速かつ高度に進展した現代社会にあって、国家が国民全体の人間形成の営みを計画的に制御することは、ほとんど不可能な状況にあるといえるだろう。初代文相森有礼の諸施策のように、どの段階ないし種類の学校で学んだかによって、国家の中のどの階層や地位に身を置くことができるのかが決定されるようなシステムを、今日の教育に構築することは、もはや非現実的というべきである。

第二に、それゆえ、人々の人間形成の営み、すなわち、個々人がどのような素養を身につけ、どのような職業に就き、どのような人生目標を描き出し、はたまたどのような社会的貢献を志向し実践するのかは、これを国家が制御し管理するのではなく、人々の主体的な選択や自由な意志決定に委ねざるをえなくなっている、ということである。現代社会とはそれだけ多様な価値観が共有されるとともに、その多様性を認め合うことのできる成熟した社会であり、また、この点に「教育への市場原理の導入」が進行せざるをえない、歴史的・社会的必然性を見出すことができるのである。

第三に、しかしながら人間形成の営みをすべて個々人の選択や自由意志に委ねてしまうとき、すなわち教育が基本的に私事的営為とされてしまうとき、それが公共心や社会への帰属意識を稀薄化させ、ひいては国家という全体社会の統一的秩序形成を著しく阻害してしまうことが危惧されることは否めない。市場原理が広く浸透し、人々の生の営みが自由や競争を原理として展開される社会や国家にあって、そうした阻害要因を取り除くには、人々の「心」を家庭や郷里はもとより、公共や社会、そしてより大きな全体としての国家に繋ぎとめておかねばならない。ここに「国家による教育管理の強化」と、その象徴としての道徳教育（とくに愛国心や公共心に関する教育）の強化が謳われる必然性を認めることができる。

昨今の教育政策動向が、「自由」（教育への市場原理の導入）と「規制」（国家による教育管理の強化）という二つのベクトルを有しているのは、極めて単純化していえば、こうした理由に基づくことと理解することができる。また、個々人の内部に育まれた「愛国心」や「公共心」を確かな拠り所とすることで、一方で自由な教育を自律的に選択し、他方で国からの教育管理を他律的に受容する姿勢や態度を、何ら矛盾なく保持し貫徹できる「国民」の形成が期待されている、と見ることができる。

だが、このような論理が成り立つのは、教育を「国家による国民形成」ととらえることを最大の前提とする「近代教育」の枠組みが、広く一般的な思考様式として存立している限りにおいてのことである。あるいは「近代教育」という枠組みの内部において、教育政策プランが策定されている限りにおいてのことである。しかしながら、すでに「国家による国民形成」という教育上のシステムは、二一世紀の現今社会にあって、それ自体が相当の制度疲労を起こし、すでに耐用年数の限界を超えているのではないか。校内暴力、いじめ、不登校、学級崩壊、体罰などの教育問題の頻発や教育委員会制度の疲弊はもとより、昨今における教育政策上の動揺と振幅、とりわけ「ゆとり」

と「学力向上」をめぐる教育政策上の迷走は、まさに「近代教育」の制度的枠組みが、その歴史的使命を終焉させようとしていることの徴候と見るべきなのではないのか。

だとすれば、少なくとも様々な教育問題の存在が顕著に浮上した一九八〇年代頃から、すでに「近代教育」システムの制度疲労が深刻な拡散を示しつつあった可能性は否定できない。だが、それ以降の様々な教育改革論議や教育政策策定において、「近代教育」の枠組みそれ自体のあり方を吟味し、その枠組み自体の改革を志向する動きは、ほとんどこれを認めることができない。すでに耐用年数を超えたシステムを、そのシステムの存立を前提に見直そうとしても、そこに無理が生ずるのは誰の眼にも明らかである。

仮に、近年の教育政策動向を、制度疲労によって生じた様々な不具合を「市場原理」や「自由競争」の導入によって見えづらいものにし、実際に残された不具合を「愛国心」や「公共心」の育成によって修繕しようとするものと見ることができるのなら、この施策が「付け焼き刃」的な処方にすぎず、それが問題の根本的解決へのアプローチたりえないことは論をまたない。

問題の所在へと根本的なアプローチを推し進めるためには、何よりも「国家による国民形成」という「近代教育」の枠組み自体を、それとは異なる外部的視座から批判的に吟味する必要がある。そのためには、「近代教育」成立の前提をなした「制度としての教育」の歴史的意味――すなわち、「制度としての教育」の最も重要な契機をなした政治の力が、教育の仕事の意味を国家統治や国家経営のための人材形成と見なす傾向にあること――に再度重要な視線を投じなければならない。そして、それは歴史上「制度としての教育」の次の段階に位置づけられうる教育のかたちを構想する仕事になるだろう。

もちろん現時点において、その構想は輪郭すら不透明であり、構想の可能性や実効性も未知数である。おそらく確かなことは、新しい教育のかたちを構想するための最も貴重な示唆は「歴史」の中に所在する、ということなのであろう。だからこそ、私たちには、教育が「習俗として行われていた段階」や「組織を通して行われるようになった段階」の各段階にいかなる教育的価値が存在していたのか、そして、それらの中のいかなる価値が「制度としての教育」段階において喪失させられてしまったのかを、丹念かつ精緻に吟味していくことが求められているのである。

むすび　「制度としての教育」の次へ

本書の「はじめに」において、教育史研究の意義は、教育の「今」を歴史的に定位することにあると記した。また、私たちには見えづらい教育の「今」を見るための鏡こそが歴史であると論じた。本書では、この関心に基づいて、教育の「今」を歴史という鏡に映し出そうと試みてきた。

その試みを通して得られた一つの仮説的立論は、教育の「今」は明治以後における「制度としての教育」の延長線上にあってその枠組みの内部にしっかりと定位されているが、しかしその「今」を支える「制度としての教育」という、より大きな枠組み自体が相当程度の制度疲労を起こし、すでにその歴史的役割を果たし終えつつあるのではないか、ということであった。

再三繰り返したように、「制度としての教育」は「国家による国民形成」、すなわち、国家が学校教育を通して国家の発展に貢献できる人材を選別・選抜し、それぞれの人的資源を国家社会の各部門に配置すること、を基軸として展開された。仮に、この「国家による国民形成」という明治以来の教育上の枠組みの終焉こそが、歴史という鏡に映し出された教育の「今」の姿であるならば、「今」を生きる私たちには、これに代わる新たな教育システムの枠組みを構想する責務が与えられているはずである。

第一八章の末尾でも触れたように、「制度としての教育」の次の段階に、どのような教育のかたちを描き出すことができるのかは、まさに不透明である。その意味では、私たち自身の教育認識もまた、昨今の教育政策動向と同様に、混沌と混迷の渦中にあるといわざるをえない。だが、これも繰り返しになるが、そうした混沌と混迷の状態に一筋の光明を投じてくれるものは、何よりも歴史への省察であると期待したい。少なくとも本書にて展開された歴史へのアプローチを通じ、新たな教育システムの枠組みとして、一体何を私たちの思考圏に導き入れることができるのか。今後、より本格的に実効性のある学術的論考が繰り広げられていくことを期待して、以下、極めて概略的に筆者なりの作業仮説を提示してみたい。

第一に、今後の教育のかたちを展望しようとするとき、「習俗」から「組織」へ、そして「組織」から「制度」へという歴史的経路を辿ってきた教育の歩みをもとに戻すことは、もはや選択できうることではない。今後の社会においてすべての教育的営為を「習俗としてのそれ」に委ねようとするのは、あまりにも非現実的である。教育の「制度」的な枠組み、すなわちすべての人々に「組織的」な教育の機会を提供するという枠組みは、今後とも維持・発展されていくべきである。

第二に、ただし、「習俗」や「組織」として行われた段階での教育的価値については、その意義を再吟味し再評価する必要がある。例えば、「習俗」段階の教育においては、個々人の成長に対する直接的教示は比較的稀薄かつ微弱であり、むしろ個々人を取り巻く環境こそがその成長を大きく規定していた。それは、人間は周囲の様々な環境から多様な事物を学び取り、それを自らの思考に取り入れたり、自らの行動に反映させたりすることのできる高度な学習能力を有しているからである。人間は他者からの直接的な教えがなくとも、周囲の環境から絶えず何事かを学び取っていくことのできる動物である。例えば、江戸時代までの日本人の道徳や慣習は、幕末維新期にこの国を訪れた外国人から概ね高い評価を得ていたが(1)、そうした道徳は直接的な教示によって与えられたものというよりも、むしろ、前近代日本の社会環境の中で自ずと育まれたものというべきであろう。日本の「近代教育」は道徳を直接的に教えることに至極熱心であったが、前近代の経験は、道徳が環境のもつ人間形成力によって自ずと養われていくことを雄弁に物語っている。それゆえ、すべてを直接的教示に委ねるのではなく、まずは個々人を取り巻く環境をいかに整備し、いかにより教育的な環境にしていくかが、「習俗」段階での教育に含意された教育的価値からの貴重な示唆となるだろう。

一方、「組織としての教育」段階での教育的価値については、すでに第三章にて論考を加えたが、その基軸をなすのは人間形成の中核を「自学」に据える教育文化であった。知を養い身につけるには、他者からの教えを受動的に受け取るのではなく、自ら主体的に学び取っていくことが肝要との認識が、この国の重要な教育文化の伝統を形成していたのである。この自学主義に基づく教育への取り組みは、「制度としての教育」の段階下でも、例えば大正新教育や戦後新教育、あるいは昨今では「生きる力」を育む教育という形で繰り返し試みられたが、それらは必ずしもこの国の近現代教育史に根づくには至らなかった。だが、それは「自学」という思想にそもそもの問題があったのか、「自学」主義の施策が不徹底であったのか、あるいは「近代教育」の枠組み自体が構造的に「自学」主義とは相容れないものだったのか、再度慎重な吟味が求められるべき課題であろう。

第三に、そうして「習俗」（環境を通しての教育）や「組織」（自学主義の教育文化）段階の教育的価値を再評価しながら、「制度としての教育」を整備・発展させようとする限り、その制度を支える教育上の思考様式には、根本的な転換が迫られるであろう。今後教育の「制度」が整えられていくとしても、その目的は、従来までの「国家による国民形成」ではなく、いわば「すべての人々の生の充実」に求められていく必要があるだろう。現今の日本はもはや、国家社会での人々の役割を国家が定め、そのための人的資源を開発し、それを国家社会の各部門に配置する、という計画的システムが機能するような単純な社会ではない。また、「人々の生の充実」の意味を国家社会への貢献として、一義的に規定できるような単一の価値観に覆われた社会でもない。

それゆえ「生の充実」は、個々人が自らの力でこれを探求していくべき問題となり、教育は、個々人のその探求を支援する営みとして再構成される必要があるだろう。すなわち、およそこの国において生を営む人間であれば、誰もが、その生の充実の探求を国家によって保障され促進される存在として国家から認知され、国家もまた、各人による生の充実の探求が継続的に行われるように、絶えずそれを支援するための施策を配慮し具体化する。そうして具体化された施策が国家の教育政策となる。人々は、国家への何某かの貢献が期待される国民として教育されるのではなく、自らの生の充実の探求が国家によって保障された人間として教育されるのである。

国家の教育は、「国家の発展のため」よりもむしろ、この国に暮らす「人々の生の充実のため」を最優先の目的として存在することになる。国家の発展とは、国民による国家への奉仕によって成し遂げられるのではなく、個々人の生の充実の結果として、また個々人の生の充実の集合として、推し進められるものと理解される。国民とは、国家への貢献を果たすことが予断された人間ではなく、国家の中で生の充実を探求する自由が国家によって保障された人間として理解されることになる。

したがって、個々の教育組織の設置や運営に対する国家の役割は、そのための最も基本的な条件や環境の整備に据えられることになる。そうすることで、従来の国公立・私立という枠組みを超えた、実に多彩な運営形態に基づく教育の機会や学習の場が提供されていくことが期待される。江戸時代に数多の手習塾や学問塾の設置を実現させていた、この国の教育文化の豊かさをこれからの社会に復権させていくのである。

第四に、そうした新しい教育制度の枠組みを構築するために、教育と政治との間には相当の距離が担保される必要が認められる。「制度としての教育」を形づくってきた最大の契機は政治の力であり、その政治が教育に寄せる最大の関心事はまさに「国民の形成」にあった。それゆえ教育制度の整備も、そこに政治的契機を色濃く残存させたままこれを推し進めようとする限り、その制度は「国民の形成」を第一義的目的として機能せざるをえない。今日の私たちの思考様式に、教育と政治とが分離された姿を組み込むのは容易なことではない。教育行政が文部科学省の所管の下に展開されるという行政上の仕組みについても、これ以外のものを構想することは極めて困難であろう。だが、教育行政が国家行政の一部として行われる限り、そこから「国家による国民形成」という文脈を切り離すことは至難の業であろう。

教育の営みを「国家による国民形成」ではなく「個々人の生の充実」として再構築するためには、例えば、立法・行政・司法の三権分立からの類推において、立法・行政・司法・教育の四権分立をイメージするような方法もありうるかもしれない。国家の行政から完全に独立した教育部門が、この国のすべての人々の生の充実を目指して、学術・文化・思想などに関する幅広い知見に基づきながら様々な支援策を打ち出していく。国の行政としてではなく、教育部門のネットワークによって、教育制度が構築されていくのである。そのために教育部門の仕事には、教育に関する専門的知見を養った人々がこれに従事するようなシステムを組み立てねばならないだろう。

以上のような、筆者の仮説的所論はいかにも非現実的で空想論的な印象を与えるかもしれない。とくに教育の意味を「人々の生の充実」に見出そうとする筆者の発想に対しては、それでは教育の私事化が一層促進され、国家の統合や国民道徳の統一が崩壊してしまう、との危惧を抱く読者も少なくないであろう。だが、筆者の仮説は現存する教育組織や教育制度を解体させることを求めるものではない。筆者が求めているのは何よりも、現存する教育制度を支えている私たちの思考様式の転換であり、私たちの教育認識の転換である。また、国家の統合や国民道徳については、それを近代以後の政治的手法（作為的・操作的に人々を教化する）ではなく、前近代までの教育文化（よき社会環境の整備・構築によって人々を自ずと涵養していく）に則した方法にて実現させたい――その意味で、前近代までの教育文化の伝統を取り戻したい――と考えている。

教育は確かに制度によって運営されていく。制度の重みはどれほど強調されてもよい。だが、教育の制度も窮極的には、それがいかなる思想に基づいて、またいかなる思考様式に則って、組み立てられているのかによって、そこに異なる含意が与えられていくはずである。その意味で、教育を思考する回路を「国家による国民形成」から「人々の生の充実」へと転換させることができるならば、そして現存の制度がこの新しい思考様式に基づいて運営されていくならば、それだけでこの国の教育は新しい歴史の段階へとステップ・アップしていくのではないか。その新たな歴史段階における教育は、人々の幸福と利益、健康と生活の向上をあくまでも第一義的に追求するものとして、あえてこれを「利用厚生としての教育」(2)と呼んでみたい、と筆者は考えている。

註

はじめに

（1）É・デュルケーム／佐々木交賢訳『教育と社会学』誠信書房、一九七六年、一二七頁。
（2）E・シュプランガー／村田昇・片山光宏共訳『教育学的展望――現代の教育問題』東信堂、一九八七年、二〇～一二三頁。
（3）L・S・ヴィゴツキー／土井捷三・神谷栄司訳『「発達の最近接領域」の理論――教授・学習過程における子どもの発達』三学出版、二〇〇三年、二一～二七頁。
（4）安藤寿康『遺伝子の不都合な真実――すべての能力は遺伝である』筑摩書房、二〇一二年、二〇九～二一五頁。
（5）J・F・ヘルバルト／是常正美訳『教育学講義綱要』協同出版、一九七四年、三頁。
（6）B・クロォチェ／羽仁五郎訳『歴史の理論と歴史』岩波書店、一九五二年、一七頁。

第一章

（1）西別府元日『律令国家の展開と地域支配』思文閣出版、二〇〇二年、五八～六四頁。
（2）石川松太郎『往来物の成立と展開』雄松堂出版、一九八八年、三頁。
（3）足利学校の起源については、主要なものに、①大宝律令に規定された国学の遺制とする説、②小野篁建立説、③足利義兼創始説、の三説がある。詳しくは、高橋俊乗『日本教育文化史』同文書院、一九三三年、三二四～三二七頁、を参照。
（4）辻本雅史・沖田行司編『教育社会史』山川出版社、二〇〇二年、七八頁。
（5）河野純徳訳『聖フランシスコ・ザビエル全書簡』平凡社、一九八五年、四九二～四九三頁。
（6）シリング／岡本良知訳『日本に於ける耶蘇会の学校制度』大空社、一九九二年復刻版（原訳書は東洋堂、一九四三年）、五八頁。

第二章

（1）辻本雅史『教育を「江戸」から考える――学び・身体・メディア』日本放送出版協会、二〇〇九年、二一一頁。
（2）今田洋三『江戸の本屋さん――近世文化史の側面』日本放送出版協会、一九七七年、二六～二八頁。
（3）石川松太郎『藩校と寺子屋』教育社、一九七八年、二一四頁。
（4）朱熹『大学章句』序には、「三代の盛んなる、其の法寖《ようや》く備わる。而して後王宮・国都以て閭巷に及ぶまで、学有らざる莫し。人生まれて八歳なれば、則ち王公より以下、庶人の子弟に至るまで、皆小学に入り、而して之に教うるに灑掃・応対・進退の節、礼楽・射御・書数の文を以てす。其の十有五年に及べば、則ち天子の元子・衆子、以て公・卿・大夫・元士の適子と、凡民の俊秀とに至るまで、皆大学に入り、而して之に教うるに窮理・正心・修己・治人の道を以てす。此れ又学校の教、小大の節分かるる所以なり」（朱熹撰／朱傑人・嚴佐之・劉永翔主編『朱子全書』第六冊、上海古籍出版社・安徽教育出版社、二〇〇二年、一三頁）と、すべての子弟の教化が学校において行われる理想社会の様子が描き出されている。
（5）入江宏「近世Ⅱ・近代Ⅰ第一章概説」（『講座日本教育史』第二巻〈近世Ⅰ／近世Ⅱ・近代Ⅰ〉、第一法規出版、一九八四年、所収）、二〇九頁。
（6）例えば、高橋俊乗『増訂日本教育史』教育研究会、一九二九年、一六七～一六八頁、を参照。
（7）香月牛山『小児必用養育草』（山住正己編注『子育ての書1』平凡社、一九七六年、所収）、三六〇頁。
（8）R・P・ドーア／松居弘道訳『江戸時代の教育』岩波書店、一九七〇年、三〇〇頁。
（9）R・ルビンジャー／川村肇訳『日本人のリテラシー　一六〇〇―一九〇〇年』柏書房、二〇〇八年、二〇八頁。
（10）海原徹『近世の学校と教育』思文閣出版、一九八八年、九頁。

第三章

（1）『維新前東京市私立小学校教育法及維持法取調書』（『明治教育古典叢書』第二期第十六巻、国書刊行会、一九八一年、所収〈原著は、大日本教育会、一八九二年〉）、三九頁。

(2) 石川謙『我が国における児童観の発達』青史社、一九七六年復刊、一六四～一六五頁。

(3) 山本正身編『アジアにおける「知の伝達」の伝統と系譜』慶應義塾大学言語文化研究所、二〇一二年、三八頁。

(4) 「テキストの身体化」の含意については、辻本雅史『思想と教育のメディア史――近世日本の知の伝達』ぺりかん社、二〇一一年、第四章および第七章、を参照。

(5) この問題については、辻本雅史『教育を「江戸」から考える――学び・身体・メディア』日本放送出版協会、二〇〇九年、一〇五～一一八頁、を参照。

(6) 「啓発」という言葉の由来は、『論語』述而第八の「不憤不啓、不悱不發、擧一隅不以三隅反、則不復也」(憤せずんば「啓」せず、悱せずんば「発」せず、一隅を挙ぐるに三隅を以て反《かえ》らずんば、則ち復《ま》たせざるなり)に求めることができる。

なお、江戸教育思想史における「自学主義」の系譜について、詳しくは、山本正身『仁斎学の教育思想史的研究――近世教育思想の思惟構造とその思想史的展開』慶應義塾大学出版会、二〇一〇年、を参照。

(7) 貝原益軒『慎思録』巻之一(益軒会編『益軒全集』第二巻、国書刊行会、一九七三年復刻版〔全八巻。原本は一九一〇～一一年刊行〕所収)、八頁。

(8) 伊藤仁斎『論語古義』雍也第十九、大註。

なお、伊藤仁斎の著作については、すべて天理大学附属天理図書館古義堂文庫所蔵の仁斎生前最終稿本(林本)を参照した。以下も同じ。

(9) 荻生徂徠『太平策』(『荻生徂徠全集』第六巻、河出書房新社、一九七三年、所収)、一四八頁。なお、引用文の表記を一部改めた。

(10) これについては、前掲辻本『思想と教育のメディア史』第一章、を参照。

(11) 前掲『慎思録』巻之四、八三頁。

(12) 『朱子文集』巻第六七、観心説(朱熹撰/朱傑人・嚴佐之・劉永翔主編『朱子全書』第二三冊、上海古籍出版社・安徽教育出版社、二〇〇二年、所収)、三二七八頁。

(13) 伊藤仁斎『語孟字義』巻之上、「徳」第四條。

（14）荻生徂徠『弁道』（『荻生徂徠全集』第一巻、河出書房新社、一九七三年、所収）、二二頁。
（15）佐久間象山／飯島忠夫訳註『省諐録』岩波書店、一九四四年、九一頁。

第四章

（1）木戸孝允「普通教育の振興につき建言書案」明治元年一二月（山住正己校注『教育の体系』〈日本近代思想大系6〉岩波書店、一九九〇年、所収）、三頁。
（2）大久保利通「政府ノ体裁ニ関スル建言書」明治二年正月（日本史籍協会叢書30『大久保利通文書三』東京大学出版会、一九八三年覆刻版、所収）、一一～一二頁。
（3）文部省内教育史編纂会編修『明治以降教育制度発達史』第一巻、龍吟社、一九三八年、一一七頁。
（4）同上、一三九頁。
（5）福澤諭吉「京都学校の記」（『福澤諭吉全集』第二〇巻、岩波書店、一九六三年、所収）、七七～八一頁。
（6）久保田讓「学制頒布並に被仰出書」（国民教育奨励会編纂『教育五十年史』民友社、一九二二年、所収）、二頁。
（7）「学制」には様々のテキストが残されているが、本書では内閣官報局編『法令全書』明治五年版を参照した。このテキストには文中の割註が「華士族卒農工商及婦女子」と、誤謬訂正（「卒」が追加されている）がなされている。
なお、「学制」のテキストをめぐる諸問題については、竹中暉雄『明治五年「学制」――通説の再検討』ナカニシヤ出版、二〇一三年、を参照。
（8）『慶應義塾百年史』上巻、慶應義塾、一九五八年、五六八頁。
（9）「学制布告書」と福澤『学問のすゝめ』との関係については、前掲竹中『明治五年「学制」――通説の再検討』、七二～八六頁、を参照。
（10）因みに、『文部省第一年報』（明治六年）によれば、実際に設置されたのは、七大学区、一三九中学区、四二、四五一小学区で、学校数は中学校二〇校（公立三、私立一七）、小学校一二、五五八校（公立七、九九五、私立四、五六三）であった。

(11) 仲新『明治の教育』至文堂、一九六七年、一一八～一二五頁。
(12) 国立教育研究所編『日本近代教育百年史』第三巻、教育研究振興会、四八九頁。
(13) 前掲『明治の教育』、一四三頁。
(14) 文部省『学制百年史』記述編、ぎょうせい、一九七二年、二一七頁。
(15) 前掲『明治の教育』、一四五頁。
(16) 前掲『学制百年史』記述編、二二三頁。
(17) 前掲『明治以降教育制度発達史』第一巻、四六三～四六四頁。
(18) 同上、四七三～四七四頁。
(19) 前掲『日本近代教育百年史』第三巻、六二三頁。

第五章

(1) 吉家定夫『日本国学監デイビッド・マレー――その生涯と業績』玉川大学出版部、一九九八年、二三一～二四〇頁。
(2) 国立教育研究所編『日本近代教育百年史』第三巻、教育研究振興会、六一二頁。なお、小数点の数字は四捨五入した。
(3) 文部省『学制百年史』記述編、ぎょうせい、一九七二年、一五一頁。
(4) 「教育令改正案ヲ上奏スルノ議」については、文部省内教育史編纂会編修『明治以降教育制度発達史』第二巻、龍吟社、一九三八年、一七二～一七五頁、を参照。
(5) 前掲『学制百年史』記述編、二一七～二一八頁。
(6) 前掲『明治以降教育制度発達史』第二巻、二六一頁。なお、引用文は適宜読点を加え、仮名遣いを若干改めた。
(7) 江木の言葉の引用は、「江木千之小学教員心得起草記録」(『教育勅語渙発関係資料集』第一巻、国民精神文化研究所、一九三八年、所収)、一九～二一頁、に基づく。
(8) 『福澤諭吉全集緒言』(『福澤諭吉全集』第一巻、岩波書店、一九五八年、所収)、六一頁。

第六章

(1)「民撰議院設立建白書」については、国立公文書館のデジタルアーカイブ〈http://www.digital.archives.go.jp/gallery/view/detail/detailArchives/0000000039〉を参照。なお、引用文には適宜読点と送り仮名を加えた。

(2)この動向については、稲田正次『教育勅語成立過程の研究』講談社、一九七一年、三一〜四一頁、を参照。

(3)この様子については、元田永孚「古稀之記」(元田竹彦・海後宗臣編『元田永孚文書』第一巻、元田文書研究会、一九六九年、所収)、一七六〜一七七頁、を参照。

(4)「教学聖旨」については、『教育勅語渙発関係資料集』第一巻、国民精神文化研究所、一九三八年、三〜四頁、を参照。

(5)元田永孚「還暦之記」(前掲『元田永孚文書』第一巻、所収)、四頁、を参照。

(6)「教育議」については、前掲『教育勅語渙発関係資料集』第一巻、五〜九頁、を参照。

(7)「教育議附議」(同『教育勅語渙発関係資料集』第一巻、所収)、一三頁。

(8)『幼学綱要』巻之一(同『教育勅語渙発関係資料集』第一巻、所収)、三三頁。

(9)「幼学綱要頒賜勅諭」(同上書、所収)、二七頁。

第七章

(1)小田部雄次『華族』中央公論新社、二〇〇六年、三五〜三六頁。

なお、これにより、大山巌、黒田清隆、西郷従道、寺島宗則、松方正義、伊藤博文、井上馨、山県有朋ら、明治政府の主要メンバーが爵位を得た。

(2)詳しくは森文相の秘書官を務めた木場貞長の回想「森文部大臣の改革」(国民教育奨励会『教育五十年史』民友社、一九二二年)、九一〜九二頁、を参照。

(3)『中学校師範学校教科用書倫理書』については、大久保利謙監修『新修 森有禮全集』第二巻、文泉堂書店、一九九八年、所収のものを参照。

（4）元田永孚「森文相に対する教育意見書」および「倫理教科書につき意見書」（同『新修 森有禮全集』第四巻、一九九九年、所収）、三三九～三四一頁。
（5）木場貞長「森有礼先生を偲びて」（同上書、所収）、五八五～五九〇頁。
（6）明治二〇年一一月一五日「和歌山県尋常師範学校において郡区長常置委員及び学校長に対する演説」（前掲『新修 森有禮全集』第二巻、一九九八年、所収）、四四九頁。
（7）明治二二年一月二八日「文部省において直轄学校長に対する演説」（同上書、所収）、五四一頁。
（8）明治二〇年六月二二日「福島県議事堂において県官郡区長及び教員に対する演説」（同上書、所収）、四一四頁。
（9）明治二〇年六月二一日「宮城県庁において県官郡区長及び学校長に対する演説」（同上書、所収）、四〇五頁。
（10）同上、四〇七頁。
（11）文部省『学制百年史』記述編、ぎょうせい、一九七二年、三四二頁。
（12）明治一八年一二月一九日「埼玉県尋常師範学校における演説」（前掲『新修 森有禮全集』第二巻、所収）、三四五～三四六頁。
（13）森有礼「閣議案」（同上書、所収）、一五七頁。
（14）井上毅「故森文部大臣の教育主義」（同『新修 森有禮全集』第四巻、所収）、三九九頁。

第八章

（1）能勢栄『徳育鎮定論』（『教育勅語渙発関係資料集』第二巻、国民精神文化研究所、一九三九年、所収）、二四六～二四七頁。
（2）加藤弘之『徳育方法案』（同上書、所収）、四三～四五頁。
（3）稲田正次『教育勅語成立過程の研究』講談社、一九七一年、一五九頁。
（4）同上、一六八～一六九頁。
（5）「教育勅語渙発ニ関スル山県有朋談話筆記」（前掲『教育勅語渙発関係資料集』第二巻、所収）、四五三～四五四頁。

（6）前掲『教育勅語成立過程の研究』、一八八頁。
（7）同上、一九六～一九八頁。
（8）同上、一九二頁。
（9）海後宗臣『教育勅語成立史の研究』厚徳社（印刷）、一九六五年、二四七～二五四頁。
（10）前掲『教育勅語成立過程の研究』、二六九頁。
（11）文部省内教育史編纂会編修『明治以降教育制度発達史』第三巻、龍吟社、一九三八年、六〇〇頁。
（12）「徳教ニ関スル勅諭ノ議」（前掲『教育勅語渙発関係資料集』第二巻、所収）、四五二頁。
（13）井上哲次郎『勅語衍義』（同『教育勅語渙発関係資料集』第三巻、一九三九年、所収）、二四二～二四三頁。
（14）同上、二八四頁。

第九章

（1）これについては、江木千之「明治二十三年小学校令の改正」（国民教育奨励会『教育五十年史』民友社、一九二二年、所収）、一四九～一五〇頁、を参照。
（2）文部省内教育史編纂会編修『明治以降教育制度発達史』第四巻、龍吟社、一九三八年、九六四頁。
（3）国立教育研究所編『日本近代教育百年史』第一巻、教育研究振興会、一九七四年、一六三頁。
（4）この動向に対し、福澤諭吉は、

政府が修身道徳の主義を一定し、教育の力を以て天下の人心を左右せんとするは到底能はざる所にして、古来これを試みて成功したる者なきは無論、其結果は社会に害毒を流したるに過ぎず。…然るに我国の文部省が尚ほ年来の非を悟らず、今更ら修身書を編纂し、政府の力を以て天下の道徳を支配せんとするが如き、如何なる考なるか。…日本国の教育が尚ほ此辺の程度に在るを思へば、我輩は国の文明の爲めに転た悲しまざるを得ざるなり（「修身道徳の主義」〈『福澤諭吉全集』第一六巻、岩波書店、一九六一年〉、六〇七～六〇九頁）。

と、厳しい批判の声を上げていた。近代を生きた日本人による「近代教育」批判の一つの範型として注目すべき所論といえよう。

（5）中村紀久二『教科書の社会史――明治維新から敗戦まで』岩波書店、一九九二年、一一二～一一五頁。

（6）文部省『学制百年史』資料編、ぎょうせい、一九七二年、四九七頁。

なお、本章でのこれ以後の記述の中で示された各種学校数ならびに生徒数の出所は、とくに注釈が付されていない場合には、原則として同書所載の教育統計に基づく。

（7）同『学制百年史』記述編、三二〇頁。

（8）同上、三六二頁。

（9）地方視学官制度が敷かれたのは、一八九九年六月から一九〇五年四月までの六年足らずであったが、地方教育行政の実質的な最高責任者として明治三〇年代の教育行政に大きな役割を演じた。地方教育行政をめぐる内務省と文部省との確執や上述の教科書疑獄事件などの影響で廃止された。

（10）前掲『学制百年史』記述編、三四八頁。

（11）同上、三六三頁。

（12）これらの数字は、すべて公私立実業学校に関するもので、専門学校（工業・農業・商業）や実業補習学校のものは含まれていない。なお、数字の出所は『文部省第二十七年報』（自明治三二年至明治三三年）、『文部省第三十三年報』（自明治三八年至明治三九年）、および『文部省第四十年報』（自明治四五年四月至大正二年三月）に基づく。

（13）前掲『日本近代教育百年史』第四巻、四一五頁。

（14）草創期における京都帝国大学の様々な改革の試み、およびその挫折については、潮木守一『京都帝国大学の挑戦――帝国大学史のひとこま』名古屋大学出版会、一九八四年、を参照。

（15）前掲『明治以降教育制度発達史』第四巻、四二四頁。

（16）前掲『学制百年史』記述編、三八〇頁。

（17）仲新『明治の教育』至文館、一九六七年、三〇五頁。

第一〇章

（1）「慶應義塾之記」については、『慶應義塾百年史』上巻、慶應義塾、一九五八年、二五七～二六四頁、を参照。
（2）辻本雅史『「学び」の復権――模倣と習熟』角川書店、一九九九年、三八～四〇頁。
（3）藤原喜代蔵『明治大正昭和 教育思想学説人物史』第一巻明治前期編、東亜政経社、一九四二年、一八三～一八五頁。なお、通訳を務めた坪井玄道の回想は、国民教育奨励会『教育五十年史』民友社、一九二二年、一八～二三頁、に収録されている。
（4）日本におけるペスタロッチー主義の受容動向について詳しくは、橋本美保『明治初期におけるアメリカ教育情報受容の研究』風間書房、一九九八年、を参照。
（5）諸葛信澄『小学教師必携』青山堂、一八七五年、七頁。
（6）稲垣忠彦『明治教授理論史研究』評論社、一九八二年、八七頁。
（7）若林虎三郎・白井毅編『改正教授術』巻一、普及舎、一八八四年、一六～一七頁。
（8）槇山栄次「初等教育の実際」（前掲『教育五十年史』、所収）、一九一頁。
（9）湯原元一「ヘルバルト派教育学説の全盛時代」（同上書、所収）、一八二頁。
（10）前掲『明治教授理論史研究』、一八九～一九〇頁。
（11）谷本富『実用教育学及教授法』六盟館、一八九四年、三〇二～三〇三頁。
（12）前掲、槇山栄次「初等教育の実際」一九八頁。
（13）これについては、槇山栄次編『教授の段階に関する研究』目黒書店、一九〇六年、を参照。
（14）潮木守一『キャンパスの生態誌――大学とは何だろう』中央公論社、一九八六年、三八～四五頁。
（15）大瀬甚太郎『実用教育学』成美堂書店、一九〇五年、六～九頁。
（16）前掲、湯原元一「ヘルバルト派教育学説の全盛時代」、一八五頁。
（17）樋口勘次郎『統合主義新教授法』同文館、一八九九年、四七～四八頁。
（18）同上、五九～六〇頁。

(19) 同上、六四～六五頁。
(20) 中野光『大正自由教育の研究』黎明書房、一九九八年、三四頁。
(21) 谷本富『新教育学講義』六盟館、一九〇六年、六一五頁。
(22) 同上、六一九～六二一頁。
(23) 同上、七二二～七二三頁。
(24) 前掲『大正自由教育の研究』、八六頁。
(25) 同上、八九頁および九三～九五頁。
(26) 同上、九〇頁。

第一章

(1) 例えば、『雲は天才である』には、当時の教授細目に縛られた学校の様子が、「学校には、畏《かしこ》くも文部大臣からのお達しで定められた教授細目といふのがありますぞ。…正真《ほんたう》の教育者といふものは、其完全無欠な規定の細目を守つて、一《いち》毫《がう》乱れざる底《てい》に授業を進めて行かなければならない、若しさもなければ、小にしては其教へる生徒の父兄、また高き月給を支払つてくれる村役場に甚だ済まない訳、大にしては我々が大日本の教育を乱すといふ罪にも坐する次第で、完たく此処の所が、我々教育者にとつて最も大切な点であらう」というように描き出されている（『石川啄木全集』第三巻、筑摩書房、一九七八年、一三～一四頁）。
(2) 坂野潤治『日本近代史』筑摩書房、二〇一二年、二八八～二九〇頁。
(3) 吉野作造の論文「憲政の本義を説いて其有終の美を済すの途を論ず」については、『吉野作造選集』第二巻、岩波書店、一九九六年、所収のものを参照。
(4) これについては、梅根悟『新教育への道』（『梅根悟教育著作選集』第二巻、明治図書、一九七七年、所収）、一一四～一四〇頁、を参照。
(5) 手塚岸衛『自由教育真義』東京宝文館、一九二二年、四一頁。

(6) 梅根悟「日本の新教育運動」〈東京教育大学内教育学研究室編『日本教育史』〈教育大学講座第三巻〉金子書房、一九五二年、所収〉二三六〜二三八頁。
(7) 同上、二五六〜二七三頁。
(8) 「私立成城小學校創設趣意」(『澤柳政太郎全集』第四巻、国土社、一九七九年、所収)、四〇六〜四一〇頁。
(9) これについては、成城学園六十年史編集委員会編『成城学園六十年』成城学園、一九七七年、三七〜三九頁、および、沢柳政太郎他著『児童語彙の研究』〈成城学校研究叢書第一編〉同文館、一九一九年、を参照。
(10) 中野光『大正自由教育の研究』黎明書房、一九九八年、一九一〜一九二頁。
(11) 前掲『成城学園六十年』、一〇九〜一一〇頁。
(12) 手塚岸衛「自由教育論」(小原国芳他『八大教育主張』玉川大学出版部、一九七六年復刻版〈原著は一九二二年刊行〉、所収)、一一三〜一一四頁。
(13) 小原国芳「全人教育論」(同上書、所収)、二五三頁。
(14) 片上伸「文芸教育論」(同上書、所収)、一六一〜一六二頁。
(15) これについては、前掲『大正自由教育の研究』、一五一〜一五二頁、を参照。
(16) 同上、一五三頁。
(17) 国立教育研究所編『日本近代教育百年史』第七巻、教育研究振興会、一九七四年、一一四六〜一一四七頁。
(18) 前掲『大正自由教育の研究』、二二八〜二三四頁。
(19) 同上、二三五頁。
(20) 前掲『成城学園六十年』、一七三頁。
(21) 中野光他著『児童の村小学校』黎明書房、一九九八年、九一頁。
(22) 石戸谷哲夫『日本教員史研究』講談社、一九六七年、四一〇頁。

第一二章

（1）海後宗臣編『臨時教育会議の研究』東京大学出版会、一九六〇年、三四頁。
（2）国立教育研究所編『日本近代教育百年史』第五巻、教育研究振興会、一九七四年、四五九〜四六〇頁。
（3）文部省『学制百年史』資料編、ぎょうせい、一九七二年、四七二頁。
（4）同上、四七六頁。
（5）同上、四七四頁。
（6）香川せつ子・河村貞枝編『女性と高等教育——機会拡張と社会的相克』昭和堂、二〇〇八年、二一六頁。
（7）前掲『日本近代教育百年史』第五巻、二二六〜二二八頁。
（8）三名の入学者は、東京女子高等師範学校および日本女子大学校の卒業生で、中等教員免許状取得者であった。なお、このとき文部省は「元来女子ヲ帝国大学ニ入学セシムルコトハ前例之《コレ》無キ事ニテ頗ル重大ナル事件ニ之《コレ》有リ」（東北大学史料館ホームページ〈www2.archives.tohoku.ac.jp/tenji/special/joshi.htm〉）として大学側に事情説明を求めている。
（9）前掲『臨時教育会議の研究』、七五五頁。
（10）前掲『学制百年史』記述編、五四三頁。
（11）阿部彰『文政審議会の研究』風間書房、一九七五年、一一頁。
（12）同上、一四頁。
（13）同上、二六九頁。
（14）前掲『学制百年史』資料編、四七九頁。
（15）同上、四七八頁。

第一三章

（1）第一次大戦がもたらした好況は、一九二〇年三月の株式相場をピークとして反動に転じ、同年四月から五月にかけて全国で三、〇〇〇以上の工場が休廃業し、推定二〇万人の失業者が発生したといわれる（石戸谷哲夫『日本教員史研究』

講談社、一九六七年、四二一頁)。また関東大震災は、内務省社会局の調査によれば、死者九一、三四四人、重軽傷者五二、〇八四人、行方不明者一三、二七五、という空前の被害をもたらした(成田龍一『大正デモクラシー』岩波書店、二〇〇七年、一六四頁)。

(2)『岩手県史』第九巻、近代篇四、社陵印刷、一九六四年、五四四頁。

(3) 山下文男『昭和東北大凶作娘――身売りと欠食児童』無明舎出版、二〇〇一年、一五三~一五五頁。

(4) 同上、八頁。

(5) 前掲『日本教員史研究』、四三〇頁。

(6) 同上、四五二頁。

(7) 同上、四五五頁。

(8) 中内敏夫『生活綴方成立史研究』明治図書出版、一九七〇年、六一九頁。

(9) 前掲『日本教員史研究』、四八一頁。

(10) 伊藤純郎『増補郷土教育運動の研究』思文閣出版、二〇〇八年、三七〇頁。

(11) 片山清一編『資料・教育勅語』高陵社書店、一九七四年、二四〇頁。

(12) 同上、二四〇~二四一頁。

(13) 森川輝紀『国民道徳論の道――「伝統」と「近代化」の相克』三元社、二〇〇三年、一四二頁。なお、井上自身の所論については、井上哲次郎講述『国民道徳概論』三省堂、一九一二年、第三章、を参照。

(14) 同上、一五六~一五七頁。

(15) 国立教育研究所編『日本近代教育百年史』第一巻、教育研究振興会、一九七四年、三〇四頁。

(16) 同上、三〇五頁。

(17) 同上、三〇六頁。

(18) 同『日本近代教育百年史』第五巻、三四三頁。

(19) 近代日本教育制度史料編纂会『近代日本教育制度史料』第七巻、大日本雄弁会講談社、一九五六年、三一〇頁。

(20) 同上、三四九〜三五〇頁。
(21) 前掲『日本近代教育百年史』第一巻、四四四頁。
(22) 清水康幸他編『資料 教育審議会（総説）』野間教育研究所、野間教育研究所紀要第三四集、一九九一年、一三一〜二四頁。
(23) 同上、三三五頁。
(24) 同上、一三五頁および一四五頁。
(25) 文部省『学制百年史』記述編、ぎょうせい、一九七二年、六一五頁。
(26) 前掲『資料 教育審議会（総説）』、一三三頁。
(27) 文部省普通学務局編『国民学校制度ニ関スル解説』文部省普通学務局、一九四二年、一三〜一四頁。
(28) 前掲『日本近代教育百年史』第五巻、九〇九頁。
(29) 前掲『国民学校制度ニ関スル解説』、一六頁。
(30) 前掲『学制百年史』記述編、五八九頁。
(31) 前掲『日本近代教育百年史』第五巻、一二二一頁。
(32) 同『日本近代教育百年史』第一巻、五四四頁。

第一四章

(1) 国立教育研究所編『日本近代教育百年史』第一巻、教育研究振興会、一九七四年、五五二頁。
(2) 近代日本教育制度史料編纂会『近代日本教育制度史料』第七巻、大日本雄弁会講談社、一九五六年、一五一頁。
(3) 前掲『日本近代教育百年史』第一巻、五九〇頁。
(4) 前掲『近代日本教育制度史料』第七巻、二一一〜二一二頁。
(5) 同上、二四〜二六頁。
(6) 同上、二二二〜二二四頁。
(7) 同上、二九〜三〇頁。

(8) 原朗・山崎志郎編集解説『軍需省関係資料』第八巻、現代史料出版、一九九七年、九五〜一〇二頁。
(9) 前掲『近代日本教育制度史料』第七巻、八五〜八六頁。
(10) 同上、二七三頁。
(11) 前掲『日本近代教育百年史』第一巻、五九五頁。
(12) 安田武『学徒出陣』三省堂、一九七七年新版、一一二頁。
(13) 前掲『日本近代教育百年史』第五巻、一一八四頁。
(14) 同上、一三〇一頁。
(15) 前掲『近代日本教育制度史料』第七巻、二八三頁。
(16) 前掲『日本近代教育百年史』第五巻、九一七頁。
(17) 文部省『学制百年史』記述編、ぎょうせい、一九七二年、五六七頁。
(18) 全国疎開学童連絡協議会編『学童疎開の記録2 ドキュメンタリー学童疎開』大空社、一九九四年、一二九〜一三一頁。
(19) 前掲『日本近代教育百年史』第一巻、六〇三頁。
(20) 美濃部達吉『憲法撮要』有斐閣、一九二四年再版(初版は一九二三年)、一九一頁。
(21) 文部省内教育史編纂会編修『明治以降教育制度発達史』第一一巻、龍吟社、一九三九年、二九〜三〇頁。
(22) 台湾総督府総督官房文書課『台湾総督府第四統計書(明治三三年)』一九〇二年、一六〇頁。
(23) 一八九八年の学校数・生徒数は、同『台湾総督府第四統計書(明治三三年)』一五五頁、一九〇八年の学校数・生徒数は、同『台湾総督府第十四統計書(明治四三年)』一九一二年、一〇二頁、に拠る。また一九〇八年の就学率は、台湾総督府民政部学務部学務課『台湾総督府学事第八年報(明治四二年度)』一九一二年、三一〜三二頁、に基づく。
(24) 一九二二年とその前年、および一九二六年の小学校在籍台湾児童数は、①台湾総督官房調査課『台湾総督府第二十六統計書(大正一一年)』一九二四年、八八頁、②同『台湾総督府第二十四統計書(大正九年)』一九二二年、一一一頁、③同『台湾総督府第三十一統計書(昭和二年)』一九二九年、一〇〇頁、を参照。
一九二二年および一九二六年の小学校在籍日本人児童数は、④台湾総督府内務局文教課『台湾総督府学事第二十一年

報（大正一一年度）』一九二五年、一七頁、⑤台湾総督官房調査課『台湾総督府第三十一統計書（昭和二年）』一九二九年、一〇〇頁、を参照。

さらに一九二二年および一九二六年の公学校児童数は、⑥台湾総督府内務局文教課『台湾総督府学事第二十一年報（大正一一年度）』一九二五年、二〇頁、⑦台湾総督官房調査課『台湾総督府第三十一統計書（昭和二年）』一九二九年、一〇九頁、を参照。

(25) 台湾総督府内務局文教課『台湾総督府学事第二十一年報（大正一一年度）』一九二五年、一〇五頁。因みにこの時点で開設されていた中学校は、台北第一中学校、台北第二中学校、新竹中学校、台中第一中学校、台中第二中学校、台南第一中学校、台南第二中学校、高雄中学校の八校であった。
(26) 台湾総督府文教局『台湾総督府学事第三十年報（昭和六年度）』一九三三年、二六三頁および二八五頁。
(27) 同上、二七四〜二七五頁。
(28) 同『台湾総督府学事第三十四年報（昭和一〇年度）』一九三七年、七頁。
(29) 公学校に関する数字は、同上、三四五頁。書房に関する数字も同上、二二頁。なお、一九四〇年における公学校就学者数ならびに就学率は、台湾総督府企画部『台湾総督府第四十四統計書（昭和一五年）』一九四二年、九〇〜九一頁。
(30) 台湾総督府総務局『台湾総督府第四十五統計書（昭和一六年）』一九四三年、三八六頁および三九二〜三九三頁。
(31) 同上、三八四頁および三八九頁。
(32) 朝鮮総督府編『朝鮮総督府統計年報（明治四四年度）』一九一三年、八三九〜八四〇頁。
(33) 同『朝鮮総督府統計年報（大正一〇年度）』第七編、一九二二年、二六頁および五〇頁。
(33) 同『朝鮮総督府統計年報（明治四四年度）』一九一三年、七八四頁。
(34) 同『朝鮮総督府統計年報（大正一一年度）』第七編、一九二三年、四頁。
(35) 同『朝鮮総督府統計年報（昭和七年度）』一九三四年、六七七頁、六七九頁および六八六頁。
(36) 同上、六八七〜六九四頁。
(37) 一九三二年の時点で、日本人居留者が五二三、四五二人だったのに対し、朝鮮人は二〇、〇三七、二七三人を数えていた（同上、二四頁）。

(38) 同上、七〇〇頁。

(39) 同上、七〇五頁。

(40) 呉天錫／渡部学・阿部洋訳『韓国近代教育史』高麗書林、一九七九年、三二六頁。

(41) 朝鮮総督府学務局『朝鮮諸学校一覧（昭和一七年度）』（渡部学・阿部洋編『日本植民地教育政策史料集成（朝鮮篇）』第六二巻、龍溪書舎、一九八八年、所収）、一七～一八頁および四一～四二頁。

(42) 佐野通夫『日本植民地教育の展開と朝鮮民衆の対応』社会評論社、二〇〇六年、一四三頁。なお朝鮮総督府の発表した一九四二年の朝鮮人児童就学率は、男子七五・五％、女子三三・一％、平均五四・五％であった（同書、二七六頁）。

(43) 前掲『日本近代教育百年史』第一巻、五七四頁。

(44) 関東庁編『関東庁施政二十年史』関東庁、一九二六年、一九四頁。

(45) 関東都督府都督官房文書課『関東都督府第一統計書（明治三九年）』一九〇七年、一四八頁。なお、この数字は「学堂及書房数」として示されたもので、しかも未調査であった金州民政署普蘭店支署の数字を欠いている。

(46) 関東庁官房文書課『関東庁第十四統計書（大正八年）』一九二〇年、二二一頁、および関東庁編『関東庁統計要覧（昭和五年）』一九三一年、一六二頁。

(47) 前掲『関東庁第二十六統計書（昭和六年）』一九三二年、三二六頁。

(48) 南満洲鉄道株式会社総裁室地方部残務整理委員会『満鉄附属地経営沿革全史』上巻、龍溪書舎、一九七七年復刻版、五一七～五一八頁。

(49) 満州文化協会編『満蒙年鑑』昭和一三年版、日本図書センター、一九九九年復刻版、五七三頁。

(50) 同上。

(51) 前掲『関東庁第十一統計書（大正五年）』一九一八年、一四八～一四九頁および、前掲『関東庁第二十六統計書（昭和六年）』一九三二年、三二三頁。

これら以外には、竹中憲一『「満州」における教育の基礎的研究』第四巻、梓書房、二〇〇〇年、一〇三～一〇四頁、

(52) 例えば、一九一三年の時点で、満鉄付属地の一七の小学校の就学率は九六・八五％であった（関東州の一〇の小学校就学率は九八・六九％）。関東都督府都督官房文書課『関東庁第八統計書（大正二年）』一九一四年、一三一頁、を参照。
(53) 小林龍夫・島田俊彦解説『満州事変』現代史資料七、みすず書房、一九六四年、五九〇頁。
(54) 「満州国」教育史研究会監修『「満州・満州国」教育資料集成』第二〇巻、エムティ出版、一九九三年、一一八頁。
(55) 山根幸夫『建国大学の研究――日本帝国主義の一断面』汲古書院、二〇〇三年、三六一頁および三六五頁。
も参照。

第一五章

(1) 戦後日本教育史料集成編集委員会編『戦後日本教育史料集成』第一巻、三一書房、一九八二年、一二一頁。
(2) 同上。
(3) アメリカ国務省調査・分析課のレポート「日本の戦後教育政策」による。詳しくは、鈴木英一『日本占領と教育改革』勁草書房、一九八三年、六三頁、を参照。
(4) 「四大教育指令」については、前掲『戦後日本教育史料集成』第一巻、三四〜四四頁、を参照。
(5) 前掲『日本占領と教育改革』、七一頁。
(6) 同上、一〇二頁。
(7) 『アメリカ教育使節団報告書』については、前掲『戦後日本教育史料集成』第一巻、八四〜一一六頁所収のものの他、村井実全訳解説『アメリカ教育使節団報告書』講談社、一九七九年、を参照。
(8) 丸山真男・福田歓一編『南原繁回顧録　聞き書』東京大学出版会、一九八九年、三四七〜三四八頁。
(9) 前掲『戦後日本教育史料集成』第一巻、一二三頁。
(10) 日本教育家委員会の報告書については、同『戦後日本教育史料集成』第一巻、六五〜七四頁、を参照。
(11) 国立教育研究所編『日本近代教育百年史』第一巻、教育研究振興会、一〇二六頁。
(12) 文部省『学制百年史』ぎょうせい、一九七二年、七二一頁。

(13) 同上、七四六頁。

(14) 前掲『戦後日本教育史料集成』第一巻、三〇三～三〇四頁。

(15) 詳しくは、兵庫師範女子部附属小学校編『小学校のコア・カリキュラム――明石附小プラン』誠文堂新光社、一九四九年、を参照。

(16) 詳しくは、中央教育研究所・川口市社会科委員会共編『社会科の構成と学習――川口市案による社会科の指導』金子書房、一九四七年、を参照。

第一六章

(1) 大田堯『戦後教育史』岩波書店、一九七八年、二三〇頁。

(2) 金馬国晴「戦後初期に『学力』の『低下』が意味したこと――〈学力調査〉から戦後新教育の批判へ」(苅谷剛彦・志水宏吉『学力の社会学――調査が示す学力変化と学習の課題』岩波書店、二〇〇四年、所収)、二四三～二四七頁。

(3) 詳しくは、久保舜一『学力調査――学力進歩の予診』福村書店、一九五六年、を参照。

(4) 大槻健『戦後民間教育運動史』あゆみ出版、一九八二年、八三頁。

(5) 同上、六九頁。

(6) 矢川徳光『新教育への批判』(『矢川徳光教育学著作集』第三巻、青木書店、一九七三年〔原著は一九五〇年〕、所収)、一三九～一四〇頁。

(7) アメリカでは一九四七年の「国家安全保障法」成立によって、陸・海・空三軍を統合する国家軍事省(二年後に国防総省に改称)が新設されるとともに、大統領・国務長官・国防長官などによって構成される国家安全保障会議が設置された。上記の路線転換は国家安全保障会議の決定に基づくことであった。

(8) ただし、旧制学校から新制大学への任用切り替えに際し、共産主義者と見なされた教員が新制大学に任用されなかったケースはある。例えば、旧制山形高等学校教授小松摂郎は神戸大学に、また旧制水戸高等学校教授梅本克己は茨城大学に任用されなかった。

（9）明神勲「第二次教職員レッド・パージ計画と挫折の経緯」（『日本の教育史学』第三一集、教育史学会、一九八八年、所収）、五六頁。
（10）戦後日本教育史料集成編集委員会編『戦後日本教育史料集成』第三巻、三一書房、一九八三年、一八四頁。
（11）同上、三四一頁。
（12）同上、三五八～三五九頁。
（13）同上、二〇三～二〇四頁。
（14）国立教育研究所編『日本近代教育百年史』第一巻、教育研究振興会、一九七四年、七一三～七一四頁。
（15）前掲『戦後日本教育史料集成』第四巻、一九八三年、一二〇頁。
（16）久保義三『昭和教育史　下』三一書房、一九九四年、三二八頁。
（17）一九四八年七月制定の「教育委員会法」には、都道府県教育委員会の事務として「文部大臣の定める基準に従い、都道府県内のすべての学校の教科用図書の検定を行うこと」（第五十条第二項）と規定されていたが、翌年五月の同法一部改正により、「教科用図書の検定は、第五十条第二号の規定に関わらず、用紙割当制の廃止されるまで、文部大臣が行う」という暫定措置がとられていた。その意味で、一九五三年八月の「学校教育法」一部改正は、この暫定措置を恒久化する意味をもったものといえる。
（18）前掲『戦後日本教育史料集成』第四巻、四二四頁。
（19）貝塚茂樹『道徳教育の教科書』学術出版会、二〇〇九年、五五頁。
（20）例えば、一九五五年一一月に文部大臣に就任した清瀬一郎は、翌年の「年頭のあいさつ」の中で、「教育基本法というものがありますが、書いてあることそれ自身はちっともまちがわない。個人の人格を完成する。真理と正義を愛する。責任を重んずる。ということが書いてあり、それ自身わたくしも心から賛成でありますが、一つ穴があいている。個人と世界を直結しているが、その中間に立つ国という観念がちっともない。わが日本国は、一民族で一国家を作り、ことばも同じで、共通の歴史をもっているのです。…この祖国に向かって信愛の感をもつ、すなわち国を愛する心というものは伝統的に持ちきたったものであってこれをまっさつするということはできません」（前掲『戦後日本教育史料集成』

第五巻、一九八三年、四四頁）と述べていた。

第一七章

（1）香西泰『高度成長の時代』日本評論社、一九八一年、七頁。
（2）寺崎昌男責任編集『日本現代教育基本文献叢書　戦後教育改革構想』Ⅰ期7、日本図書センター、二〇〇〇年、を参照。
（3）宮原誠一他編『資料　日本現代教育史3』三省堂、一九七九年、一八～二一頁。
（4）同上、四三頁。
（5）同上、五四頁。
（6）戦後日本教育史料集成編集委員会編『戦後日本教育史料集成』第八巻、三一書房、一九八三年、二八四頁。
（7）同『戦後日本教育史料集成』第七巻、一九八三年、六四頁。
（8）同『戦後日本教育史料集成』第八巻、七七頁。
（9）一口に「京都学派」といっても、その学説は単一ではない。ただし、その一つの学的モティーフとして、西田幾多郎が『学問的方法』（『日本文化の問題』岩波書店、一九四〇年、所収）の中で論じた「絶対矛盾的自己同一」をめぐる諸解釈を指摘することは許されるであろう。無限の過去と無限の未来とは本来絶対に結びつきえないものであるが、それを結びつける「超歴史的なもの」として、西田は「中今」（脈々たる皇道の生命観に基づいて自己充足化する現在至上的意識）という観念を導き出す。田辺元がこの「中今」の現実世界での壊れを不断に修繕することにのみ歴史的思考が継続すると説いた（『歴史的現実』岩波書店、一九四〇年）のに対し、高山岩男は「肇国の事実」こそが永遠かつ絶対の事実との認識に基づき、その事実の自己充足をもって「中今」の観念を正当化していく（『文化類型学研究』弘文堂書店、一九四一年）。高山岩男と高坂正顕との思想的近似性はしばしば指摘されるところであるが、高山が日本精神史に見出した「事実主義」（ヨーロッパ的「理性主義」の対極にあるとされる）に基づく日本的性格なるものと、「期待される人間像」にて強調される「日本の美しい伝統」や「天皇への敬愛」との思想史的関係には、もっと注意が払われる必要がある。

(10)公立小・中学校の学級編制については、「公立義務教育諸学校の学級編制及び教職員定数の標準に関する法律」が制定された一九五八(昭和三三)年では一学級五〇人が基準とされていたが、一九六三(昭和三八)年の同法改正により一学級四五人と改善されていた。

(11)前掲『戦後日本教育史料集成』第一巻、一九八二年、九一頁。

(12)当初の検定作業には、「教科用図書検定調査会」の委員に推薦された日教組組合員のメンバー入りが拒否されたり、検定過程においてCI&Eの検閲が行われたり、などの問題が生じていた。詳しくは、久保義三『昭和教育史 下』三一書房、一九九四年、四二八〜四三七頁、を参照。

(13)例えば、「『古事記』『日本書紀』は、…政治上の必要から作られた物語や、民間で語り伝えられた神話・伝説や、歴史の記録から成り立っているので、そのまま全部を歴史と見ることはできない」との原稿の記述に対して、「『古事記』『日本書紀』をそのまま歴史とみることのできない点のみが説かれていて、これらが古代の文献として有する重要な価値が記されていない」との不合格口頭告知がなされた。

(14)第一回および第二回国際数学教育調査については、国立教育研究所編『国際数学教育調査——IEA日本国内委員会報告書』国立教育研究所、一九六七年、および、国立教育研究所編『数学教育の国際比較——第2回国際数学教育調査最終報告』第一法規出版、一九九一年を、また、第一回および第二回国際理科教育調査については、国立教育研究所編『国際理科教育調査——IEA日本国内委員会報告書』国立教育研究所、一九七三年(第1部)・一九七五年(第2部)、および国立教育研究所『理科教育の国際比較—第2回国際理科教育調査』第一法規出版、一九九三年、を参照。

(15)前掲『数学教育の国際比較——第2回国際数学教育調査最終報告』、一九七頁。

(16)山住正己『「教育」の同時代史』平凡社、一九八四年、一五一頁。

(17)全国教育研究所連盟『「義務教育改善に関する意見調査」報告書——昭和45年度共同研究』全国教育研究所連盟、一九七一年、を参照。

(18)前掲『「教育」の同時代史』、一六二〜一六三頁。

(19)詳しくは、国立教育研究所内校内暴力問題研究会編『校内暴力事例の総合的研究』学事出版、一九八四年、を参照。

(20) 文部科学省初等中等教育局児童生徒課『平成23年度「児童生徒の問題行動等生徒指導上の諸問題に関する調査」について』、二〇一二年、八頁。
なお、この調査は、一九九六年度までは、公立中・高等学校を対象とし、一九九七年度からは公立小学校を含めたものである。

(21) 同上、二三頁。
一九九三(平成五)年度までは公立小・中・高等学校を対象とし、翌一九九四年度からは特殊教育諸学校を、二〇〇六年度からは国私立学校と中等教育学校を含めたものである。

(22) 同上、二三頁。
なお、同調査は、一九八七年までは年間の数、一九八八年以降は年度間の数となっている。

第一八章

(1) ユネスコの成人教育計画課長であったラングラン(Paul Lengrand, 1910-2003)によって提唱された"lifelong integrated education"(フランス語は"l'éducation permanente")という言葉に由来する。英語の「生涯にわたって統合された」という表記にあるように、教育の営みを、人の生涯という時系列に沿って垂直的に統合するとともに、それを個人と社会の生活全体にわたって水平的に統合する、ということが含意されている。詳しくは、ポール・ラングラン/波多野完治訳『生涯教育入門』全日本社会教育連合会、一九七一年、を参照。

(2) 一七の提案の内容は、
「人間性豊かな日本人を育成する」として、
①教育の原点は家庭であることを自覚する、②学校は道徳を教えることをためらわない、③奉仕活動を全員が行うようにする、④問題を起こす子どもへの教育をあいまいにしない、⑤有害情報等から子どもを守る、の五項目、
「一人ひとりの才能を伸ばし、創造性に富む人間を育成する」として、
⑥一律主義を改め、個性を伸ばす教育システムを導入する、⑦記憶力偏重を改め、大学入試を多様化する、⑧リーダー

養成のため、大学・大学院の教育・研究機能を強化する、⑨大学にふさわしい学習を促すシステムを導入する、⑩職業観、勤労観を育む教育を推進する、の五項目、「新しい時代に新しい学校づくりを」として、⑪教師の意欲や努力が報われ評価される体制をつくる、⑫地域の信頼に応える学校づくりを進める、⑬学校や教育委員会に組織マネジメントの発想を取り入れる、⑭授業を子どもの立場に立った、わかりやすく効果的なものにする、⑮新しいタイプの学校の設置を促進する、の五項目、「教育振興基本計画と教育基本法」として、⑯教育施策の総合的推進のための教育振興基本計画を、⑰新しい時代にふさわしい教育基本法を、の二項目、からなっていた。

（3）藤田英典『義務教育を問いなおす』筑摩書房、二〇〇五年、二四～二九頁。

（4）この答申は、一九七七年（昭和五二）年六月の文部大臣諮問「当面する文教の課題に対応するための施策について」を受けて、わが国の文教政策に関する諸問題を検討し、その重要施策として生涯教育のあり方を審議したものであったが、その中で、学校教育にも生涯教育の観点を取り入れる必要について言及している。

（5）この「生きる力」とは、一九八九（平成元）年に改訂された小学校学習指導要領にて打ち出された「新しい学力観」と趣旨を同じくするものと見ることができる。「新しい学力観」に立った教育とは、「自ら学ぶ意欲と社会の変化に主体的に対応できる能力の育成を図るとともに、基礎的・基本的な内容の指導を徹底し、個性を生かす教育」（同小学校学習指導要領）のことを指している。なお、「新しい学力観」という言葉は、文部省の雑誌『初等教育資料』一九九一年三月号に登場したことが契機となって、教育界に広まったといわれる（苅谷剛彦『教育改革の幻想』筑摩書房、二〇〇二年、五七頁）。

（6）例えば、これは新学習指導要領施行後の調査であるが、文部科学省が二〇〇三（平成一五）年度に実施した「学校教育に関する意識調査」によれば、学校の授業が「よくわかる」もしくは「だいたいわかる」と答えた児童・生徒は、小学生全体で六九・六％、中学二年生で五一・八％、高校一年生で三二・二％であった。文部科学省ホームページ〈http://

www.mext.go.jp/a_menu/shotou/gakuryoku/genjo.htm〉を参照。

（7）例えば、大学生の学力低下問題を扱って大きな反響を呼んだものに岡部恒治・戸瀬信之・西村和雄編『分数ができない大学生――二十一世紀の日本が危ない』東洋経済新報社、一九九九年、があった。西村和雄はその後『学力低下と新指導要領』岩波書店、二〇〇一年、『ゆとりを奪った「ゆとり教育」』日本経済新聞社、二〇〇一年、『もうやめろ！ゆとり教育――聞いてほしい、国民の声』日本評論社、二〇〇三年、など、多数の「ゆとり教育」批判の編著書を刊行している。

（8）詳しくは、国立教育政策研究所監訳『ＰＩＳＡ二〇〇三年調査評価の枠組み――ＯＥＣＤ生徒の学習到達度調査』ぎょうせい、二〇〇四年、を参照。

なお、この調査においてフィンランドが、科学的リテラシーと読解力で第一位、数学的リテラシーで第二位、問題解決能力でも第三位となったことが、国際的に注目され、日本でも大きな関心を呼んだ。

（9）従来の教育課程審議会は、二〇〇一（平成一三）年一月の中央省庁再編に伴う文部省から文部科学省への改組に伴い、中央教育審議会初等中等教育分科会教育課程部会にその機能が移管された。

（10）実際、文部科学省のホームページには「これからの教育は、『ゆとり』でも、『詰め込み』でもありません。次代を担う子どもたちが、これからの社会において必要となる『生きる力』を身に付けてほしい。そのような思いで、新しい学習指導要領を定めました」〈http://www.mext.go.jp/a_menu/shotou/new-cs/index.htm〉と記されている。

（11）例えば、一九四六（昭和二一）年三月の貴族院での「教育基本法提案理由および質疑応答」では、憲法学者でもあった佐々木惣一から「教育基本法は一般に良い人間と云ふやうなことに付ては、着眼されて居るのでありますけれども、併しながら良い人間としての日本人観と云ふものに付きましては、…十分でないと思う」（戦後日本教育史料集成編集委員会編『戦後日本教育史料集成』第一巻、三一書房、一九八二年、四〇九頁）や、「祖国観念の涵養と云ふことに付きまして、政府は如何なる用意を持つて居られるかと云ふことを御尋ねして見たい」（同上、四一三頁）という質問が発せられた。

また、現職文部大臣が「教育基本法」に対する不満を表明した事例としては、一九五六（昭和三一）年二月の「臨時教育制度審議会設置法案」に関する国会質疑にて、清瀬一郎文部大臣が「教育基本法には道徳の規準として八つのことを掲げておるんです。…日本人としてみると、これだけでは一体わが日本国に対する忠誠というのはどこに入っておるのだ、この問題が一つあるのです」（同『戦後日本教育史料集成』第五巻、一九八三年、五二頁）と述べたことや、また、一九六〇（昭和三五）年八月の教育委員長・教育長協議会総会で、荒木萬壽夫文部大臣が、「教育基本法を読んでみて…教育の目標が日本人としてのりっぱな人を育てると同時に世界の諸民族から敬愛される人を育てることであるとするならば、いささか足りないところがあるのではないだろうか」（同『戦後日本教育史料集成』第七巻、四五頁）と述べたことなどを挙げることができる。

（12）例えば、西原博史「顕れた能力主義と愛国主義」（辻井喬・藤田英典・喜多明人編『なぜ変える？教育基本法』岩波書店、二〇〇六年、所収）を参照。

（13）文部科学省ホームページ〈http://www.mext.go.jp/b_menu/soshiki/daijin/ibuki/06121510.htm〉。

（14）「学校選択制」の実施状況に関する文部科学省調査のデータは、すべて文部科学省ホームページ〈http://www.mext.go.jp/a_menu/shotou/gakko-sentaku/08062504/001.htm〉に基づく。

なお、文部科学省は学校選択制を、①自由選択制（当該区域のすべての学校から、希望する学校を選ぶことができる。二〇〇六年で小学校二四、中学校五五自治体）、②ブロック選択制（当該区域をブロックに分け、居住するブロック内の希望校を選ぶことができる。同小学校五、中学校二自治体）、③隣接区域選択制（従来の通学区域を維持したまま、隣接する区域内の希望校を選ぶことができる。同小学校四五、中学校三六自治体）、④特定地域選択制（従来の通学区域を維持したまま、特定地域に居住する者について、希望する学校を選ぶことができる。同小学校一〇八、中学校六六自治体）、⑤特認校制（従来の通学区域を維持したまま、特定の学校について、通学区域に関係なく選ぶことができる。同小学校八八、中学校四一自治体）、の五つのタイプに分類している。これらの中では、①と⑤のタイプが最も市場原理的な考え方に基づくものといえる。

（15）中高一貫教育校の設置状況については文部科学省ホームページ〈http://www.mext.go.jp/a_menu/shotou/ikkan/9/jyoukyou.htm〉を、

また二〇一二年度のデータについては、

〈http://www.mext.go.jp/b_menu/houdou/24/11/_icsFiles/afieldfile/2012/12/07/1328552.pdf〉

を参照。

なお文部科学省の分類では、中高一貫教育校には、①「中等教育学校」（同一設置主体による一つの学校。二〇一二年度は、公立二八校・私立一七校・国立四校）、②併設型（同一設置主体が中学校と高等学校を併設。高校入学者選抜を実施せず一貫教育を行う。同公立七四校・私立二三四校・国立一校）、③連携型（設置主体の異なる中学校と高等学校が教育課程の編成や教員・生徒の交流などで連携し、中高一貫教育を行う。同公立八二校・私立一校・国立〇校）、の三つのタイプのものがあるとされる。

（16）昨今注目を集めている「特色ある学校」としては、これ以外に「構造改革特区校」を挙げることができる。構造改革特区校とは、二〇〇二（平成一四）年一二月に公布・施行された「構造改革特別区域法」に基づいて設置される学校のことを指す。構造改革特区とは、地方公共団体の特性を尊重した構造改革特別区域を設定し、その特性に応じた規制の特例措置によって、地方公共団体が特定の事業を実施・促進するためのもので、教育もその事業に含まれるものとされた。構造改革特区校の特徴には、①株式会社や特定非営利活動法人（ＮＰＯ）が学校設置主体となることができる、②学習指導要領などが定める教育課程の基準によらないカリキュラム編成が可能となる、③インターネットを利用した教育の実施など各種施設基準が弾力化される、などを挙げることができる。構造改革特区校には多様な性格のものを認めることができるが、仮にその全体傾向がエリート校的性格へと流れるならば、この学校の存在も教育の序列化・格差化を促す一要因になりうることが考えられる。

（17）文部科学省ホームページ

〈http://www.mext.go.jp/a_menu/shotou/gakko-hyoka/1322262.htm〉を参照。

むすび

（1）これについては、渡辺京二『逝きし世の面影』平凡社、二〇〇五年、を参照。

(2)「利用厚生」という言葉は、『書経』巻第二、虞書、大禹謨の「禹曰く、於《あゝ》帝念へ哉《や》。徳は惟れ政を善くす、政は民を養ふに在り。水火金木土穀惟れ修まり、徳を正しうし、用を利し、生を厚うし、惟れ和す」(『漢文大系』第一二巻、冨山房、一九一一年、尚書巻第二、三頁)にその出典を求めることができる。政治が「徳」を根本とし、民衆の「利用厚生」を目指して行われるべきことを説いた条である。

主要参考文献一覧

著書・研究書・論文等

芦田恵之助『綴り方教授』香芸館出版部、一九一三年。

阿部彰『文政審議会の研究』風間書房、一九七五年。

天野郁夫『学歴の社会史――教育と日本の近代』新潮社、一九九二年。

天野郁夫『試験の社会史――近代日本の試験・教育・社会』東京大学出版会、一九八三年。

天野郁夫『大学の誕生』上下二冊、中央公論新社、二〇〇九年。

荒井明夫編『近代日本黎明期における「就学告諭」の研究』東信堂、二〇〇八年。

安藤寿康『遺伝子の不都合な真実――すべての能力は遺伝である』筑摩書房、二〇一二年。

石川謙『古往来についての研究――上世・中世における初等教育の発達』講談社、一九四九年。

石川謙『日本学校史の研究』小学館、一九六〇年。

石川謙『我が国における児童観の発達』青史社、一九七六年復刊。

石川啄木『雲は天才である』(『石川啄木全集』第三巻、筑摩書房、一九七八年、所収)。

石川松太郎『往来物の成立と展開』雄松堂出版、一九八八年。

石川松太郎『藩校と寺子屋』教育社、一九七八年。

石戸谷哲夫『日本教員史研究』講談社、一九七四年。

伊藤純郎『増補郷土教育運動の研究』思文閣出版、二〇〇八年。

伊藤仁斎『語孟字義』(林本。天理大学附属天理図書館古義堂文庫所蔵)。

伊藤仁斎『論語古義』(林本。天理大学附属天理図書館古義堂文庫所蔵)。

稲垣忠彦『明治教授理論史研究――公教育教授定型の形成』評論社、一九九五年増補版。

稲田正次『教育勅語成立過程の研究』講談社、一九七一年。

井上哲次郎『国民道徳概論』三省堂、一九一八年増訂再版。

井上哲次郎『我が国体と国民道徳』広文堂書店、一九二五年。

今田洋三『江戸の本屋さん――近世文化史の側面』日本放送出版協会、一九七七年。

ヴィゴツキー／土井捷三・神谷栄司訳『「発達の最近接領域」の理論――教授・学習過程における子どもの発達』三学出版、二〇〇三年。

上木敏郎『土田杏村と自由大学運動――教育者としての生涯と業績』誠文堂新光社、一九八二年。

潮木守一『キャンパスの生態誌――大学とは何だろう』中央公論社、一九八六年。

潮木守一『京都帝国大学の挑戦』名古屋大学出版会、一九八四年。

海原徹『近世私塾の研究』思文閣出版、一九八三年。

海原徹『近世の学校と教育』思文閣出版、一九八八年。

梅溪昇『緒方洪庵と適塾』大阪大学出版会、一九九六年。

梅根悟『新教育への道』（『梅根悟教育著作選集』第二巻、明治図書、一九七七年、所収）。

梅根悟「日本の新教育運動」（東京教育大学内教育学研究室編『日本教育史』〈教育大学講座第三巻〉金子書房、一九五二年、所収）。

及川平治『分団式動的教育法』（世界教育学選集69）、明治図書、一九七二年復刻版。

大瀬甚太郎『教育学教科書』金港堂、一八九八年。

大瀬甚太郎『実用教育学』成美堂書店、一九〇一年。

大田堯『戦後教育史』岩波書店、一九七八年。

大槻健『戦後民間教育運動史』あゆみ出版、一九八二年。

大戸安弘『日本中世教育史の研究――遊歴傾向の展開』梓出版社、一九九八年。

尾形裕康『学制成立史の研究』校倉書房、一九七三年。

尾形裕康『日本教育通史』早稲田大学出版部、一九六〇年。

沖田行司『日本人をつくった教育――寺子屋・私塾・藩校』大巧社、二〇〇〇年。

沖田行司『藩校・私塾の思想と教育』日本武道館、二〇一一年。

沖田行司編『人物で見る日本の教育』ミネルヴァ書房、二〇一二年。

奥野武志『兵式体操成立史の研究』早稲田大学出版部、二〇一三年。

小田部雄次『華族』中央公論新社、二〇〇六年。

小原国芳他『八大教育主張』玉川大学出版部、一九七六年復刻版。

海後宗臣『教育勅語成立史の研究』厚徳社(印刷)、一九六五年。

海後宗臣編『臨時教育会議の研究』東京大学出版会、一九六〇年。

海後宗臣・仲新『教科書で見る近代日本の教育』東京書籍、一九七九年。

貝塚茂樹『戦後道徳教育の再考――天野貞祐とその時代』文化書房博文社、二〇一三年。

貝塚茂樹『道徳教育の教科書』学術出版会、二〇〇九年。

笠原英彦『天皇親政――佐々木高行日記にみる明治政府と宮廷』中央公論社、一九九五年。

香川せつ子・河村貞枝編『女性と高等教育――機会拡張と社会的相克』昭和堂、二〇〇八年。

片山清一『近代日本の女子教育』建帛社、一九八四年。

香月牛山『小児必用養育草』(山住正己編注『子育ての書1』平凡社、一九七六年、所収)。

唐沢富太郎『教師の歴史』創文社、一九五五年。

唐沢富太郎『貢進生――幕末維新期のエリート』ぎょうせい、一九七四年。

苅谷剛彦『教育改革の幻想』筑摩書房、二〇〇二年。

苅谷剛彦『教育再生の迷走』筑摩書房、二〇〇八年。

苅谷剛彦・志水宏吉『学力の社会学』岩波書店、二〇〇四年。

川瀬一馬『足利学校の研究』講談社、一九七四年。

木下竹次『学習原論』(世界教育学選集64)、明治図書出版、一九七二年。

久保義三『昭和教育史——天皇制と教育の史的展開』上下二巻、三一書房、一九九四年。

久保義三『対日占領政策と戦後教育改革』三省堂、一九八四年。

久保舜一『学力調査——学力進歩の予診』福村書店、一九五六年。

倉沢剛『学校令の研究』全二冊、講談社、一九七八〜八〇年。

倉沢剛『学制の研究』講談社、一九七三年。

倉沢剛『教育令の研究』講談社、一九七五年。

倉沢剛『幕末教育史の研究』全三冊、吉川弘文館、一九八三〜八六年。

倉地克直『池田光政——学問者として仁政行もなく候へば』ミネルヴァ書房、二〇一二年。

クロォチェ/羽仁五郎訳『歴史の理論と歴史』岩波書店、一九五二年。

香西泰『高度成長の時代』日本評論社、一九八一年。

河野純徳訳『聖フランシスコ・ザビエル全書簡』平凡社、一九八五年。

高山岩男『文化類型学研究』弘文堂書店、一九四一年。

呉天錫/渡部学・阿部洋訳『韓国近代教育史』高麗書林、一九七九年。

小針誠『〈お受験〉の社会史——都市新中間層と私立小学校』世織書房、二〇〇九年。

駒込武『植民地帝国日本の文化統合』岩波書店、一九九六年。

小山静子『良妻賢母という規範』勁草書房、一九九一年。

佐久間象山/飯島忠夫訳註『省〓録』岩波書店、一九四四年。

佐々木啓子『戦前期女子高等教育の量的拡大過程——政府・生徒・学校のダイナミクス』東京大学出版会、二〇〇二年。

佐沢太郎訳・河津祐之閲『仏国学制』全十冊、文部省、一八七六年。

佐藤秀夫『学校ことはじめ事典』小学館、一九八七年。

佐藤秀夫『教育の文化史』全四巻、阿吽社、二〇〇四〜二〇〇五年。

佐野通夫『日本植民地教育の展開と朝鮮民衆の対応』社会評論社、二〇〇六年。

沢柳政太郎他『児童語彙の研究』〈成城学校研究叢書第一編〉同文館、一九一九年。

下村哲夫『実感的戦後教育史』時事通信社、二〇〇二年。

白石克己『生涯学習と通信教育』玉川大学出版部、一九九〇年。

シリング／岡本良知訳『日本に於ける耶蘇会の学校制度』大空社、一九九二年復刻版。

シュプランガー／村田昇・片山光宏共訳『教育学的展望——現代の教育問題』東信堂、一九八七年。

ジョホノット／高嶺秀夫訳『教育新論』全四冊、東京茗渓会、一八八六年。

鈴木英一『日本占領と教育改革』勁草書房、一九八三年。

鈴木博雄『近世藩校に関する研究』振学出版、一九九五年。

高橋敏『日本民衆教育史研究』未来社、一九七八年。

高橋俊乗『近世学校教育の源流』永沢金港堂、一九四三年。

高橋俊乗『増訂日本教育史』教育研究会、一九二九年。

高橋俊乗『日本教育文化史』同文書院、一九三三年。

竹内洋『学歴貴族の栄光と挫折』〈日本の近代12〉中央公論新社、一九九九年。

武田勘治『近世日本学習方法の研究』講談社、一九六九年。

竹中憲一『「満州」における教育の基礎的研究』第四巻、柏書房、二〇〇〇年。

竹中暉雄『明治五年「学制」——通説の再検討』ナカニシヤ出版、二〇一三年。

田中克佳『教育史』慶應通信、一九八二年。

田中加代『広瀬淡窓の研究』ぺりかん社、一九九三年。

田辺元『歴史的現実』岩波書店、一九四〇年。

谷本富『実用教育学及教授法』六盟館、一八九四年。

谷本富『将来の教育学』六盟館、一八九八年。

谷本富『新教育学講義』六盟館、一九〇六年。

中央教育研究所・川口市社会科委員会共編『社会科の構成と学習――川口市案による社会科の指導』金子書房、一九四七年。

土屋忠雄『明治前期教育政策史の研究』講談社、一九六二年。

土屋基規『近代日本教育労働運動史研究』労働旬報社、一九九五年。

辻井喬・藤田英典・喜多明人編『なぜ変える？　教育基本法』岩波書店、二〇〇六年。

土持ゲーリー法一『六・三制教育の誕生――戦後教育の原点』悠思社、一九九二年。

辻本雅史『教育を「江戸」から考える――学び・身体・メディア』日本放送出版協会、二〇〇九年。

辻本雅史『思想と教育のメディア史』ぺりかん社、二〇一一年。

辻本雅史『「学び」の復権――模倣と習熟』角川書店、一九九九年。

辻本雅史・沖田行司編『教育社会史』山川出版社、二〇〇二年。

手塚岸衛『自由教育真義』東京宝文館、一九二二年。

デュルケーム／佐々木交賢訳『教育と社会学』誠信書房、一九七六年。

寺崎昌男『東京大学の歴史』講談社、二〇〇七年。

寺崎昌男・戦時下教育研究会編『総力戦体制と教育――皇国民「錬成」の理念と実践』東京大学出版会、一九八七年。

ドーア／松居弘道訳『江戸時代の教育』岩波書店、一九七〇年。

仲新『明治の教育』至文堂、一九六七年。

中内敏夫『生活綴方成立史研究』明治図書出版、一九七〇年。

中内敏夫他『日本教育の戦後史』三省堂、一九八七年。

中野光『大正自由教育の研究』（教育名著選集６）黎明書房、一九九八年。

中野光他著『児童の村小学校』（教育名著選集３）黎明書房、一九九八年。

中村紀久二『教科書の社会史――明治維新から敗戦まで』岩波書店、一九九二年。

成田龍一『大正デモクラシー』岩波書店、二〇〇七年。

西田幾多郎『日本文化の問題』岩波書店、一九四〇年。

西別府元日『律令国家の展開と地域支配』思文閣出版、二〇〇二年、五八～六四頁。

新田義之『澤柳政太郎――随時随所楽シマザルナシ』ミネルヴァ書房、二〇〇六年。

パーカースト／赤井米吉訳・中野光編『ドルトン・プランの教育』明治図書出版、一九七四年。

橋本紀子『男女共学制の史的研究』大月書店、一九九二年。

橋本美保『明治初期におけるアメリカ教育情報受容の研究』風間書房、一九九八年。

春山作樹『日本教育史論』国土社、一九七九年。

坂野潤治『大正政変――1900年体制の崩壊』ミネルヴァ書房、一九八二年。

坂野潤治『日本近代史』筑摩書房、二〇一二年。

樋口勘次郎『統合主義新教授法』同文館、一八九九年。

久木幸男『日本古代学校の研究』玉川大学出版部、一九九〇年。

久木幸男編『仏教教育の展開』（仏教教育選集2）国書刊行会、二〇一〇年。

兵庫師範女子部附属小学校編『小学校のコア・カリキユラム――明石附小プラン』誠文堂新光社、一九四九年。

深谷昌志『良妻賢母主義の教育』（教育名著選集2）黎明書房、一九九八年。

福島政雄『日本教育源流考』目黒書店、一九三六年。

藤田祐介・貝塚茂樹『教育における「政治的中立」の誕生――「教育二法」成立過程の研究』ミネルヴァ書房、二〇一一年。

藤田英典『義務教育を問いなおす』筑摩書房、二〇〇五年。

藤田英典編『誰のための「教育再生」か』岩波書店、二〇〇七年。

ヘルバルト／是常正美訳『教育学講義綱要』協同出版、一九七四年。

逸見勝亮『学童集団疎開史――子どもたちの戦闘配置』大月書店、一九九八年。

堀尾輝久『天皇制国家と教育――近代日本教育思想史研究』青木書店、一九八七年。

前田勉『江戸の読書会――会読の思想史』平凡社、二〇一二年。

眞壁仁『徳川後期の学問と政治――昌平坂学問所儒者と幕末外交変容』名古屋大学出版会、二〇〇七年。

槇山栄次編『教授の段階に関する研究』目黒書店、一九〇五年。

丸山真男・福田歓一編『聞き書 南原繁回顧録』東京大学出版会、一九八九年。

水原克敏『近代日本教員養成史研究』風間書房、一九九〇年。

美濃部達吉『憲法撮要』有斐閣、一九二四年再版。

宮川康子『富永仲基と懐徳堂――思想史の前哨』ぺりかん社、一九九八年。

明神勲「第二次教職員レッド・パージ計画と挫折の経緯」(『日本の教育史学』第三十一集、教育史学会、一九八八年、所収)。

村井実『近代日本の教育と政治』東洋館出版社、二〇〇〇年。

室鳩巣/青地兼山・青地麗沢編『兼山麗沢秘策』全五冊、一七一一(正徳元年)～一七二二(享保七年)、早稲田大学図書館所蔵。

森川輝紀『教育勅語への道――教育の政治史』三元社、二〇一一年増補版。

森川輝紀『近代天皇制と教育――その問題史的検討』梓出版社、一九八七年。

森川輝紀『国民道徳論の道――「伝統」と「近代化」の相克』三元社、二〇〇三年。

諸葛信澄『小学教師必携』青山堂、一八七五年。

矢川徳光『新教育への批判』(『矢川徳光教育学著作集』第三巻、青木書店、一九七三年、所収)。

八鍬友広『近世民衆の教育と政治参加』校倉書房、二〇〇一年。

安田武『学徒出陣』三省堂、一九七七年新版。

山下文男『昭和東北大凶作娘――身売りと欠食児童』無明舎出版、二〇〇一年。

山住正己『「教育」の同時代史』平凡社、一九八四年。

山住正己『戦争と教育――四つの戦後と三つの戦前』岩波書店、一九九七年。

山住正己『日本教育小史――近・現代』岩波書店、一九八七年。

山中恒『子どもたちの太平洋戦争――国民学校の時代』岩波書店、一九八六年。

山梨あや『近代日本における読書と社会教育――図書館を中心とした教育活動の成立と展開』法政大学出版局、二〇一一年。

山根幸夫『建国大学の研究――日本帝国主義の一断面』汲古書院、二〇〇三年。

山野晴雄・米山光儀他『上田自由大学とその周辺――長野大学からの二十一世紀メッセージ』郷土出版社、二〇〇六年。

山本正身『仁斎学の教育思想史的研究――近世教育思想の思惟構造とその思想史的展開』慶應義塾大学出版会、二〇一〇年。

山本正身「仁斎と益軒――近世儒者における知の位相」（山本英史編『アジアの文人が見た民衆とその文化』慶應義塾大学言語文化研究所、二〇一〇年、所収）。

山本正身編『アジアにおける「知の伝達」の伝統と系譜』慶應義塾大学言語文化研究所、二〇一二年。

結城睦郎『足利学校の教育史的研究』第一法規、一九八七年。

結城睦郎『金沢文庫と足利学校』至文堂、一九五九年。

結城睦郎『金沢文庫の教育史的研究』吉川弘文館、一九六二年。

吉家定夫『日本国学監デイビッド・マレー――その生涯と業績』玉川大学出版部、一九九八年。

吉野作造「憲政の本義を説いて其有終の美を済すの途を論ず」（『吉野作造選集』第二巻、岩波書店、一九九六年、所収）。

吉見俊哉『大学とは何か』岩波書店、二〇一一年。

米田俊彦『教育審議会の研究』野間教育研究所紀要第三十八集、一九九四年。

ラングラン／波多野完治訳『生涯教育入門』全日本社会教育連合会、一九七一年。

リンドネル／湯原元一訳補『倫氏教育学』金港堂書籍、一八九三年。

ルビンジャー／石附実・海原徹訳『私塾――近代日本を拓いたプライベート・アカデミー』サイマル出版会、一九八二年。

ルビンジャー／川村肇訳『日本人のリテラシー――1600-1900年』柏書房、二〇〇八年。

若林虎三郎・白井毅編『改正教授術』全三巻、普及社、一八八三～八四年
和島芳男『日本宋学史の研究』吉川弘文館、一九八八年増補版。

渡辺京二『逝きし世の面影』平凡社、二〇〇五年。

通史・資料・全集（選集）・史料集等

『天野貞祐全集』全九冊、日本図書センター、一九九九年復刻版。

小原国芳編『日本新教育百年史』全八冊、玉川大学出版部、一九六九～七一年。

岩手県『岩手県史』第九巻、近代篇四、社陵印刷、一九六四年。

荻生徂徠／今中寛司・奈良本辰也編『荻生徂徠全集』全六巻、河出書房新社、一九七三～七八年。

海後宗臣監修『戦後日本の教育改革』全十巻、東京大学出版会、一九六九～七五年。

貝原益軒／益軒会編『益軒全集』全八巻、国書刊行会、一九七三年復刻版。

片山清一編『資料・教育勅語』高陵社書店、一九七四年。

唐澤富太郎解説『明治期教育古典叢書』全三十四巻、国書刊行会、一九八〇年。

関東庁官房文書課（関東都督府都督官房文書課）『関東庁（関東都督府）統計書』（第一統計書〈明治三十九年〉～第二十六統計書〈昭和六年〉）、一九〇七～三二年。

関東庁編『関東庁施政二十年史』一九二六年。

関東庁編『関東庁統計要覧（昭和五年）』一九三一年。

教育史学会編『教育史研究の最前線』日本図書センター、二〇〇七年。

近代日本教育制度史料編纂会編『近代日本教育制度史料』全三十五巻、大日本雄弁会講談社、一九五六～五九年。

『慶應義塾百年史』全六冊、慶應義塾、一九五八～六九年年。

現代日本教育制度史料編集委員会編『現代日本教育制度史料』全三十七巻、東京法令出版、一九八四～九六年。

「講座日本教育史」編集委員会編『講座日本教育史』全四巻、第一法規出版、一九八四年。

国民教育奨励会編集『教育五十年史』民友社、一九二二年。

国民精神文化研究所『教育勅語渙発関係資料集』全三巻、国民精神文化研究所、一九三八～三九年。

国立教育研究所『数学教育の国際比較――第２回国際数学教育調査最終報告』第一法規出版、一九九一年。

国立教育研究所『理科教育の国際比較――第２回国際理科教育調査』第一法規出版、一九九三年。

国立教育研究所編『国際数学教育調査――IEA日本国内委員会報告書』国立教育研究所、一九六七年。

国立教育研究所編『国際理科教育調査――IEA日本国内委員会報告書』国立教育研究所、一九七三年（第1部）・一九七五年（第2部）。

国立教育研究所編『日本近代教育百年史』全十巻、教育研究振興会、一九七四年。

国立教育研究所内校内暴力問題研究会編『校内暴力事例の総合的研究』学事出版、一九八四年。

国立教育政策研究所監訳『PISA二〇〇三年調査評価の枠組み――OECD生徒の学習到達度調査』ぎょうせい、二〇〇四年。

小林竜夫・島田俊彦解説『満州事変』現代史資料七、みすず書房、一九六四年、五九〇頁。

清水康幸他編著『資料 教育審議会（総説）』野間教育研究所、野間教育研究所紀要第三四集、一九九一年。

朱熹撰／朱傑人・嚴佐之・劉永翔主編『朱子全書』全二十六冊、上海古籍出版社・安徽教育出版社、二〇〇二年。

成城学園沢柳政太郎全集刊行会編『沢柳政太郎全集』全十一冊、国土社、一九七五～八〇年。

成城学園六十年史編集委員会編『成城学園六十年』成城学園、一九七七年。

全国教育研究所連盟『「義務教育改善に関する意見調査」報告書――昭和45年度共同研究』全国教育研究所連盟、一九七一年。

戦後日本教育史料集成編集委員会編『戦後日本教育史料集成』全十三巻、三一書房、一九八二～八四年。

全国疎開学童連絡協議会編『学童疎開の記録2――ドキュメンタリー学童疎開』大空社、一九九四年。

大日本教育会編『維新前東京市私立小学校教育法及維持法取調書』（『明治教育古典叢書』第二期第十六巻、国書刊行会、一九八一年、所収）。

台湾総督府総督官房文書課（台湾総督官房調査課・台湾総督府企画部・台湾総督府総務局）『台湾総督府統計書』〈第四統計書〈明治三十三年〉～第四十五統計書〈昭和十六年〉〉、一九〇二～四三年。

台湾総督府民政部学務部学務課（台湾総督府内務局文教課・台湾総督府文教局）『台湾総督府学事年報』〈第八年報〈明治四十二年度〉～第三十四年報〈昭和十年度〉〉一九一一～三七年。

朝鮮総督府学務局『朝鮮諸学校一覧（昭和十七年度）』（渡部学・阿部洋編『日本植民地教育政策史料集成（朝鮮篇）』第六十二巻、龍溪書舎、一九八八年、所収）。

朝鮮総督府編『朝鮮総督府統計年報』(明治四十四年度~昭和七年度)、一九一三~三四年。

寺崎昌男責任編集『日本現代教育基本文献叢書 戦後教育改革構想』I期7、日本図書センター、二〇〇〇年。

仲新編『近代日本教科書教授法資料集成』全十二冊、東京書籍、一九八二~八三年。

日本史籍協会編『大久保利通文書』全十冊、東京大学出版会、一九八三年覆刻版。

原朗・山崎志郎編集解説『軍需省関係資料』第八巻、現代史料出版、一九九七年。

『福澤諭吉全集』全二十一巻、岩波書店、一九五八~七一年。

藤原喜代蔵『明治大正昭和 教育思想学説人物史』全四巻、東亜政経社、一九四二年~四四年。

「満州国」教育史研究会監修『「満州・満州国」教育資料集成』第二十巻、エムティ出版、一九九三年。

満州文化協会編『満蒙年鑑』昭和十三年版、日本図書センター、一九九九年復刻版。

南満洲鉄道株式会社総裁室地方部残務整理委員会『満鉄附属地経営沿革全史』全三冊、龍渓書舎、一九七七年復刻版。

宮原誠一他編『資料 日本現代教育史』全四巻、三省堂、一九七四~七九年。

村井実全訳解説『アメリカ教育使節団報告書』講談社、一九七九年。

元田永孚/元田竹彦・海後宗臣編『元田永孚文書』全三巻、元田文書研究会、一九六九年。

森有礼/大久保利謙監修『新修 森有禮全集』全五巻、文泉堂書店、一九九七~九九年。

森田尚人他編『教育学年報』全十冊、世織書房、一九九二年~二〇〇四年。

文部科学省初等中等教育局児童生徒課『平成23年度「児童生徒の問題行動等生徒指導上の諸問題に関する調査」の結果について』

文部科学省初等中等教育局児童生徒課、二〇一二年。

文部省『学制百年史』ぎょうせい、一九七二年。

文部省編纂『国体の本義』内閣印刷局、一九三七年。

文部省編『日本教育史資料』全十一冊、臨川書店、一九六九~七〇年復刻版。

文部省編『文部省年報』(『日本帝国文部省年報』、『大日本帝国文部省年報』を含む)一八七五年~。

文部省内教育史編纂会編修『明治以降教育制度発達史』全十二巻、龍吟社、一九三八~三九年。

文部省普通学務局編『国民学校制度ニ関スル解説』文部省普通学務局、一九四二年。
山住正己校注『教育の体系』〈日本近代思想大系６〉岩波書店、一九九〇年。

あとがき

研究の専門化・細分化が高度なレベルで進展している昨今の教育史学界の趨勢に鑑みるとき、単著による日本教育史の通史的叙述の試みは、いかにも無謀な敢行のように見えることだろう。たとえ初学者向けの教育史テキストであっても、その内容の精度を担保するには、今日までの最先端の研究成果を踏まえた叙述に努める必要があるが、一個の研究者が、高度に専門分化する最先端の知見を通史的ないし網羅的に把握することには自ずと限界があるからである。

それゆえ、教育史テキストなどの通史的述作については、それぞれの時代や分野を専門とする複数の研究者が分担してこれを執筆する、という方式が今日の常識的なスタイルとなっている。個別の専門分野の研究動向に精通した個別の研究者にしてはじめて、最先端の知見を通史叙述に取り込むことができる、との趣旨に基づくことといえるだろう。

だが筆者は、あえてこの「常識」から距離を保ち、単著という方式による教育史テキストの可能性を改めて追求することにした。複数の研究者による通史叙述は、個々の記載が専門性に富み、緻密性において優れているが、その反面、通史をとらえる上での一貫する視点や論点が前面に押し出されることが少なく、その意味で没個性的な述作になってしまう傾向が看取されるからである。あるいは、分担執筆という「常識」の背景をなす専門分化という学界の趨勢が、歴史の全体を大局的に吟味しようとするマクロな次元での研究関心を稀薄化させているように思えてならないからである。

それゆえ、本書において筆者が特に意を用いたのは、一つには、教育史の全体的な推移をとらえる筆者なりの教育史像を明確に打ち出すことであり、もう一つには、教育の今日的状況の含意をより大きな歴史の中に探ろうとすることである。前者についていえば、筆者は、この国の教育史の大きな流れを「習俗」「組織」「制度」という三つの段階を通して捕捉しようとした。もちろん、三者は単純な直線的推移としてではなく、あたかも入れ籠のように、ある段階の教育様態の中に他の段階のそれが組み入れられるものとして理解される。この理解を前提に、例えば教育史における近代とは、三者が併存しつつも「制度」が他の二者を呑み込むような勢いを有する時代として意味づけた。後者についていえば、その「制度」段階の（「国家による国民形成」としての）教育がすでに終焉を迎え、新たな教育史の段階を模索する必要に強く迫られているのが教育の今日的状況なのではないか、との仮説的立論を試みた。

筆者のこの敢行は、特にこれから日本教育史を学ぼうとする学生たちを主要な読者として想定することで成り立っている。筆者の認識では、教育史学もまた仮説の設定とその検証という手続きに基づく一つの実証研究（実証的な学問）であり、それゆえ、①教育に関わる何らかの問題を歴史の中に発見し、②その問題の所在や来源に関する仮説を立て、③その仮説の妥当性を文献（史資料）実証的方法を通じて検証し、④そこから新たな問題の発見へと歩み出す、というアプローチを必須の要件とするものと考えている。ところが、例えば昨今の学生たちの卒業論文には、そもそも何が教育史上の問題なのかが発見できていないままに研究を進めようとし、それがために実証的態度に欠ける平板な内容に終わってしまうものが少なくない。それには複数の理由が考えられるが、その一つに、学生たちを「問題の発見」へといざなうに足る個性的な通史テキストが必ずしも豊かではない、ということが指摘できるのではないか。

かつて学生時代に、尾形裕康『日本教育通史』(早稲田大学出版部、一九六〇年)に拠りながら日本教育史の要旨を、長尾十三二『西洋教育史』(東京大学出版会、一九七八年)に基づいて西洋教育史の基礎を学んだ筆者にとって、単著による一貫した通史叙述には信頼できる安定感と個性的な教育史像とが包摂されていた。もちろん筆者の拙著は、この二つの高著に比されるべきレベルには到底及ぶべくもない。だが、本書が微細な役割であったとしても、これから日本教育史研究を志す若い学徒たちの「問題の発見」への取り組みに、何某かの示唆を与えることができるのなら、それは筆者にとって幸甚の至りとするところである。

なお、本書はもともと慶應義塾大学通信教育課程の教材として書き下した教育史テキストを、一般書として上梓したものである。その仕事のあらゆる場面において、慶應義塾大学出版会の近藤幸子さんは、遅筆な筆者を辛抱強く励まし、心強い支えとなってくださった。ここに厚く感謝の意を表する次第である。

二〇一四年甲午三月

山本正身

図版出所一覧

図1-1　大学寮址　（筆者撮影）
図1-2　「庭訓往来」　『庭訓往来』東都：鶴屋金助、文化一一（一八一四）年（慶應義塾大学図書館所蔵）
図1-3　足利学校　（筆者撮影）
図2-1　「実語教・童子教」　『實語敎・童子敎』江戸：榮邑堂 村田屋治郎兵衛、天明三（一七八三）年（慶應義塾大学図書館所蔵）
図2-2　湯島聖堂　（筆者撮影）
図2-3　蕃書調所跡　（筆者撮影）
図2-4　お玉が池種痘所跡　（筆者撮影）
図2-5　古義堂跡　（筆者撮影）
図3-1　「席書之図」　大日本教育会編『維新前東京市私立小学校教育法及維持法取調書』〔明治古典叢書一六〕国書刊行会、一九八一年復刻版
図3-2　「素読吟味」　神宮司庁蔵版『古事類苑』文学部三、古事類苑刊行会、一九二八年復刻発行
図4-1　柳池小学校址　写真提供：慶應義塾大学出版会
図4-2　「五十音図」　玉川大学教育博物館所蔵 http://museum.tamagawa.jp/search/index.php?app=pict&mode=detail&list_id=124557&parent_data_id=1886&parent_app=shiryo&current_pict=0&data_id=6518
図5-1　田中不二麻呂　文部省『学制百年史』ぎょうせい、一九七二年
図5-2　D．マレー　文部省『学制百年史』ぎょうせい、一九七二年
図5-3　江木千之　国立国会図書館ホームページ「近代日本人の肖像」http://www.ndl.go.jp/portrait/datas/501_1.html
図6-1　元田永孚　国立国会図書館ホームページ「近代日本人の肖像」http://www.ndl.go.jp/portrait/datas/202_1.html
図6-2　「幼学綱要」　元田永孚編『幼学綱要』角田善苗、大正七（一九一八）年
図7-1　森有礼　国立国会図書館ホームページ「近代日本人の肖像」http://www.ndl.go.jp/portrait/datas/204_1.html
図7-2　第一高等中学校　旧制高等学校資料保存会『白線帽の青春―写真図説旧制高等学校東日本篇』国書刊行会、一九八八年
図7-3　兵式体操　唐澤富太郎『図説 近代百年の教育』国土社、一九六七年
図8-1　山県有朋　国立国会図書館ホームページ「近代日本人の肖像」http://www.ndl.go.jp/portrait/datas/208_1.html
図8-2　井上毅　国立国会図書館ホームページ「近代日本人の肖像」http://www.ndl.go.jp/portrait/datas/236_2.html
図8-3　「勅語案」　国立公文書館デジタルアーカイブ http://www.digital.archives.go.jp/DAS/meta/listPhoto?KEYWORD=&LANG=default&BID=F0000000000000005603&ID=M0000000000001724211&TYPE=&NO=
図8-4　御真影　唐澤富太郎『図説 近代百年の教育』国土社、一九六七年

図9－1　「小学校教則大綱」　国立公文書館デジタルアーカイブ http://www.digital.archives.go.jp/DAS/meta/listPhoto?KEYWORD=&LANG=default&BID=F0000000000000005725&ID=M0000000000001728739&TYPE=&NO=

図9－2　教科書疑獄事件の報道　唐澤富太郎『図説 近代百年の教育』国土社、一九六七年

図9－3　第一高等学校　旧制高等学校資料保存会『白線帽の青春―写真図説旧制高等学校東日本篇』国書刊行会、一九八八年

図10－1　「小学入門」　唐澤富太郎『図説 近代百年の教育』国土社、一九六七年

図10－2　高嶺秀夫　唐澤富太郎『図説 近代百年の教育』国土社、一九六七年

図10－3　ハウスクネヒト　唐澤富太郎『図説 近代百年の教育』国土社、一九六七年

図10－4　谷本富　唐澤富太郎『図説 近代百年の教育』国土社、一九六七年

図11－1　野口援太郎　中野光他『児童の村小学校』教育名著選集3、黎明書房、一九九八年

図11－2　沢柳政太郎　国立国会図書館ホームページ「近代日本人の肖像」http://www.ndl.go.jp/portrait/datas/527_1.html

図11－3　「赤い鳥」　「赤い鳥」一巻一号、広島市立中央図書館所蔵

図12－1　岡田良平　国立国会図書館ホームページ「近代日本人の肖像」http://www.ndl.go.jp/portrait/datas/571_1.html

図12－2　山川健次郎　国立国会図書館ホームページ「近代日本人の肖像」http://www.ndl.go.jp/portrait/datas/470_1.html

図12－3　軍事教練　写真提供：共同通信社

図13－1　娘身売りの相談案内　米田佐代子編著『写真で見る少女たちの20世紀』岩崎書店、二〇〇〇年

図13－2　井上哲次郎　国立国会図書館ホームページ「近代日本人の肖像」http://www.ndl.go.jp/portrait/datas/234_1.html

図13－3　『国体の本義』　国立国会図書館デジタル化資料 http://dl.ndl.go.jp/info:ndljp/pid/1219377/7（文部省編『国体の本義』文部省、昭和一二〔一九三七〕年）

図14－1　勤労動員　写真提供：毎日新聞社

図14－2　学徒出陣　写真提供：共同通信社

図14－3　学童疎開　写真提供：毎日新聞社

図14－4　満州医科大学と同付属病院　藤川宥二監修『写真集 さらば奉天』国書刊行会、一九七九年

図14－5　奉天第一中学校　藤川宥二監修『写真集 さらば奉天』国書刊行会、一九七九年

図15－1　墨塗り教科書　『初等科地理』文部省、北海道開拓記念館所蔵 http://www.city.sapporo.jp/ncms/shimin/heiwa/tenji/images/kakudai/kodomo/02_30b.jpg（札幌市平和バーチャル資料館ホームページ）

図15－2　「アメリカ教育使節団報告書」　国立国会図書館デジタル化資料 http://dl.ndl.go.jp/info:ndljp/pid/1272931（「米国教育使節団報告書：マックアーサー司令部公表」（国際特信社 訳）国際特信社、一九四六年）

図15－3　南原繁　国立国会図書館ホームページ「近代日本人の肖像」http://www.ndl.go.jp/portrait/datas/583_1.html

図15－4　「新教育指針」　国立国会図書館近代デジタルライブラリー http://kindai.ndl.go.jp/info:ndljp/pid1281779

図16－1　天野貞祐　国立国会図書館ホームページ「近代日本人の肖像」http://www.ndl.go.jp/portrait/datas/376_1.html

図16－2　「うれうべき教科書の問題」　日本民主党『うれうべき教科書の問題』〔教科書問題報告　第一〜三集〕昭和三〇（一九五五）年（慶應義塾大学図書館所蔵）

図17－1　期待される人間像　文部省『期待される人間像』（広報資料33）一九六六年

図18－1　「臨時教育審議会答申」　臨時教育審議会『教育改革に関する答申』（第一次〜第四次）、大蔵省印刷局、一九八五〜一九八七年

ら行

わ行

な行

は行

ま行

や行

た行

さ行

事項索引

＊配列は五十音順とした。また、当該事項と同義的な事項、もしくは密接な関連を有する事項はその表記を（　）で付記した。なお、漢字は原則として現在通行の表記を用いた。

あ行

か行

や行

ら行

わ行

た行

な行

は行

ま行

人名・書名索引

＊配列は五十音順とし、書名（単行書・雑誌・冊子など）は『　』で囲んだ。
なお、漢字は原則として現在通行の表記を用いた。

あ行

か行

さ行

山本正身（やまもと　まさみ）

略　　歴：1956年生まれ。1987年慶應義塾大学大学院社会学研究科教育学専攻博士課程単位取得退学。博士（教育学）。現在、慶應義塾大学文学部教授。

専　　攻：日本教育史、近世教育思想史

主要著作：『伊藤仁斎の思想世界——仁斎学における「天人合一」の論理』（慶應義塾大学三田哲学会叢書、2015年）、『仁斎学の教育思想史的研究——近世教育思想の思惟構造とその思想史的展開』（慶應義塾大学出版会、2010年）、『アジアにおける「知の伝達」の伝統と系譜』（編著、慶應義塾大学言語文化研究所、2012年）、『人物で見る日本の教育〔第2版〕』（共著、ミネルヴァ書房、2015年）、『アジアの文人が見た民衆とその文化』（共著、慶應義塾大学言語文化研究所、2010年）、『教育思想史』（共著、有斐閣、2009年）、“*Corners of the Mind——Classical Traditions, East and West*”（共著、慶應義塾大学出版会、2007年）、『「教育」を問う教育学——教育への視角とアプローチ』（共著、慶應義塾大学出版会、2006年）、J. シャロン『死と西洋思想』（共訳、行人社、1999年）、ほか。

日本教育史 ——教育の「今」を歴史から考える——

2014年4月25日　初版第1刷発行
2021年3月25日　初版第2刷発行

著　　者——山本正身
発 行 者——依田俊之
発 行 所——慶應義塾大学出版会株式会社
〒108-8346　東京都港区三田2-19-30
TEL〔編集部〕03-3451-0931
〔営業部〕03-3451-3584<ご注文>
〔　〃　〕03-3451-6926
FAX〔営業部〕03-3451-3122
振替 00190-8-155497
http//www.keio-up.co.jp/
装　　丁——鈴木　衛
印刷・製本——三協美術印刷株式会社
カバー印刷——株式会社太平印刷社

Printed in Japan ISBN 978-4-7664-2131-6